Freiheit und Gerechtigkeit als Herausforderung der Humanwissenschaften
Freedom and Justice as a Challenge of the Humanities

Mira Miladinović Zalaznik – Dean Komel (Hrsg. / Eds.)

Freiheit und Gerechtigkeit als Herausforderung der Humanwissenschaften

Freedom and Justice as a Challenge of the Humanities

PETER LANG
Bern • Berlin • Bruxelles • New York • Oxford • Warszawa • Wien

Bibliographic information published by die Deutsche Nationalbibliothek
Die Deutsche Nationalbibliothek lists this publication in the Deutsche Nationalbibliografie; detailed bibliographic data is available on the Internet at ‹http://dnb.d-nb.de›.

Herausgegeben von:/*Edited by:*
Mira Miladinović Zalaznik und/*and* Dean Komel

Mit Unterstützung von:/*With the assistance of:*
Andrej Božič und/*and* Eva Horvat

Wissenschaftliche Rezension:/*Scientific Review:*
Prof. Dr. Hans Rainer Sepp und/*and* Prof. Dr. Jesús Adrián Escudero

Die Publikation erscheint im Rahmen des Forschungsprogramms P6-0341, Forschungsprojekts J7-8283 und Infrastrukturprogramms I0-0036 des Instituts Nova revija für Humanwissenschaften (INR; Ljubljana, Slowenien), die von der Slowenischen Forschungsagentur (ARRS; Ljubljana, Slowenien) finanziell unterstützt werden.

The work is published within the research program P6-0341, the research project J7-8283, and the infrastructure program I0-0036 executed by the Institute Nova revija for the Humanities (INR; Ljubljana, Slovenia), and financially supported by the Slovenian Research Agency (ARRS; Ljubljana, Slovenia).

Umschlagabbildung:/*Cover image:*
„Der farnesische Atlas"/*"The Farnese Atlas"*
Museo Archeologico Nazionale di Napoli
Neapel/*Naples*
Italien/*Italy*
© Archivio dell'Arte / Fotografi Pedicini

ISBN 978-3-0343-3170-8 hb. ISBN 978-3-0343-3171-5 eBook
ISBN 978-3-0343-3322-1 EPUB ISBN 978-3-0343-3323-8 MOBI
DOI 10.3726/b13214

This publication has been peer reviewed.

Wabernstrasse 40, CH-3007 Bern, Switzerland
bern@peterlang.com, www.peterlang.com

Inhaltsverzeichnis

Vorwort 9
DEAN KOMEL – MIRA MILADINOVIĆ ZALAZNIK

Humanität und Humanwissenschaften

GERTRUDE CEPL-KAUFMANN
Nachkriege im Zeichen der Demokratie
Zur Genese von Humanitätskonzepten in Deutschland 13

SANJA MILUTINOVIĆ BOJANIĆ
The "Humanities" in the Anthropocene 41

Ideen der Gerechtigkeit und Freiheit

HARALD HEPPNER
Freiheit und Gerechtigkeit im Wechselspiel
der Epochen 53

JOHANN GEORG LUGHOFER
Fragen nach Freiheit und Gerechtigkeit
im pazifistischen Kontext 61

DEAN KOMEL
Freiheit und Gerechtigkeit als zentrale Determinanten
der politischen Welt 73

Menschenrechte, Interkulturalität, Friede

GABRIELLA VALERA
Reassessing Human Rights, Reassessing Humanities:
Justice as a Challenge 87

MARCO RUSSO
Humanismus und Kosmopolitismus 101

PETER HANENBERG
Culture, Cognition, and Intercultural Communication 115

ELMAR BORDFELD
Humanismus ohne Gott? 131

Global und Local

JAU-HWA CHEN
Justice in Transition, Why and Why Not? 139

FELIX O. OLATUNJI
Modernization Theory and the Challenge of
Social Order in Africa 155

JAN BROUSEK
Interaktive Konflikttransformation im Spannungsfeld von
Gerechtigkeit und Versöhnung am Beispiel der
Alpen-Adria-Region 171

Freiheits- und Gerechtigkeitskontext in der Literatur

PRIMUS-HEINZ KUCHER
Bücher und Texte als Festungen der Freiheit
Zum Erinnerungs-, Möglichkeits- und Widerstandsraum literarischer Texte 189

MIRA MILADINOVIĆ ZALAZNIK
Welche Freiheiten hatten Johann, Friedrich und Nikolaus von Maasburg im 20. Jahrhundert? 205

Freiheit und Gerechtigkeit in der Geschichte

CLAUDIO POVOLO – DARKO DAROVEC
Vendetta and Banishment 227

GORAZD BAJC
A Reflection on Historiographies regarding Intelligence Services. The Case of Julian Venetia during the Second World War 255

STANE GRANDA
Bemühungen um Freiheit und Gerechtigkeit als slowenische historische Erfahrung 283

Medien und Demokratie

ANĐELKO MILARDOVIĆ
Freedom of the Press between Politics and Capital 297

BERNARD NEŽMAH
What Is the Position of the Humanities in Mass Media? 315

New Critique

MIHAEL BREJC
Is Democracy Threatened? 325

PETER TRAWNY
Kritik und Kapital 335

ADRIANO FABRIS
Problems of Freedom. Perspectives for a New Humanism 349

Liste der Autorinnen und Autoren 359

Namensregister 363

Vorwort

Humanwissenschaften bilden eine unentbehrliche Grundlage der kulturellen und zivilisatorischen Überlieferung der heutigen Welt. Es hat jedoch den Anschein, dass sie von der technisch-wissenschaftlichen und ökonomischen Entwicklung weltweit an den Rand des gesellschaftlichen Geschehens gedrängt wurden, wodurch ihre Schlüsselrolle in Bildung, Kultur und Forschung untergraben wurde.

Angesichts der sozialen und politischen Krisen wird uns immer mehr bewusst, dass die Anerkennung des tradiert Humanen unter gleichzeitiger Anerkennung aller Unterschiede, die jedem Einzelnen eigen sind, sowohl für die Akzeptanz als auch für die Hervorbringung einer gemeinsamen Welt, notwendig sind.

Erst wenn wir uns mit verschiedenen *Identitäten*, *Denkarten*, *Geschichten*, *Sprachen*, *Religionen*, *wirtschaftlichen* und *politischen Umfeldern* auseinandersetzen, werden uns die Breite und Tiefe der Humanwissenschaften bewusst, die als eigenes Selbstbewusstsein eine Besinnung auf die Zukunft eröffnen.

Durch die Missachtung ihres Gewichts und durch ihre gesellschaftliche Randrolle wird eine eingegrenzte Welt erschaffen, die über keine Kongruenz einer nachhaltigen Entwicklung verfügt, die eine Anbindung an die technologischen und ökonomischen Kräfte der Gesellschaftsentwicklung möglich macht.

Der vorliegende Band steht allen Schaffensbereichen offen mit der Absicht, mit Hilfe einer gesellschaftskritischen und entwicklungsorientierten Ausrichtung die Sicht auf die Rolle und Bedeutung der Humanwissenschaften in den zeitgenössischen Gesellschaften zu öffnen. Die Beiträgerinnen und Beiträger verschiedener Disziplinen und Länder, alle Mitglieder des internationalen *Forums für Humanwissenschaften* (FORhUM), befassen sich in ihren Texten mit dem Verständnis des Verhältnisses zwischen Freiheit und Gerechtigkeit in der Vergangenheit und Gegenwart, mit der globalen politischen und ökonomischen Krise und der Krise der Menschenwürde, mit der Freiheit und Gerechtigkeit unter dem Aspekt der Beachtung von Menschenrechten, mit der Medienfreiheit zwischen Politik und Kapital, mit der politischen Verantwortung im Verhältnis zur Freiheit und Gerechtigkeit, auch mit der Autonomie des Schaffens, der Forschung und Bildung, mit der Kommunikationsfreiheit in gesellschaftlichen Perspektiven und der Frage nach möglicher Humankoexistenz, und, *last but not least*, mit der Freiheit und Gerechtigkeit im literaturhistorischen Kontext. Dabei werden neue Horizonte der Humanwissenschaften und Perspektiven der Demokratie angepeilt. Denn, wie es Harald Heppner in seinem Beitrag „Freiheit und Gerechtigkeit im Wechselspiel der Epochen" in diesem Band formuliert, das tut not: „Die Humanwissenschaften haben sich in den letzten 150 Jahren merklich entwickelt, aber nicht nur zum Vorteil, denn die akademische Auffächerung führte zwangsläufig dazu, dass der Mensch in der jeweiligen Epoche als ein Ganzes aus dem Blickfeld geriet; daher ist es ein Gebot der Stunde, die Erkenntnisse der einzelnen human-, aber auch sozialwissenschaftlichen Fächer zusammenzuführen zugunsten tieferer und nachhaltigerer Einsichten."

Ljubljana, im Oktober 2017 Dean Komel
Mira Miladinović Zalaznik

Humanität und Humanwissenschaften

Gertrude Cepl-Kaufmann

Nachkriege im Zeichen der Demokratie Zur Genese von Humanitätskonzepten in Deutschland

Abstract: From 1919 onwards, the Weimar Republic in Germany presented a response to the apocalypse of the First World War. After the apocalypse of the Second World War, the Bonn Republic seemed to be pointing into a new direction, but in a remarkable way it only resumed the year 1919. Which founding myths are associated with the new beginning? What fell by the wayside?

Über Jahre, in annähernd der gleichen Zeitspanne, in der sich der zivilisatorische Urknall, der Erste Weltkrieg vollzog, ereignet sich hundert Jahre danach in Deutschland zurzeit eine Erinnerungskultur, die sich bemerkenswerterweise nach dem eingeschriebenen Gesetz des Urereignisses selbst vollzieht: Carl von Clausewitz hatte es 1834 in seinen Gedanken *Vom Kriege* auf den Punkt gebracht: „Der Krieg ist ein […] Chamäleon".[1] Gerd Krumeich, der sich mit seinen jahrzehntelangen Forschungen zum Dauerkonflikt Frankreich-Deutschland in die Wissenschaftsgeschichte[2] eingeschrieben hatte,[3] nahm es am Anfang dieser Memorialphase wieder auf und behielt doppelt Recht: Sowenig damals, am 1. August 1914, die Dimensionen der *Grande Guerre* einschätzbar

1 Clausewitz, Carl von: *Vom Kriege*. In: http://gutenberg.spiegel.de/buch/vom-kriege-4072/3, 6.4.2017.

2 Vgl. Krumeich, Gerd: *Juli 1914. Eine Bilanz. Mit einem Anhang: 50 Schlüsseldokumente zum Kriegsausbruch*. Schöningh Verlag: Paderborn 2014.

3 Zur Verwendung der Clausewitz-These vgl. das Großprojekt *1914 – Mitten in Europa* des Landschaftsverbandes Rheinlandes (LVR), in: www.rheinland1914.lvr.de, 6.4.2017; Krumeich wirkte im Beirat, die Verfasserin war dort Vorsitzende und begleitete die gesamte Realisierungszeit von 2013 bis 2016.

waren und sich nach eben dem Chamäleon-Prinzip zum Monster entwickelten, war bereits vom Beginn der Planungen bis zum Großereignis am 1. August 2014 aus dem Gedenkjahr ein Welterinnerungskomplex ungeheuren Ausmaßes – geradezu im *Tsunami*-Format[4] – geworden. Nehmen wir Europa, so waren es kollektive Ereignisse wie das Projekt *Europeana*, auch der Kongress *European Commemoration* im Dezember 2014 im Berliner AA,[5] bei dem die fast ausschließlich aus ost- und südosteuropäischen Ländern zusammengekommenen Wissenschaftler und Kulturmacher erst begannen, hinter ihrer oktroyierten Identität des gesamten 20. Jahrhunderts dieses Kapitel ihrer Geschichte wieder zu entdecken. Aleida Assmann hatte bei dieser Gelegenheit die erinnerungstheoretische Fundierung beigetragen. Schon am Ende des ersten Gedenkjahres hatte sich Grundlegendes verändert:

1. Ob man dafür oder dagegen war: Christopher Clark hatte den Deutschen ein Geschenk gemacht, ihnen ein schwer wiegendes, ein Jahrhundert geltendes Schuldpaket abgenommen, indem er das Schlafwandler-Syndrom als europäisches Phänomen festmachte.[6] Die Deutschen bedankten sich geziemend und kauften 200.000 Exemplare des 2013 erschienenen Buches, während es andere europäische Länder im Schnitt nur auf 20.000 brachten.

2. Europa war größer geworden! Es ging offensichtlich nicht nur um die *Erbfeinde* Deutschland und Frankreich, die die Rezeptionsgeschichte zum Ersten Weltkrieg bisher dominiert hatten. Spätestens gegen Ende 2014 war auch dem verschlafenen AA wie allen Ländern, die eine je eigene *nationale* Erinnerungskultur betrieben hatten, klar, dass man mit der nationalen Sicht nicht wirklich weitergekommen

---

4 Diese Konnotation, die Harald Heppner auf dem I. internationalen Kongress des *Forums für Humanwissenschaften* (Ljubljana, September 2016) einbrachte, nehme ich dankbar auf!

5 Das Auswärtige Amt veranstaltete nach langem Zögern, sich überhaupt beim Zentenarium angemessen zu beteiligen, im Dezember 2014 den Kongress *European Commemoration* in den Räumen des Auswärtigen Amtes, wandte sich dabei aber vor allem den bisher kaum bewusst gewordenen Geschichten in ost- und südosteuropäischen Ländern zu.

6 Vgl. Clark, Christopher: *Die Schlafwandler. Wie Europa in den Ersten Weltkrieg zog*. Deutsche Verlagsanstalt: München 2013.

war, dass vielmehr die fundamentale Vernetzung, ja, Verstrickung wie ein Filz über diesem Europa gelegen hatte und Pulverfässer nicht im eigenen Haus kontrolliert lagerten, sondern immer im oft gänzlich irrationalen Dissens mit Nachbarn – einem unendlichen Nachbarn – wie in einem Dominoeffekt *fern*gezündet wurden.

3. Ein Ende der nationalen Kulturen, die man wie einen Sandkasten besitzen und bespielen wollte, war unübersehbar: In den behüteten europäischen *hortus conclusus* war Fremdes, z.B. Osmanisches, Senegalesisches, Südpazifisches und mehr eingedrungen. Wo waren damals, beim Urereignis, die Mahner, wo die, die Öl ins Feuer schütteten? War es die doch so erkenntnislüsterne Wissenschaft, die die Herausforderung angenommen hatte? Mitnichten: Scheinbar unisono wurden sie tätig: Der evangelische Fundamentalist Paul Rohrbach mit seinem „ethischen Imperialismus" und der These von der Auserwähltheit der Deutschen zum Herrenvolk,[7] die Historiker, nicht zuletzt die Germanisten, die die Bürde einer Wissenschaft, die sich der nationalen, heroischen Geschichtsschreibung verpflichtet fühlte, mit der Besetzung des Germanistenlehrstuhls 1871 im wieder eingedeutschten Straßburg mit Wilhelm Scherer fleißig angereichert hatte.

Doch unsere jüngsten Erfahrungen mit unserer eigenen Erinnerung lassen uns hoffen: Das Lesebuchkapitel der Geschichtsschreibung hat uns bestätigt: Sicher scheinende Deutungsmuster lassen sich aufbrechen, verschüttete Ereignisse ausgraben und strahlend polieren! Wir können innehalten und unsere Position bedenken. Vielleicht ist es gerade die deutsche Geschichte, die sich so global in das 20. Jahrhundert eingeschrieben hatte, die dazu herausfordert und die wir uns exemplarisch anschauen sollten!

Von 1914 zu 1919

Auf 1914 folgte 1919: Ein erbärmlicher Schützengraben- und Gaskrieg, in den z.B. 1917 Madagaskar, Nepal, Neufundland und zig weitere *Feinde* aufgerieben wurden, ließen zunehmend bange Fragen: Was

7 Vgl. Rohrbach, Paul: *Der deutsche Gedanke in der Welt*. Langewiesche Verlag: Düsseldorf 1912.

soll der Irrsinn und was kommt danach? Obwohl die Waffen bereits im November 1918 schwiegen, wurde 1919 entscheidend. Dieses Jahr erwies sich, wohl oder übel, als eine historische *Stunde null*!

Für uns kann dieses Jahr aus heutiger Sicht zu einer Herausforderung werden, um einem weiteren Deutungsmuster an den Kragen zu gehen! Einen Ansatzpunkt haben wir vorgegeben: Nicht zuletzt der hohe Latenzzustand, mit dem sich dieses Jahr präsentiert, erlaubt es, aus heutiger Sicht Einsicht zu gewinnen in die mit der Geschichte des 20. Jahrhunderts verschütteten Quellen humanitären Denkens, an das Auf und Ab von Freiheit und Gerechtigkeit, die auch und erst recht zu unserer nationalen und damit auch europäischen Geschichte gehören. Gerade als Wissenschaftler, *Humanwissenschaftler*, sind wir hier an der richtigen Stelle!

Aber wer sind sie, die Humanwissenschaftler, wer hat hier das Sagen?

Die Historiker haben, trotz des *cultural turn*, der den einen oder anderen nachdenklich gemacht hat, einen Hang zur Deutungshoheit und so wird die Geschichtsschreibung – zumindest in der deutschen Forschung – nach wie vor vom Topos *Zwischenkriegszeit* geprägt. Der Erste Weltkrieg, so meint das Gros der Historiker, habe den Zweiten schon angelegt, die 12 Jahre der Weimarer Republik seien nur interessant unter dem Aspekt, wie diese unvermeidliche *Direttissima* ins Dritte Reich und den Untergang verlaufen sei. Ein beträchtlicher Teil der deutschen Identität wird damit ausgeblendet und fordert heute heraus: Es geht also um die produktive Wiederentdeckung einer genuinen nationalen, ja, transnationalen Kraft und grenzsprengenden Geschichte und Kulturgeschichte, auch den Anteil, den die Künste *und* ihre jeweilige Wissenschaftssparte darin haben und die Grundtugenden Freiheit und Gerechtigkeit, die wir ihnen da entdecken und sichern wollen, wo sie über Jahrzehnte hinweg keinen Stellenwert in der Geschichtsschreibung gehabt hatten.

Kreativität und hohe Motivation zeichneten dieses Jahr 1919 aus, so, als gelte es, mit schöpferischer Potenz, Visionen, Utopien, Denkbildern einen als gänzlich leer, ja, apokalyptisch belegten politischen und gesellschaftlichen Raum um 180 Grad zu drehen und ihm neuen Sinn zu geben. Das war eine Art *metabasis eis allo genos*, mehr als der

Ruf nach *Freiheit und Gerechtigkeit*, die immer die Voraussetzung und immer die immanente Norm sein sollten!

Es waren auch nicht nur die politischen Entwürfe, die hier benennbar sind. Der Gleichzeitigkeit der Ereignisse und Abläufe entspricht eine bemerkenswerte Simultaneität, die sich in den Ästhetiktheorien der Zeit ebenso qualifiziert wie in den utopieversessenen konkreten Versöhnungsprojekten der Intellektuellen, Künstler, Schriftsteller, Wissenschaftlern und der kulturaktiven Öffentlichkeit.

Dies alles wird in Qualität und Quantität sichtbarer, wenn wir ein Vergleichsfeld eröffnen zum zweiten Ereignis in diesem bellizistischen Jahrhundert: Der unmittelbaren Nachkriegsphase nach 1945, die allein wir bisher als die *Stunde null* zu bezeichnen pflegen! Beginnen wir mit einer Besichtigung des Jahres 1919.

1919 – ein Wimmelbild

Was erlebte der Zeitgenosse: Zurückdrängendes Militär und schlagkräftige Auseinandersetzungen im Straßenkampf, die Kunde von einem ins niederländische Haus Doorn zum Holzhacken entflohenen Kaiser, an mehreren Ecken und Balkonen verkündete Republiken, Extrapost am Morgen, Mittag und in Abendausgaben, Steckbriefe, Gerüchte. *In toto*: Eine im Nachklang des Schreckens hektisch agierende, doch zugleich lethargisch erstarrte Masse!

Das aber war nur die *halbe* Wahrheit, wie sich im Panoramablick auf die nicht minder vorhandene Aufbruchs-Topographie ausmachen lässt. Vor uns entfaltet sich eine Art *Wimmelbild*. Die seit Jahrzehnten erfolgreiche, von Ali Mitgutsch 1968 erdachte und gezeichnete Serie der *Wimmelbücher* lässt sich deshalb so sinnvoll als Denkbild auf das Jahr 1919 beziehen, weil die Vielfalt der Ereignisse, die sich auf den üppig bestückten Kinderbildern ausmachen lässt, scheinbar wahllos ist, sich aber dennoch durch eine innere Struktur und Kohärenz auszeichnet.[8]

---

8 Den Gewinn dieses Denkbildes verdanke ich einem intensiven Gespräch mit Dr. Christoph Schnoor, Associate Professor, Unitec Institute of Technology, Auckland, Neuseeland.

Das trifft auch auf unseren Erkenntnisgegenstand zu: Wie ein warmer Segen an Herz, Verstand und Hoffnung hatten sich Visionen von einem zukünftigen Deutschland und Europa übers Land gelegt. Utopien, an die man glauben wollte!! Man kann es kaum in seiner Dynamik, ja, Dramatik überbewerten: Da platzte förmlich eine Bombe, ja, ein Mythos wurde umgeschrieben: 1919 bescherte eine Art umgewidmeter, nämlich positiv bestückter Büchse der Pandora, bei der die berühmte *spes sola* nicht drinnen blieb, sondern sich als allererste Botschafterin auf den Weg machte! Hier eine kleine Palette, die problemlos erweitert werden könnte.

Anarchismus

Unter den damaligen von Bakunins kollektivistischem bis zu Max Stirners Individual-Anarchismus reichenden Spektrum anarchistischer Grundeinstellungen hatte sich eine Art Bibel herausgemendelt: Kropotkins Schrift über die *Gegenseitige Hilfe in der Tier- und Menschenwelt*. Übersetzt war sie von Gustav Landauer,[9] der um die Jahrhundertwende (1900) im Londoner Exil mit dem russischen Fürsten befreundet war und seinem libertären Sozialismus damit eine geradezu franziskanische Würde verliehen hatte. In Künstlerkreisen wurde dieser humanitäre, spätaufklärerische Anarchismus zum Vorbild für *Neue Gemeinschaften*, die sich allerorten bildeten, etwa im Weimarer Bauhaus, aber auch im Kölner Kreis um die Galerie Nierendorf und Max Ernst und im Düsseldorfer *Jungen Rheinland* mit Otto Dix, Gert Wollheim, Jankel Adler, dem Schauspieler Gustaf Gründgens und Schriftstellern wie Herbert

9 Vgl. Kropotkin, Peter: *Gegenseitige Hilfe in der Tier- und Menschenwelt*. Theod. Thomas Verlag: Leipzig 1908. Das Werk Peter Kropotkins *Mutual Aid: A Factor of Evolution* (1902) wurde von Gustav Landauer übersetzt und ist unter dem Titel *Gegenseitige Hilfe in der Entwickelung* 1904 auf Deutsch erschienen. Die bekannteste Leseausgabe wurde Kropotkins *Gegenseitige Hilfe in der Tier- und Menschenwelt* aus dem Jahr 1908. Landauer hatte zunächst den in der damaligen interessierten Szene und ihrem Denken in der Kategorie *Weltanschauung* favorisierten Begriff *Entwickelung* gewählt.

Eulenberg. Von hier aus gab es Netzwerke zu René Schickeles Züricher pazifistischem Europaverlag und zum Monte Verità.[10]

Rätebewegung

Landauer selbst hatte gerade seine Dramaturgenstelle am Reformtheater von Louise Dumont in Düsseldorf übernommen. Für Uraufführungen empfohlen hatte er dort die Protagonisten- und Verkündigungsdramen Georg Kaisers, also Expressionismus pur. Sein Weg in die Münchner Räterepublik, inspiriert von Emma Goldman ebenso wie von Eustache de Saint Pierre, dem Messias in Kaisers Drama *Die Bürger von Calais*, sollte der realisierte Traum einer direkten Demokratie und gewaltfreier Politik sein. Mit seiner Ermordung Anfang Mai 1919 blieb er ein Märtyrer, der weiter wirkte, bis sich über Kapp-Putsch, Inflation und Ruhrbesetzung die stärkeren *realpolitischen* Mächte durchgesetzt haben.

Spartakus

Märtyrer gab es auch in Berlin: Rosa Luxemburg und Karl Liebknecht. Luxemburgs Votum „*Freiheit ist immer die Freiheit der Andersdenkenden.*“[11] Luxemburg sei heute hier und für alle Zeit als Metatext wieder einmal herausgestellt. Erinnert sei an den positiven Impuls, den der rote Sozialismus *à la* Sowjetunion in seinen geradezu unbefleckten Zeiten zu bewegen vermochte: Die Gleichzeitigkeit eines Revolutionsdenkens, das Hand in Hand ging mit der ästhetischen Avantgarde von Wassily Kandinsky, Wladimir Majakowski bis zu Anatoli Lunatscharski, von

---

10 Die Forschungen des Instituts *Moderne im Rheinland* haben diesen Zusammenhang seit den 1990er Jahren im Blick. Aus der Vielzahl der Veröffentlichungen dazu vgl. Cepl-Kaufmann, Gertrude: „Gustav Landauer im Friedrichshagener Jahrzehnt und die Rezeption seines Gemeinschaftsideals nach dem 1. Weltkrieg“. In: Delf, Hanna und Gert Mattenklott (Hrsg.): *Gustav Landauer im Gespräch. Symposium zum 125. Geburtstag*. Niemeyer Verlag: Tübingen 1997, 235–275.

11 Luxemburg, Rosa: „Zur russischen Revolution“. In: dies.: *Gesammelte Werke. Bd. IV*. Paul Levi (Hrsg.). Dietz Verlag: Berlin 1918, 365.

Futurismus und Dadaismus, in der Wissenschaft vom russischen Formalismus bis zum Strukturalismus.

Der kurze Traum von der Reintegration der europäischen Boheme in Gesellschaft und Politik wurde zerrieben. Doch noch Peter Weiß hatte ihn nachwirkend in den 1970er Jahren in seinem Drama *Trotzki im Exil* als Theaterutopie beschwört *und* belächelt, wenn er Lenin plus politische Entourage und die Dadaisten in Zürichs berühmter Spiegelgasse aufeinandertreffen lässt. Und es bliebe eine schöne Provokation, hier zu fragen, ob roter oder weißer Sozialismus, die uns diese Zeit der Weimarer Republik in Form von Amerika *incl.* Amerikanismus und der Sowjetunion beschert hatte, die menschenverachtendere Eliminierung von Freiheit und Gerechtigkeit waren – zumindest was die Initiationsphase anging!

USPD

Kurt Eisner. Der Chronist Victor Klemperer skizziert in seinem Tagebuch *Man möchte immer weinen und lachen in einem*[12] die Situation in Leipzig, wo er gerade als junger Wissenschaftler erste Erfolge einheimst. Er bewegt sich zwischen Leipzig, Berlin, seiner geistigen Heimat, und München, seinem Wohnort hin und her. Überall das gleiche Chaos, aber auch mehr: Ganz Deutschland im Aufbruch, politische Pragmatiker mit Tiefgang von Rathenau bis zu Eisner, den Klemperer nicht minder wie den auf Erden wandelnden Messias zeichnet. Der Hoffnungsträger, Symbiose aus Schriftsteller und Politiker; ein Mensch, wie nach seiner Ermordung der USPD-Dichter Ernst Toller. Expressionisten im schwierigen Geschäft des Pazifismus! Auch Erich Mühsam gehört in diesen Kontext – obwohl es ihm schwer fiel, sich zwischen den politischen Lagern eine Heimat zu suchen!

12 Vgl. Klemperer, Victor: *Man möchte immer weinen und lachen in einem. Revolutionstagebuch 1919*. Mit einem Vorwort von Christopher Clark und einem historischen Essay von Wolfram Wette. Aufbau Verlag: Berlin 2015.

Aktivismus

Zwei Versionen dieser politischen Sammlungsbewegung Intellektueller formierten sich: Heinrich Mann, mit dem Elsässer und einem eng mit der linksintellektuellen Szene in Frankreich liierten René Schickele schon 1914 im pazifistischen *Bund Neues Vaterland* neben Albert Einstein, Ernst Reuter, Kurt Eisner, Stefan Zweig und weiteren großen Europäern aktiv, will, inspiriert von den *Zivilisationsliteraten* Frankreichs – gegen die sein Bruder Thomas Mann gerade noch in dem *opus magnum Betrachtungen eines Unpolitischen* zu Felde gezogen war – seinen Appell *Geist und Tat* von 1910 Praxis werden lassen. Sein Ziel: eine *Litterature Engagée* und „geistige Politik", geleitet von der Idee, „Liebe", Menschenliebe, sei eine politische Kategorie![13]

Ganz anders Kurt Hiller, jüdischer Intellektueller von großem Format. Er rekurriert auf Staatsideen Platons, beschwört ein *Deutsches Herrenhaus*. Seine *Ziel-Jahrbücher* proklamieren einen intellektuell begründeten Humanismus und Pazifismus. Hillers parallel zur Rätebewegung etablierte *Räte geistiger Arbeit* suchen nach einer Deutungshoheit in dieser schwierigen Zeit. Seine Vorstellungen und die des Aktivistenbundes, der in vielen Städten Ableger findet, vermischen sich mit Ideen einer *Gelehrtenrepublik* im Sinne Klopstocks, der auch Goethe und der größte Sturm und Drang Dichter, Jakob Reinhold Michael Lenz, als Idealmodell einer Geistpolitik folgten. Welch eine Vision, aber auch: welch eine Realität, wenn im Juni 1919 auf dem *Gesamtdeutschen Aktivistenkongress* in Berlin Zeitgenossen in Scharen zusammenkamen!

---

13 Vgl. Cepl-Kaufmann, Gertrude: „Liebe und Güte als politische Kategorien im Werk von Heinrich Mann". In: Neuhaus-Koch, Ariane und Gertrude Cepl-Kaufmann (Hrsg.): *Literarische Fundstücke. Wiederentdeckungen und Neuentdeckungen. Festschrift für Manfred Windfuhr.* Winter Verlag: Heidelberg 2002, 275–300.

Paneuropäisches

Es entwickelte sich in bemerkenswerter Weise in und um die Universität Bonn, wo Ernst Robert Curtius, der später mit seinen Forschungen zum Thema *Europäische Literatur und lateinisches Mittelalter* unsterblich wurde, im Verbund mit Ernst Bertram und Thomas Mann antrat gegen die von Maurice Barrès inszenierte Annektionsidee unter dem Motto *Le Génie du Rhin* (Rheingenius). Mit der These von den liebenswerten, geradezu antipreußisch dimensionierten Rheinländern wollte er die Bereitschaft des linksrheinischen Deutschland stärken, sich den ihnen mental nah stehenden Franzosen anzuschließen. Mit Curtius erkennen wir die alternativen, im Gegensatz zu Barrès' nationalistischem Denken europäisch dimensionierten Netzwerke: Die Verbindungen zu den großen europäisch-pazifistischen Wirtschaftsmagnaten wie der Familie Mayrisch in Luxemburg, und zum Genfer Völkerbundprojekt. Auch hier: Welch eine Symbiose von Wirtschaft, Politik und Kultur – welch eine Utopie – bis heute!

Demokratie und Republik

Nicht zuletzt, aber letztlich evident wurde die Etablierung der ersten Republik auf deutschem Boden am Ende des Jahres 1919. Für die Räteidee bedeutete sie das Aus, dennoch: Diese Demokratie, die Weimarer Republik, war in der Gründungsidee und in der Gründungsphase nicht ohne dieses spezifische utopische Moment, das dieses Jahr auszeichnete. Man hat das Scheitern dieser Weimarer Republik aus der Rückschau immer wieder an der allzu blauäugigen Zulassung aller Parteien zum Parlament, ein System ohne einschränkende Prozenthürde, festgemacht. Dieses Narrativ hat zweifellos eine Berechtigung, aber dieses Gleichheitsprinzip war nicht das von den Trägern dieser Staatsform eingebrachte negative Moment, vielmehr der Kontext: eine Gesellschaft, deren antidemokratische Ausrichtung, aggressiver Gestus und die populistische Einmischung letztlich der Totengräber dieser hoffnungsvoll eingeläuteten Wende der Politik in Deutschland und im Blick auf Europa gewesen war.

Für den neuen Geist lassen sich drei Elemente nennen.

– *Nie war so viel Emanzipation*: Diese Demokratie kam aus Deutschland selbst. Es waren nicht zuletzt die Frauen, die ihren Platz fanden: vom Giftgasprotest Clara Immerwahrs, der Frau des Giftgas-Erfinders Fritz Haber, angesichts der Todesverstiegenheit des eigenen Mannes zum Selbstmord entschlossen. Dieser Selbstmord war, wie jüngere Forschungen zeigen, auch eine Absage an den mangelnden Humanismus der Wissenschaften.[14] Motivierend wirkten die Selbsterfahrungen der Frauen, die an der *Heimatfront* ihren Mann gestanden hatten. Das alles war erlebte, konkrete Utopie! Ein ungeheurer Befreiungsschub folgte: Weg mit den Korsetts und der inszenierten Lebensfeindlichkeit, Wahlrecht für die Frauen und Anteil an der praktischen Politik! Tatsächlich: Es tat sich was, einmalig für den größten Rest des Jahrhunderts! Denn: 1919 saßen 9% Frauen in der Nationalversammlung; 1932 waren es nur noch 6%, genau so viel wie 1972[15] im Bonner Parlament! Wie beschämend für ein Männer(kriegs)jahrhundert!

– *Nie war so viel Geist und Macht*: Eine Republik, in der jüdische *Intellektuelle und Wirtschaftsbosse* als Symbiose denkbar waren und ihren Platz hatten: allen voran Walther Rathenau.[16]

– *Hier waren schon die großen Europäer präsent*, die erst nach dem Zweiten Weltkrieg auf die politische Bühne treten würden, allen voran Konrad Adenauer. Dessen Rede als Oberbürgermeister seiner Stadt vor den Delegierten für die erste Nationalversammlung vom Februar 1919 im Hansasaal des Kölner Rathauses bedeutete den kaum verhohlenen

---

14 Vgl. Kammasch, Gudrun: „Fritz Haber und Clara Immerwahr – wem dient die Wissenschaft". In: Loureda, Oscar (Hrsg.): *Der Erste Weltkrieg und die Folgen*. Winter Verlag: Heidelberg 2016, 47–75.

15 In diesem Jahr mussten Ehefrauen nach wie vor noch eine Erlaubnis ihrer Ehemänner vorlegen, wenn sie berufstätig sein wollten.

16 Vgl. Delabar, Walter: *Walter Rathenau. Der Phänotyp der Moderne. Literatur- und kulturwissenschaftliche Studien zu Walter Rathenau*. Aisthesis Verlag: Bielefeld 2009.

Versuch einer „Entpreußung“,[17] eines Preußen freilich, das seine Bildungsidee, der wir unsere Universität und damit vor allem die tragende Idee der Humanwissenschaften mit verdanken, schon lange hinter sich gelassen und sich mit dem Geist der anderen preußischen Seite, dem Militarismus verbündet hatte.[18] Mehr noch: Angesichts der ihn umgebenden Besetzung durch die Franzosen und eines heute kaum nachvollziehbaren vergifteten, aggressiven medialen und tagespolitischen Klimas hielt er eine Rede, deren verblüffende Pragmatik und selbstsichere Gelassenheit wie ein immerwährendes Heilmittel für Völkerhass gelesen werden kann – einschließlich des rheinischen Katholizismus eine, wenn auch westeuropäisch inspirierte Europaidee![19]

17 Mit diesem bisher unbeachteten Phänomen habe ich mich im Kontext des Preußenjahres im Rheinland beschäftigt. Unter dem Titel *Danke Berlin. 200 Jahre Preußen am Rhein* wurde an die Beziehung der Rheinländer zu Preußen erinnert. Vgl. dazu auch Cepl-Kaufmann, Gertrude: „‚Jahrtausendfeiern‘ und ‚Befreiungsfeiern‘. Kulturelle Manifestationen im besetzten Rheinland“. In: *Geschichte im Westen. Zeitschrift für Landes- und Zeitgeschichte*, Nr. 31 (2016), 169–188. Mit den politischen Entscheidungen auf dem Wiener Kongress kam die „Rheinprovinz“ an Preußen. Nach dem Ersten Weltkrieg und mit den politischen Veränderungen lösten sich zwar alte Herrschaftsstrukturen zugunsten des „Freistaat Preußen“ auf, doch zusammengehalten wurden die deutschen Provinzen mit dem 1921 etablierten *Preußischen Staatsrat*, der neben dem Preußischen Landtag als zweite Kammer fungierte. Adenauer war dort nicht nur Mitglied, sondern wurde mit Beginn zum Präsidenten des Staatsrates gewählt und blieb es bis 1933.

18 Gordon Craig hat die Doppelstruktur Preußens im Anschluss an die Forschungen Rudolf von Thaddens *Fragen an Preußen* (1981) herausgestellt. Vgl. Craig, Gordon: *Das Ende Preußens*. Beck Verlag: München 1985.

19 Die Rede ist im Internet zugänglich (https://www.konrad-adenauer.de/dokumente/reden/1919-02-01-rede-hansasaal, 5.12.2016). Die Rolle Adenauers muss im Kontext der Kommunalreform gesehen werden: Mit ihr erhielten die Städte ein ungleich höheres, antizentralistisches Gewicht, das z.B. die großen rheinischen Oberbürgermeister wie Adenauer in Köln, Robert Lehr in Düsseldorf und Karl Jarres in Duisburg trotz der Besetzung des Rheinlands für einen neuen Geist der Demokratie nutzten.

1919 – ein Flächenbrand!

Das war, könnte man sagen, die große Politik!

Es war bemerkenswert anders: Wo war denn die Mitte? Karl Schlögel hat es uns schmackhaft gemacht: *Im Raume lesen wir die Zeit.*[20] Es war nicht der zentralistische Entscheidungsprozess bis zur Etablierung der Republik – politisch in Berlin – symbolisch in Weimar, den dieses Jahr ausmachte. Wie Flammenherde hatte sich revolutionäres Denken in allen deutschen Landen verbreitet. Wieder einmal zeigte sich, dass das zentralistische Kaiserreich von 1871 die Ausnahme war, eigenwillige aktuelle Formationen in Kultur und Gesellschaft letztlich auf die in Jahrhunderten festgeschriebenen Herrschaftsstrukturen und eine für Deutschland zutreffende differenzierte politische Landschaft bauen konnten.[21]

Schon 1917 hatte der Verleger Eugen Diederichs auf die oberfränkische Burg Lauenstein eingeladen: Neben den großen Männern, allen voran Max Weber, strömten, in Hoffnung auf eine Erneuerung, junge Leute, vom Krieg zum Pazifisten geläutert wie Ernst Toller, um sich hier Weisheit für die Zukunft zu holen. Doch die „Entzauberung der Welt",[22] mit der der große Heidelberger Soziologe 1919 seine Zeit, die Entfremdung der Moderne und die Bedeutung, die Intellektualisierung und Rationalisierung durch die Wissenschaften daran hatten, auf den Punkt bringen wollte, sollte es gerade nicht sein. Toller gründete einen, über das akademische Milieu hinaus, für die gesamte Generation gedachten *Kulturpolitischen Bund der Jugend in Deutschland* und ließ in der Stadelheimer Festungshaft, wohin ihn ein glückliches Schicksal wegen der Teilnahme an der Münchner Räterepublik vor dem sicheren

---

20 Vgl. Schlögel, Karl: *Im Raume lesen wir die Zeit. Über Zivilisationsgeschichte und Geopolitik*. Carl Hanser Verlag: München 2003.

21 Harald Heppner hat im Gespräch in Ljubljana 2016 darauf hingewiesen, dass es vergleichbare, ungeplante politische Aktivitäten mit jeweils sehr eigenwilligen Lösungsmodellen gegeben hatte. Hier könnte der Ansatz liegen für eine auch methodisch vielversprechende Studie, in der einmal europäische Regionen verglichen würden!

22 Weber, Max: *Wissenschaft als Beruf*. Langen Verlag: München 1919, 488.

Tod gerettet hatte, seinen Protagonisten im pazifistischen Kultdrama *Die Wandlung* das Hohelied einer „Menschheitskathedrale“ verkünden:

> Nun öffnet sich, aus Weltenschoss geboren / Das hochgewölbte Tor der Menschheitskathedrale. / Die Jugend aller Völker schreitet flammend / Zum nachtgeahnten Schrein aus leuchtendem Kristall. / Gewaltig schau ich strahlende Visionen – kein Elend mehr, nicht Krieg, nicht Hass! […] Den Weg – Du Dichter weise![23]

Walter Benjamin begründet eines der unzähligen Utopieprojekte im Bekenntnis zur *Bauhütte*, ebenfalls einem Rekurs auf die mittelalterliche Idealgemeinschaft des Kathedralbaus, mit der Spiritualität, künstlerische Avantgarde und politisch-moralische Verantwortlichkeit zusammenkommen sollten.

Lionel Feininger gibt dem *Bauhaus*, das im gleichen Jahr in Weimar Fuß zu fassen sucht, in der *Bauhaus-Zeitschrift* mit der in die Moderne weiter geschriebenen *Kathedrale* ein Signet.

Kurt Schwitters beginnt in Hannover mit der Etablierung seines ersten *Merz*-Baus, einer Hommage an die Ästhetik des Alltäglichen und Sinnlosen, zugleich einer Gegenwelt unter dem programmatischen Titel *Kathedrale des erotischen Elends*.

Martin Buber in Heppenheim sucht die Verquickung von christlichem und jüdischem Messianismus, nahe an Ernst Blochs *Geist der Utopie*. Utopiebereite Zeitgenossen treffen sich dort in der Nachpfingstwoche.

Romano Guardini verbündet Christliches an der Universität Bonn, begleitet vom Abt des Klosters Maria Laach, Ildefons Herwegen. Ihr Netzwerk wird die *Quickborn*-Bewegung, angesiedelt in der Burg Rothenfels am Main, für das einer der ganz Großen, der Architekt Rudolf Schwarz spirituelle Räume schafft: Ein vergleichbarer Geist entwickelt sich im Kloster Beuron. Die sie tragende katholische Liturgiebewegung hat höchste ästhetische Maßstäbe, realisiert ein zukünftiges Christusbild, das Jesus als Salvator, Opfer, Leidendenden schlechthin verkündet, analog zum Messianismus im Expressionistischen Theater, z.B. bei Georg

---

23 Toller, Ernst: „Die Wandlung. Das Ringen eines Menschen“. In: ders.: *Gesammelte Werke. Bd. 2. Dramen und Gedichte aus dem Gefängnis*. John M. Spalek und Wolfgang Frühwald (Hrsg.). Dtv: München 1978, 51.

Kaiser. Novembergruppen verbreiten sich von Dresden aus übers Land. Sie nehmen politisch-revolutionär Stellung. In ihren Kreisen entwickelt sich zugleich eine Architekturrevolution, die um und mit Bruno Taut schon im Februar 1919 in der utopischen Vereinigung *Gläserne Kette* ein Sprachrohr sucht. Taut hatte schon 1914 mit seinem Glaspavillon auf der Kölner Werkbundausstellung – einem globalen Ereignis – eine Versöhnung von Orient und Okzident zelebriert. Auch dies schon ein Kapitel Utopie, neben Henry van de Veldes *Werkbundtheater*, das Emile Verhaeren gespielt hatte und den berühmten Alexander Sacharow tanzen ließ.

Am Bodensee trafen sich der damals vielgelesene Neukantianer Paul Natorp, Wilhelm Schäfer und Alfons Paquet, verfassten im Namen des Versöhnungsprojektes *Bund der Sommerhalde* einen „Aufruf an das Proletariat“,[24] dem auch Albert Einstein und Thomas Mann zustimmten.

In Köln arbeitet man an dem vielleicht aufregendsten Denk-/Schlüssel-Bild, wenn wir die Version eines katholischen Anarchismus als eigenes Format sehen. Max Ernst hatte bereits 1912 sein Ölbild *Die Jungfrau züchtigt das Jesuskind vor drei Zeugen* verfertigt, jetzt gewinnt es eine eigene Aktualität. Ernst und die Pariser Freunde, auch Gala Éluard treffen sich. Mit der Muse dreier Jahrhundertmänner (Éluard, Max Ernst und Dalí) wird dieser Avantgarde mit dem Umzug der *ménage à trois* nach Paris weitergeschrieben und vernetzt mit dem aus Zürich eingewanderten Dadaismus, hinein in den Surrealismus. Auch dies: ein Beitrag zum Völkerfrieden.

In der Kölner Szene versagte das Nihilismuspostulat der Moderne, statt Asebie funktionierte hier eine besondere Weiterschreibung in die Moderne! Der rheinische Katholizismus (heute bekannt von Böll) investierte in Dada mit Dada Max Ernst, Hans Arp, Heinrich Hoerle und Johannes Theodor Baargeld, eingebunden in die große Kunsthandelsszene um Alfred Flechtheim, Karl Nierendorf und Henry Kahnweiler, mit Außenposten im kleinen Eifelort Simonskall. Mit dem großen

24 Vgl. Cepl-Kaufmann, Gertrude: „Gemeinschaftsutopien am Rhein. Wilhelm Schäfer und der ‚Bund der Sommerhalde‘“. In: Bosch, Manfred, Ulrich Gaier, Wolfgang Rapp, Peter Schneider und Wolfgang Schürle (Hrsg.): *Schwabenspiegel. Literatur vom Neckar bis zum Bodensee 1800–1950*. Oberschwäbische Elektrizitätswerke: Biberach/Riß 2006, 703–717.

Europäer Alfons Paquet, Promoter für alle Formen der Genossenschaft als Modell einer Basisdemokratie mit hohem Wert des Gemein(schafts)-wohls, gipfelt das spirituelle Denken: Im November hält Paquet in der Galerie Nierendorf die Rede *Der Rhein als Schicksal*,[25] in der er gegen das „Petrinische“, versteinerte, lebens- und menschenfeindliche Projekt des Christentums das Johanneische setzt.

Zwischenbilanz

Fragt man, was dieses Jahr zusammenhielt, so war es eben diese hochexplosive Mischung aus realen Auflösungssyndromen und Starre *und* einer Art Pfingsten, mit der dieser geradezu eschatologisch inspirierte, mit Paradiesbildern ausgeschmückte Sehnsuchtsort Europa herbeigeschrieben, -gemalt und -beschworen wurde!

1945 – ein (Blick)Wechsel

Kriegsende. Chaos, rückströmende Soldaten, Auflösung aller Ordnung: Nur alles in verschlimmerter Aufmachung, Zeitungen nur, wenn es Papierzuweisungen gab und die Alliierten ihre Zustimmung gaben, die Städte zerstört, *kein Ort nirgends*! Der Topos vom „unbehausten Mensch“ machte mit Hans Egon Holthusen[26] die Runde.

Auch der Vergleich der Organisationsformen unter Intellektuellen offenbart es: Frommes nur von der zurückgeblieben *Inneren Emigration*, etwa Werner Bergengruen und Reinhold Schneider, die ihre Kommentare zurzeit in christliche Abendlandgedanken verpackten. Bei den Jüngeren: keine Bünde! Alles Spirituelle, Religiöse wird spätestens mit Heinrich Bölls Satire *Doktor Murkes gesammeltes Schweigen* entlarvt als Herrschaftsgestus und Opportunismus einer mediengeilen

---

25 Vgl. Paquet, Alfons: *Der Rhein als Schicksal oder Das Problem der Völker*. Kurt Wolff Verlag: München 1920.

26 Vgl. Holthusen, Hans Egon: *Der unbehauste Mensch. Motive und Probleme der modernen Literatur. Essays*. Piper Verlag: München 1951.

Kulturmafia, hier dem in der Bonner Republik überaus wirkungsvollen Westdeutschen Rundfunk, dessen bis heute zum Kult avancierter Paternoster in Bölls literarischem Schmuckstück so etwas wie ein Narrativ für das Restaurative und den Schrecken, den es beim kritischen Zeitgenossen verursacht, abgibt. Nicht minder symptomatisch die *Gruppe 47*, ortlos seit ihrem Beginn, dem bereits 1945 im amerikanischen Kriegsgefangenenlager Fort Philip Kearney in Rhode Island von den Amerikanern formierten Kreis demokratischer Kräfte, aus dem sich ein zwanzig Jahre lang marktbeherrschender Fundus von Autoren entwickelt, fast gänzlich unpolitisch, mit Hans Werner Richter als einer Art Petrus des Schriftstellerhimmels vorneweg, ein ambulantes, programmresistentes, multiästhetisches *one-man*-Projekt!

Die Universitäten? Schweigen – keine Gemeinschaften – mit wem auch? Noch in meinen ersten Semestern in den Sechzigern beherrschte ein Benno von Wiese in der Germanistik das Feld und bedeutende Historiker wie Theodor Schieder strickten an der These von der Zwischenkriegszeit. Erst spät wurde ihre Geschichte bekannt.

Für einen Wechsel bedurfte es einer neuen Generation. Ganz anders als die Zeitgenossen von 1919, die gerade mit der Erfahrung des Krieges ihre spontanen gesellschaftsverändernden Ideen und Aktivitäten legitimierten, musste eine neue Quelle für den Ruf nach einer Einheit von Politik und Moral wirken, die dann tatsächlich im 1960er Jahrzehnt mit der Dortmunder *Gruppe 61*, der Sozialdemokratischen Wählerinitiative und der Befreiungsbewegung in den Kunstakademien Realität wurde: Ihre Stärke erhielt die politische, intellektuelle *und* künstlerische Bewegung aus den Kreisen von Exilintellektuellen wie Max Horkheimer und Theodor Wiesengrund Adorno, deren *Kritische Theorie* zu wirken begann, von Exilpolitikern wie Willy Brandt und dem ehemaligen Stuka-Flieger Joseph Beuys, den die eigenen Leiden nach einem Absturz seines Flugzeuges zum Pazifismus bekehrt hatten und der nun mit seinem Votum: „Jeder Mensch ist ein Künstler“[27] zu einem Programm existentieller Freiheit aufrief.

27 Vgl. Brügge, Peter: „Die Mysterien finden im Hauptbahnhof statt“. In: *Spiegel-Online*, 4.6.1984. In: http://www.spiegel.de/spiegel/print/d-13508033.html, 7.4.2017.

Wieder war es wesentlich die Generation der Erfahrenen, nur brauchte sie viel, viel länger, um einem Geist der Utopie etwas abzugewinnen, auch Ernst Bloch, der dennoch kurz vor seinem Tod zum geradezu zeichenhaften Gast des ersten Schriftstellerkongresses 1971 in Stuttgart wurde. Seit an Seit mit Autoren und Politikern wie Willy Brandt und Gustav Heinemann saß er in der ersten Reihe. Initiator dieses bemerkenswerten neuerlichen Versuchs einer Reintegration von Geist und Politik war Günter Grass, der Meister einer unauflöslichen Spannung von Apokalypse und Utopie. Das Stuttgarter Ereignis aber war, vergleicht man die Utopiebereitschaft und Demokratieidentität mit der um 1919, nur ein Bruchteil und Restbestand, der schon mit dem Sturz Willy Brandts in seiner Emphase erloschen war, *entzaubert*!!

Schon ein Jahrzehnt nach diesem Fortschrittsappell hat Grass mit seinem Denkbild *Die Rättin* den inkarnierten Beweis von *Gottes verpfuschter Schöpfung* literarisch etabliert und an Jean Pauls „Rede des toten Christus vom Weltgebäude herab, dass kein Gott sei“, auf die er sich in diesem Roman beruft, gebunden. Er liefert damit das stärkste, nicht zu widerlegende oder widerlegte Pendant zum Utopiebegriff und utopisch-praktischen Lebensversuch der Intellektuellengeneration von 1919. Sein Paradox, getragen vom Existentialismus der französischen Intellektuellen und im Absurden des Theaters ansehbar gemacht, war nur noch ein bescheidener Rest, sozusagen das Negativ der hoffnungsschwangeren Utopie der frühen Jahre. Da ging keine *spes sola* mehr mutig in die Friedensschlacht, sondern trottete, schwer von Vergangenheitsbildern in eine nichts versprechende Zukunft.

War die Generation von 1919 die, die die Zukunft beschwören wollte, zeigte sich diese Generation von Intellektuellen der zweiten Nachkriegszeit als die Generation der Abschiednehmenden. Und es reizt, Walter Benjamins geschichtsphilosophische Reflexionen, die er angesichts der 1920 entstandenen aquarellierten Zeichnung *Angelus Novus* von Paul Klee, die er 1921 erstanden hatte und 1940, kurz vor seinem Freitod in seinen geschichtsphilosophischen Reflexionen zum Anschauungsbild evoziert, als Deutungsmuster hier einzubeziehen:

> Es gibt ein Bild von Paul Klee, das Angelus Novus heißt. Ein Engel ist darauf dargestellt, der aussieht, als wäre er im Begriff, sich von etwas zu entfernen, worauf

> er starrt. Seine Augen sind aufgerissen, sein Mund steht offen, und seine Flügel sind aufgespannt.[28]

Für Benjamin ist er das Denkbild für Geschichte:

> Er möchte wohl verweilen, die Toten wecken und das Zerschlagene zusammenfügen. Aber ein Sturm weht vom Paradiese her, der sich in seinen Flügeln verfangen hat und so stark ist, dass der Engel sie nicht mehr schließen kann. Dieser Sturm treibt ihn unaufhaltsam in die Zukunft, der er den Rücken kehrt, während der Trümmerhaufen vor ihm zum Himmel wächst. Das, was wir den Fortschritt nennen, ist dieser Sturm.[29]

Anders als der Engel der Geschichte aber ist der Historiker keineswegs zu völliger Ohnmacht verdammt. Denn im Unterschied zum Engel vermag er im Sturmwind der Geschichte innezuhalten – zu „verweilen"[30] – und in den toten Trümmern der Vergangenheit Splitter jenes messianischen Jetzt auszumachen, die es freizusetzen – mit einem anderen Wort – zu *erlösen* gilt. Als eine, so Benjamin, stets gegenwärtige Möglichkeit.

Nehmen wir Benjamins geschichtsphilosophische These, so können wir im Sinne dieses Anschauungsobjektes sehr unterschiedliche Antworten geben, wenn wir die beiden Nachkriegszeiten vergleichen.

Wovon hatten sich die Zeitgenossen von 1945 verabschiedet und wie haben es Schriftsteller als Interpreten vermittelt?

Günter Eich hat in Camp 16, einem mit 35.000 Gefangenen in freier Natur belegten Lager bei Remagen, wohin man ihn verbracht hatte, sein Dasein mit der Poesie unterlegt, die seinem Seelenzustand entsprach. Zitieren möchte ich aber nicht aus dem bekannteren Gedicht „Inventur", das als Reduktionsform von Sprache, Gedankenwelt und Weltsicht in Form eines Nagels, mit dem das lyrische Ich seinen Namen in eine zur Rundumversorgung gebliebene Blechdose ritzt: eine minimalistische Selbstbehauptung. Kropotkins utopisches Paradies von der *Gegenseitigen Hilfe in der Tier- und Menschenwelt*, von dem oben als identitätsstiftendem Text der Generation von 1919 die Rede war,

---

28 Benjamin, Walter: „Über den Begriff der Geschichte". In: ders.: *Gesammelte Schriften. Bd. I/2*. Suhrkamp Verlag: Frankfurt 1991, 697.

29 *Ibid.*, 697–698.

30 *Ibid.*

scheint im Gedicht „Camp 16“ *ad absurdum* geführt, wenn es in Eichs Gedicht heißt: „Wo blieben die Kameraden? / Ach, bei Regen und Sturm / Wollen sich zu mir laden / Nur Laus und Regenwurm.“[31] Stille, Leere, keine Ismen, Aktivismen! Mehr noch: Eich benennt in seinem Gedicht etwas, von dem er nicht einmal Abschied nehmen kann, weil es als identitätsstiftender Ort entschwunden ist:

> Zur Lagerstatt rupf ich Luzerne. / Nachts sprech ich mit mir allein. / Zu Häupten mir funkeln die Sterne. / Es flüstert verworren der Rhein. / Bald wird die Luzerne verdorrt sein, / Der Himmel sich finster bezieht, / im Fließen des Rheins wird kein Wort sein, / Das mir süß einschläfert das Lid.[32]

Heinrich Heines *Loreley*, das Romantische, das Rüdiger Safranski zu Recht als das Deutsche Muster schlechthin fixiert,[33] und das Henning Ritter mit der Zuweisung, der Rhein „ist die Höhle der Deutschen“,[34] topographisch verortet hatte, ist nur noch als Schwundform eines Zitats vernehmbar. Es ist die Absenz von realer, mentaler und intellektueller Heimat – auch die Absenz messianischer Deutungsmuster. Fast möchte man mit Nietzsches 1884 entstandenem Gedicht weiterdenken. Unter den wechselnden Titeln „Vereinsamt“, „Der Freigeist“, „Abschied“, „Heimweh“, „Aus der Wüste“ heißt es dort: „Die Krähen schrei’n / Und ziehen schwirren Flugs zur Stadt: / Bald wird es schnei’n – / Weh dem, der keine Heimat hat!“[35]

Dennoch: Demokratie, eine, die wir aus der Rückschau als verlässliches Fundament unseren derzeitigen Deutschland und Europa ansehen müssen, können, dürfen wir auch in diese trostlose Zeit geben! Diese Demokratie kam nicht, wie der geradezu emphatische Entwurf von 1919 von innen oder wurde von den Betroffenen selbst vorangebracht. Wo

---

31 Eich, Günter: *Abgelegene Gehöfte*. Schauer Verlag: Frankfurt a. M. 1948, 34.

32 *Ibid.*

33 Vgl. Safranski, Rüdiger: *Die Romantik. Eine deutsche Affäre*. Carl Hanser Verlag: München 2007.

34 Ritter, Henning: „Das Rheintal ist die Höhle der Deutschen“. In: *Frankfurter Allgemeine Zeitung*, 28.8.2007, 12.

35 Nietzsche, Friedrich: „Vereinsamt“. In: ders.: *Werke. I. Abt. Bd. 8. Gedichte im Zeitraum von 1882–1885*. Diederichs Verlag: Leipzig 1895, 355.

kam sie her? Ein Rundblick um den Kölner Neumarkt zeigt im Umkreis von 100 Metern in schönster 50er Jahre Architektur: *Amerikahaus*, *British Council*, *Belgisches Haus* – bis Anfang des Jahrtausends blieben sie der Kontext einer zunächst fragilen, und nur in einem langen Prozess der Sensibilisierung gediehenen solideren Existenz – der Demokratie.

Fazit

Ziehen wir, auch im Blick auf Benjamins Geschichtsdeutung, ein Fazit: Zwei Nachkriegszeiten – zwei Demokratien – zwei Welten, die dennoch unter dem Aspekt einer kulturhistorischen Verortung in eine bemerkenswerte Traditionslinie gestellt werden dürfen. Was heißt das für unser Narrativ?

Antwort kann ein Blick auf die Zeit nach dem Ersten Weltkrieg geben. Diese Zeit kann uns über das Wesen eines politischen Wechsels aufklären: In diesem Fall war es die in vielerlei Entwürfen ansetzende dringende Wunsch der Widerlegung verlorener *Menschlichkeit*, nennen wir sie im Blick auf unser Thema *Gerechtigkeit*. Ein sensibles Gefühl der Gleichheit, der neuen Gemeinschaft kam aus der Mitte der kriegerlebenden Generation, getragen vom Geist, Kultur, Bildung, doch vor allem der Suche nach dem adamitischen Menschen. Hugo Ball hatte ihn ebenso beschrieben wie die Maler der *Brücke*, des *Blauen Reiter* und Carl Einstein.

Die *Weimarer Republik* hatte im Ansatz eben diese Demokratie gebracht, die sich als Kurswechsel verstehen wollte. Sie war nicht das Paradies, das damals in einer Fülle literarischer und künstlerischer Visionen in Theater, Bild und Poesie erschien, aber Freiheit, Gerechtigkeit und auch Gleichheit waren ihr in bemerkenswerter Weise eingeschrieben, sogar, anders als in manchen der als Utopien verstandenen Aufrufe der Zeit, als realpolitisches Programm. Erst der *Verrat am Geist*, um einmal mit Heinrich Manns oft geäußerter Formel für den Niedergang zu argumentieren, hatte dieses Demokratieprojekt von hinten erschlagen – *eine vom Paradox eingeholte Dolchstoßlegende*!

Antwort kann aber auch der Blick auf den Neubeginn, die *Stunde null* nach dem Zweiten Weltkrieg geben. Die Dinge lagen anders: Nicht der Verlust an Menschlichkeit war es, der die Generation derer umtrieb, die nun handeln mussten. Sie hatten eine Lektion vor sich, die viel härter war: Sie musste sich erst einmal von einer Identität der selbst praktizierten, ideologisch unterfütterten Unmenschlichkeit, auch wenn sie mit einer vorgeblichen Verführbarkeit sich zu exkulpieren suchte, befreien. Nicht *Freiheit* konnte hier das Schlüsselwort sein, sondern *Befreiung*: so, wie Siegfried Lenz es in der *Deutschstunde* als Lesebuchkapitel vorgibt. Wie lange dieser Prozess dauerte, konnte Richard von Weizsäckers Rede zum 8. Mai im Jahre 1985, also 50 Jahre später zeigen. Im Sinne der *Annales*[36] erweist sich das Jahr 1919 als *Evenment*, als Ereignis, doch in unserem Fall wird es, setzen wir es zum Ereigniskomplex der unmittelbaren Nachkriegszeit ab 1945 in Beziehung, zu einem Modellfall der *longue durrée* – der europäischen Demokratie. Trotz einer Ereigniskette der Unglücke lässt sich die Kontinuität eines europäischen Denkens von 1919 in die Zeit nach 1945 weiterverfolgen. Dies als Idee des Humanen zu werten, dürfte hier auf großen Konsens stoßen. Das ist die Herausforderung, die dieses internationale *Forum für Humanwissenschaften* als Programm im Schilde führt: Nehmen wir die Geschichte als *Trümmer* im Sinne Benjamins, so müssen und können wir sie auch noch als *Splitter* und weiter, zukünftig zusammenfügen: Wir müssen zur *Freiheit* die *Befreiung* geben. Wir müssen zur *Gerechtigkeit* die *Gemeinschaft* geben. Wir müssen zu diesem allen die *Stimmen* herauslocken, aus Archiven, aus Wissenschaftsdiskursen, aus

---

36 Vgl. hier insbesondere: Bloch, Marc, Fernand Braudel und Lucien Febvre: *Schrift und Materie der Geschichte. Vorschläge zu systematischen Aneignung historischer Prozesse.* Suhrkamp Verlag: Frankfurt a. M. 1977; Le Goff, Jacques, Roger Chartier und Jacques Revel (Hrsg.): *La nouvelle histoire. Les encyclopédies du savoir moderne.* Retz: Paris 1978 (die deutsche Ausgabe der gekürzten französischen Neuauflage von 1988: dies.: *Die Rückeroberung des historischen Denkens. Grundlagen der Neuen Geschichtswissenschaft.* Fischer Taschenbuch Verlag: Frankfurt a. M., 1994); Burke, Peter: *Offene Geschichte. Die Schule der „Annales“.* De Gruyter Verlag: Berlin 1991 (aktualisiert und erweitert in: ders.: *Die Geschichte der Annales. Die Entstehung der neuen Geschichtsschreibung.* De Gruyter Verlag: Berlin 2004).

den verschütteten Örtern des Gedächtnisses, um die *Stimmen* zu aktivieren, derer eine *Demokratie* bedarf. Das ist leicht gesagt. Humanwissenschaften sind in unseren Zeiten eine Universitätsdisziplin, eine Fakultät, die wir gründlich in den Orkus treiben!!! Nietzsche hatte in seinen *Unzeitgemäßen Betrachtungen* die „Exstirpation des deutschen Geistes zugunsten des ‚Deutschen Reiches'"[37] beklagt. Wir könnten, ungerührt, wie es sich tatsächlich vollzieht, heute von der *Exstirpation des europäischen Geistes zugunsten der globalen Wirtschaft* sprechen.

Dennoch: Ansteckend könnten die Zeiten wieder einmal werden, die eine andere Tinte benutzten, andere Sprachen und Bilder fanden. Hier ließe sich mit den frühen Jahren des 20. Jahrhunderts eine noch weitgehend unentdeckte, oder von einer an ganz anderen Zusammenhängen orientierten Geschichtsdeutung als konstruktive Kraft aktivieren und gegen tradierte Deutungsmuster angehen. Für eine zukünftige Wissenschaftskultur müssten wir, um zum Ausgangsbild zurückzukommen, uns ein eigenes Chamäleon züchten.

Anregung könnten wir wieder einmal bei Walter Benjamin finden. Seine Idee des *Lumpensammlers*, als den er den kritischen Zeitgenossen *und* den Historiker beschreibt, nehmen und ihn für uns fruchtbar machen: Eine suchende, entdeckende Wissenschaft, keine, die vom Deutungstrieb her ihren imperialen Anspruch definiert.

Wir brauchen ein produktives Kulturmodell. Nutzen können wir dieses Riesenfeld aktiver und schöpferischer Menschen für einen konstruktiven Vergleich. Das Konkurrenz-Modell einmal umkehren! Vom frühen 20. Jahrhundert einmal die Vielheit lernen! Die Offenheit, das Utopische als das Menschliche, Literatur als Prognostik und weniger als Konkurrenzkampf im lustvollen Beschreiben von Kriegen aller Art. Mein Lehrer Alfred Döblin schon hatte dieser Festschreibung der Entfremdung den Kampf angesagt. In seinem letzten Roman *Hamlet oder Die lange Nacht nimmt ein Ende* war er zum literarischen Projekt angetreten, sein Jahrhundert unter der Erkenntnis, dass es *vielerlei Kriege* gebe, aus psychoanalytischer wie auch aus historisch-politischer Sicht

---

37 Nietzsche, Friedrich: „Unzeitgemäße Betrachtungen. Erstes Stück: David Strauß. Der Bekenner und der Schriftsteller". In: ders.: *Werke in drei Bänden. Bd. 1.* Karl Schlechta (Hrsg.). Carl Hanser Verlag: München 1966, 137.

über das Wesen jedes Krieges aufzuklären. Für ihn war der Krieg generell ein Aus-der-Ordnung-Kommen der Dinge! Auch für ihn ging es nur ganzheitlich!

Walter Benjamins Vermächtnis sollte uns nicht kalt lassen. Es liegt in eben diesem Paradox, das den *Lumpensammler* antreibt im sicheren Bewusstsein, dass Humanwissenschaften und das Humane zusammengehören und im Wissen darum, dass er es suchen, aber nicht finden wird!

Bibliographie

Benjamin, Walter: „Über den Begriff der Geschichte“. In: ders.: *Gesammelte Schriften. Bd I/2*. Suhrkamp Verlag: Frankfurt 1991, 691–704.

Bloch, Marc, Fernand Braudel und Lucien Febvre: *Schrift und Materie der Geschichte. Vorschläge zu systematischen Aneignung historischer Prozesse*. Suhrkamp Verlag: Frankfurt a. M. 1977.

Burke, Peter: *Die Geschichte der Annales. Die Entstehung der neuen Geschichtsschreibung*. De Gruyter Verlag: Berlin 2004.

—: *Offene Geschichte. Die Schule der „Annales“*. De Gruyter Verlag: Berlin 1991.

Cepl-Kaufmann, Gertrude: „Gemeinschaftsutopien am Rhein. Wilhelm Schäfer und der ‚Bund der Sommerhalde‘“. In: Bosch, Manfred, Ulrich Gaier, Wolfgang Rapp, Peter Schneider und Wolfgang Schürle (Hrsg.): *Schwabenspiegel. Literatur vom Neckar bis zum Bodensee 1800–1950*. Oberschwäbische Elektrizitätswerke: Biberach/Riß 2006, 703–717.

—: „Gustav Landauer im Friedrichshagener Jahrzehnt und die Rezeption seines Gemeinschaftsideals nach dem 1. Weltkrieg“. In: Delf, Hanna und Gert Mattenklott (Hrsg.): *Gustav Landauer im Gespräch. Symposium zum 125. Geburtstag*. Niemeyer Verlag: Tübingen 1997, 235–275.

—: „‚Jahrtausendfeiern' und ‚Befreiungsfeiern'. Kulturelle Manifestationen im besetzten Rheinland". In: *Geschichte im Westen. Zeitschrift für Landes- und Zeitgeschichte*, Nr. 31 (2016), 169–188.

—: „Liebe und Güte als politische Kategorien im Werk von Heinrich Mann". In: Neuhaus-Koch, Ariane und Gertrude Cepl-Kaufmann (Hrsg.): *Literarische Fundstücke. Wiederentdeckungen und Neuentdeckungen. Festschrift für Manfred Windfuhr.* Winter Verlag: Heidelberg 2002, 275–300.

Clark, Christopher: *Die Schlafwandler. Wie Europa in den Ersten Weltkrieg zog*. Deutsche Verlagsanstalt: München 2013.

Craig, Gordon: *Das Ende Preußens*. Beck Verlag: München 1985.

Delabar, Walter: *Walter Rathenau. Der Phänotyp der Moderne. Literatur- und kulturwissenschaftliche Studien zu Walter Rathenau*. Aisthesis Verlag: Bielefeld 2009.

Eich, Günter: *Abgelegene Gehöfte*. Schauer Verlag: Frankfurt a. M. 1948.

Holthusen, Hans Egon: *Der unbehauste Mensch. Motive und Probleme der modernen Literatur. Essays*. Piper Verlag: München 1951.

Kammasch, Gudrun: „Fritz Haber und Clara Immerwahr – wem dient die Wissenschaft". In: Loureda, Oscar (Hrsg.): *Der Erste Weltkrieg und die Folgen*. Winter Verlag: Heidelberg 2016, 47–75.

Klemperer, Victor: *Man möchte immer weinen und lachen in einem. Revolutionstagebuch 1919.* Mit einem Vorwort von Christopher Clark und einem historischen Essay von Wolfram Wette. Aufbau Verlag: Berlin 2015.

Kropotkin, Peter: *Gegenseitige Hilfe in der Tier- und Menschenwelt.* Theod. Thomas Verlag: Leipzig 1908.

—: *Mutual Aid: A Factor of Evolution*. Freedom Press: London 1902.

Krumeich, Gerd: *Juli 1914. Eine Bilanz. Mit einem Anhang: 50 Schlüsseldokumente zum Kriegsausbruch.* Schöningh Verlag: Paderborn 2014.

Le Goff, Jacques, Roger Chartier und Jacques Revel (Hrsg.): *Die Rückeroberung des historischen Denkens. Grundlagen der Neuen Geschichtswissenschaft.* Fischer Taschenbuch Verlag: Frankfurt a. M., 1994.

Le Goff, Jacques, Roger Chartier und Jacques Revel (Hrsg.): *La nouvelle histoire. Les encyclopédies du savoir moderne*. Retz: Paris 1978.

Luxemburg, Rosa: „Zur russischen Revolution". In: dies.: *Gesammelte Werke. Bd. IV*. Paul Levi (Hrsg.). Dietz Verlag: Berlin 1918, 332–362.

Nietzsche, Friedrich: „Unzeitgemäße Betrachtungen. Erstes Stück: David Strauß. Der Bekenner und der Schriftsteller". In: ders.: *Werke in drei Bänden. Bd. 1*. Karl Schlechta (Hrsg.). Carl Hanser Verlag: München 1966, 137–209.

—: „Vereinsamt". In: ders.: *Werke. I. Abt. Bd. 8. Gedichte im Zeitraum von 1882–1885*. Diederichs Verlag: Leipzig 1895, 355.

Paquet, Alfons: *Der Rhein als Schicksal oder Das Problem der Völker*. Kurt Wolff Verlag: München 1920.

Ritter, Henning: „Das Rheintal ist die Höhle der Deutschen". In: *Frankfurter Allgemeine Zeitung*, 28.8.2007, 12.

Rohrbach, Paul: *Der deutsche Gedanke in der Welt*. Langewiesche Verlag: Düsseldorf 1912.

Safranski, Rüdiger: *Die Romantik. Eine deutsche Affäre*. Carl Hanser Verlag: München 2007.

Schlögel, Karl: *Im Raume lesen wir die Zeit. Über Zivilisationsgeschichte und Geopolitik*. Carl Hanser Verlag: München 2003.

Toller, Ernst: „Die Wandlung. Das Ringen eines Menschen". In: ders.: *Gesammelte Werke. Bd. 2. Dramen und Gedichte aus dem Gefängnis*. John M. Spalek und Wolfgang Frühwald (Hrsg.). Dtv: München 1978, 7–61.

Weber, Max: *Wissenschaft als Beruf*. Langen Verlag: München 1919.

Internetquellen

Adenauer, Konrad: „1. Februar 1919: Ansprache vor einer Versammlung der linksrheinischen Abgeordneten zur Nationalversammlung, der linksrheinischen Abgeordneten zur preußischen Landesversammlung und der Oberbürgermeister der besetzten rheinischen Städte

im ‚Hansasaal'". In: https://www.konrad-adenauer.de/dokumente/reden/1919-02-01-rede-hansasaal, 5.12.2016.
Brügge, Peter: „Die Mysterien finden im Hauptbahnhof statt". In: *Spiegel-Online*, 4.6.1984. In: http://www.spiegel.de/spiegel/print/d-13508033.html, 7.4.2017.
Clausewitz, Carl von: *Vom Kriege*. In: http://gutenberg.spiegel.de/buch/vom-kriege-4072/3, 6.4.2017.
Landschaftsverband Rheinland: *1914 – Mitten in Europa*. In: www.rheinland1914.lvr.de, 6.4.2017.

Sanja Milutinović Bojanić

The "Humanities" in the Anthropocene

Abstract: Could we not uncover the reasons for the decline of the humanities in education in their very origin and the initial division into the natural world, with all its entropies, as it was once understood, and the humanist world of ordered human creativity we are living in at this very moment of the Anthropocene? The aim here is to follow a thought experiment in which "a visit to a cemetery" would reconstruct the rules and directions of a living substance constantly changing in appearance before our very eyes, preventing clear designation. Neither archaeological nor genealogical in its method, this text seeks to defend the reconstruction of analytic tools precisely through guerrilla forms of swift and specific analysis of small and individual life forms. The question then becomes whether anthropology (with special emphasis on the *anthropos*) indeed is the highest level of the humanities (*studia humanitatis*), after which their humanity is exhausted? What then we can describe under the umbrella term, the Anthropocene?

Could we not uncover the reasons for the decline of the humanities in education in their very origin and the initial division into the natural world, with all its entropies, as it was once understood, and the humanist world of ordered human creativity we are living in at this very moment of the Anthropocene? Whether the humanities' approach to science is marked by "human touch" is not only a rhetorical question intending, yet again and to no avail, to affirm the primacy of science—in the sense in which Foucault used the word *epistème* to designate the science of the modern age as opposed to the analogies of the Renaissance. Nor is it an attempt to laud the humanities, in an age in which they ever more assuredly bring into their fold various skills and aptitudes, such as those that study and teach the future and global risks of *hu/man-humanity*, or more generally humanity's survival in the future.

Thus, at Oxford, a place of extraordinary work/research conditions, we find the *Future of Humanity Institute*, whose director is Nick

Bostrom, an analytic philosopher, author, and editor of such books as *Anthropic Bias* (2002), *Global Catastrophic Risks* (2010) or *Human Enhancement* (2011), and *Superintelligence: Paths, Dangers, Strategies* (2015). His *Superintelligence* is particularly tied to the notion of transhumanism, a quasi-utopian movement whose main concern is to analyze the accelerating influence and Draconian changes in the social, economic, biological domains of human life on Earth. Bostrom's "human" is on the path of a kind of perfection beyond human intelligence and affective states, thus proselytizing the "enhancement of humanity" into the thematization and priorities of scientific and research projects of our age. Then we have *CARTA* (*Center for Academic Research and Training in Anthropogeny*), a transdisciplinary center that promotes the study of *anthropogeny*—a field that studies the origin of humanity, bringing together a myriad of traditional disciplines from the humanities, but also the biomedical, biological, computer, and engineering fields, as well as the ones based in physics and chemistry.

Studies in perfectibility inevitably carry elements of probability theory of mathematics and applied physics; but they also contain beliefs, guessing, and divination, moving away from scientific rationality, using narrative methods, the very tools of the humanities. In this way the futuristic field cobbles together an improbable Frankenstein-like body, overgrown through excessive worry about the perishing of humanity, and introduces expressions such as "existential risk", all the while obscuring the meanings and applications of the notions of "existence" and "risk".

This text, however, is not concerned with global risk, examination of catastrophe, advocacy of human enhancement, application of prosthesis, and supplementation of humans, nor does it announce the end of time and the apocalypse. Nor would an examination of the notion of "humanity" in these discourses reveal anything about what makes us human. Yet, since both the adjective and its application appear with the development of modern science in the early seventeenth century, it seems that this conception of the humanities emerges from a tautology, a closed world of value and analytic means of self-confirming logic and linear causal affirmation of their own reason for existence, while remaining in the domain of specific strategies of teleo-theologies and regressions of various kinds of belief systems. What other purpose is served by proclaiming all the risks, to which humanity is exposed, than to control our reaction and preservation of a state of panic in the face of world's end?

Although Günther Anders wrote about catastrophes as early as the 1960s, using hyperbole for stylistic effect,[1] he did so for political, and not epistemological, metaphysical or logical reasons. The freshness of approach of that goading was entirely replaced by the schizoid position of apathetic internal discomfort manifested on the acting subject, calling into question even where humanity's power of acting has been lost? We could more easily claim that we live in a kind of hostage crisis wherein various forms of knowledge and action regarding the world around us, with us and in us, have been instrumentalized against us. All the while, we are still operationally split along the Cartesian lines of spirit and matter, the living and inanimate world, the world of nature and the world altered by human activity, resting in a bipolar relation thematized through the "*nature/nurture*" opposition. Even though the struggle against such dichotomies has lasted over the course of the twentieth century, after an enthusiastic beginning, by the time the twenty first century came around, the struggle yielded once again to various linear theologies. Thus, all the tools used in the critically directed deconstruction of manipulative and perverse mechanisms of such dyads easily find their way into the very arguments that used to be at the forefront of emancipatory politics of the marginalized, for example, of those who attempted to dissolve the heteronormativities and hegemonies of a religiously conservative world.

A similar thing has happened with the use of the word "human", with the translation, denotation, and connotation of the noun *homō*, but also the adjective in all languages that had roots in Latin and the word *hūmānus*. The modern age of the sixteenth and seventeenth centuries has resulted, paradoxically along with the development of science, in humanity achieving its mono-secularizing forms, universally designating all

---

1 Cf. Günther Anders, *Sténogrammes philosophiques* (Paris: Fario, 2015), 62.

persons of all genders with one, male name—man. Even the scientific systematizers of the eighteenth century, such as Carl Linnaeus in *Systemae Naturae* (1735) or Christoph Meiners, the polygenist to whom we owe the term of the Caucasian or white race (used by Hitler and still colloquially used in the U.S.), were very keen on defining, once and for all, the Latin term *homō*, and thus the neutralizing and universalizing term "man". Keeping well within the theological Judeo-Christian-Islamic matrix of the *Golem*, man remained an "earthly, clay-made creature". Still, in Western democracies of the twenty first century, the generic use of the term "man" has, despite strong efforts for a unified understanding of sex, race, and gender, nevertheless been complemented by other signifiers.

Whatever we attempted to place within the semantic field of the human, whether transhuman, inhuman, Nietzsche's superhuman, prehuman, subhuman in following Deleuze, Massumi's ex-man, and perhaps even—to use Rosi Braidotti's words—all too human, there is always above all a reduction of the world to only one of its components, however influential or crucial or seemingly universal.

In his *European Research Council* Bruno Latour has managed to gather a large number of associates, and in a project ongoing since 2010 studies various modes of life attempting this way to articulate, criticize, and understand precisely this united anthropology of the *Modern*.[2] He is the one who aims to recognize the inherent elements of the interrelated activity of "man" and the world around him by examining the use and myriad dualities of the hybrid and new, still ungrounded concept of the "Anthropocene". It is this theoretical grounding and ways of functioning that ought to describe and process the humanities, such as philosophy, theology, but also the natural sciences such as geology and meteorology. The neologism—the Anthropocene—coined with the Greek *anthropos* and *kainos* (ancient Greek for "novel") represents the name for a new geologic period measured in thousands of years, during which time human activity becomes the main factor in multidimensional and all

2 Cf. Bruno Latour, *Enquête sur les modes d'existence. Une anthropologie des Modernes* (Paris: La Découverte, 2012).

encompassing changes, above all affecting the physical, chemical, and geologic modifications in the world around us.

Rendering positive what he had in previous books treated as having negative ontological, epistemological, and cultural consequences of the Modern age, Latour describes the "Anthropocene" as a moment in which we would conduct a radical rearrangement of the context—right down to time and space—of our endeavors and thinking. The result would be an "awakening" from the quietism and expectation that something or someone beyond ourselves would determine our actions. Latour borrows the term "Anthropocene" from geology in order to unlock a terminological construct used to understand the "humanity" of humanities' approach to science. This approach is meant to reanimate what has been understood for 400 years to be passive and inert in nature, with man as its only actor or only agent.

It is enough to recall the very popular (particularly in the Netherlands) seventeenth-century painting *genre* of still life: in contrast to the previous, the Renaissance view of nature as a distant and alien world, we now see meticulous care for detail and an obsession with hyperrealism. Life is rendered still and made static even before the invention of photography, and the painting copies only the mechanically determined aspects of appearance. The obsession with detail, on the other hand, is a kind of hypertrophy that also affects scientific inquiry that seeks irreversible progress. Thus the "Anthropocene"—as it is understood by geologists—encompasses a number of processes initiated and produced by man, permanently and irretrievably affecting the planet (when geologists speak of duration, they speak of millions of years) and the change to the environment and the world. As an illustration, I will list but some: the destruction of found animal and plant habitats, and introduction of invasive living organisms that reap havoc on the ecosystem; the increase of acidity of the ocean through pollution impacting the chemical composition of the seas and bodies of water; finally, the urbanization of space leading to accelerated erosion and sedimentation of various soils and landscapes. Human activities alter the planet in nearly the same way tectonic changes influenced the creation of continents over the course of millions of years.

The neologism itself, "Anthropocene", was coined in the late 90s of the twentieth century by Paul Crutzen, one of three chemists who were awarded the 1995 Nobel Prize in Chemistry for discovering the source of damage to the ozone layer around the Earth. In collaboration with Eugene Stoermer, Crutzen noted that today, for example, the synthetic production of nitrogen surpasses the amount of natural nitrogen production by both land and ocean plants. Thus, it was possible to claim that man has taken the central place in geology and ecology of the current geologic age. Following this, Jan Zalasiewicz of the University of Leicester noticed the proliferation of this concept in various fields other than geology, in a literal, non-metaphoric sense, without irony or scare quotes.[3] Furthermore, as the head of the stratigraphic committee of the Geologic Society of Great Britain, and in collaboration with colleagues, he arrived at the conclusion that there is sufficient evidence about stratigraphic changes that could be described as the "Anthropocene", a new geologic epoch that requires conceptual and epistemological formalization. The findings of the group were that the levels of sedimentation in ocean chemistry, in the atmosphere, and global plant and animal exchange indicated that human activity was leaving permanent trace. An increase in carbon dioxide gradually leads to an increase in the overall temperature in the atmosphere equal to the one that occurred in the Tertiary, 2.6 million years ago.

What does the notion of "Anthropocene" offer the pragmatic inquirer such as Bruno Latour and why would it at all be important to expand the vocabulary of humanist sciences with yet another faddish term, the meaning of which would extremely quickly be exhausted and rendered meaningless? The idea is certainly not new; rather, it holds within it the heritage of the twentieth century in the form of pluralization in which, according to Latour, we ought to include "various regimes of truth" respecting "various and pluralized modes of being".[4] In an ambitious and comprehensive questionnaire (Latour uses the French word *enquête* because he wishes to show that it is possible to arrive at common

---

3 Cf. Jan Zalasiewicz, *The Planet in a Pebble. A journey into Earth's deep history* (Oxford: Oxford University Press, 2012).

4 Cf. Latour, *Enquête*, 32.

designators connecting a multitude of different and individual studies into a whole that would have new substantive value in itself, without necessarily opposing nature or culture), Latour in a sense rehabilitates James Lovelock's 1990 notion of "*Gaïa* science". Attempting a holistic approach to a fragile and complex network of phenomena that do not differentiate the living from the inanimate world, Latour really builds a kaleidoscope of values neither mutually exclusive nor opposed (much as in the classic dichotomy and enmity between *nurture/nature*). *Gaïa* is neither the globe, nor "Mother Earth", nor the pagan goddess. But she is also not the nature which has since the seventeenth century served to subjectivize man in his march to immortality. Nature is here not a background for human experiments or simply something at his service. Its old meaning disappears and in its stead emerges a contemplation of an entity whose manifestations are ever more difficult to predict. The book about "ways of inquiry regarding existence", in seven major lectures about the figures of *Gaïa*, attempts retrospectively to categorize everything the scientific and modernist notion of "nature" (in dichotomy to man) has absorbed and incorporated. Latour seeks to renew an ethics that is not Kantian, a politics that is not Hobbesian, but also seeks to deconstruct natural sciences and their pragmatisms tied to economics and theology. Expressed in the language of Stephen Toulmin[5] and Eric Voegelin,[6] whom Latour reads and cites, the new move of renewal of humanistic sciences ought to encompass the suspension of the process of "anthropologization" of nature as well the "naturalization" of man.

Following Latour's argument, we cannot speak of a weakening of influence of the humanities in contemporary education, but merely of their necessary modification—on the one hand, the humanities must remain immune to the seductive dystopian scenarios of catastrophe, while on the other, they ought to constructively effect a change of narratives of global risk, which, under the guise of humanism, wish to hold us hostage, and hide violent and colonial agendas of domination

5 Cf. Stephen Toulmin, *Cosmopolis. The Hidden Agenda of Modernity* (Chicago: University of Chicago Press, 1992).

6 Cf. Eric Voegelin, *Order and History. Volumes I–V* (Columbus and London: University of Missouri Press, 1956–1987).

and discipline for the disobedient. It is as if two parallel stories are unfolding: an infantilizing intimidation that requires the tutor's strict hand of the natural sciences; and the metonymy of fairy tales and fables because ultimately someone else (some absolute other, some God?) will undo the knot for us. This pattern of the humanities' championing and conquering the world through a gradual colonization of notions different from those exclusively and aggressively commonsensical, leaves no space for an analysis of dominant narratives.

At this point, I would like to briefly discuss the thought experiment announced in the article summary. Being of great interest to anthropology, cemeteries have always been places where worlds meet. They are often seen as border zones and holy spaces with different laws of conduct and appearance.[7] Their appearance and construction method, their positioning, in general, the incorporation of the world of the dead into the world of the living, has nearly always manifested in a very specific and conditioned worldview, in which there was a hierarchy of truths. By which I do not simply mean the pastoral resting places of the dead, filled with colorful lampshades and oxeyes, or else the plastic artifacts of Western Christianity, but rather, the specific *topoi* as limitless landscapes in which "the dead dwell awaiting their return among the living". Paradoxically, recalling Spencer's or Malthus' metaphors of an overpopulated planet, it would appear that this imaginary number "of those who are to return" is far greater and more questionable for the planet than of those among whom we think ourselves caught. I would avoid here the clear idea that it is easy, based on the markings, symbols, and urbanized portions of cemeteries, to describe the attitudes towards death and life in various parts of the planet. Yet, as I am not an anthropologist, I could not even offer a methodical and methodologically grounded contribution to interpretation of necro-politics that currently rule the world. My goal with a thought experiment in which we take a stroll through a cemetery is to illustrate knowledge about one more paradox of dwelling and occupying space that experimentally and in the form of sediment strategies continues to pollute/enrich the living

7 Cf. Louis-Vincent Thomas, *Anthropologie de la mort* (Paris: Payot, 1976).

world. Not the distant world of people, that is, the stage dominated by *anthropos* in its cognitive superiority of subjectivity that knows how to think risk and catastrophe, but the world that lives despite the death of its ancestors. Someone is declared dead, their bodily presence has ceased, and their return is awaited; all the while, life continues, with cemeteries bearing clear signs of decay, trash, lesser value, the margin, other side of the world, under-world, and ignored reality.

An example of this is the Cairo necro-urban *El Arafa* ("cemetery" in Egyptian Arabic) atop of which live an estimated 0.5–1 million people. The cemetery itself covers a surface of some 7 square kilometers, and basically represents an old necropolis with mausoleums and monuments from various historical periods, progressively inhabited by a population plunged into poverty from a neighboring city. The first population displacement happened during the rule of President Nasser, at a time of modernization and westernization of Cairo. First to be occupied were the vaults of ancestors, followed by the gradual arrival of people from neighboring African territories into this urbanized milieu. Yet, even within the borders of this necropolis, there is a sub-sub-territory, Manšeyyet Nāṣer, a ward (*kism*) with the famous name Garbage City, a slum on the edge of the Mokattam knap. Despite it being completely illegal, garbage city is self-organized in collecting, sorting, and recycling trash produced by the city itself and brought from elsewhere. Aside from the fact that there are streets, places in which people live, even shops, the city has arisen without any sewers, running water or electricity.

Entirely experimentally and methodologically open, I would compare the complex image of observing Manšeyyet Nāṣer with the possibility of quick and specific guerrilla analysis of small and individual life phenomena (that could easily be documented in photos of slums, now copious online), in order to bring together into a single image the previously expressed narrative of the Anthropocene as a threatening and invasive process that within it encompasses both the dwelling of the living and the dead, but also the paradox of thinking the categories of living and dead. Finally, once again placing the *anthropos* in the center of self-examination, it is clear that the teleo-theological reasons for human activity in a place like this exhaust the ultimate forms of their humanity. In contradistinction to the cleverly packaged European projects or humanities centers (holding and strictly controlling an endless flow of financial resources), examples of auto-generation and *autopoïesis*, such as the living necropolis Manšeyyet Nāṣer, show that a much more committed and tenacious defense and regeneration of the humanities is possible—in the shape of vitality that does not necessarily seek capital to survive and maintain itself.

Bibliography

Anders, Günther. *Sténogrammes philosophiques*. Paris: Fario, 2015.
Baudry, Patrick. *La place des morts. Enjeux et rites*. Paris: Armand Colin, 1999.
Bostrom, Nick. *Anthropic Bias*. London-New York: Routledge, 2002.
—. *Superintelligence: Paths, Dangers, Strategies*. Oxford: Oxford University Press, 2015.
Bostrom, Nick and Julian Savulescu (ed.). *Human Enhancement*. Oxford: Oxford University Press, 2010.
Bostrom, Nick and Milan Cirkovic (ed.). *Global Catastrophic Risks*. Oxford: Oxford University Press, 2011.
Elias, Norbert. *The Loneliness of the Dying*. Oxford: Blackwell, 1985.
Latour, Bruno. *Enquête sur les modes d'existence. Une anthropologie des Modernes*. Paris: La Découverte, 2012.
Lovelock, James. *Ages of Gaia. A Biography of Our Living Earth*. London-New York-Auckland: Bantam Books, 1990.
Thomas, Louis-Vincent. *Anthropologie de la mort*. Paris: Payot, 1976.
Toulmin, Stephen. *Cosmopolis. The Hidden Agenda of Modernity*. Chicago: University of Chicago Press, 1992.
Voegelin, Eric. *Order and History. Volumes I–V*. Columbus and London: University of Missouri Press, 1956–1987.
Zalasiewicz, Jan. *The Planet in a Pebble. A journey into Earth's deep history*. Oxford: Oxford University Press, 2012.

Ideen der Gerechtigkeit und Freiheit

Harald Heppner

Freiheit und Gerechtigkeit im Wechselspiel der Epochen

Abstract: Freedom and justice have been reflected upon since antiquity by an uncountable number of thinkers, but the minds of the Enlightenment made these two terms into fundamental elements of the envisioned society. The intended liberal society was to follow human principles and keep nature as the solid basis of the world. This progressive vision depended on a need for education, discipline, and the responsibility of individuals, as well as of the whole of mankind. But the historic processes from the eighteenth century onward show that the realization or the restoration of freedom and justice as part of a way of life disclose two fundamental problems: first, it is an error to believe that these principles—once established—may "survive" without the engagement of each and every generation; second, not all men understand these two principles as generally relevant values. Therefore, the paper intends to reflect upon the models of the feudal, of the national-democratic, the socialist, and the postmodern periods to illustrate that three variations of behaviour can be observed: the interest to conserve an actual status (today), to re-establish a past status (yesterday), or to obtain a new and alternative status (tomorrow). For each of these three variations freedom and justice have different meaning, dimension, and relevance.

Begriffe wie Freiheit und Gerechtigkeit setzen ein Vorstellungsvermögen voraus, das dank zerebraler Fähigkeiten allein dem Menschen zu Gebote steht. Weil die *species humana* die Erde seit unzähligen Generationen bevölkert, unterliegen die beiden Begriffe immer neuen Konjunkturen sowohl hinsichtlich ihrer Wichtigkeit als auch ihrer Ausdeutung: So sehr die diversen Sprachen *stabile* Wörter hierfür bereit halten, unterliegen die umschriebenen Inhalte der Variabilität, die deren Relativierung vor Augen führt.

Erhöhte Verbindlichkeit für die Gesellschaft in Europa bekommen die beiden Termini, als die summarisch als *Aufklärung* bezeichneten

Geistesströmungen im 18. Jahrhundert einen Regelkatalog für alle hinkünftig lebenden Generationen erstellten, als dessen Leitbegriffe *Freiheit*, *Gleichheit* und *Brüderlichkeit* verwendet worden sind bzw. verwendet werden. Gemäß dem Ausspruch des Philosophen Immanuel Kant, wonach sich das Zeitalter der Aufklärung „nicht mehr vergisst",[1] bestand im ausgehenden 18. Jahrhundert die Vorstellung, der Maßstab eines nach Vernunftprinzipien geordneten Lebens stehe hinfort außer Zweifel, wenn er bloß von allen Menschen eingehalten werde. Freiheit und Gerechtigkeit als Ideale erscheinen je nach Interessenslage einzelner Individuen oder bestimmter sozialer Gruppen jedoch unter höchst unterschiedlichen Blickwinkeln und dienen zur Legitimierung divergierender Zielsetzungen und Praktiken. Zusätzlich trägt auch der allgemeine „Wandel der Welt"[2] dazu bei, weshalb die Realität der beiden Begriffe einem permanenten Wechselspiel gleichkommt.

Dieser Beitrag unterliegt dem Kalkül, wonach die Entwicklung seit dem 18. Jahrhundert für den vorliegenden Zusammenhang besonders wichtig ist; um jene generationenübergreifende Epoche überschaubar zu machen, kommen hierfür mehrere Modelle zur Anwendung. Die gemeinsamen Komponenten dieser Modelle sind:

1. das gleichzeitige Vorhandensein von *Gewinnern* und *Verlierern*;
2. das Streben der Einen, ihre Überlegenheit zu bewahren, und das Streben der Anderen, aus der Unterlegenheit herauszukommen;
3. die Rolle der jeweiligen Zeitalterbedingungen;
4. der Umstand, dass Freiheit und Gerechtigkeit, wie die historische Praxis zeigt, nicht zwangsläufig konvergieren.

Da die Fragestellung allein in den diversen Teilräumen des europäischen Kontinents verschiedene Antworten zeitigt, ist die folgende Erläuterung auf das östliche Europa ausgerichtet.

1 Kant, Immanuel: „Der Streit der Facultäten" (1798). In: ders.: *Gesammelte Schriften. Bd. VII.* Königlich Preußische Akademie der Wissenschaften: Berlin 1917, 88.

2 Vgl. Osterhammel, Jürgen: *Die Verwandlung der Welt. Eine Geschichte des 19. Jahrhunderts*. C.H. Beck Verlag: München 2009.

Modell Nr. 1

Dieses Modell entspricht in etwa dem Zeitabschnitt zwischen dem späten 18. und der Mitte des 19. Jahrhunderts. Der absolutistisch gesteuerte Staat – repräsentiert durch Dynastie, Hof und höhere Behörden – versuchte sein *Unternehmen* zu zentralisieren, indem er mittels Reformen Ungleichheiten zu beseitigen bemüht ist und vereinheitlichende Normen und Ordnungssysteme initiiert. (Dies gilt insbesondere für die Habsburgermonarchie.) Die privilegierten Schichten (Adel, hoher Klerus, Stadtbürger) waren an mehr Gerechtigkeit zugunsten Aller jedoch nicht interessiert, weil eine solche ihre seit dem Mittelalter bestehenden Vorrechte beseitigt hätte. Das *Volk* hingegen (ländliche und städtische Unterschichten) trachtete vor allem nach mehr Gerechtigkeit zugunsten der Besserung seiner sozio-ökonomischen Lage, konnte mit demokratisch gemeinter Freiheit aber nichts anfangen, weil diese Idee zu abstrakt war und auch keinen praktischen Nutzen offenbarte. *Aufgeklärte* Gruppen (Gelehrte, Lehrer, höhere Bürokraten, manche Geistliche, Nationalideologen) wiederum stuften Freiheit und Gerechtigkeit als unverzichtbare Bestandteile einer künftigen, modernen und *lichtvollen* Welt ein.

Gerechtigkeit spielte angesichts der demographischen Mehrheit der Unterschichten mithin eine größere Rolle als Freiheit, und von letzterer standen sich zwei alternative Denkansätze gegenüber – jene der *alten* Freiheiten des ständischen *Establishments* und jene der Fortschrittsorientierten. Nach dem Ende des so genannten *konfessionellen Zeitalters* (Mitte des 17. Jahrhunderts) war es unüblich geworden, u.a. zugunsten von Freiheit und Gerechtigkeit in anderen Ländern zu intervenieren, doch wandte sich das Blatt im Zeitalter der Französischen Revolution: Nun kam es immer wieder zu *internationalen* Eingriffen entweder zwecks Unterbindung von Fortschritt (z.B. Heilige Allianz) oder zur Unterstützung im Interesse von Befreiung und Demokratisierung (z.B. in Griechenland durch England, Frankreich und Russland).

Modell Nr. 2

Dieses Modell korrespondiert annähernd mit der Entwicklung zwischen der zweiten Hälfte des 19. und dem ersten Drittel des 20. Jahrhunderts, ehe autoritäre Prinzipien eine neuerliche Wende herbeiführten. Das Ideal des national-demokratischen Staates wurde schrittweise umgesetzt, und Freiheit gehörte zu den integralen Bestandteilen der jeweiligen Konstitution. Einst privilegierte und traditionell konservative Kreise versuchten den beschleunigten Entwicklungsrhythmus zu bremsen und verhalfen in den 1930-er Jahren teils willentlich, teils nicht willentlich autoritären Kräften zu deren Wachstum. Das Landvolk sehnte sich weiterhin ob der ungelöst gebliebenen Agrarfragen und den Auswirkungen der Weltwirtschaftskrise nach mehr Gerechtigkeit, und auch linke Geistesströmungen setzten auf ihre Fahnen als Ziel nicht nur mehr Gerechtigkeit, sondern (zugunsten ihrer Existenzsicherung) auch Freiheit. Die ethnischen und konfessionellen Minderheiten waren Interessensträger sowohl von Freiheit als auch Gerechtigkeit, teils wegen der 1918 erfahrenen Positionsverluste, teils wegen des Heranwachsens einer besser ausgebildeten und ambitionierten Generation. Die trotz allen Fortschritts ungleich gebliebene Verteilung von Freiheit und Gerechtigkeit verursachte einen unüberbrückbaren Konflikt: Während die immer schwächer werdenden, liberal gesinnten Kräfte den weiteren Ausbau demokratischer und *aufgeklärter* Lebensverhältnisse anstrebten, nahm aus unterschiedlichen Motiven die Zahl derer zu, die als notwendige Mittel zur Bewältigung der zeitgenössischen Probleme mehr *law and order* verlangten. Infolge der Auswirkungen des Ersten Weltkriegs standen die internationalen Beziehungen anfänglich unter dem Einfluss der Vision, wonach die Staaten auf der Ebene einer gemeinsamen Plattform (Völkerbund in Genf) anstehende Probleme abklären könnten, ohne gegeneinander Krieg zu führen, doch verlor diese Option immer mehr an Attraktivität und wurde von Prinzipien der Gewalt überrundet.

Modell Nr. 3

Dieses Modell umschreibt die Lage zwischen den 1940-er und 1980-er Jahren, als autoritäre bzw. totalitäre Regime das Zeitalter prägten. (Die Spezifika zur Zeit des Zweiten Weltkrieges bleiben an dieser Stelle ausgeklammert). Der sozialistische Staat, getragen von der marxistischen Ideologie und dem kommunistischen Parteiapparat, bezog seine Legitimität u.a. aus dem Anspruch, gerechtere Verhältnisse als im bürgerlichen Zeitalter herbeiführen zu wollen, um dem Proletariat mehr Entwicklungschancen zu bieten. Die Sicherungsmaßnahmen zugunsten des Machtmonopols führten jedoch zur Aufgabe des Freiheitsprinzips, wodurch Drangsal und Exilierung zur Anwendung kamen. Die Nation galt nicht mehr als Leitbild zukünftiger gesellschaftlicher Freiheit, sondern als überaltertes Korsett, das es zugunsten der sozialistischen Brüderlichkeit zu beseitigen gelte, und die unzweifelhaft bestehenden Sachzwänge in der Welt des Kapitalismus wurden als Hort der Reaktion dämonisiert.

Zu Beginn der Revolution im sozialistischen Sinn ab 1945 kam es sicherlich zu mehr Gerechtigkeit, weil die Unterschichten von der Industrialisierung und Urbanisierung profitierten, doch längstens mit der Etablierung der so genannten *Nomenklatura* litt das Prinzip der Gerechtigkeit unter Unglaubwürdigkeit. Nonkonformistische Intellektuelle hatten nur in der inneren Emigration, im Untergrund oder im Exil die Möglichkeit, den Idealen von Freiheit und Gerechtigkeit im Sinne der Aufklärung nachzusinnen. Am Hintergrund der im System des Sozialismus gemachten Erfahrungen erfuhr die westlich-kapitalistische Welt automatisch eine gewisse Verklärung – auch in Hinblick auf Freiheit und Gerechtigkeit. Während die den Führungsanspruch in der kommunistischen Sphäre bemühte Sowjetunion immer wieder bereit war, militärisch zu intervenieren, beschränkte sich ihr weltweiter Gegner (*Westen*) in Europa auf die Übernahme von Emigranten, auf Medienarbeit (z.B. *Radio Freies Europa*) und auf die diskrete Arbeit von Nachrichtendiensten.

Modell Nr. 4

Dieses Modell betrifft die Entwicklung seit den 1990-er Jahren. Der Entwicklungsrhythmus wird immer weniger von einzelnen Staaten und deren Betriebsformen bestimmt, sondern von weltweit handelnden Kräften und Faktoren (elektronische Technologie, Wirtschafts- und Finanzprozesse, rivalisierende Netzwerke der Macht, hohe Verdichtung der Normierung), für die Freiheit und Gerechtigkeit keine Fixgrößen darstellen, sondern denen Nachrangigkeit zukommt. Auch wenn es zu militärischen Interventionen westlicher Mächte im Namen von Freiheit und Gerechtigkeit kommt (z.B. NATO 1999 in Serbien), ist der Konnex zu strategischen Kalküls und unmittelbarem großmächtlichen Nutzdenken nicht zu übersehen. Die von liberalen Kräften gestützte Zivilgesellschaft ruft immer wieder zu mehr oder weniger medienwirksamen Solidaritätsaktionen auf, während auf individueller Ebene Freiheit und Gerechtigkeit ersatzweise auch in Drogenkonsum oder Freitod gesucht wird. Die aus Krisenregionen nach Europa zuwandernden Asylanten haben die Vorstellung, woanders ein besseres Schicksal zu finden als zuhause, ohne die Komplexität der Zusammenhänge zwischen Freiheit und Gerechtigkeit in ihren Gastländern zu verstehen. Die aus dem Zeitalter der Aufklärung herrührenden liberalen Konzeptionen zu den beiden Wertebegriffen erfahren zusehends auch deshalb einen schweren Stand, weil der aus dem 19. Jahrhundert stammende und diese Ideale tragende Bildungskanon immer mehr erudiert, indem er von normiertem Fachwissen oder zunehmendem Nichtwissen dominiert wird.

Schlussfolgerungen

Die Idee der modernen Humanwissenschaften geht auf das Zeitalter der Aufklärung zurück, und als akademische Disziplinen wurden sie an den Universitäten im Lauf des 19. Jahrhunderts etabliert. Dieser zur Tradition gewordene Konnex soll nicht darüber hinwegtäuschen, dass es keine stabile Garantie für alle Zukunft gibt, Freiheit und Gerechtigkeit hochzuhalten, denn die Lage hat sich merklich verändert: Während einst ein liberales System die wichtigste Voraussetzung darstellte, haben in der Zwischenzeit wirtschaftliche, energetische, ökologische und auch Sicherheitsprobleme schrittweise um sich gegriffen und lenken die Aufmerksamkeit ab.

Vergleicht man die Lage im frühen 21. Jahrhundert mit jener im 18. Jahrhundert, wird offenbar, dass das Leben des Menschen von einst zwar von einer Fülle von Unbequemlichkeiten und Unwägbarkeiten geprägt war, der Einzelne aber über ungleich mehr Freiheiten verfügte als dies heute der Fall ist: Der zeitgenössische Mensch hängt nicht nur von einem dichten Regelwerk von Regeln und Versorgungszwängen ab bzw. unterliegt einer ungeahnten elektronischen Überwachung, sondern hat auch über Generationen verlernt, in Krisenzeiten eigenständig zu recht zu kommen. Dieses Paradoxon zwischen einst und jetzt stiftet dazu an, über das Wechselspiel von Freiheit und Gerechtigkeit neuerlich nachzudenken.

Die Humanwissenschaften haben sich in den letzten 150 Jahren merklich entwickelt, aber nicht nur zum Vorteil, denn die akademische Auffächerung führte zwangsläufig dazu, dass der Mensch in der jeweiligen Epoche als ein Ganzes aus dem Blickfeld geriet; daher ist es ein Gebot der Stunde, die Erkenntnisse der einzelnen human-, aber auch sozialwissenschaftlichen Fächer zusammenzuführen zugunsten tieferer und nachhaltigerer Einsichten.

Die Humanwissenschaften haben es nicht immer ausreichend verstanden, die Distanz zur Politik zu wahren – sei es, weil sie sich bestimmten Ideologien und Regimes andienten, sei es, weil sie von jenen zwanghaft in Dienst genommen wurden. Ohne Äquidistanz zur Sphäre der Politik gibt es aber keine wissenschaftliche Glaubwürdigkeit. Um der Sache der Gerechtigkeit dienlich sein zu können, bedarf es unzweifelhaft nicht nur der äußeren, sondern auch der inneren Freiheit.

Bibliographie

Kant, Immanuel: „Der Streit der Facultäten“ (1798). In: ders.: *Gesammelte Schriften. Bd. VII.* Königlich Preußische Akademie der Wissenschaften: Berlin 1917, 1–116.

Osterhammel, Jürgen: *Die Verwandlung der Welt. Eine Geschichte des 19. Jahrhunderts*. C.H. Beck Verlag: München 2009.

Johann Georg Lughofer

Fragen nach Freiheit und Gerechtigkeit im pazifistischen Kontext

Abstract: The work of the successful author and activist Bertha von Suttner, Nobel Peace Prize Winner 1905, is examined with regard to the importance of freedom and justice in the pacifist context. Therefore, her role is discussed in current affairs also—in Austria, in the general public, and in the global academic world. The reception was and still is determined by trivialization attempts. This article can disprove these accusations against Suttner: she was not only concerned about peace, but also about a more equitable and freer society, although she was well aware of the difficulties on the way.

Es sollte wenig überraschen, wenn eine literaturwissenschaftliche Auseinandersetzung mit Freiheit und Gerechtigkeit im pazifistischen Kontext sich mit Bertha von Suttner (1843–1914) beschäftigt.[1] Dabei soll ihrer heutigen Bedeutung bzw. einigen Gründen ihrer fehlenden Bedeutung nachgegangen werden. In der Republik Österreich wird die Erinnerung an sie sorgsam geehrt – ihr Porträt wurde immerhin auf einer Schillingnote und nun auf Euro-Münzen abgedruckt, eine Ehre, die sonst nur Mozart zuteil wurde. Doch diese große symbolische Ehrerbietung findet keine Parallele in einem lebhaften und öffentlichen Diskurs über die Anliegen dieser Zentralfigur des Pazifismus. Weder in schulischer oder universitärer Lektüre noch beim allgemeinen Lesepublikum werden ihre Texte rezipiert – auch nachdem zwei Weltkriege

1 Der vorliegende Beitrag ist eine völlige Neuorientierung und inhaltliche Bearbeitung von: Lughofer, Johann Georg: „Naivität, Sentimentalität und aristokratische Borniertheit. Stereotype und Vorwürfe in Sachen Bertha von Suttner“. In: Lughofer, Johann Georg und Milan Tvrdík (Hrsg.): *Suttner im KonText. Interdisziplinäre Beiträge zu Werk und Leben der Friedensnobelpreisträgerin.* Universitätsverlag Winter: Heidelberg 2017, 1–15.

die europäische Zivilisation in ihren Grundfesten erschüttert und ihre Voraussagen in manigfaltiger Weise bestätigt haben.

Ihre Ideen werden in den Wissenschaften kaum bis gar nicht erwähnt, selbst in der politischen Theorie- und Ideengeschichte, auch wenn sich diese mit dem Themenfeld Krieg und Frieden auseinandersetzt.[2] Die Sozialwissenschaften beschäftigten sich sowieso nur selten mit Positionen, die in Romanform präsentiert wurden, schon gar nicht wenn diese sprachlich an die Literatur der *Gartenlaube* erinnern. Diese Zuordnung sowie die allzu eindeutig erscheinende politische Tendenz unterbinden eine intensivere Auseinandersetzung in der Literaturwissenschaft. In den historischen Forschungen – beispielsweise zum Wien der Jahrhundertwende und zu 1914 – bleibt Suttner eine Randerscheinung. Nur in der Friedensforschung allein finden sich gehäuft, wenn auch nur punktuell, Bezüge auf die Nobelpreisträgerin.

Auffallend ist es auch, dass in den wenigen vorhandenen wissenschaftlichen Arbeiten zu Suttner zumeist eine große Distanz beibehalten und ausdrücklich hervorgehoben wird. Es wird nämlich dort immer wieder unterstrichen, dass ihr kaum intellektuelle – und manchmal sogar nicht allzu viel menschliche – Größe zugestanden werden. Sogar die zentrale Suttnerbiographin, Brigitte Hamann, betont mehrmals ihre Distanz gegenüber der Protagonistin ihres Werkes. Von einem „nie unkritischen Bild“[3] Bertha von Suttners lesen wir schon in der vorgeschalteten Kurzbeschreibung der Biographie *Zu diesem Buch*.

Welche Gründe lassen die Distanz und Kritik an Suttner für eine wissenschaftliche Auseinandersetzung so explizit notwendig erscheinen? Warum ist eine übliche und selbstverständliche wissenschaftliche Objektivität in diesem Fall nicht genug?

---

2 Kreisky, Eva und Marion Löffler: „Eine nicht politikwissenschaftsfähige Friedensvision? Einige Gründe, warum Bertha von Suttners Pazifismus nicht in den Kanon politischer Ideengeschichte gelangte“. In: Lughofer, Johann Georg (Hrsg.): *Im Prisma. Bertha von Suttner „Die Waffen nieder!“*. Edition Art Science: Wien 2010, 37–58, hier 37.

3 Hamann, Brigitte: *Bertha von Suttner. Ein Leben für den Frieden*. Piper Verlag: München *et al.* 1991, 2.

Die Vorwürfe gegen Suttner in aller Kürze: Neben Suttners angeblicher Naivität und Sentimentalität sind es eine mangelnde literarische Qualität ihrer Texte sowie ihre vermeintliche Ignoranz gegenüber den sozialen Verhältnissen ihrer Zeit. Sie sei rein auf den Frieden fokusiert gewesen, und Fragestellungen der Freiheit und Gerechtigkeit wären nicht ihre Anliegen gewesen.

Diese Perspektive soll in Folge genauer untersucht werden, wobei es sich zeigt, dass diese Anwürfe sich als nicht haltbar herausstellen. Es handelt sich vor allem um althergebrachte Vorurteile, die in dieser Form nicht weiter überliefert werden sollten. Dabei soll es nicht darum gehen, Bertha von Suttner als über alle Zweifel erhaben darzustellen. Aber, es lässt aufhorchen, dass hier Urteile gefällt werden, vor denen andere Literaten von vornherein verschont werden. Oder wurde der Literaturnobelpreisträger Thomas Mann (1875–1955) wegen seiner *Betrachtungen eines Unpolitischen* (1918), wo er unter anderem die angebliche Heiterkeit der Kriegsblinden in den Lazaretten beschreibt, wie sie mit den Glasaugen um sich werfen, naiv genannt? Bei Mann gilt das befremdende Werk als trotz allem beachtenswerte und seinem Renommee nicht abträgliche Verirrung seiner frühen Jahre (– er war übrigens bei der Publikation gut über vierzig Jahre alt).

Ganz anders bei Suttner: Selbst der Friedensnobelpreisträger Carl von Ossietzky (1889–1938) interpretiert Suttners Tätigkeiten gar als den Geburtsfehler des deutschen Pazifismus:

> Es ist wahrscheinlich das Schicksal der Bewegung gewesen, daß ihr Ausgangspunkt […] der larmoyante Roman einer sehr feinfühligen und weltfremden Frau [war …]. Wie so viele Frauen, die aus reiner Weiberseele für die Verwirklichung eines Gedankens kämpfen, der männliche Spannkraft und ungetrübten Tatsachenblick erfordert, glitt sie ins Chimärische […] Es war um die *Friedensbertha* allmählich ein sanftes Aroma von Lächerlichkeit. [… Dieses] hat nach außen so stark gewirkt, daß auch die tüchtigsten und bedeutendsten Männer es nicht haben beseitigen können.[4]

4 Zit. nach Kreisky und Löffler: „Friedensvision“, 43.

Weniger eine sattelfeste und auf Argumenten beruhende Kritik wird hier geäußert als vielmehr misogyne Klischees aufgefahren, um Suttner ihre intellektuellen und organisatorischen Leistungen abzusprechen.

Viele Aspekte ihres Schaffens werden damit unter den Teppich gekehrt. Dass Suttner weltfremd zu nennen, schlicht und einfach erschreckend unangemessen ist, zeigt beispielsweise die Tatsache, dass sie sehr früh neben dem Krieg den Antisemitismus als tragisches Unheil erkannte, das es zu bekämpfen gelte. Dass Freiheit und Gerechtigkeit in der Gesellschaft keine Ausnahmen religiöser oder ethnischer Kategorien kennen dürfen, war eine zentrale Forderung ihrer Arbeit.

1891 gründeten so Arthur (1850–1902) und Bertha von Suttner parallel zum Friedensverein auch einen *Verein zur Abwehr des Antisemitismus*, der aktiv eine Zeitung herausgab und Juden kostenlosen Rechtsschutz anbot. Auch in ihrer schriftstellerischen Arbeit – wie in den Romanen *Daniela Dormes* (1886), *Vor dem Gewitter* (1894), *Schach der Qual* (1898) oder *Der Menschheit Hochgedanken* (1911) – trat Suttner den Diffamierungen entgegen, als sonst fast niemand die Gefahr des Antisemitismus wahrnahm. Dass diese Tätigkeiten nicht unbeachtet blieben, zeugen nicht zuletzt die Anfeindungen durch die Antisemiten. In Georg von Schönerers Zeitschrift *Unverfälschte Deutsche Worte* wurden sogar die Grundbuchauszüge ihres verschuldeten Schlossguts Harmannsdorf veröffentlicht – mit dem gehässigen Kommentar, dass die Suttners wohl gezwungen wären, den Juden gefällig zu sein. Ihr Widersacher Georg Ritter von Schönerer (1842–1921) war übrigens kein unbedeutender Mann in der damaligen Politik, sondern der richtungsweisende Führer erst der österreichischen Deutschnationalen und später der Alldeutschen Vereinigung, der auch einen starken Einfluss auf den jungen Adolf Hitler ausübte.

Doch selbst – vom Standpunkt unseres heutigen Wissens – so beeindruckende Tätigkeiten Suttners konnten viele Zeitgenossen nicht überzeugen. Sogar ihr Protegé, Nachfolger in vielen Belangen und der spätere Friedensnobelpreisträger Alfred Fried distanzierte sich von seiner Mentorin, indem er versuchte, ihrem sogenannten *sentimentalen Pazifismus* einen wissenschaftlichen gegenüberzustellen.

Auch hierbei findet sich eine noch heute überlieferte Missbilligung, die Suttners Schaffen einseitig auf einen bloß gefühlsmäßigen Pazifismus reduziert. Demgegenüber zeigen Eva Kreisky und Marion Löffler auf, dass ihrem „Friedensappell […] nicht nur Emotionalität und Empathie [folgte], er war auch analytisch überaus zutreffend und wissenschaftlich wohlbegründet."[5] Und:

> Bertha von Suttners Friedensideen als idealistisch und obendrein emotionalisiert abzutun geht am Roman *Die Waffen nieder!* völlig vorbei. Ideenhistorisch steht dieses Werk an der Schnittstelle zwischen „regulatorischem Liberalismus", der von durchaus realistischen Annahmen ausgehend auf die Notwendigkeit internationaler Normen und Organisationen zur Friedenssicherung hinwies, und „republikanischem Liberalismus", der von einem Zusammenhang zwischen innerstaatlicher Herrschaftsorganisationen (Demokratie) und Außenverhalten (Frieden) ausging. […] Suttners Analyse galt aber vor allem den Hindernissen, die der Verwirklichung pazifistischer Ideen in modernen Nationalstaaten im Wege stehen.[6]

Die erwähnten Wiener Politikwissenschaftlerinnen streichen heraus, Suttner habe in ihrer Analyse und Kritik ideenhistorisches Neuland betreten, indem sie die Verknüpfungen zwischen Sozialisation, vor allem die Erziehung sowie Geschlechterrollen, und imperalistische Strategien beschrieb. Die Romanform bei *Die Waffen nieder!* – eine Entwicklungs-, Familien- und Liebesgeschichte inklusive Montagen von politischen und sozialen Reflexionen und Diskussionen sowie historischen Daten, Fakten und Dokumenten – eignete sich dafür sicher ausgezeichnet. Doch hierbei hat Suttner wohl auch aus der Not eine Tugend gemacht, denn publizistisch wurde sie als Frau in den Bereich der Trivialliteratur und Publikumszeitschrift abgeschoben. So verwendete sie sicher romantisch-sentimentale Aspekte in ihren Texten, doch zumeist als tragende Kontrastfolie zu den Abscheulichkeiten des Krieges, und verzichtete dabei nie auf Analyse und Interpretation von Gesellschaft und Politik, die sie zu weiterführenden Fragen zum demokratischen Staatsaufbau und zu einer gleichberechtigten Erziehung zum freien Staatsbürger – und nicht zum Untertan in Militärstaaten – führten.

---

5 Kreisky und Löffler: „Friedensvision", 40.

6 *Ibid.*, 46.

Themenkreise um Freiheit und Gerechtigkeit waren in ihrem Werk dabei von großer Bedeutung. Inbesondere beschäftigte sie sich immer wieder mit der Stellung der Frau und der hier fehlenden Gerechtigkeit. In *Das Maschinenzeitalter* (1889) widmet sie ein Kapitel der Frauenemanzipation, für die sie stichhaltig und enthusiastisch argumentiert.

Die Mechanismen des Ausschlusses der Frauen aus publizistischen Seilschaften und akademischen Zitationszirkeln sowie die Deutung dieser Marginalisierung politischer Denkerinnen als Beweis ihrer Unfähigkeit waren Suttner beispielsweise sehr bewusst. Bezüglich der Behauptung, Frauen haben keine philosophisch relevanten Werke hervorgebracht, kritisierte sie: dies wäre

> [...] wie wenn man ein meilenweites Becken mit Spielkarten gefüllt hätte, worunter nur zehn oder zwölf Damen enthalten sind, und dann, nachdem man durch eine Viertelstunde Karten herausgezogen, wobei keine Dame zum Vorschein gekommen wäre, in doktrinärem Tone riefe: „Wie Sie sehen, hat das Kartenbild der Dame die spezifische Eigenschaft, nicht gezogen werden zu können."[7]

Der Umstand, dass Suttners Literatur in aristokratischen Milieus stattfindet und sie ihre Vereinsarbeit eher auf honorige Mitglieder der Gesellschaft ausgerichtet hat, führt zur oftmals weitergetragenen, im Lichte ihrer Schriften aber recht merkwürdigen Vorhaltung: Suttner pflege eine aristokratische Borniertheit, die zu einer Ignoranz gegenüber der sozialen Armut in ihrer Zeit führe. Irmgard Hierdeis wirft ihr beispielsweise in einem aktuellen Sammelbandbeitrag[8] in einer wilden Vermischung von Werk und Leben vor, wenig Interesse konkret an Dienstboten und generell am Proletariat und am sozialistischen Klassenkampf überhaupt aufzubringen. Vorteile, die ihre noble Herkunft und Erziehung boten wie beispielsweise der Beschluss der Polizei, die Pazifistin nicht zu überwachen, werden Suttner wenig nuanciert

---

7 Suttner, Bertha von: *Das Maschinenzeitalter. Zukunftsvorlesungen über unsere Zeit*. Verlags-Magazin: Dresden und Leizpig 1899, 102 f.

8 Hierdeis, Irmgard: „Gefühle und Ahnungen. Eine persönliche Revue der Tendenzromane von Bertha von Suttner". In: Cohen, Laurie R. (Hrsg.): *„Gerade weil Sie eine Frau sind ..." Erkundungen über Bertha von Suttner, die* un*bekannte Friedensnobelpreisträgerin*. Braumüller: Wien 2005, 125–141.

angelastet. Hierdeis zeigt dabei wenig Gefühl für personale Erzählpositionen, Ironie und marktorientiertes Schreiben. Hierdeis bekrittelt sogar noch Suttners Literatur, unter anderem weil die Figuren keine Entwicklung kennen, und bestätigt damit, dass in ihrer Studie ausgerechnet *Die Waffen nieder!* nicht einbezogen wurde, da ja gerade dort die Entwicklung der Ich-Erzählerin Martha Althaus und anderer Protagonisten eingehend vorgezeigt wird. Ein Versäumnis, denn dieser Erfolgsroman ist in Sachen Breitenwirkung das zentrale Werk Suttners: 1905, im Jahr der Nobelpreisverleihung an die Autorin, ging ihr Buch immerhin in die 37. deutsche Auflage und war in fast allen europäischen Sprachen, auch ins Slowenische (1914)[9] übersetzt – darunter sogar fünf verschiedene Übertragungen ins Russische, es wurde schon 1913 verfilmt und sogar in Amerika ein Bestseller, ein einmaliger Fall in der deutschsprachigen Literatur dieser Zeit.

In diesem Roman wird die Erzählerin Martha Althaus von ihrem Sohn gefragt, ob sie wohl alle Seiten des Themenfelds Krieg und Frieden beleuchtet habe. Sie antwortet:

> Mein Lieber, wo denkst du hin? Ich habe ja nur sagen können, was sich in *meinem* Leben – in meinen beschränkten Erfahrungs- und Empfindungskreisen abspielt. [...] Was weiß ich z.B. – ich, die Reiche, Hochgestellte – von den Leiden, die der Krieg über die Massen des Volkes verhängt?[10]

Suttner war sich durchaus bewusst, dass das soziale Umfeld ihrer literarischen Texte vor allem auf privilegierte Schichten reduziert war, denen wohl nicht nur von breiten Leserkreisen das meiste Interesse entgegengebracht wurde, sondern die sie auch am besten kannte. Eine Darlegung von wenig Bekanntem hätte auch ihrer sehr geradlinigen Auffassung vom realistischen Schreiben nicht entsprochen. Es erscheint mir unpassend, ihr dies entgegenzuhalten, insbesondere weil sie die aristokratische Schicht äußerst kritisch schilderte, was nicht nur in ihrem

---

9 Miladinović Zalaznik, Mira: „Bertha von Suttners Weg einer Pazifistin". In: Lughofer, Johann Georg und Milan Tvrdík (Hrsg.): *Suttner im KonText. Interdisziplinäre Beiträge zu Werk und Leben der Friedensnobelpreisträgerin*. Universitätsverlag Winter: Heidelberg 2017, 195–213, hier 207–208.

10 Kreisky und Löffler: „Friedensvision", 50.

Roman *High life* (1886) nachzulesen ist. Selbst *Die Waffen nieder!* zeichnet ein abfälliges Bild der Kastenabsonderung und -privilegien der Donaumonarchie.

Übrigens weilte sie selbst keineswegs nur in sehr wohlhabenden Haushalten. Im Kaukasus, wo sie sich nach der von den Schwiegereltern unerwünschten Heirat mit Arthur von Suttner fast zehn Jahre aufhielt, lebte sie sehr bescheiden: In ihrer Autobiographie erinnert sie sich an das Honorar für ihren ersten Roman:

> Neben der Ehre ist aber auch keine geringe Freude das Geld. Solche, die niemals Entbehrungen gelitten haben, die niemals in die Lage kamen, daß sie nicht wußten, wovon sie am kommenden Tage leben, wovon sie eine dringende Schuld zahlen würden, solche Leute wissen nichts von der Wonne, die in solchen Fällen eine hereingeschneite Summe bringt.[11]

Das Interesse an gerechteren sozialen und politischen Ordnungen findet sich eigentlich in vielen Texten Suttners, so beispielsweise im Nachfolgeroman des großen Bestsellers, in *Marthas Kinder* (1903): „Daß die soziale Frage in gewaltiger Bedeutung unsere Gegenwart erfüllt und nach Lösung drängt – das kann doch niemand leugnen? Das Arbeitervolk ist es müde zu leiden, und unter uns gibt es solche, die müde sind, es leiden zu *sehen*."[12] Soziale Fragen und sogar den Sozialismus selbst sah sie nie als alleinige Fragestellung für das Proletariat, u.a. forderte sie so auch Volksuniversitäten.

Obwohl sie vom Schreiben lebte, stellte sie dem revolutionären Marxisten Karl Liebknecht (1871–1919) den Abdruck ihres Erfolgsromans unentgeltlich für das sozialistische Blatt *Vorwärts* zur Verfügung. Zuvor schon hatte sie ihm ihre kriegsfeindliche Erzählung *Es müssen doch schöne Erinnerungen sein* für diese Zeitung überlassen.

Sie respektierte die sozialistische Bewegung, wenn auch mit Kritik an gewaltbereiten revolutionären Ideen. Insbesondere der Konflikt mit Wilhelm II. (1859–1941), aber auch die Rhethorik um die internationale Solidarität vereinte Sozialisten und Pazifisten. In der Schweiz traten beispielsweise die Sozialisten gesammelt dem von Bürgerlichen gegründeten

---

11 Hamann: *Suttner*, 72.

12 Suttner, Bertha von: *Marthas Kinder*. E. Pierson: Dresden 1903, 210.

Internationalen Friedensbüro bei. Aristokratische Borniertheit passt nicht zu diesen Kooperationen.

Nicht nur Gerechtigkeit war Suttner ein Anliegen, sondern auch die Freiheit zur ungebundenen Entwicklung und zum Streben nach Glück, was sie nicht zuletzt mit ihrem eigenen unkonventionellen Leben vorexerzierte. In dem anonym publizierten *Maschinenzeitalter*, in dem Vorlesungen aus einer zukünftigen Perspektive über ihre damalige Zeit gehalten werden, wird auch die Vieldeutigkeit und Manipulierbarkeit des abstrakten Begriffs spielerisch benannt:

> „Frei" – das Wort selber, heute unter uns so selbstverständlich, mit „lebend" beinahe gleichbedeutend, damals hatte es einen gar merkwürdigen Doppelklang. Die einen schrieben es als Losung auf hochgeschwungenen Banner und sahen darin ein stolzes Ideal, für das geschwärmt, gedichtet und gefochten wurde; Andere wieder – die von der Zügelführungspartei nämlich – faßten es immer nur in dem Sinne von zügellos, daß heißt so viel als gefährlich und schlecht auf. Auf die verschiedenen Dinge angewendet, welche sich nach und nach der Fesselung entwunden haben, durchlief das Wort stets eine Skala von Bedeutungen, mit Schimpf beginnend, mit Ruhm endend. Der Name „Freidenker" klang zu Anfang gleichbedeutend mit Frevler; bei dem Wort „freie Liebe" verhüllte wohl noch das ganze damalige Europa errötend sein Antlitz. Viele gab es, die den Begriff „frei" auf dem einen Gebiet im rühmlichen, auf dem anderen jedoch im schimpflichen Sinne empfanden; die sich z.B. der Preßfreiheit freuten und den Freihandel verpönten; die sich von der Autorität der Kirche frei, aber derjenigen des Thrones unterthan erklärten – oder umgekehrt; die das Wort Emanzipation – Befreiung – mit Bezug auf die Sklaverei mit Beifall, mit Bezug auf die Frauenfrage mit Tadel gebrauchten; [...] Kurz, ein Jeder hatte für den Begriff Freiheit in Verbindung mit den gesellschaftlichen Zuständen, je nachdem er die letzteren verändert oder erhalten wünschte, die eine oder die andere Auffassung bereit. Nur eine ganz kleine Gruppe von Leuten gab es, welche „Freiheit" in jeder Richtung erreicht sehen wollten, diese wurden die Radikalen genannt und mit diesem Namen allein stellte sich bei den Meisten schon die Vorstellung von gemeingefährlichen, niedrigen Gesellen ein.[13]

So uninteressiert eingestellt war Suttner offensichtlich nicht gegenüber Ideen von Freiheit und Gerechtigkeit. Suttner kann diesbezüglich vorbehaltlos gewürdigt werden – für ihre intellektuellen Leistungen in ihrer Publizistik sowie für die große Energie, mit der sie mehrere

---

13 Suttner: *Maschinenzeitalter*, 76 f.

bedeutende Sachen vertrat und aus mehr als komplizierten Anfängen ein beeindruckendes Leben schuf. Mir scheinen die auch in akademischen Zusammenhängen tradierten Vorwürfe wie Naivität, Sentimentalität, aristokratische Borniertheit und Ignoranz in sozialen Fragen also durchwegs entkräftet. Ganz im Gegenteil, Bertha von Suttner beschäftigte sich intensiv mit solchen Fragen, die zu einer besseren Menschheit führen sollten, an die sie glaubte – wie im 19. Jahrhundert sehr viele.

Wenn auch im blutigen darauffolgenden Jahrhundert der Glauben an eine stete evolutionäre Höherentwicklung verunmöglicht wurde, kann er uns doch als Grundlage zu einer Hoffnung dienen, dass es Schritte nach vorne geben kann, zu mehr Gerechtigkeit, zu mehr Freiheit – und damit auch zu mehr Frieden.

Mit einem Zitat zu Suttners Ideal der Vollmenschlichkeit aus *Maschinenzeitalter* will ich schließen. Wenn es auch nach einem sozialphilosophischen *term dropping* aussieht, zeigt es doch die Bedeutung verschiedener ethischer Gesichtspunkte im Werk Suttners summierend auf: „Freiheit, Würde, Ansehen – darauf sollte jeder Vollmensch, ohne Rücksicht auf Rasse, Stand und Geschlecht, gleichen Anspruch haben, und auf Gerechtigkeit, Vernunft und Milde sollte dieser Anspruch fußen.“[14]

Bibliographie

Primärliteratur

Suttner, Bertha von: *Daniela Dormes*. In: Freidenker, Milwaukee 1886.

—: *Das Maschinenzeitalter. Zukunftsvorlesungen über unsere Zeit*. Verlags-Magazin: Dresden, Leizpig 1899.

—: *Die Waffen nieder!* Verlag Edgar Pierson: Dresden 1889.

—: *Es müssen doch schöne Erinnerungen sein.* In: Mitteilungen der Österreichischen Gesellschaft der Friedensfreunde, 1892.

14 *Ibid.*, 109.

—: *High life*. Heinrichs: München, Leipzig 1886.
—: *Marthas Kinder*. Verlag Edgar Pierson: Dresden 1903.

Sekundärliteratur

Hamann, Brigitte: *Bertha von Suttner. Ein Leben für den Frieden*. Piper Verlag: München *et al.* 1991.

Hierdeis, Irmgard: „Gefühle und Ahnungen. Eine persönliche Revue der Tendenzromane von Bertha von Suttner". In: Cohen, Laurie R. (Hrsg.): *„Gerade weil Sie eine Frau sind ..." Erkundungen über Bertha von Suttner, die unbekannte Friedensnobelpreisträgerin*. Braumüller: Wien 2005, 125–141.

Kreisky, Eva und Marion Löffler: „Eine nicht politikwissenschaftsfähige Friedensvision? Einige Gründe, warum Bertha von Suttners Pazifismus nicht in den Kanon politischer Ideengeschichte gelangte". In: Lughofer, Johann Georg (Hrsg.): *Im Prisma. Bertha von Suttner „Die Waffen nieder!"*. Edition Art Science: Wien 2010, 37–58.

Lughofer, Johann Georg: „Naivität, Sentimentalität und aristokratische Borniertheit. Stereotype und Vorwürfe in Sachen Bertha von Suttner". In: Lughofer, Johann Georg und Milan Tvrdík (Hrsg.): *Suttner im KonText. Interdisziplinäre Beiträge zu Werk und Leben der Friedensnobelpreisträgerin*. Universitätsverlag Winter: Heidelberg 2017, 1–15.

Miladinović Zalaznik, Mira: „Bertha von Suttners Weg einer Pazifistin". In: Lughofer, Johann Georg und Milan Tvrdík (Hrsg.): *Suttner im KonText. Interdisziplinäre Beiträge zu Werk und Leben der Friedensnobelpreisträgerin*. Universitätsverlag Winter: Heidelberg 2017, 195–213.

Dean Komel

Freiheit und Gerechtigkeit als zentrale Determinanten der politischen Welt

Professor Klaus Held zum achtzigsten Geburtstag

Abstract: Freedom and justice are key determinations which fundamentally co-constitute the understanding of the political world, i.e., the world that expresses not only the notion of an order (*kosmos*), but also the effort for the effectuation of order. In this respect, Aristotle speaks of *politikon zoon* and Kant of the cosmopolitan (*Weltbürger*). Insofar as the Enlightenment idea of *political participation* in the world, which specifically emphasized freedom and justice, is becoming in today's globalized world completely blurred and obscured by the unjust distribution of goods, it is necessary to reflect anew upon the concepts of freedom and justice as the central determinants of the political world. Thus, we are confronted with the question of the centers and of the margins of *the political world* today.

Ich möchte meinen Beitrag mit einer Feststellung beginnen, die sich auf Überlegungen von Erasmus von Rotterdam bezieht, den wir als einen klassischen europäischen Humanisten und Freidenker zu bezeichnen pflegen:

> Der humanistisch erzogene, der human gesinnte Mensch im erasmischen Sinne darf deshalb keiner Ideologie sich verschwören, weil alle Ideen ihrem Wesen nach zur Hegemonie streben, er hat an keine Partei sich zu binden, weil es Pflicht jedes Parteimenschen ist, parteiisch zu sehen, zu fühlen, zu denken. Er hat sich die Freiheit des Denkens und Handelns bei jedem Anlasse zu wahren, denn ohne Freiheit ist Gerechtigkeit unmöglich, sie, die einzige Idee, welche der ganzen Menschheit als höchstes Ideal gemeinsam sein soll. Erasmisch denken heißt darum unabhängig denken, erasmisch wirken im Sinne der Verständigung wirken. Der Erasmische, der Menschheitsgläubige hat nicht das Trennende innerhalb seines Lebenskreises zu fördern, sondern das Bindende, er hat nicht die Einseitigen in ihrer Einseitigkeit, die Feindlichen in ihrer Feindseligkeit zu bestärken, sondern Verstehen zu verbreiten und Verständigungen anzubahnen, und je fanatischer die Zeit wird in ihrer Parteilichkeit, um so entschlossener hat er in seiner Überparteilichkeit zu

> verharren, die auf das menschlich Gemeinsame in all diesen Irrungen und Verwirrungen blickt, unbestechlicher Anwalt der geistigen Freiheit und Gerechtigkeit auf Erden.[1]

Das Zitat wurde einem Gespräch mit dem slowenischen Schriftsteller Igor Torkar entnommen, einem während des Faschismus und Nationalsozialismus und dann nach dem Zweiten Weltkrieg auch im kommunistischen Konzentrationslager *Goli otok* (Kahle Insel) festgehaltenen politischen Gefangenen.[2] Seine *Strafkolonie-Erfahrungen* auf der *Kahlen Insel*, die er in seinem wohl bekanntesten und einflussreichsten Roman *Sterben auf Raten* aus dem Jahre 1984[3] beschreibt, stehen mit unserer Diskussion über Freiheit und Demokratie als einer humanwissenschaftlichen und humanistischen Herausforderung in unmittelbarem Zusammenhang. Zunächst bietet sich wie von selbst die vielleicht provokative Frage an, ob es einem – wenngleich zu Unrecht verurteilten – Ex-Sträfling überhaupt *zu-steht*, über *Freiheit und Gerechtigkeit* zu sprechen.[4] Sollte er sich nicht lieber auf die Erinnerungen und Zeugnisse seines „Sterbens auf Raten" beschränken? Steht über Freiheit und Gerechtigkeit zu sprechen nicht eher dem Recht und der Politik zu – und ausnahmeweise vielleicht auch der Philosophie? Oder ist nicht gerade er als *politisch Gefangener* angesprochen, ja in einem besonderen Maße *zuständig*, sich über Freiheit und Gerechtigkeit auszusprechen? Aber wer würde ihm zuhören? Seine

1 Vurnik, France: „Igor Torkar kot Boris Fakin. Ob avtorjevi petinsedemdesetletnici". In: *Sodobnost*, Jg. 46, Nr. 11/12 (1998), 904.

2 Vgl. Djilas, Milovan: „Der rote Monarch". In: *Spiegel*, Nr. 29 (14.7.1980): http://www.spiegel.de/spiegel/print/d-14332331.html, 9.9.2017.

3 Vgl. Torkar, Igor: *Sterben auf Raten*. Mit einem Vorwort von Franci Zwitter. Drava Verlag: Klagenfurt 1991.

4 Ein solcher, ganz konkreter Vorwurf wurde in der Wahlkampagne im Jahr 1990 bei den ersten freien Parlamentswahlen in Slowenien nach dem Zweiten Weltkrieg gegen Jože Pučnik, den damaligen Vorsitzenden der vereinten Demokratischen Opposition Sloweniens (DEMOS), erhoben bzw. *strategisch lanciert*. Pučnik wurde im Jahre 1958 vom damaligen kommunistischen Regime zu neun Jahren Haft verurteilt und hat später in Deutschland (Lüneburg) studiert und gelehrt. Vgl. Komel, Dean: *Den Nihilismus verwinden. Ein slowenischer Postscript zum 20. Jahrhundert*. Verlag Traugott Bautz: Nordhausen 2012.

Aufseher, die Kriminalbeamten, Richter, Ideologen, Parteiführer oder Medienmoderatoren? Ist es am Ende nicht doch so, dass ein Sträfling nur für sich selbst sprechen, hören und sehen kann – und dies nach seinem eigenen besten Wissen und Gewissen bezeugen? Oder bedürfte er dazu vielleicht der Hilfe eines Dämons, wie zum Beispiel Sokrates, der als Philosoph, Verurteilter, Gefangener und Selbstmörder – also als *Dissident* im ausgeprägten Sinne des Wortes –[5] für die Verteidigung der Gerechtigkeit den höchsten Preis der Freiheit bezahlte?

Innerhalb der Philosophie wurde Sokrates einerseits, z.B. von Kierkegaard, als Repräsentant des höchsten humanistischen Ideals geehrt,[6] auf der anderen Seite versäumte Nietzsche keine Gelegenheit, den sokratischen Humanismus als die größte moralische Monstrosität in der Geschichte der Menschheit zu denunzieren. So heißt es etwa in *Götzen-Dämmerung*:

> Auf décadence bei Sokrates deutet nicht nur die zugestandne Wüstheit und Anarchie in den Instinkten: eben dahin deutet auch die Superfötation des Logischen und jene Rhachitiker-Bosheit, die ihn auszeichnet. Vergessen wir auch jene Gehörs-Hallucinationen nicht, die, als „Dämonion des Sokrates“, in's Religiöse interpretirt worden sind. Alles ist übertrieben, buffo, Caricatur an ihm, alles ist zugleich versteckt, hintergedanklich, unterirdisch. – Ich suche zu begreifen, aus welcher Idiosynkrasie jene sokratische Gleichsetzung von Vernunft = Tugend =

---

5 Die Bezeichnung *Dissident* stammt vom lateinischen *dissidere* in der Bedeutung *auseinandersitzen, nicht übereinstimmen, in Widerspruch stehen* und wurde meist für politische Oppositionelle in autoritativen und totalitären Staaten verwendet, was jedoch besonders nach dem Fall des *Dissidententums in der Demokratie* von Chelsea Manning, Wikileaks und Edward Snowden oder schon früher Noam Chomsky grundsätzlich problematisiert wurde. Ansonsten wurde die Bezeichnung zuerst 1573 im *Warschauer Religionsfrieden* bzw. in der *Warschauer Konföderation* als *pax dissidentum* für die Protestanten, Griechen und Armenier geprägt, die nicht der katholischen Staatsreligion angehörten.

6 „Sokrates' unendliches Verdienst ist es gerade, ein *existierender* Denker zu sein, kein Spekulant, der vergießt, was existieren ist.“ (Kierkegaard, Søren: *Philosophische Brosamen und Unwissenschaftliche Nachschrift*. DTV: München 1976, 347.)

> Glück stammt: jene bizarrste Gleichsetzung, die es giebt und die in Sonderheit alle Instinkte des älteren Hellenen gegen sich hat.[7]

Diese, sagen wir, innere Kontroverse der sokratischen Moral und der Moral überhaupt, wie sie Nietzsche (und gewissermaßen schon vor ihm Hegel)[8] eingesehen hat, ruft eine selbstkritische Frage auf den Plan, nämlich: Wie steht es eigentlich mit unserer eigenen Verteidigung der humanistischen Ideen und Ideale gegen die Ideologie? Wie steht es mit der Freiheit des Einzelnen als der Schlüsselbedingung jeder Gerechtigkeit und der Gerechtigkeit selbst als der (Erasmus zufolge) „einzigen Idee, welche der ganzen Menschheit als höchstes Ideal gemeinsam" sein soll? Ein kompliziertes Verhältnis, das jedoch – wie im Beitrag vorausgesetzt – nicht nur *einen* der Maßstäbe der politischen Welt bildet, sondern ihre ureigenste *Mitte* im eigentlichen Sinne des *Terminus* determiniert: Es betrifft Anfang und Ende, Grenze und Gänze, Ursprung und Zweck, Bestand und Verstand, Dissens und Konsens. Als solche Determinanten der politischen Welt sind Freiheit und Gerechtigkeit für die Menschenwürde konstitutiv, so wie sie auch die Verfassung und die Gesetzgebung bestimmen – und doch konnten sie geschichtlich immer wieder *verstimmt* und zunichte gemacht werden.

Das obige Zitat stammt eigentlich nicht von Erasmus selbst. Igor Torkar übernahm es aus einer Studie über Erasmus von Stefan Zweig aus dem Jahre 1934,[9] also aus einer Zeit, in der Europa und die Welt wahrlich von keinem humanistischen Geist erfüllt waren; vielmehr durchjagte beide das Gespenst des Antihumanismus, der kurz darauf seine Strafmaschinerie in Gang setzen sollte. Befinden wir uns, was die Vorstellungen von Gerechtigkeit und Freiheit betrifft, aber heute

---

7 Nietzsche, Friedrich: „Götzen-Dämmerung". In: *Der Fall Wagner. Götzen-Dämmerung. Der Antichrist. Ecce homo. Dionysos-Dithyramben. Nietzsche contra Wagner*. Kritische Studienausgabe 6. DTV/de Gruyter: München – Berlin – New York 1988, 69.

8 Vgl. Hegel, Georg Wilhelm Friedrich: *Vorlesungen über die Geschichte der Philosophie I. Werke 18*. Suhrkamp: Frankfurt am Main 1986, 441–515.

9 Vgl. Zweig, Stefan: *Triumph und Tragik des Erasmus von Rotterdam* (1934). In: http://gutenberg.spiegel.de/buch/triumph-und-tragik-des-erasmus-von-rotterdam-6861/7, 9.9.2017.

tatsächlich in einer besseren Lage als die Menschen in der Zeit vor dem Zweiten Weltkrieg? Gibt es in der gegenwärtigen Welt, d.h. auf dem *globalen Erdball*, mehr Freiheit und Gerechtigkeit? Die Frage dabei ist, ob auch die Humanwissenschaften in ihrem begrenzten akademischen Kontext heute die Möglichkeit besitzen, sich aus ihrem Horizont und auf ihrem Boden auf *Freiheit und Gerechtigkeit als Konstituenten der politischen Welt* zu besinnen. Zumeist wird hervorgehoben, dass eine solche Besinnung rein historisch und aktuell für die Humanwissenschaften nicht relevant sei. Allein das sagt schon etwas über die Wirklichkeit der Humanwissenschaften heute aus.

Was würde in dieser Hinsicht die Bezeichnung *politische Welt* besagen? Eine *von* dem Menschen *für* den Menschen oder *gegen* den Menschen konstruierte Welt? Aber keine Weltlichkeit der Welt kann durch und durch konstruiert werden, immer opfert sie dabei einen konstitutiven Moment des In-der-Welt-seins auf. In seinen späteren phänomenologischen Betrachtungen hat Edmund Husserl diese konstitutive Welt-Beweglichkeit als „Lebenswelt" bezeichnet.[10]

Die Bestimmung der „politischen Welt" übernehme ich von Klaus Held, der jüngst unter dem Titel *Phänomenologie der politischen Welt* eine Auswahl seiner politisch-philosophischen Schriften veröffentlicht hat. Im Hinblick auf den Begriff der „politischen Welt" lehnt er sich ausdrücklich an das Husserl'sche Konzept der *Lebenswelt* als der Basis jeder Lebenserfahrung des offenen Horizonts der Weltlichkeit an. *Das Politische* wird darin mitbegründet:

> In solchen Ausdrücken wie „politische Welt" oder „kindliche Welt" können wir das Wort „Welt" durch „Horizont" ersetzen. Allerdings ist das philosophisch nur sinnvoll, wenn wir diesen Begriff in der Bedeutung verstehen, durch die er bei Husserl zu einem grundlegenden Terminus der Phänomenologie werden konnte […][11]

10 Vgl. Husserl, Edmund: *Phänomenologie der Lebenswelt. Ausgewählte Texte II.* Mit einer Einleitung von Klaus Held. Reclam: Stuttgart 1986.

11 Held, Klaus: *Phänomenologie der politischen Welt.* Peter Lang: Frankfurt am Main – Berlin – Bern – Bruxelles – New York – Oxford – Wien 2010, 20.

Dabei bemerkt Held ausdrücklich:

> Die wegweisende Idee, die politische Welt für die ureigentliche „Sache" der politischen Philosophie zu erklären, stammt weder von Husserl noch von einem anderen Autor der phänomenologischen Tradition, sondern von Hannah Arendt, die sich selbst nicht als Phänomenologin bezeichnet hat und die bei ihrem Gebrauch des Begriffs der Welt nicht auf die phänomenologische Konzeption des Horizonts zurückgegriffen hat. Aus diesem Grunde fehlt ihrem Umgang mit dem Weltbegriff, wie man schon des Öfteren beanstandet hat, die befriedigende Systematik.[12]

Es wäre zu bedenken, ob eine solche Systematik in der Betrachtung der politischen Welt bei Hannah Arendt fehlt, weil das System des Horizontes in der Sache des Politischen selbst nicht völlig durch-kommt: Wenn wir nämlich die Determinanten von Freiheit und Gerechtigkeit einbeziehen, dann wäre eher von einer ursprünglichen Verdoppelung oder Entzweiung des Horizonts oder gar *der* Horizonte der politischen Welt zu sprechen. Es würde dann also heißen: Die politische Welt ist nicht nur durch einen äußeren Horizont der *Erfahrung überhaupt*, sondern auch innerlich durch einen *chorismos*, eine Kluft des Verfahrens bestimmt. Darum *re*präsentiert es sich wesentlich als *die* Welt der Entscheidungen, Verschiedenheiten, Unterschiede, Bescheide, Scheidungen und grundsätzlich als eine Welt des Handelns und der Öffentlichkeit, als eine Welt von Meinungen, Regierung und Macht.

Hannah Arendt versuchte gerade, diesen situationsbedingten und dadurch *offenen* Charakter des politischen In-der-Welt-seins zu beschreiben und betrachtete das *System* als eine Deviation des ursprünglichen Entwurfs des Politischen (der Welt). In diesem analytischen Rahmen lehnt sie sich an die aristotelische Bestimmung von *bios politikos* sowie die kantische Bestimmung von *Weltbürgerschaft* an – und entwickelt beide in einem geschlossenen geschichtlichen Bogen von Sokrates bis hin zu Adolf Eichmann (über Heidegger!) kritisch fort.[13]

---

12 *Ibid.*, 20.

13 Vgl. Arendt, Hannah: *Vom Leben des Geistes. Bd. 1: Das Denken. Bd. 2: Das Wollen*. Piper: München 1979. Zur Deutung des *Politischen* siehe auch Meier, Christian: *Die Entstehung des Politischen bei den Griechen*. Suhrkamp: Frankfurt am Main 1983, 27–59, wo er sich auch mit der Bestimmung des Politischen bei Carl Schmitt auseinandersetzt. Vgl. Schmitt, Carl: „Der Begriff des Politischen".

Im Rahmen unserer Betrachtung von Freiheit und Gerechtigkeit als Determinanten der politischen Welt ließe sich die gesamte Problematik von der Deutung der „politischen Welt" her noch weiter zuspitzen, und zwar in der folgenden Richtung: Die Determinanten der *Freiheit* und der *Gerechtigkeit* in ihrer immanenten Auseinandersetzung bilden die konzeptuellen Achsen einer jeden möglichen Verwirklichung der politischen Welt. Als solche sollten sie *extrem* beobachtet werden: Ja, die politische Welt hat keine andere Aufgabe und keinen anderen Zweck als den, *Freiheit* und *Gerechtigkeit* miteinander in Einklang zu bringen. Aber damit wird zugleich eine möglicherweise unüberbrückbare und nicht zu überschreitende Kluft zwischen *Freiheit* und *Gerechtigkeit* vorausgesetzt, die wir als solche – und d.h. *konstitutiv* – in Betracht ziehen sollten. Die neuzeitliche Idee von der Gleichheit der Menschen, die gerade eine *Ausbalancierung* zwischen Freiheit und Gerechtigkeit herstellen sollte, bleibt so lange eine lediglich idealistische Forderung, wie sie den *grundlegendsten Konflikt* – das *Inter-Esse* – in der wirklichen politischen Welt als Leitfaden für die Verwirklichung ihrer eigenen Möglichkeit nicht berücksichtigt.

Was die gegenwärtige Auffassung des Zusammenhangs von Freiheit und Gerechtigkeit anbelangt, so hat hier insbesondere der amerikanische Philosoph John Rawls wichtige Denkanstöße gegeben. In seiner Abhandlung *Eine Theorie der Gerechtigkeit* (1971)[14] fordert er, dass jeder Mensch das gleiche Recht auf gleiche Grundfreiheiten beanspruchen solle. Allerdings sieht Rawls dabei zugleich das Problem: Diese Grundfreiheiten können zu sozialen und wirtschaftlichen Ungleichheiten führen. Wie lässt sich eigentlich die politische Aporie des Ausgleichs zwischen Freiheit und Gerechtigkeit, die sich im Zentrum eines jeden Versuchs der Verwirklichung der Idee einer *demokratischen Gesellschaft* befindet, mit der erwähnten Verlegenheit bei der systematischen Deutung der „politischen Welt" verbinden?

Erstveröffentlichung in: *Archiv für Sozialwissenschaften und Sozialpolitik*, Jg. 58 (1927), 1–33.

14 Vgl. Rawls, John: *A Theory of Justice.* Belknap Press of Harvard University Press: Cambridge, MA 1971.

„Politische Welt“ bedeutet *auch* die von der einen oder anderen Macht *manipulierte Lebens-Welt*,[15] d.h. eine Form politischer Machenschaft, die sich in radikaler Weise in den Totalitarismen des vorigen Jahrhunderts gezeigt hat, die aber auch für unsere heutige Markt-Medien-Technik-*Post*-Gesellschaft repräsentativ bleibt.[16]

Dabei entsteht das Problem, dass die Lebens-Welt von der „politischen Welt“ in einer Weise normiert und kontrolliert werden soll, dass sie die Ausübung der Freiheit des Menschen unmöglich macht oder diese sogar vernichtet. Das heißt aber zugleich: Die politische Welt *kann nicht die ganze Welt umfassen und darf dies auch nicht* – und gerade *dieses Bewusstsein sollte bei der Verfassung und im Verständnis der politischen Welt konstitutiv sein. Nur so ist Freiheit als die rechte Bedingung der Gerechtigkeit und Gerechtigkeit als der freie Grund der Freiheit geboten.* Und nur so werden Toleranz und Solidarität unter den Menschen wie gegenüber der ganzen Welt wahrhaft möglich.

Als Beleg dafür könnte man die anfängliche philosophische Besinnung auf die politische Welt bei Platon nehmen, der sonst als philosophischer Vorgänger und Vorbereiter der autoritär und totalitär geprägten politischen Weltanschauung gilt. Dabei wird zumeist übersehen, dass in einem solchen Fall Überlegungen im Blick auf die Gerechtigkeit für Platon völlig überflüssig wären.[17] Noch wichtiger scheint mir aber, dass Platon stets das philosophische Vorbild des politischen Dissidenten Sokrates vor Augen hat, was unmittelbar die philosophische Auseinandersetzung mit der herrschenden politischen Meinung provoziert, durch die die Bedeutung des Politischen als solchen offen-sichtlich werden kann. Vor allem aber wird klar, dass die Öffentlichkeit der politischen

15 Zum Beispiel in Bob Dylans Song „Political World”: „[…] We live in a political world / Where peace is not welcome at all / It's turned away from the door / To wonder some more / Or put up against the wall […]”. In: https://bobdylan.com/songs/political-world/=, 9.9.2017.

16 Vgl. dazu Trawny, Peter: *Medium und Revolution.* Matthes&Seitz: Berlin 2011.

17 Vgl. dazu das erste Buch von Platons Hauptwerk *Politeia* oder *Der Staat*, das ausdrücklich der Frage nach der Gerechtigkeit gewidmet ist. Vgl. dazu auch Barbarić, Damir (Hrsg.): *Platon über das Gute und die Gerechtigkeit – Plato on Goodness and Justice – Platone sul Bene e sulla Giustizia.* Königshausen & Neumann: Würzburg 2005.

Welt der Lebens-Offenheit zum Seienden im Ganzen bedarf und diese nicht einschränken oder unterbinden darf. Geschieht dies, gerät das öffentliche Wort als *logon didonai* zu einer bloßen, unverantwortlichen Rhetorik. Das heißt aber, dass jede Möglichkeit des politischen Konsenses den (ab)grundlegenden *Dissens* berücksichtigen sollte, der in der griechischen Sophistik als Ausdifferenzierung zwischen *nomos* und *physis* formuliert wurde.[18] Platon war sich vollkommen bewusst, dass damit die Frage nach der politischen Macht radikalisiert wird und die konkrete politische Situation *not-wendig* Dissidenten wie Sokrates *hervorbringt*, was die Legitimität der einfachen Forderung *Die Politik an die Macht* problematisch werden lässt. Die einzige Möglichkeit, dem öffentlichen Anspruch auf Gerechtigkeit zu entsprechen, sind freie Wahlen der Vertreter der politischen Welt. Aber auch damit können die Möglichkeiten politischer Machenschaften nur teilweise beseitigt werden.

So stellt sich für Platon die Frage: Was macht eigentlich die politische Kunst, die *politike techne*, aus und wer ist streng genommen *der Politiker*? Zur Beantwortung dieser Frage führt Platon im Dialog *Politikos* oder *Der Staatsmann* den Mythos von zwei Weltperioden ein, der des Kronos und der des Zeus, was unmittelbar das Verhältnis zwischen der politischen Welt und der Welt als solcher andeutet; die *techne politike* wird erst in der zweiten Periode relevant, in der die Menschen ohne die Hilfe von Göttern für ihr In-der Welt-sein sorgen müssen.[19]

In einer vielleicht noch suggestiveren Weise wird die Gründung der politischen Welt von Platon im sogenannten Protagoras-Mythos im Dialog *Protagoras* beschrieben. Der Mythos erzählt, wie Epimetheus, der Bruder von Prometheus, bei der Erzeugung der Lebewesen auf der Erde alle verfügbaren Mittel aufgebraucht hatte, so dass für das Menschengeschlecht keine mehr übrig waren. Im Vergleich mit allen anderen Geschöpfen, die tadellos ausgestattet wurden, bleibt der Mensch „nackt, ohne Fußbekleidung und Decke und ohne Bewaffnung". In diesen unmöglichen Umständen kommt Prometheus dem Menschen

18 Vgl. dazu Heinimann, Felix: *Nomos und Physis. Herkunft und Bedeutung einer Antithese im griechischen Denken des 5. Jahrhunderts*. Reinhardt: Basel 1945.

19 Vgl. Platon: *Politikos* oder *Der Staatsmann*, 272b – 274e.

zu Hilfe, indem er des Hephaistos Feuer und der Athene kunstreiche Weisheit stiehlt. Und doch bleibt die Lage für den Menschen so lange katastrophal, wie er keine *techne politike* besitzt:

> Da aber so der Mensch teilhatte an den Vorzügen der Götter, war er erstens wegen dieser Verwandtschaft unter allen Geschöpfen das einzige, welches an Götter glaubte, und begann Altäre und Götterbilder zu errichten: ferner aber gestaltete er Sprache und Worte durch seine Kunstfertigkeit aus und erfand sich Wohnung, Kleidung, Beschuhung und Betten, sowie seine Nahrung aus den Gewächsen der Erde.
>
> Obschon aber so ausgerüstet, wohnten doch anfangs die Menschen vereinzelt, und Städte und Staaten gab es noch nicht. So aber kamen sie durch die wilden Tiere um, weil sie in allen Stücken schwächer als diese waren: auch gewährte ihnen die Kunst ihrer Hände zwar hinlängliche Hilfe zum Unterhalt ihres Lebens, aber zur Bekriegung der wilden Tiere war sie nicht ausreichend, weil sie die staatsbürgerliche Kunst noch nicht besaßen, von welcher eben die Kriegskunst ein Teil ist. So versuchten sie denn, sich zu vereinigen und zu erhalten, indem sie Städte gründeten. Aber als sie zusammengetreten waren, da taten sie wieder einander Unrecht und Schaden an, weil sie eben die Kunst, den Staat zu verwalten, noch nicht besaßen, so daß sie sich von neuem zerstreuten und umkamen. Da nun ward Zeus besorgt, daß unser Geschlecht ganz untergehen möchte, und er schickt daher den Hermes ab, um den Menschen sittliche Scheu und Gerechtigkeit zuzuführen, auf daß diese der Staaten Ordner und Freundschaft knüpfende Bande seien.[20]

Aidos (Scham, Scheu)[21] und *Dike* (Recht, Gerechtigkeit), die nach dem ausdrücklichem Befehl von Zeus unter alle Menschen verteilt werden mussten („und alle sollen teil an ihnen haben"), sind die Vorbedingungen der *techne politike*, die immer durch die Lage des Menschen im „Seienden im Ganzen" bedingt ist. Dieses Gewissen, das uns in Form

20 Platon: „Protagoras", 322a-b. Zitiert in der Übersetzung von Friedrich Daniel Ernst Schleiermacher (*Platons Werke*. Akademie Verlag, Berlin 1984–1987.). In: http://gutenberg.spiegel.de/buch/platons-werke-2430/12, 9.9.2017.

21 „Die *aidos* umschließt die Verhaltensweisen, durch welche die Anderen geschont werden und mit der auf sie Rücksicht genommen wird. Im Deutschen lässt sich diese Bedeutung von *aidos* mit ‚schamvolle Scheu' umschreiben." (Held, Klaus: „Die Entdeckung der Welt bei den Griechen als Ursprung Europas." In: ders.: *Europa und die Welt*. Academia Verlag: Sankt Augustin, 116.)

einer Geschichte vermittelt wurde, könnte noch oder gerade heute eine Herausforderung für das humanistische Wissen und das demokratische Bewusstsein sein.[22]

Bibliographie

Arendt, Hannah: *Vom Leben des Geistes. Bd. 1: Das Denken. Bd. 2: Das Wollen*. Piper: München 1979.

Barbarić, Damir (Hrsg.): *Platon über das Gute und die Gerechtigkeit – Plato on Goodness and Justice – Platone sul Bene e sulla Giustizia*. Königshausen & Neumann: Würzburg 2005.

Djilas, Milovan: „Der rote Monarch". In: *Spiegel*, Nr. 29 (14.7.1980): http://www.spiegel.de/spiegel/print/d-14332331.html, 9.9.2017.

Dylan, Bob: „Political World ". In: https://bobdylan.com/songs/political-world/=, 9.9.2017.

Hegel, Georg Wilhelm Friedrich: *Vorlesungen über die Geschichte der Philosophie I. Werke 18*. Suhrkamp: Frankfurt am Main 1986.

Heinimann, Felix: *Nomos und Physis. Herkunft und Bedeutung einer Antithese im griechischen Denken des 5. Jahrhunderts*. Reinhardt: Basel 1945.

Held, Klaus: „Die Entdeckung der Welt bei den Griechen als Ursprung Europas." In: ders.: *Europa und die Welt*. Academia Verlag: Sankt Augustin, 97–127.

—: *Phänomenologie der politischen Welt*. Peter Lang: Frankfurt am Main – Berlin – Bern – Bruxelles – New York – Oxford – Wien 2010.

22 „So entspringen Wissenschaft und Demokratie der gleichen Grundstimmung, die man als *gebürtliche Scheu* bezeichnen könnte. Diese Grundstimmung bildet den anfänglichen Geist Europas. Von ihr her bekam in dieser Kultur jeder einzelne Mensch als ein Ort der gebürtlichen Weltoffenheit eine unvergleichliche Würde." (*Ibid*., 119.)

Husserl, Edmund: *Phänomenologie der Lebenswelt. Ausgewählte Texte II*. Mit einer Einleitung von Klaus Held. Reclam: Stuttgart 1986.

Kierkegaard, Søren: *Philosophische Brosamen und Unwissenschaftliche Nachschrift*. DTV: München 1976.

Komel, Dean: *Den Nihilismus verwinden. Ein slowenischer Postscript zum 20. Jahrhundert*. Verlag Traugott Bautz: Nordhausen 2012.

Meier, Christian: *Die Entstehung des Politischen bei den Griechen*. Suhrkamp: Frankfurt am Main 1983.

Nietzsche, Friedrich: „Götzen-Dämmerung". In: ders.: *Der Fall Wagner. Götzen-Dämmerung. Der Antichrist. Ecce homo. Dionysos-Dithyramben. Nietzsche contra Wagner*. Kritische Studienausgabe 6. DTV/de Gruyter: München – Berlin – New York 1988, 55–161.

Platon: „Protagoras", 322a-b. Zitiert in der Übersetzung von Friedrich Daniel Ernst Schleiermacher (*Platons Werke*. Akademie Verlag, Berlin 1984–1987). In: http://gutenberg.spiegel.de/buch/platons-werke-2430/1, 9.9.2017.

Rawls, John: *A Theory of Justice*. Belknap Press of Harvard University Press: Cambridge, MA 1971.

Schmitt, Carl: „Der Begriff des Politischen". In: *Archiv für Sozialwissenschaften und Sozialpolitik*, Jg. 58 (1927), 1–33.

Torkar, Igor: *Sterben auf Raten*. Mit einem Vorwort von Franci Zwitter. Drava Verlag: Klagenfurt 1991.

Trawny, Peter: *Medium und Revolution*. Matthes&Seitz: Berlin 2011.

Vurnik, France: „Igor Torkar kot Boris Fakin. Ob avtorjevi petinsedemdesetletnici". In: *Sodobnost*, Jg. 46, Nr. 11/12 (1998), 899–911.

Zweig, Stefan: *Triumph und Tragik des Erasmus von Rotterdam* (1934). In: http://gutenberg.spiegel.de/buch/triumph-und-tragik-des-erasmus-von-rotterdam-6861/7, 9.9.2017.

Menschenrechte, Interkulturalität, Friede

Gabriella Valera

Reassessing Human Rights, Reassessing Humanities: Justice as a Challenge

Abstract: The paradigm of "human rights" is currently attacked by a twofold perspective. On the one hand, an increasingly serious latency of the institutions in the implementation of the conditions for their respect shows their unarmed "nakedness". On the other hand, their fragility from the point of view of the legal basis that would support them is becoming more and more evident. This aspect in particular continues to undermine any possibility to legally justify humanitarian intervention. In the precarious position between "justice" and "right" human rights appear to be more and more returning back into that uncertain status, in which the lawyers of the early modern period, right down to the discussions for the distinction of ethics and law as different disciplines, arranged what they called the "duties of love". Yet, the consistent paradigm of interstate relations within which human rights require particular protection continues to be the paradigm dominated by force. The paper describes the paths of a search according to which the crisis of "human rights" highlights the crisis (and almost the catastrophe) of the European modern legal model, of the very notion of *Humanity* that founded it and of *the Humanities* that come from it (regarding the relationships between Politics, Ethics, and Law as disciplines). It also indicates alternative paradigms for a rethinking of the *Humanities* and the reaffirmation of their system within a new cultural model.[1]

1 This brief essay deals with topics for which an enormous bibliography has been produced. Only a small space was granted for editorial reasons. Therefore, I refer the reader to a series of my previous works, whose analytical apparatus represents the background of research for this article. Specifically, works on Jellinek, the German juridical encyclopedia, Kant and the form of "Publicity", Max Weber, Walzer, and the theory of just and unjust war, the juridical theory of happiness, Levinas and the question of dialogue. All these essays are available in their complete form at: Academia, "Gabriella Valera," *Academia.edu*, https://triestearchitettura.academia.edu/GabriellaValera (accessed September 1, 2017). The

The linguistic game[2]

The *Universal Declaration of Human Rights* of 1948 opens with the following preamble:

> Whereas recognition of the *inherent dignity* and of the *equal* and *inalienable rights* of *all members* of the *human family* is the *foundation of freedom, justice and peace* in the world,
> Whereas disregard and contempt for *human rights* have resulted in barbarous acts which have outraged the conscience of *mankind*, and the advent of a world in which *human beings* shall enjoy *freedom of speech and belief and freedom from fear* [...],
> Whereas it is essential, if *man* is not to be compelled to have recourse, as a last resort, *to rebellion against tyranny* and oppression, that *human rights* should be *protected by the rule of law* [...][3]

The text of the preamble is taken up again in "Article 1": "All human beings are born free and equal in dignity and rights. They are endowed with reason and conscience and should act towards one another in a spirit of brotherhood."[4]

The declaration unfolds in 30 articles, which develop the conceptual premise of the preamble and the above article, listing in concrete terms the series of (human) rights, for the protection of which the declaration aims to lay the foundation. Among others, there is the right to the protection of fundamental rights contained in the constitution. A relationship is thus assumed between human rights and positive

---

bibliography of this article will also be extremely short, referring mainly to recent books that I consider a treasure chest of problems and bibliographical indications.

2 Cf. Paul Ricoeur, *Dal testo all'azione. Saggi di ermeneutica* (Milano: Jaca Book, 2004). I propose a larger notion of "linguistic game" as performative attitude of key words—one could say "masterwords" or "matrices" in the sense given in: Thomas S. Kuhn, *The Structure of Scientific Revolutions* (Chicago and London: The University of Chicago Press, 2012)—to change the contextual status of the related rhetoric.

3 Quoted from the website of the United Nations: "Universal Declaration of Human Rights," *UN.org*, http://www.un.org/en/universal-declaration-human-rights/ (accessed September 3, 2017) (emphasis added).

4 Ibid.

constitutions via "fundamental rights" ("Article 8"): the right to work, to have fun, economic, social, and cultural rights, and the right to a social and international order in which "the rights and freedoms" listed in the declaration are made possible, and much more. All these rights are expressed in the forms *Right to/Freedom of,* or, in some articles, the *Right to Liberty of.*

The entire legal framework and its parts (social, civil, and in some aspects also political rights) is portrayed as the necessary realization of "inalienable" rights according to the founding binomial dignity/freedom: the dignity, inherent in each human being, and consistent with this, rights as the foundation of freedom and peace or *freedom* and *equality through rights and dignity*.

This conceptual premise derives in turn from a vision of the "human family" in which "a spirit of brotherhood" should prevail.

Dignity, freedom, and equality are not technically legal terms, nor are brotherhood, human family or humankind. Rather, in the text they are aspects of the inalienable humanity that constitutes these rights, which are protected as "human rights". In other words, what qualifies *man* as such, what gives him his intrinsic quality, needs to be transformed into a legal qualification, thus entering the sphere of the "positive". So, that tyranny, or total suppression of *human rights* in this sense, justifies rebellion as another *human right*: what the legal tradition, often problematizing it in terms of its foundation, has called the right of resistance.[5]

Freedom, right, and dignity thus seem to be the "words" involved in a complex linguistic game: in the aftermath of the great crisis of European civilization the aporias came to light which had crossed the Western legal conscience, ending in its catastrophe. Because it was time to acknowledge the great ethical, political, and cultural crisis Europe experienced during the two wars of the twentieth century (that in part is still an ongoing)—this was also an expression of a paradigm. In this paradigm "Right", in its various "figures" and with its instruments, was not only the weak link, but also an essential mechanism and language, confusing itself with Politics, forgetting itself in Ethics, and legitimizing

5 For an overall view cf.: Daniela Bifulco, "Resistenza/Rivoluzione," in *Atlante di filosofia del diritto*, ed. Ulderico Pomarici (Torino: Giappichelli, 2013), 381–414.

the claims of both Politics and Ethics. So, in addition to the "key" words in this linguistic game, we should think back onto the setting in which this game was played, or the disciplines it got its rules from, Ethics and Politics, as well as Anthropology and Philosophy of History.

In fact, a capillary work of "mapping" and recognition is done today in the field, where "human rights" are violated to such an extent that not even a minimum threshold of human dignity is left. Failing the premises of the preamble, the interweaving of relationships that seemed to derive from it with absolute coherence is lacerated: that interweaving of rights that were no longer "human rights" in the strict sense, one could say "simple" rights, but became "complex" rights, representing and governing at least in principle European or Western legal-political culture.[6]

"From power to right, and vice versa"

What is the minimum threshold? Which is the "human" that one can refer to?

I believe that the "linguistic game" mentioned above lacks an essential term: this term is power.

The words that entitle this paragraph are from Norberto Bobbio. In a series of essays on Right and Power in Kelsen's thought he examines the way normativist and positivist theories treat the question of relations between power and right (state and norms). "Revisiting and adapting the formula of a famous philosophical thesis to our topic,"—he writes—

---

6 I am referring to the extraordinary efforts of the laboratories held in Italy at the Department of Juridical Sciences of the University of Modena and Reggio Emilia (including the Laboratory on the Forms of Discrimination, Institutions and Positive Actions; www.labdi.it; accessed September 7, 2017). For this essay, I refer mainly to the work by Thomas Casadei, *Il rovescio dei diritti umani. Razza, discriminazione, schiavitù, con un dialogo con Étienne Balibar* (Roma: DeriveApprodi, 2016), and the many books edited by him—especially *Diritti umani e soggetti vulnerabili. Violazioni, trasformazioni, aporie* (Torino: Giappichelli, 2012)—, with important essays and a real goldmine for reconstructing debates on the topic. The complexity of the problems would require a discussion of different positions, here impossible due to the space constraint.

"one could say that at the top of the normative system, *lex et potestas convertuntur*." This clearly shows that for the traditional theory of the state (the positivist type) at the top is power (sovereign) which preempts all norms, whereas in normative theory at the top is a fundamental norm (equally sovereign) which preempts all others. "The two sequences end either with the fundamental norm or sovereign power."[7] *Lex* (the norm) and *potestas* (the sovereign in all its historical manifestations) *convertuntur*, represent the same view from top to bottom via the closure of the system. Sovereign norm and legitimate sovereign—we can add—represent the limit where power becomes force.[8] We are outside the sphere of the Law and entering the sphere of Politics.

One could go back in the disciplinary history of Law to understand how the nexus between Power and Law dictated the rules of the game, qualifying the two terms in different ways. I will refer to just two cornerstones of nineteenth- and twentieth-century legal thought.

Georg Jellinek, author of the *System of Subjective Public Rights* (*System der subjektiven öffentlichen Rechte*; 1905), in the span of his reflections refers to the key terms not only of legal, but also political language—coercion, force, dominion, power—problematizing relations of *Public* with *State* and *subject* with *individual*.

Insofar as legal public subjectivity is determined by its *relationship* with the legal order (*Rechtsordnung*), it indicates the *capacity* of a rational, continuous, unified will. A right must be thought of as a relationship between personalities, determined by the *subjective qualifications* deriving from their *relationship with the legal order* which defines the parties' legitimate reciprocal claims (*gegenseitige Berechtigungen*) and on the basis of which they acknowledge each other as bearers of *reciprocal rights and powers*. The State, as a subject of rights among

7 Cf. Norberto Bobbio, *Diritto e potere. Saggi su Kelsen* (Torino: Giappichelli, 2014), 171–88.

8 The relationship between *sovereignty* and *force* has been re-thematized by: Ronald Mendoza de Jesús, "Sovereignty: An Infrapolitical Question," *Transmodernity: Journal of Peripheral Cultural Production of the Luso-Hispanic World* 5, no. 1 (2015): 52–80 (accessible at: https://escholarship.org/uc/item/6xh7h24s), with references to Derrida and Levinas. Cf. also: Giorgio Agamben, *Homo sacer: Il potere sovrano e la nuda vita* (Torino: Einaudi, 1995).

others, cannot identify itself with the *legal order*, which is the *medium relationis*. Public legal subjectivity in the last analysis is a relationship between *Status* (*Statusverhältnis*) in which the subjects are not only subjects of rights (*Rechtssubjekte*, holders of a *Dürfen, to have permission to*), but also *Machtsubjekte,* endowed with *Können,* a *power.*[9]

In order to understand the importance of this relationship between rights and power in its theoretical and normative significance, we must consider that relations of status are qualifications of public law, on the basis of which legal personalities, including that of the State, are formed. Furthermore, Jellinek criticizes the logic of natural law which founded the State and its sovereignty in the act of alienation of rights by the subjects. This would conflict with the representation and functioning of a *legal order* in which the "State" acts as a subject of public rights. From the perspective of the *legal order* a coup d'état and a revolution can be considered essentially analogous. In the first case, it is the State that does not recognize its legal partners and does not deal with them according to the rules of the *legal order.* It acts solely on the basis of the *State Order* (*Staatsordnung*) that is its internal organization (as a function of command). In a revolution, on the other hand, the State with its internal organization is not recognized as a legal partner (which acts according to the rules of the *legal order*). Revolution and coup d'état are thus moments of maximum scission between the "legal order" (within which the state exercises *können* and *dürfen* as legal personalities) and the "state order" on the basis of which the state exercises its objective function of governing. The limit on the State's public subjective right is an intrinsic limit on the system of public subjective rights deriving from their same nature, which implies *formal equality between the dominant and the dominated.* The relationship between the Personality of the State and individual personalities is such that both appear as entities or maybe magnitudes that reciprocally delimit each other.

9 Cf. Gabriella Valera, "Coercizione e potere: storia, diritti pubblici soggettivi e poteri dello stato nel pensiero di Georg Jellinek," in *Saperi della borghesia e storia dei concetti fra Otto e Novecento*, ed. Raffaella Gherardi and Gustavo Gozzi (Bologna: il Mulino, 1995), 53–118.

Continuing our journey back in time, we must necessarily meet Karl Friedrich von Savigny and his systematization of legal categories in terms of *Rechtsverhältnis* and *Rechtsfähigkeit* (legal relationship and legal capacity). According to Savigny, every legal relationship consists of a relationship between persons. Person is the individual (man or entity) bearer of such a relationship, qualified by that relationship (legal in and of itself), which also constitutes its status. By virtue of this relationship a person is *rechtsfähig,* has a legal capacity, and is not simply *enabled to acquire* rights, but *is concretely and currently in possession* of them.[10]

When considering the different systematic aims of Jellinek and Savigny, it is notable how *capacity* and *können*, both expressions of the power contained in rights, play an important role in reducing rights in a system, testing cultural matrices, and, one could say, substantivity, or the need to proceed with the almost inescapable categories of the larger legal edifice.

A similar function is performed by the *potestas*/law that runs from top to bottom or, vice versa, from the bottom up to the sovereignty of Kelsen's fundamental norm, the "*können*", with which Jellinek qualifies public subjects in their status relationships (also including the State as one of these subjects) and finally the "capacity" to *have* a right (and therefore exercise it), on the basis of which Savigny defines legal relationships and systematically represents the whole of historically given institutions. Different terms and "linguistic games" with a common denominator: the binomial right/"power" (in its various meanings) qualifies subjects and their status relationships, proving to be fundamental for every definition of "subjective" rights, when these are not considered a pure (objective) reflection of the *political order*. Legal order and political order are different according to Jellinek's intuition, and it is the theme of power that indicates a path of analysis.

---

10 Cf. Friedrich Carl von Savigny, *System des heutigen Römischen Rechts. Bd. 2* (Berlin, 1840), especially the first and the second chapter.

From power to force

In his *Lectures on the Encyclopedia and Methodology of Historical Sciences* (1857–1852) the historian Johann Gustav Droysen, a liberalist, but also a supporter of Prussian policy, taught that the State is not in the sphere of law, but in that of force.[11]

The State is thus extracted from the linguistic game of the controversial relationship between power and the Law. We should seek the profound cultural matrix of this result in the tormented course of "sovereignty".

The introduction of Thomas Hobbes's *Leviathan*, a crucial text, which in many respects can be seen as the foundation for modern politics, is a model of clarity. The analogy between divine and human *artifact* is perfect: nature *is not the product* of an act of creation, but rather the *art* that governs such an act; nature is a set of rules according to which the world is created. Through the elaboration of these rules man is also able to create a device, which is "artificial" as much as the physical world is. In front of their artifacts, the two makers, man and God, are credited with the same fundamental attributes: *liberty* and *power*, a binomial that we would like to confront with the one we started with: "Liberty" and "Right".[12]

Hobbes defines and enumerates powers. Natural power is "the eminence of the faculties of body, or mind; as extraordinary strength, form, prudence, arts, eloquence, liberality, nobility". "Instrumental are those powers which, acquired by these, or by fortune, are means and instruments to acquire more." Right (Jus) is a *subjective* power, the *capability of the subject to do something* without the hindrance of objective conditions that would oppose his actions. Liberty instead is an *objective* condition determined by the absence of obstacles. The *right* (*jus*

11 Cf. Johann Gustav Droysen, *Vorlesungen über die Enzyklopädie und Methodologie der Geschichte* (Berlin: Oldenburg, 1943), § 71.

12 Cf. Thomas Hobbes, *Leviathan* (London: Penguin Books, 1968). Cf. also Gabriella Valera, "Lo stato moderno e la 'normalità' dei suoi linguaggi: storia ed altre storie," in *Utopie e patologie della libertà. Snodi*, ed. Nestore Pirillo (Napoli: Liguori, 2014), 153–177.

naturae), to which the subject is entitled, is exercised as a *power* within an objective space, in which he has the faculty of free movement.[13]

In this linguistic game which keeps power and right unified as expressions of the same *status* (the status of freedom) the meaning of *dignity* is also deployed (fundamental for the contemporary definition of human rights),[14] moral quality, or relational value that determines the quantity of power distributed among subjects in the dense network of social relations: "If someone standing in front of me needs my power, my value will represent my power and will be signified by forms of honor, dignity, and public praise."[15] Likewise, thanks to the instrumental powers, the natural power of the subject who is entitled to them is increased in the form of honoring and/or obeying: "to obey is to honour; because no man obeys them who they think have no power to help or hurt them".[16] And further:

> The public worth of a man, which is the value set on him by the Commonwealth, is that which men commonly call dignity. [...] Honourable is whatsoever possession, action, or quality is an argument and sign of power. And therefore to be honoured, loved, or feared of many is honourable, as arguments of power. To be honoured of few or none, dishonourable.[17]

The Hobbesian form of the modern subject is based on the nexus of dignity/right/power and on an objective condition of freedom within spaces limited by values which form the relational fabric of the political-social body. Nevertheless, the precariousness of this legal state, represented and narrated as a natural state (in reality it is a state of freedom with limits) motivates that entry into the political state, *renouncing any right/-power whatsoever*.

The components of the social body decide that "[t]he only way to construct *common power* [...] is to confer *all* their *powers* and *all* their

13 Cf. Hobbes, *Leviathan*, Chapter XIV; cf. also Chapter XXIII.
14 Cf. Hobbes, *Leviathan*, Chapter X.
15 Ibid.
16 Ibid.
17 Ibid.

force to one man or an assembly of men who can reduce *all* their wills [...] to one single will [...]."[18]

History has taught us that cancelling any right up to life's limit is slavery. Hobbes' "sovereignty" is a "figure" in this passage from freedom to slavery. Whereas a "legal" state, of limited "powers", is a condition of unequal freedom (in a certain sense horizontal freedom), the "political" state is a vertical organization of equal slavery.[19]

How can the binomial freedom/right be realized throughout a history completely dominated by that sovereign *power* that occupies *all* the space of the state, subsuming the entire system of powers/rights and finally shaping the sphere of force?

Homo "in statu suo spectatus", *for a critique of human rights*

History (intellectual, political, legal, social, constitutional), liberal, and democratic movements have offered ways to legitimize "sovereignty" and the force that is within its jurisdiction: force of law, of command, and coercion.[20]

But the "figure" of sovereignty, still essential to the contemporary idea of the State, preserves "indivisibility" as its fundamental character. This same attribute, as a precondition and foundation of the inalienability of rights, is considered as constitutive for the contemporary definition of *individual* rights and "human rights", as well as the same notion of dignity at the base of everything as an *absolute* value.

Indivisibility, irresistibility or at least intangibility would be the proper character of *all* inalienable rights that compete to individual subjects, insomuch as they are sovereign in their little or big space. But as we have seen, sovereignty is represented, thought, and realized as belonging to the sphere of the force and not to the sphere of the law.

18 Ibid., Chapter XVII (emphasis added); cf. also Chapter X: "What it means to give up a right".

19 Cf. Casadei, *Il rovescio dei diritti umani*, 71–92.

20 Especially on the topic of the "force of law" cf. Giorgio Agamben, *Stato di eccezione* (Torino: Bollati Boringhieri, 2003), 44–54.

It is as if in this modernity, in which the passage from "legal" to "political" has emerged as a passage from the sphere of "right/power" to the sphere of force, a single, disturbing anthropology, centered around the figures of the *in-dividuum*[21] and the *sovereign*, should define the position both of man and the State as public subjects and private subjects, in political and ethical acts.

To the human rights is given the same characterization as indivisible, intangible, inalienable rights: on the other hand, they are a residual reality, what is left by the State, "bare life" to be preserved. They are the "wrong side"[22] of force and sovereignty.

The variable geometry of the forces is governed by "internal" limit of ethics and politics that legitimize its deployment, following a hierarchy of ends and values, not by "external" limits imposed by the system of rights/powers, in the horizontality of "relationships of status", in locked-down conditions and spaces of freedom, according to recognizable and concrete values which quantify dignity.[23]

Faced with this drift, *human* rights must be purged of the ethical implications of the "human", because they are characterized by inalienability and indivisibility, the proper character of sovereignty. They must be re-addressed simply as *rights* according to strictly legal criteria. Positive actions[24] will redefine the spaces. Man, *homo in statu*

---

21 The conceptualization of *individual* accomplishes itself above all in economic-legal contexts. In medieval or modern legal treatises, influenced by roman juridical categories, the "in-dividuum" is what cannot be divided and for this reason constitutes "heritage" and "inalienable" goods. Cf. for a new consideration of this aspect in the contemporary perspective: Gerald Raunig, *Dividuum. Machinic Capitalism and Molecular Revolution* (Pasadena: Semiotext(e), 2016).

22 I take the suggestive words from: Casadei, *Il rovescio dei diritti umani*.

23 Cf. Francesco Belvisi, "Dignità umana e diritti fondamentali: una questione di riconoscimento," in *Diritti umani e soggetti vulnerabili*, ed. Casadei, 72–89.

24 Cf. the programmatic work of the above quoted Laboratory on the Forms of Discrimination, Institutions and Positive Actions; www.labdi.it. Space is a keyword of the entire history of relationships between State and Citizenship (Force and Powers/Rights/Freedom). Cf. the contribution by Rino Genovese, "Geopolitica della città contemporanea," *Le parole e le cose*, http://www.leparoleelecose.it/?p=25700 (accessed September 5, 2017). Cf. also Vittorio Possenti, *Diritti umani. L'età delle pretese* (Soveria Mannelli: Rubbettino, 2017), for an interesting

suo spectatus, as a *legal entity*, and the relational dynamic of his statuses (spheres of freedom/power/right), should be freed of any possible naturalization: state of nature, hypothetical natural right, naturally social or political animal, naturally free, naturally qualified by the inalienable attribute of dignity or humanity.[25]

In other words, if at the foundation of the edifice of human and individual rights and their inalienability we find the same logical (and factual) identity that interprets and represents the history of sovereign States, political (and economic) empires, radical extremisms, all responsible for the violent denial of the same human rights, it is up to the Humanities, in which this building has its foundations, to courageously face up to its deconstruction and crisis. It is up to the Humanities to relinquish all the moral certainties and philosophical assumptions, on the basis of which they have continued to speak of justice, peace, freedom, equality, and solidarity, and face up to the challenge of a *justice* that *has to be "made"* in the relational, divisible spaces of alterities.[26]

Bibliography

Academia. "Gabriella Valera." *Academia.edu*. https://triestearchitettura.academia.edu/GabriellaValera (accessed September 1, 2017).

Agamben, Giorgio. *Homo sacer: Il potere sovrano e la nuda vita*. Torino: Einaudi, 1995.

—. *Stato di eccezione*. Torino: Bollati Boringhieri, 2003.

thematization of the problems presented here in a perspective that I do not completely share.

25 Cf. Gustavo Gozzi, *Umano, non umano. Intervento umanitario, colonialismo, "primavere arabe"* (Bologna: il Mulino, 2015).

26 Cf. Thomas Casadei, "Soggetti in contesto: vulnerabilità e diritti umani," in *Diritti umani e soggetti vulnerabili*, ed. Casadei, 90–116.

Belvisi, Francesco. "Dignità umana e diritti fondamentali: una questione di riconoscimento." In *Diritti umani e soggetti vulnerabili*, 72–89. Ed. by Thomas Casadei. Torino: Giappichelli, 2012.

Bifulco, Daniela. "Resistenza/Rivoluzione." In *Atlante di filosofia del diritto*, 381–414. Ed. by Ulderico Pomarici. Torino: Giappichelli, 2013.

Bobbio, Norberto. *Diritto e potere. Saggi su Kelsen. A cura di Tommaso Greco. Introduzione di Agostino Carrino*. Torino: Giappichelli, 2014.

Casadei, Thomas (ed.). *Diritti umani e soggetti vulnerabili. Violazioni, trasformazioni, aporie*. Torino: Giappichelli, 2012.

—. *Il rovescio dei diritti umani. Razza, discriminazione, schiavitù, con un dialogo con Étienne Balibar*. Roma: DeriveApprodi, 2016.

—. "Soggetti in contesto: vulnerabilità e diritti umani." In *Diritti umani e soggetti vulnerabili*, 90–116. Ed. by Thomas Casadei. Torino: Giappichelli, 2012.

Droysen, Johann Gustav. *Vorlesungen über die Enzyklopädie und Methodologie der Geschichte. Herausgegeben von R. Huebner*. Berlin: Oldenburg, 1943.

Genovese, Rino. "Geopolitica della città contemporanea." *Le parole e le cose*. http://www.leparoleelecose.it/?p=25700 (accessed September 5, 2017).

Gozzi, Gustavo. *Umano, non umano. Intervento umanitario, colonialismo, "primavere arabe"*. Bologna: il Mulino, 2015.

Hobbes, Thomas. *Leviathan. Ed. by C. B. Macpherson*. London: Penguin Books, 1968.

Kuhn, Thomas S. *The Structure of Scientific Revolutions*. Chicago and London: The University of Chicago Press, 2012.

LABdi. *Laboratorio Forme delle discriminazione, istituzioni e azioni positive*. http://www.labdi.it (accessed September 7, 2017).

Mendoza de Jesús, Ronald. "Sovereignty: An Infrapolitical Question." *Transmodernity: Journal of Peripheral Cultural Production of the Luso-Hispanic World* 5, no. 1 (2015): 52–80 (accessible at: https://escholarship.org/uc/item/6xh7h24s).

Possenti, Vittorio. *Diritti umani. L'età delle pretese*. Soveria Mannelli: Rubbettino, 2017.

Raunig, Gerald. *Dividuum. Machinic Capitalism and Molecular Revolution*. Pasadena: Semiotext(e), 2016.

Ricoeur, Paul. *Dal testo all'azione. Saggi di ermeneutica*. Milano: Jaca Book, 2004.

Savigny, Friedrich Carl von. *System des heutigen Römischen Rechts. Bd. 2*, Berlin, 1840.

United Nations. "Universal Declaration of Human Rights." *UN.org*. http://www.un.org/en/universal-declaration-human-rights/ (accessed September 3, 2017).

Valera, Gabriella. "Coercizione e potere: storia, diritti pubblici soggettivi e poteri dello stato nel pensiero di Georg Jellinek." In *Saperi della borghesia e storia dei concetti fra Otto e Novecento*, 53–118. Ed. by Raffaella Gherardi and Gustavo Gozzi. Bologna: il Mulino, 1995.

—. "Lo stato moderno e la 'normalità' dei suoi linguaggi: storia ed altre storie." In *Utopie e patologie della libertà. Snodi*, 153–177. Ed. Nestore Pirillo. Napoli: Liguori, 2014.

Marco Russo

Humanismus und Kosmopolitismus

Abstract: There exists a close link between humanism and cosmopolitanism, both from historical and theoretical point of view. The paper attempts to contribute to the understanding of this link also by asking what cosmopolitan education can be. Assuming that humanism is *worldly wisdom*, which basically consists in the learning how to use knowledge to improve human co-existence (not just human life!), it will be shown—by referring to some conceptual steps from the Renaissance humanism to Kant, and by engaging the "rooted cosmopolitanism" of Anthony Appiah and the "capability approach" of Martha Nussbaum—why things are this way and why this learning, this true philosophical attitude, becomes even more urgent in the global age, where human and non-human beings, different people, and cultures are compelled to cohabit without borders.

„Der Mensch kennt nur sich selbst, insofern er die Welt kennt,
die er nur in sich und sich nur in ihr gewahr wird."
J. W. Goethe[1]

Humanismus und Kosmopolitismus. Ein Hendyadis

Zwischen Humanismus und Kosmopolitismus besteht eine geschichtliche und begriffliche Verbindung. Die Geschichte zeigt, dass die humanistische Bewegung einen kosmopolitischen Charakter hatte und zur Gestaltung eines gemeinsamen europäischen Raums beitrug. Die

---

1 Goethe, Johann Wolfgang von: *Werke, Kommentare und Register. Hamburger Ausgabe in 14 Bänden. Band 13. Naturwissenschaftliche Schriften I.* Verlag C.H. Beck: München 1981, 38.

Philosophie zeigt, dass es eine tiefe Verknüpfung gibt, zwischen Humanismus als Menschlichkeitskultivierung und Kosmopolitismus als Weltoffenheit. „Humanität, menschliche Würde und Kosmopolitismus [...] sind – seit den Stoikern – komplementäre Begriffe, deren intellektueller und sozialer Inhalt dasselbe ist.“[2] Allgemeiner ist festzustellen, dass Einheit, Frieden und Freiheit die Grundelemente des Kosmopolitismus, dieser eigentümlich europäischen Idee, sind.[3]

Einerseits ist die Menschlichkeit nur dank einer kosmopolitischen Haltung zu pflegen, denn ohne Sorge für die Welt (im doppelten Sinn von Erde und von Menschen oder gar in dem ursprünglichen, umfassenderen Sinn von Kosmos) verarmen die menschlichen Qualitäten. Andererseits gewinnt man eine kosmopolitische Haltung erst, wenn man seine eigene Menschlichkeit pflegt. Menschliche Qualitäten sind hier wesentlich: Gerechtigkeit, Solidarität, Freiheit. Sie sind die Grundbedingungen, die uns dabei helfen, mit der Alterität zurechtzukommen, um eine innere (psychische) und äußere (soziale) Harmonie zu erreichen.

Die Bildungsidee ist ein weiterer Verknüpfungspunkt zwischen Humanismus und Kosmopolitismus, sowohl in historischer als auch in systematischer Hinsicht. Ein Lebewesen *wird* zum Menschen, und zwar lebenslang. Wir werden Menschen in der Welt, aber nur, wenn sich die Welt aufschließt, wenn wir aus unserer biokulturellen Umwelt heraustreten und ein partizipierendes Bewusstsein des Ganzen entstehen lassen. Dieses Bewusstsein wächst nicht wild; es muss erst gebildet werden. Es gibt kein endgültiges Modell des Menschen, aber es gibt ein negatives Muster: den Kampf ums Überleben und die Entmenschlichung. Bildung ist Humanisierung, insofern sie uns von diesem Muster entfernt und uns zur Gestaltung einer ausgewogenen Persönlichkeit und Gesellschaft verhilft. Das Ziel der materiellen und geistigen Harmonisierung erfordert eine ständige Bildung (die es allerdings nur oberflächlich mit dem *lifelong learning* einer kompetitiven, spätkapitalistischen Gesellschaft zu tun hat), die durch eine Analyse der

2 Coulmas, Peter: *Les citoyens du monde. Histoire du cosmopolitisme*. Albin: Paris 1995, 84.

3 *Ibid.*, 11.

menschlichen Kontradiktionen in ihrer Verflechtung mit der natürlichen und geschichtlichen Welt vorangetrieben wird. Eine gelungene Harmonisierung hieß in der humanistischen Tradition *Weisheit*, eine Mischung aus Wissen und praktischen Tugenden, die dazu befähigen, den unaufhaltsamen sozio-psychischen Konflikt zu lenken, also die anthropologische Vielfalt und die unergründliche Freiheit des Individuums zu regieren. So überlegt es Edward Said:

> Humanism, I think, is the means, perhaps the consciousness we have for providing that kind of finally antinomian or oppositional analysis between the space of words and their various origins and deployments in physical and social place, from text to actualized site of either appropriation or resistance, to transmission, to reading and interpretation, from private to public, from silence to explication and utterance, and back again, as we encounter our own silence and mortality—all of it occurring in the world, on the ground of daily life and history and hopes, and the search for knowledge and justice, and then perhaps also for liberation.[4]

Weltweisheit

Die Bedeutung von *Humanismus* ist mehrdeutig. Eines bleibt aber fest: Er bezeichnet jede Bewegung, die sich theoretisch und praktisch mit der *Humanitas* befasst. Der Begriff *Humanitas*, griechisch-lateinischer Herkunft, bedeutet im Wesentlichen dreierlei: die Bildung des Individuums; die Sorge für die Anderen; den gemeinsamen menschlichen Zustand bzw. die Menschengattung.[5] Das Tier *homo* wird *humanus*, wenn es die Höhle des Egoismus und der Einseitigkeit verlässt. Mit einer Warnung aber: Nicht das Wissen an sich, sondern die ethische und politische Beurteilung des Wissens ist humanisierend. Das Wissen an sich, mag es auch ganz objektiv sein, lässt uns in der Höhle des Selbstwahns, es kann nur den biologischen Kreis der Fortpflanzung verstärken. Und nicht zufällig hat die technologische Gesellschaft gerade eine

---

4 Said, Edward: *Humanism and Democratic Criticism*. Palgrave Macmillan: New York 2004, 83.

5 Vgl. Russo, Marco: *Umanesimo. Storia, critica, attualità*. Le Lettere: Firenze 2015.

eigentümliche *worldlessness* als Merkmal.[6] Erst die Humanisierung ist welterschließend; erst sie bringt uns eigentlich zur Welt, die nun als zu pflegendes Ganzes und nicht nur als Rohstoff und Milieu unserer Begierde existiert. In diesem Sinne ist der Humanismus wörtlich *Weltweisheit*, Schule des Lebens, die uns den passenden *Weltgebrauch* lehrt.[7] Ohne Berücksichtigung des jeweils zeitlich und räumlich Anderen, ohne eine kosmo-politische Perspektive, wo die eigene Menschlichkeit eine Verknüpfung mit der Menschengattung findet, wird man nicht weise, denn alles bleibt zerstückelt, idiotisch vereinzelt. „Der Mensch muss also zum Guten *erzogen* werden", d.h., er muss sich durch Kunst und Wissenschaft kultivieren, zivilisieren und moralisieren, sagt Kant weiter. Gerade weil wir stets untereinander im Kampf und vom Egoismus überwältigt sind, ist eine solche Moralisierung, die am Ende zu einer harmonisierenden Koexistenz aller Menschen führen sollte, nicht von der freien Zustimmung der einzelnen zu erwarten, sondern „nur durch fortschreitende Organisation der Erdbürger in und zu der Gattung als einem System, d.i. kosmopolitisch, verbunden ist".[8]

Es gibt keine Wissenschaft, keine feste Regel, um *weltweise* zu werden und den *Weltgebrauch* zu lernen. Aber es gibt eine Anzahl von Hilfsmitteln und Einstellungen, die wir uns zunutze machen können. Die *studia humanitatis* (auch *humaniora*) waren gerade die Hilfsmittel zur Selbstbildung, um sich dann in der „weiten Welt" passend benehmen zu können.[9] In erster Linie waren es vor allem Literatur, Geschichte, Philosophie, die sich später an die Künste und an die Verhaltenslehren anschlossen: Das Reich des Wortes und des Wortlosen, das Psychische und das Physische, die durch zu ermittelnde Wege mit dem Kosmos verbunden waren. Die *humaniora* besaßen ihre eigene Methode und Genauigkeit; doch waren sie nicht objektiv und exakt, sondern subjektiv

6 Vgl. Arendt, Hannah: *The Human Condition.* The University of Chicago Press: Chicago 1998, 117.

7 Vgl. Kant, Immanuel: „Anthropologie in pragmatischer Hinsicht". In: ders.: *Werkausgabe. Bd. XII.* Suhrkamp Verlag: Frankfurt/M 1995, 399.

8 *Ibid.*, 690.

9 Vgl. Garin, Eugenio: *L'educazione umanistica in Europa.* Laterza: Bari 1976; Fuhrmann, Manfred: *Bildung. Europas kulturelle Identität.* Reclam: Stuttgart 2002.

und dramatisch. Subjektiv hieß nicht bloß willkürlich, illusorisch, sondern das Bewusstwerden der unumgänglichen Verwicklung unseres Daseins und Wissens in geographischen, geschichtlichen, politischen Kontexten, das übrigens auf verschiedene Weise mit einer mehr allgemeinen Stellungnahme des Menschen im Kosmos verschränkt war. *Mundus minor homo est*, lautete ein beliebter Spruch der Renaissance. Durch die *studia humanitatis* galt es, gerade diese persönliche, ethische und letzten Endes kosmische Dramaturgie zu entwickeln und zu lenken. Hierin erkennt man „die Faustische Grundstimmung der Renaissance",[10] also wieder einmal die Verschränkung, zwischen *Humanitas* als *personal training* und *Humanitas* als kosmisches Schicksal der Menschengattung. Weltweisheit zielte doch auf Harmonie ab, aber nicht als ohnmächtiges Ideal, sondern als Streben, als tägliche *Politik* gegen weltverkümmernde Einseitigkeiten.

Humanistisches Europa

Es war der italienische Humanismus des 14. und 15. Jahrhunderts, der den alten Begriff der *Humanitas* aktualisierte und den Boden für die Entwicklung einer Weltweisheit bereitete, als das Vertrauen in eine unabhängige kosmische Ordnung oder in die göttliche Vorsehung verblasste. Auf diesen Spuren hat sich in der frühen Modernität bis zur Aufklärung eine anthropologische Kultur entwickelt, die das Problem der Selbstbildung und der Alterität systematisch aufstellte, je mehr die Säkularisierung die Welt jeder externen Garantie beraubte. Diese anthropologische Kultur war „allocentrique"[11] – die Identität wurde ein dialektischer Vorgang zwischen dem Eigenen und dem Fremden, Zentrum und Peripherie – und sie hat Europa geprägt, trotzt seiner imperialistischen Aberrationen.

10 Cassirer, Ernst: „Individuum und Kosmos in der Philosophie der Renaissance". In: ders.: *Gesammelte Werke. Bd. 14*. Meiner: Hamburg 2002, 81.

11 Todorov, Tzvetan: *La Conquête de l'Amérique. La question de l'autre*. Le Seuil: Paris 1982, 115.

Humanisten betrachteten sich als eine geistige Gemeinschaft, über nationale Grenzen hinweg. Sie glaubten an die Wichtigkeit des Vergangenen, an die proteische Kraft des Wortes und an die zivilisatorische Funktion des Wissens. Anhand von Briefwechseln, Zeitschriften, Akademien und wissenschaftlichen Gesellschaften verbreitete sich die Idee einer *cosmopolis* der Gelehrten, deren kollektives Wissen direkt oder indirekt positive Auswirkungen auf alle Menschen gehabt hätte. Die ideelle *cosmopolis* wirkte europaweit, bis nach Portugal, Polen, Böhmen, Ungarn.

> [H]umanism travelled. International engagements were a repeated occurrence in the history of humanism, but they were not simply that – I would argue that they were fundamental to the self-definition of the humanist enterprise. [...] Italian Renaissance humanism was forged as an international enterprise.[12]

Die *res publica litteraria*, nach der Bezeichnung des florentinischen Humanisten Poggio Bracciolini, ging also über die Grenzen der staatlichen Souveränität hinaus und basierte auf später berühmt gewordenen Prinzipien: Freiheit, Gleichheit, Philanthropie, Frieden.[13] Die *res publica litteraria* spielte eine Schlüsselrolle bei der Schaffung eines freien Diskussionsraums, in dem sich auch der moderne europäische Kulturkanon herausbildete (nebenbei: auch unsere übliche Handschrift kommt von der humanistischen Kursive, auch *litterae antiquae* genannt, im Gegensatz zur *litterae novae*, zur gotischen Schrift). Der Kanon der *studia humanitatis* fußte auf der kritisch-philologischen Aneignung der Antike und des Christentums, und zielte auf die Ausarbeitung einer „mundanen Kultur“[14] ab, um den Menschen eine gemeinsame Heimat zu geben, wie es einmal Hegel sagte: von Menschen für Menschen, um zusammen die *conditio humana* zu bewältigen, ohne das Unfassbare des Individuellen, die Kontradiktionen des Gemeinwesens, die unheilsame

---

12 Rundle, David: *Humanism in Fifteenth-Century Europe*. The Society for the Study of Medieval Languages and Literature: Oxford 2012, 308–309.

13 Vgl. Bots, Hans und Françoise Waquet: *La République des Lettres*. De Boeck: Paris, Berlin 1997; Fumaroli, Marc: *La République des Lettres*. Gallimard: Paris 2015.

14 Zit. nach Garin: *L'educazione umanistica*, 18.

Flüchtigkeit des Irdischen auszublenden oder gar tilgen zu wollen. Der bombastische, optimistische und rationalistische Humanismus ist eine Erfindung des 19. und 20. Jahrhunderts. Der eigentliche Humanismus ist nie Rhetorik, Konservatismus, Kampf des Geistes gegen die Materie gewesen. Stattdessen war er ein Blick auf *den ganzen Menschen*, auf die verschiedenen menschlichen Gesichter, durch ferne Räume und Zeiten, wie es ein Satz von Said zum Ausdruck bringt:

> When will we stop allowing ourselves to think of humanism as a form of smugness and not as an unsettling adventure in difference, in alternative traditions, in texts that needs a new deciphering within a much wider context than has hitherto been given them?[15]

Im reinen Außen. Das globale Liniendenken

Vor diesem Hintergrund entwickelte sich ein ausdrücklich kosmopolitischer Humanismus, von Erasmus bis Kant. Das war keine Utopie von Literaten, sondern eher eine zielgerichtete Strategie, die sich infolge der sich vermehrenden staatlichen und konfessionellen Kriege entwickelt hatte. Man war in die kolumbianische Ära eingetreten, in der alle bekannten Maßstäbe, Abgrenzungen, Maßnahmen fielen. Die Menschen waren sich nun alle gegeneinander ausgesetzt, gezwungen, potentiell aufeinanderzutreffen und zu kollidieren, aufgrund der verflachenden Kontraktion des gesamten Planeten: einer riesigen Oberflache, wo alles da ist, in einer alles andere als göttlichen Offenbarung von Lebewesen und Dingen. Es war die Ära „des reinen Außen".[16]

In der puren Immanenz, auf einem nackten Globus sind gewiss die Anderen die Hölle (Feinde, Antagonisten, Unterdrücker). Aber, sie sind zugleich auch unsere einzige größte Ressource, um ein befriedigendes Leben zu konstruieren. Eine Kultur des Friedens ist eine harte Arbeit der kooperativen Regierung an zunehmenden Widersprüchen

---

15 Said: *Humanism*, 55.

16 Sloterdijk, Peter: *Sphären II. Globen*. Suhrkamp Verlag: Frankfurt/M 1999, 932.

einer säkularisierten Welt. Das setzt aber die Bildung einer verbreiteten Kultur der *Humanitas* voraus.

Die Entdeckung der neuen Welt transformierte langsam den Humanismus in eine Anthropologie, in eine systematische Untersuchung der menschlichen Natur.[17] In der kolumbianischen Ära wurden die Welt und die Menschen radikal und gefährlich irdisch: ohne ein Außen, ohne ein zuverlässig vermittelndes Drittes, sich selbst überlassen. So musste man sich immer näher, penibler und schonungsloser beobachten, berechnen, kontrollieren, auch um den Mächtigen neue Machtmittel zu verschaffen. Es war die Zeit, die durch die wissenschaftliche Revolution, durch eine ruhelose Erkundung der Erde, durch die Stiftung des *ius publicum europaeum* bzw. des Völkerrechts, durch die mittels des Nationalstaates verstärkten Kolonialreiche, durch die aufgehende kapitalistische Weltwirtschaft allmählich zu einer totalen Mobilmachung des Seienden führte. Es war die Globalisierung. Man konnte nicht mehr an einzelne Zentren (Einzelpersonen, Staaten, Gemeinden, Kontinente) denken. Alle einzelnen Zentren gehörten zu einem dichten Globus, in dem jedes Element das andere antreibt und ausstößt, wie gerade die mechanizistiche Kosmologie erklärt hatte.

Der Übergang von der geschlossenen Welt zum unendlichen Universum galt auch für die kolumbianische Erde. Dies erforderte ein „globales Liniendenken",[18] um im reinen Außen ein Gleichgewicht zwischen Ferne und Nähe, Lokalem und Globalem, Abgrenzung (Menschen, Orte, Dinge) und Grenzenlosigkeit (Macht, Handel, Geld, Wissen) zu halten. Kosmopolitismus war nicht mehr eine einfache philosophische Lehre, sondern auch eine faktische Herausforderung: Entwicklung einer gemeinsamen Kultur, die die blinde Mechanik der Weltkräfte orientierte, sie durch harmonisierende Gebote, Zwecke und Ideale steuerte. Der *zivilisierende* Eurozentrismus, der westliche Imperialismus haben diese Herausforderung erst dann ernst genommen, als beide ihre Destruktivität offenbart hatten.

---

17 Vgl. Pagden, Anthony: *The Fall of Natural Man. The American Indian and the Origins of Comparative Ethnology*. Cambridge University Press: Cambridge 1982; Todorov: *La Conquête*.

18 Schmitt, Carl: *Der Nomos der Erde*. Duncker & Humblot: Berlin 1974, 55.

Kosmopolitischer Humanismus heute

Die Globalisierung radikalisiert die Herausforderung eines humanistischen Kosmopolitismus in positiver und negativer Hinsicht. Positiv, weil sie wirklich eine gangbare, prinzipiell allen zugängliche Welt bereitstellt, mit ihrer immensen Vielfalt, die ein unerschöpfliches Reservoir für materielle und geistige Bereicherung von Individuen und Gesellschaften darstellt. Negativ, weil sie die außergewöhnliche Schwierigkeit aufzeigt, ein gerechtes Zusammenleben von verschiedenen Menschen und Kulturen zustande zu bringen. Leider überwiegt die negative Seite. Die Globalisierung hat bisher eine oberflächliche, ungerechte Mundialisierung durchgesetzt, unter der die schlimmsten Egoismen genährt werden.

Es ist kein Zufall, wenn heute die Debatte über den Kosmopolitismus wieder blüht.[19] Wie vereinbaren sich die unausrottbaren und vom Kapitalismus extremisierten Egoismen von Individuen und Nationen mit dem sich symmetrisch steigernden Verlangen nach Gerechtigkeit? Wie können wir planetarisch koexistieren, ohne dass die Alterität nur als Bedrohung und Bedrängnis wahrgenommen wird? Wie bekämpft man den falschen Ökumenismus von Geld, Waren und Unternehmen? Die Antwort liegt wohl in der Schaffung einer Weltkultur der Menschheit, einem Ziel, das zumindest seit Ende des Zweiten Weltkriegs verfolgt wurde (*Allgemeine Erklärung der Menschenrechte*, UNESCO, UNO, Internationaler Gerichtshof).

Allerdings sind wir noch weit entfernt von der Gestaltung einer Weltkultur. Ein Zeichen dieses Stillstands ist, dass Kosmopolitismus überwiegend nur in rechtlicher und politischer Hinsicht intendiert wird. Das reicht aber nicht. Kosmopolitismus braucht eine Anthropologie, wenn er eine allgemeine Theorie der *Humanitas* in der globalisierten Gesellschaft sein will. Er braucht eine Vorstellung von dem, was der Mensch ist und wie er seinen Zustand verbessern kann, ohne ein Opfer der herrschenden Wissenschaften (heute wohl: Ökonomie und

---

19 Vgl. Heater, Derek: *World Citizenship and Government. Cosmopolitan Ideas in the History of Western Political Thought*. Palgrave Macmillan: New York 1996; Taraborrelli, Angela: *Contemporary Cosmopolitanism*. Bloomsbury Academic: London *et al.* 2015.

Biologie) zu werden. Es ist offensichtlich schwer, etwas zu verbessern, wenn man eine einseitige Vorstellung hat. Wissenschaftliches Wissen ist grundsätzlich einäugig (spezialisiert) und akosmisch (objektivierend und leistungsgebunden). Je mehr es mit dem neoliberalen Kapitalismus verbunden ist, umso mehr dient es unwillkürlich der Verstärkung des biologischen Kreises Bedürfnis-Befriedigung, dem blinden Prinzip des (Fort)Lebens als höchstem Wert, und führt deswegen eher zur Vertierung als zur Humanisierung.[20] Dagegen fußt eine humanisierende Weltauffassung – ohne die Wissenschaft zu ignorieren – auf der phänomenologisch-hermeneutischen Erweiterung des Blicks, auf der rhetorisch-dialektischen und ästhetischen Verfeinerung des Verstandes, die aus den *humanities* abgeleitet werden können.

Zumeist elaboriert die kosmopolitische Theorie heute Modelle zur Verringerung der sozialen Ungleichheit, zur Bildung einer gerechten geopolitischen und institutionellen Ordnung, zur Schöpfung einer übernationalen, demokratischen Öffentlichkeit. Aber damit die Theorie wirksam wird, muss sie Leute aus aller Welt engagieren, involvieren und ansprechen können. Sie muss einen Plan haben, wie *Humanitas* zu einem universal wahrgenommenen Thema wird und dadurch kooperativ ausgearbeitet werden kann, komplementär zu Regulierungssystemen, Menschenrechten und internationalen Vorschriften. Dabei könnten humanistische Methoden und Ideen noch eine wichtige Rolle spielen, wie es beispielhaft die Kunst zeigt. Doch der allgemeine Trend ist offensichtlich ein anderer, nämlich die Abschaffung der *humanities*. Und dieser Trend ist spürbar: Kosmopolitismus ohne Humanismus wird technokratische Utopie, oder einfach Dystopie. Und leider ist dies der aktuelle Stand der Globalisierung und der Weltregierung.

Abschließend möchte ich zwei Autoren nennen, die den Kosmopolitismus als eine Art gelungene Globalisierung, als eine Theorie des guten Lebens in der weltlichen Epoche verstehen. Auf diese Weise heben sie die kulturelle Seite der Weltbürgerschaft, also Bedingungen und Aufgaben einer humanisierenden Weltkultur hervor. Der *rooted cosmopolitanism* von Anthony Appiah zeigt, dass Kosmopolitismus

20 Vgl. Arendt: *The Human Condition*, 320 ff.

nicht gleichbedeutend ist mit einer Erklärung von abstrakten Prinzipien oder der Ablehnung von lokalen Identitäten (Nation, Gemeinschaft, Gruppe). Er basiert vielmehr auf ein *fuzzy*, intuitives Verständnis, das argumentativ entwickelt werden kann, aber das letzten Endes auf einen gemeinsamen existentiellen Hintergrund verweist.

> But what makes the conversations possible is not always shared "culture"; not even, as the older humanists imagined, universal principles or values (though, as I say, people from far away can discover that their principles meet); nor yet shared understanding (though people with very different experiences can end up agreeing about the darnedest things). What works in encounters with other human beings across gaps of space, time, and experience is enormously various. For stories—epic poems as well as modern forms like novels and films, for example—it is the capacity to follow a narrative and conjure a world: and, it turns out, there are people everywhere more than willing to do this. This is the moral epistemology that makes cosmopolitanism possible.[21]

Kosmopolitismus konturiert sich hier als heutige *Weltweisheit*, als Aufbau einer ausbalancierenden Dialektik zwischen Lokalem und Globalem: Er ist letzten Endes die positive Ausarbeitung einer menschlichen Grundsituation, die zwischen Welt und Umwelt, Natur und Kultur, Vernunft und Gefühl schwankt, und die oft unvermittelt, neurotisch, destabilisierend erlebt wird, aufgrund der (ebenso oft beabsichtigten) Unfassbarkeit der planetarischen Skala der Phänomene.

> I have said that what two people or two societies have in common as a basis for dialogue will generally include an odd hodgepodge of particular and general: narrative imagination, the capacity for love and reason, some principles, judgments about the rightness and wrongness of particular cases, the appreciation of certain objects.[22]

Auch der Kosmopolitismus von Martha Nussbaum ist nicht normativistisch, sondern eher auf ethisch-pragmatische Verpflichtungen gegründet. Der *capability approach* zielt darauf ab, ein gutes Leben zu erreichen, unabhängig von den Menschenrechten, von metaphysischen Postulaten

---

21 Appiah, Anthony K.: *The Ethics of Identity*. Princeton University Press: Princeton 2010, 258.

22 *Ibid.*

und religiösem Glauben. Jeder Mensch hat Fähigkeiten (Leben, Gesundheit, körperliche Unversehrtheit, Gefühle, Phantasie, Zugehörigkeit usw.), die kulturübergreifend verständlich sind. Sie können am besten in einer kosmopolitischen Gesellschaft realisiert werden, weil dort jeder zu einer kontinuierlichen Überprüfung der reziproken Grenzen gezwungen ist, was das Gewahrwerden unserer Endlichkeit und Verletzlichkeit verstärkt und somit zur Solidarität und Gerechtigkeit anreizt. Aber solch eine *cosmopolis* ist dort aufzubauen, wo die humanisierenden Wissenschaften noch am Werk sind. Nussbaum hat tatsächlich ein neues Bildungsprogramm verfasst und es als Manifest des modernen Kosmopolitismus präsentiert. Zusammenfassend stellt Nussbaum fest:

> Citizens cannot relate well to the complex world around them by factual knowledge and logic alone. The third ability of the citizen, closely related to the first two, is what we can call the narrative imagination. This means the ability to think what it might be like to be in the shoes of a person different from oneself, to be an intelligent reader of that person's story, and to understand the emotions and wishes and desires that someone so placed might have. The cultivation of sympathy has been a key part of the best modern ideas of democratic education, in both Western and non-Western nations. Much of this cultivation must take place in the family, but schools, and even colleges and universities, also play an important role. If they are to play it well, they must give a central role in the curriculum to the humanities and the arts, cultivating a participatory type of education that activates and refines the capacity to see the world through another person's eyes.[23]

Bibliographie

Appiah, Anthony K.: *The Ethics of Identity*. Princeton University Press: Princeton 2010.

Arendt, Hannah: *The Human Condition*. The University of Chicago Press: Chicago 1998.

23 Nussbaum, Martha: *Not for Profit. Why Democracy Needs the Humanities*. Princeton University Press: Princeton 2010, 95–96.

Bots, Hans und Françoise Waquet: *La République des Lettres*. De Boeck: Paris, Berlin 1997.

Cassirer, Ernst: „Individuum und Kosmos in der Philosophie der Renaissance". In: ders.: *Gesammelte Werke. Bd. 14*. Meiner: Hamburg 2002.

Coulmas, Peter: *Les citoyens du monde. Histoire du cosmopolitisme*. Albin: Paris 1995.

Fuhrmann, Manfred: *Bildung. Europas kulturelle Identität*. Reclam: Stuttgart 2002.

Fumaroli, Marc: *La République des Lettres*. Gallimard: Paris 2015.

Garin, Eugenio: *L'educazione umanistica in Europa*. Laterza: Bari 1976.

Goethe, Johann Wolfgang von: *Werke, Kommentare und Register. Hamburger Ausgabe in 14 Bänden. Band 13. Naturwissenschaftliche Schriften I*. Verlag C.H. Beck: München 1981.

Heater, Derek: *World Citizenship and Government. Cosmopolitan Ideas in the History of Western Political Thought*. Palgrave Macmillan: New York 1996.

Kant, Immanuel: „Anthropologie in pragmatischer Hinsicht". In: ders.: *Werkausgabe. Bd. XII*. Suhrkamp Verlag: Frankfurt/M 1995.

Nussbaum, Martha: *Not for Profit. Why Democracy Needs the Humanities*. Princeton University Press: Princeton 2010.

Pagden, Anthony: *The Fall of Natural Man. The American Indian and the Origins of Comparative Ethnology*. Cambridge University Press: Cambridge 1982.

Rundle, David: *Humanism in Fifteenth-Century Europe*. The Society for the Study of Medieval Languages and Literature: Oxford 2012.

Russo, Marco: *Umanesimo. Storia, critica, attualità*. Le Lettere: Firenze 2015.

Sloterdijk, Peter: *Sphären II. Globen*. Suhrkamp Verlag: Frankfurt/M 1999.

Schmitt, Carl: *Der Nomos der Erde*. Duncker & Humblot: Berlin 1974.

Taraborrelli, Angela: *Contemporary Cosmopolitanism.* Bloomsbury Academic: London *et al.* 2015.
Todorov, Tzvetan: *La Conquête de l'Amérique. La question de l'autre.* Le Seuil: Paris 1982.
Said, Edward: *Humanism and Democratic Criticism.* Palgrave Macmillan: New York 2004.

PETER HANENBERG

Culture, Cognition, and Intercultural Communication

Abstract: Recent research at the intersection of culture studies and cognitive sciences—both under the name of Cultural Neurosciences and Cognitive Culture Studies—has shown that culture and cognition are strongly interrelated. Tacit dimensions grounded in cultural experience seem to have a former widely ignored influence on how people feel and think. Therefore, there seems to be evidence for a double interdependence of culture and cognition: as well as the mind shapes culture, culture shapes the mind. The plasticity of the brain is the condition both for the possibility and for the necessity of cultural learning and exercising. Insights in the processes of this interrelation might help to understand the conditions of intercultural communication, its limits, and its potential. More than just a tool for better communication, knowledge on the relation between culture and cognition will help to define, how people and peoples are and will be able to live together.

Culture as a paradigm and its three dimensions

When Alain Touraine published his book in which he declared culture to be *A New Paradigm for Understanding Today's World* (2005/07) many of the current challenges to culture were still not quite visible: the protests against the satirical presentation of Muhammad in Denmark and later in France, debates about the burka, circumcision, and children forced to be brides, the denunciation of Mediterranean cultures as lazy and ineffective, the position towards migration and refugees, the BREXIT-shock or the election of Trump as the 45th President of the U.S. All these events and developments have shown how much culture is a political and social issue for the twentieth century. The return of religion as a cultural factor, the new importance of ethnic belonging, the popularization (and often vulgarization) of discourses and practices seem to indicate an era where culture is at the heart of the debate.

Knowledge about culture is, therefore, the key to a better understanding of these processes. Culture is a multidimensional phenomenon, which cannot be reduced to a simple formula. Culture is about identity and community, as much as it is about religion, nation, politics, geography, tradition, poverty, values, environment, commodities or technology. Therefore, the new and challenging dynamics of culture might be addressed by considering its three fundamental dimensions: the social, the material, and the mental dimension outlined in the context of a semiotic approach to culture.[1] Culture is a social phenomenon as it is more than just an individual trait—and therefore nations, ethnicities, communities or religions often offer the primary adjective to describe a culture as, e.g., a German Culture, or an Islamic Culture. Culture is organized by groups and institutions (schools, governments, museums) which share and promote a common way of life. However, culture materializes itself necessarily in objects, buildings, texts, and artefacts, allowing for a continuous use by institutions and individuals. Finally, culture is in the mind of its members in the form of codes, values, patterns, and scripts, which allow for acting within the social dimension and making proper use of its material manifestations.

The threefold reality of culture is itself a dynamic relation. Individuals make up the social dimension, as much as the individuals are made up by the social dimension. Mental and social effects are produced by texts and other material agents like architecture, arts or laws. Per Aage Brandt has convincingly suggested that there is a certain tension between the mental and the material dimension of culture, on the one

1 Cf. Roland Posner, "Kultur als Zeichensystem: Zur semiotischen Explikation kulturwissenschaftlicher Grundbegriffe," in *Kultur als Lebenswelt und Monument*, ed. Aleida Assmann and Dietrich Harth (Frankfurt am Main: Fischer, 1991), 37–74. Cf. also: Roland Posner, "Basic Tasks of Cultural Semiotics," in *Signs of Power, Power of Signs. Essays in Honor of Jeff Bernard*, ed. Gloria Withalm and Josef Wallmannsberger (Vienna: INST, 2004), 56–89.

hand, and its social dimension, on the other hand.[2] "Socio-functional structures", as he puts it, tend to be dynamic and in a permanent movement of change, whereas the mental and the material dimension show a certain tendency to stability, which means a certain resistance to change. Socio-functional structures are dynamic because they reach out to other cultures through traffic, travel, and trade, in a permanent need of alimentation, development, and growth. The material and immaterial (or mental) dimensions of culture oppose themselves against this drive to change: to guarantee the persistence of codes and texts (and artefacts, laws, and other material achievements).

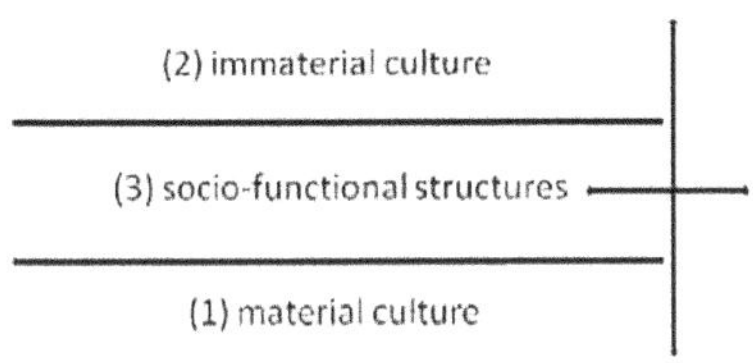

Figure 1

Source: Per Aage Brandt, "What *is* culture? – A grounding question for cognitive semiotics," in *Cognition and Culture. An Interdisciplinary Dialogue*, ed. Ana Margarida Abrantes and Peter Hanenberg (Frankfurt am Main: Peter Lang, 2011), 49–70.

Per Aage Brandt's model of a material and immaterial culture with a tendency for stability and the dynamics of socio-functional structures with its trend for change has been developed as an attempt to explain contemporary conflicts—mainly caused by fundamentalist movements against the so-called modern Western society. Brandt's model can productively be expanded also to the dynamics of an individual participating in and belonging to a certain culture. On the level of the individual, the immaterial dimension of the mind (and its concepts, beliefs or values) corresponds to its material embodiment in the brain, both showing a certain tendency toward stability and a certain resistance to change. The

2 Cf. Per Aage Brandt, "What *is* culture? – A grounding question for cognitive semiotics," in *Cognition and Culture. An Interdisciplinary Dialogue*, ed. Ana Margarida Abrantes and Peter Hanenberg (Frankfurt am Main: Peter Lang, 2011), 49–70.

socio-functional effects of experience and perception may work in favor of a confirmation of these traits or against this stability, calling up for a need for change and transformation. Two observations may therefore serve as important assumptions when it comes to understanding culture, cognition, and intercultural communication.

The first observation is the recognition that culture shapes not only the mind, but that this shaping actually translates itself into brain structures and processes. Culture might actually shape and change the brain. The question of "embodiment" is a current and urgent issue of cognitive sciences, especially when linked to the field of culture—having found expression in emerging disciplines such as Cultural Neuroscience[3] or Cognitive Culture Studies.[4] Bruce Wexler has been one of the first scholars to study intensively the relation between brain and culture, coming (as early as 2006) to the following conclusion:

> Internal neural structures are created [by cultural practice] that correspond to those aspects of environmental stimulation that are most commonly experienced by a particular individual. These structures then limit, shape, and focus perception on aspects of the information stream that are most like themselves. This increases the sense of correspondence between the external world and the internal one, and progressively limits the power of sensory stimulation to change the structures.[5]

This "correspondence between the external world and the internal one" is thus a strong motive in the search for stabilization that then makes changes less desirable and less probable.

---

3 Cf. Yoan Y. Chiao and Genna M. Bebko, "Cultural Neuroscience of Social Cognition," in *Culture and Neural Frames of Cognition and Communication*, ed. Shihui Han and Ernst Pöppel (Heidelberg/Berlin: Springer, 2011), 19–40. Cf. also: Yoan Y. Chiao et al., "Cultural Neuroscience: Progress and Promise," *Psychological Inquiry* 24 (2013): 1–19.

4 Cf. Peter Hanenberg, "Intersecting 'Nature' and 'Culture': How the Study of Culture Could Enhance Cognitive Science," in *Reframing Concepts in Literary and Cultural Studies. Theorizing and Analyzing Conceptual Transfers*, ed. Nora Berning, Ansgar Nünning and Christine Schwanecke (Trier: WVT, 2014), 185–202.

5 Bruce E. Wexler, *Brain and Culture: Neurobiology, Ideology, and Social Change* (Cambridge: MIT Press, 2006), Kindle edition.

The second observation for a better understanding of culture, cognition, and intercultural communication is that perception and experience actually "play against" the tendency toward resilience and stability—and, therefore, count on another outstanding feature of mind and brain, which is the ability for learning, enabled by a surprising plasticity of the brain. Much as the brain tries to confirm proved and tested processes and structures, it is also able to adapt to new challenges and tasks. Though the brain runs on the reliability of routines, it remains capable of modulation and adaption, thus engaging in the continuous force dynamics between change and stability.

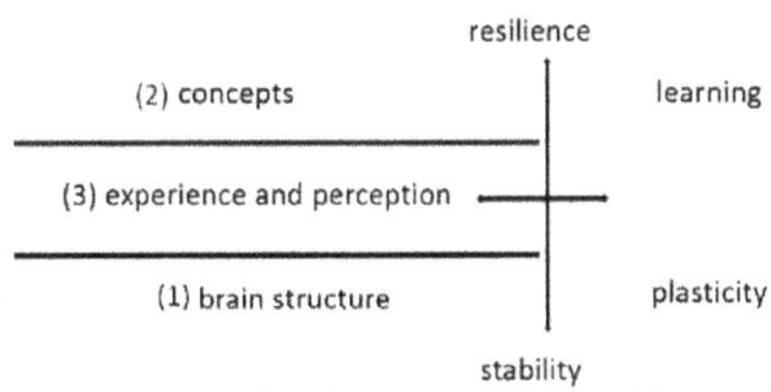

Figure 2

Source: Per Aage Brandt, "What *is* culture?—A grounding question for cognitive semiotics," in *Cognition and Culture. An Interdisciplinary Dialogue*, ed. Ana Margarida Abrantes and Peter Hanenberg (Frankfurt am Main: Peter Lang, 2011), 49–70.

Culture as a collection of models

Three examples may serve as an illustration of this force dynamics on quite different levels. The first example is that of the famous "ambiguous images" like Figure 3 that can be seen either as a rabbit or as a duck. What happens when the observer switches between the perception of the duck and the rabbit is that the same visual input is related either to the recognition of the concept of a duck or the recognition of the concept of a rabbit. In other words, "the brain" adds to the visual input a pre-existing concept that only then conveys meaning to the perceived object. This is why one can see either the duck or the rabbit but never the two at the same time. The meaning of the object does not only depend on what it is (and in fact it is nothing more than an assemblage of lines); adding a concept is necessary in order for the perception to work at all.

Figure 3

Before reflecting a bit more on the cognitive and cultural value of concepts, the following little story illustrates a further aspect of the force dynamics between change and stability.

> Linda is thirty-one years old, single, outspoken, and very bright. She majored in philosophy. As a student she was deeply concerned with issues of discrimination and social justice and participated in antinuclear demonstrations.
> Which of the following two alternatives is more probable?
> *Linda is a bank teller.*
> *Linda is a bank teller and active in the feminist movement.*[6]

As Gerd Gigerenzer has shown, the majority of people would choose the second answer for being "more probable". When reading a story like Linda's, people engage in two assumptions: first, they presume that a story, which is told before answering a question, must be the meaningful support for the right solution. And on the second level, they hold a concept of life in which the things one does at a certain time are meaningfully related to what one does earlier or later in time—something which people would commonly name the "sense of life". However, looking strictly and consciously at the task, it obviously turns out that the first answer is "more probable", because from a rational and logical point of view it is always

6 Gerd Gigerenzer, *Gut Feelings. The Intelligence of the Unconscious* (London: Viking, 2007), 93.

"more probable" that one thing happens (Linda being a bank teller) than two things at the same time (Linda being a bank teller and something else). The interesting result of this example is that people do not rely on logical operations at first hand or naturally. On the contrary, people engage in assumptions like "stories make sense" or "life makes sense"—so that a simple equation turns into a complex interplay of meanings.

Making sense of perception, of observation, of stories or even of life is a central human feature. Relating concepts and assumptions to perception and observation is a complex task in which people engage permanently—following the preferences acquired through education and learning. One other essential feature in this process is the way of linking things together as in the following example:

Figure 4

Source: Joseph Shaules, *The Intercultural Mind: Connecting Culture, Cognition and Global Living* (Boston: Intercultural Press, 2015).

There are two ways of "grouping" these elements and making sense of these images. One first answer would be: the panda and the monkey group together because they are both animals. And the second answer could be that the monkey and the banana belong together because the monkey eats bananas. In the first case, the relation is built on a categorical principle (the class of animals). In the second example, the relation between the objects themselves is emphasized. Some people tend to think first in terms of categories, other might prefer to address the relational bond. Therefore, people develop different "cultures of relatedness" which sustain the way they make sense of experience.

Such differences might be interpreted as the main distinction between what is called a holistic and contextual way of thinking, and a more categorical and object-oriented way, frequently identified as the so-called Asian or Eastern, and the Western preferences for making sense of the world. It might not be necessary to defend such a persistence of a "geography of thought"—as it was called by Nisbett—[7] mainly when considering how much Eastern and Western ways of life were entangled in contemporary society. Nevertheless, these different approaches to an understanding of things and their relations to each other explain both the need for making sense and the manifold ways to do so.

Culture might actually be the instance by which such routines and manifold approaches are developed, cultivated, and shared. Through education and learning culture plays a central role in making concepts, assumptions, and preferences relevant. As Bradd Shore has suggested, culture is therefore "best conceived as a very large and heterogeneous collection of models or what psychologists sometimes call schemes."[8] As he explains, the "notion of model provides a bridge between the empiricist concept of culture as 'objects' and the cognitive concept of culture as forms of knowledge (or, more pretentiously, as mental representations)."[9] Furthermore, the "idea of cultural models is a useful alternative to dissolving the concept of culture altogether into vague notions of power or discourse."[10]

In this sense, Shore has presented an extensive list of models whose elaboration might vary from culture to culture. Such a list would include linguistic models (Scripts, Lexical models, Grammatical models, Verbal formulas, or Trope models), as well as nonlinguistic models (Image schemas, Emotion models, Action sets; Gestural models, Olfactory

7 Cf. Richard E. Nisbett, *The Geography of Thought. How Asians and Westerners Think Differently…and Why* (New York: Free Press, 2003).

8 Bradd Shore, *Culture in Mind: Cognition, Culture, and the Problem of Meaning* (Oxford: Oxford University Press, 1998), Kindle edition, 834.

9 Ibid., 845.

10 Ibid., 853.

models, Sound image models, or Visual image models). Furthermore, such cultural models can be distinguished by their function as in Orientation models (Spatial models, Temporal models, Social orientation models, Diagnostic models, or Divinatory models), as well as in Expressive/conceptual models (Classificatory models, Ludic models, Theories, Folk theories, or Task models). Cultural models are as much in the mind as they are shared through social imparting in education and learning.

Challenges of intercultural communication

Speaking about culture as a "very large and heterogeneous collection of models" and thus simultaneously as a material reality, a social practice, and as a mental disposition allows for a better understanding of the challenges in intercultural communication. Culture is not just the visible and tangible part of art, literature, cooking or dressing, which one tends to identify first. Beneath these superficial manifestations of culture lie their deep roots in concepts, assumptions, and preferences supported by a variety of shared cultural models, differing as much from culture to culture as art, literature, cooking or dressing. The image of the so-called cultural iceberg shows intuitively what Joseph Shaules has called "Deep Culture" and what he has identified as the "Hidden Challenges of Global Living".

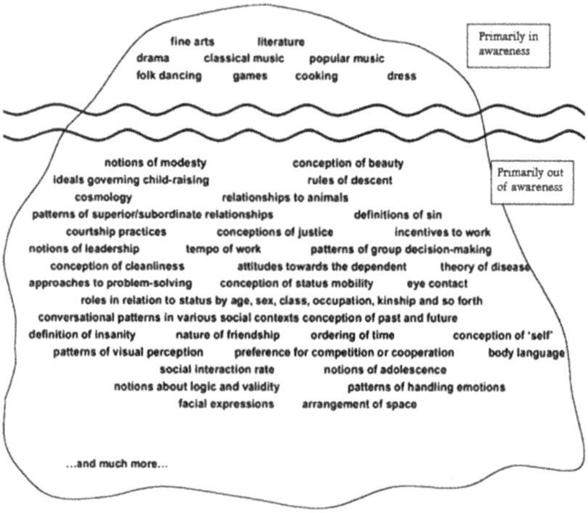

Figure 5

Source: Joseph Shaules, *Deep Culture. The Hidden Challenges of Global Living* (Clevedon, Buffalo, Toronto: Multilingual Matters, 2007).

As culture models and shapes cognition and behavior in such a deep and comprehensive way, intercultural encounters are always moments of a special challenge to the force dynamics of a tendency toward resilience and stability on the one hand and on the other hand the ability for change in learning and in the plasticity of our cultural and cognitive models.

Joseph Shaules[11] has nicely described the experience of intercultural encounters by referring to Victor Fleming's famous movie *The Wizard of Oz* in which Judy Garland plays the role of the little girl named Dorothy Gale from Kansas who finds herself suddenly and surprisingly projected into the marvelous and magic Land of Oz. Taking Shaules' suggestion one step further, one can identify five different moments which mark the cognitive challenges of an intercultural experience:

11 Cf. Joseph Shaules, *The Intercultural Mind: Connecting Culture, Cognition and Global Living* (Boston: Intercultural Press, 2015).

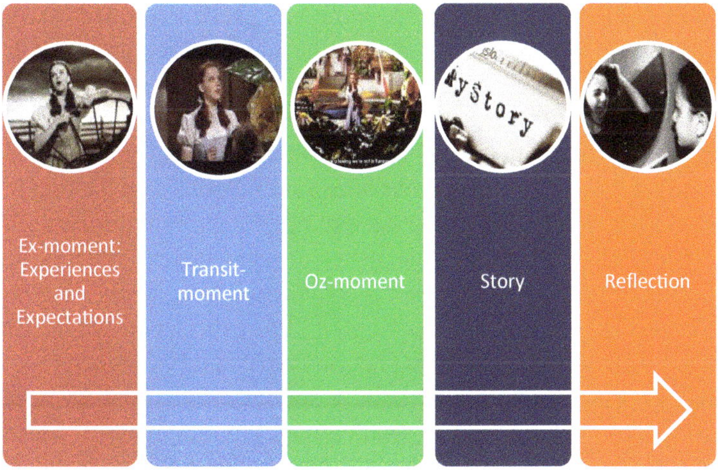

Figure 6

The first moment might be illustrated by the famous song "Over the rainbow" in which Dorothy develops her dreams and expectations of a different world where "the clouds are far behind" her and "trouble melts like lemon drops". Intercultural encounters are always built upon previous experiences (like "clouds" and "troubles") and defined by certain expectations—whether good or bad. This first moment might be called the "Ex-moment" of an intercultural experience.

A second moment could be called the "Transit-moment" in which the transition from one to the other culture is made. These transitions often appear in the form of a voyage or a spatial change, frequently powered by technology or other means of extension. The impact of the transit-moment is often underestimated, though it is the immediate condition of the intercultural experience itself. Going for a long trip by ship, a tiring walk by feet, a short flight over or scaling several times: all this will define the moment in which one experiences the other culture for the first time. In Fleming's movie this is the moment when Dorothy gets out of her bed and opens "the door to Oz", while the movie picture changes from black and white to color.

The third moment is the "Oz-moment" itself, as termed by Joseph Shaules. It is the moment, when Dorothy suddenly realizes how different and strange things are to her in this magic land. It is the moment when Dorothy addresses her dog by concluding: "Toto, I have a feeling, we're not in Kansas anymore."

Taking into account what has been said before about the relation of culture and cognition, Dorothy (as any other person in an intercultural encounter) will then try to make sense of what she experiences in this different culture. She will use her models and concepts, her preferences and assumptions to make "a story out of" this experience. On the way to make sense of the "Oz-moment" her narrative ability (as seen before in Linda's story becoming a bank-teller or more than that) will try to establish a constructive relation of challenging, strange or even disturbing experiences, always trying to come to terms with the force dynamics of a tendency toward stability and an ability (and need) for change.

The last moment of such an intercultural experience could then be a moment of reflection in which the individual beyond his or her first reaction in the Oz-moment, and his or her narrative construction of sense through a narrative engages in a critical process of pondering upon the experience and making it part of a rational argument. In this moment, the individual might even develop a critical standpoint towards his or her own models, concepts, and assumptions.

From culture to conviviality

The insights described in the previous sections correspond to the notion of culture as a central paradigm of contemporary society. The intimate relation of culture and cognition, and the force dynamics working between a tendency toward stability and ability for change might explain many of the conflicts, which characterize political and social challenges all over the world. Resistance to change, on the one hand, and an ever faster driving socio-functional development, on the other hand, seem to be the key issue for our global future. Neither tendency is wrong. They simply correspond to the human condition as depending on its cultural models and as being constantly able to go a step further.

Nevertheless, the main conclusion from such a reflection might not be a defeatist acceptance of this condition, but an effort to recognize it not as a motor of hostility, but as an invitation for a plural recognition of cultural diversity. Based on and extending the studies by Wolfgang Welsch[12] and Paul Gilroy,[13] there might be five steps on this way.

The first step would be to recognize the relation between *culture and cognition*, and its benefits in the construction of concepts and models, which help coming to terms with experience and perception.

The second step would be to address *multiculturality* as the recognition of a diversity of cultures and the richness of their concepts, models, and expressions.

Under the concept of *interculturality* a third step would consist in looking at the relation between cultures not just in their diversity, but in their relatedness, offering new opportunities.

In the term *transculturality* the fourth step would then recognize the openness, self-insufficiency, and dynamics between cultures and their mutual interdependence which leads to *conviviality* as the final step to guarantee that cultures can live together in plural recognition.

From the standpoint of the individual, culture is about identity, culture is about "me". Multiculturality is about the others, about "them", interculturality about "you", and transculturality and conviviality finally about "us".

This, then, would be a culture in which groups do not state their differences, but engage in ways of multiple and continuous exchange: a new form of living together.

---

12 Cf. Wolfgang Welsch, "Transculturality – the Puzzling Form of Cultures Today," in *Spaces of Culture: City, Nation, World*, ed. Mike Featherstone and Scott Lash (London: Sage, 1999), 194–213.

13 Cf. Paul Gilroy, *After Empire. Melancholia or Convivial Culture?* (New York: Routledge, 2004).

Bibliography

Brandt, Per Aage. "What *is* culture? – A grounding question for cognitive semiotics." In *Cognition and Culture. An Interdisciplinary Dialogue*, 49–70. Edited by Ana Margarida Abrantes and Peter Hanenberg. Frankfurt am Main: Peter Lang, 2011.

Chiao, Joan Y. and Genna M. Bebko. "Cultural Neuroscience of Social Cognition." In *Culture and Neural Frames of Cognition and Communication*, 19–40. Edited by Shihui Han and Ernst Pöppel. Heidelberg/Berlin: Springer, 2011.

Chiao, Joan Y. et al. "Cultural Neuroscience: Progress and Promise." *Psychological Inquiry* 24 (2013): 1–19.

Gigerenzer, Gerd. *Gut Feelings. The Intelligence of the Unconscious*. London: Viking, 2007.

Gilroy, Paul. *After Empire. Melancholia or Convivial Culture?* New York: Routledge, 2004.

Hanenberg, Peter. "Intersecting 'Nature' and 'Culture': How the Study of Culture Could Enhance Cognitive Science." In *Reframing Concepts in Literary and Cultural Studies. Theorizing and Analyzing Conceptual Transfers*, 185–202. Edited by Nora Berning, Ansgar Nünning and Christine Schwanecke. Trier: WVT, 2014.

Nisbett, Richard E. *The Geography of Thought. How Asians and Westerners Think Differently...and Why*. New York: Free Press, 2003.

Posner, Roland. "Basic Tasks of Cultural Semiotics." In *Signs of Power, Power of Signs. Essays in Honor of Jeff Bernard*, 56–89. Edited by Gloria Withalm and Josef Wallmannsberger. Vienna: INST, 2004.

—. "Kultur als Zeichensystem: Zur semiotischen Explikation kulturwissenschaftlicher Grundbegriffe." In *Kultur als Lebenswelt und Monument*, 37–74. Edited by Aleida Assmann and Dietrich Harth. Frankfurt am Main: Fischer, 1991.

Shaules, Joseph. *Deep Culture. The Hidden Challenges of Global Living*. Clevedon, Buffalo, Toronto: Multilingual Matters, 2007.

—. *The Intercultural Mind: Connecting Culture, Cognition and Global Living*. Boston: Intercultural Press, 2015.

Shore, Bradd. *Culture in Mind: Cognition, Culture, and the Problem of Meaning*. Oxford: Oxford University Press, 1998. Kindle edition.
Touraine, Alain. *A New Paradigm for Understanding Today's World*. Cambridge, UK: Polity, 2007.
Welsch, Wolfgang. "Transculturality – the Puzzling Form of Cultures Today." In *Spaces of Culture: City, Nation, World*, 194–213. Edited by Mike Featherstone and Scott Lash. London: Sage, 1999.
Wexler, Bruce E. *Brain and Culture: Neurobiology, Ideology, and Social Change*. Cambridge: MIT Press, 2006. Kindle edition.
—. "Neuroplasticity: Biological Evolution's Contribution to Cultural Evolution." In *Culture and Neural Frames of Cognition and Communication*, 1–18. Edited by Shihui Han and Ernst Pöppel. Heidelberg/Berlin: Springer, 2011.

Elmar Bordfeld

Humanismus ohne Gott?

Abstract: The natural humanism as attitude is dependent on the supernatural truth of the revelation, which can be understood on the basis of clerical doctrine as presented in Church documents. Without acknowledging *God*, at least as a concept, one will hardly be able to enter into a dialogue with Islam. The commandment of Christian love known in the legal order, as well as in the social system as *solidarity*, can only function when a human being knows oneself as committed to humanity, given by God. More than the salvation of man, the blissfulness of the human being—which is to be distinguished from one's welfare—is at stake, and thereby also one's future, as well as freedom and justice as the conditions of this future.

Dass ich am vorliegenden Band mitwirken konnte, habe ich der langjährigen Freundschaft mit Frau Prof. Mira Miladinović Zalaznik und Tomaž Zalaznik zu verdanken. Im Vorfeld unserer Arbeit daran habe ich öfter mit ihnen darüber diskutieren können und bin heute sehr dankbar, dass ich gebeten wurde, einige Gedanken davon in einem Band mit Beiträgen von Fachgelehrten vieler Länder festhalten zu dürfen. Die Italiener würden dieses eine *testimonianza* nennen.

Im Wort *Humanismus* steckt zunächst einmal das Wort *homo*, der Mensch. Wir müssen unterscheiden: Humanismus als Geschichtsepoche und als Geisteshaltung. In der römisch-katholischen Kirche wird eine Ähnlichkeit und Verwandtschaft von christlichem Glauben und Humanismus angenommen, indem beide das Wohl des Menschen im Auge haben. Allerdings sei – so heißt es in entsprechenden kirchlichen Äußerungen – der natürliche Humanismus auf die übernatürliche Wahrheit der Offenbarung angewiesen.

Von verschiedenen Seiten wird die Affinität von christlichem Glauben und Humanismus bestritten, in Deutschland zum Beispiel von der *Humanistischen Union*, von der allerdings kaum noch etwas zu vernehmen ist. Der Streitpunkt liegt darin, ob Gott oder der Mensch im Mittelpunkt der Betrachtung steht.

In der unmittelbaren Folge der Terroranschläge in Europa haben sich neuerdings einige Debatten intensiviert: der Dialog mit dem Islam und die Stabilisierung der geistigen Fundamente Europas. Bei beiden scheint mir wichtig, den Gottesbezug bei einem recht verstandenen Humanismus nicht auszuklammern. Man wird mit Anhängern Allahs wohl kaum diskutieren können, ohne *Gott* nicht wenigstens als Begriff mitzubringen. Europa braucht eine Rückbesinnung auf seine christlich-abendländische Tradition.

In meiner Studienzeit an der Universität in Münster wurde ich mit dem christlichen Philosophen Peter Wust (*Ungewissheit und Wagnis*, 1937) bekannt. Er starb 1940 in Münster und war im Widerstand gegen den Nationalsozialismus aktiv. Er war ein bedeutender Kenner der hellenistischen-römischen Geisteswelt und hat sich von dort stark mit dem antiken Humanitätsbegriff auseinandergesetzt und in seinen Schriften „das große Menschheitsideal der Humanität"[1] untersucht. Seine Idee war es, dem Positivismus seiner Zeit das von der christlichen Humanität geprägte Leben, das „Gottesgeschenk der Humanität",[2] gegenüber zu stellen.

Beim *Humanismus ohne Gott* fehle unweigerlich eine höhere Instanz und für ihn war jedwede Form der Humanität sehr eng mit dem Christentum verbunden. Humanität sei von Anfang an dem Menschen angeboren, sozusagen ein *Stück Gott* im Erbgut eines jeden Menschen. Er weist darauf hin, dass in jedem Menschen seine unbeschwerte Kindheit schlummert, die sich in deren unbefangener Freiheit und Aufrichtigkeit zeige. Und das war für ihn dann keine Frage mehr: Das Gebot der Nächstenliebe, bekannt auch in der Rechts- und Gesellschaftsordnung als Solidarität, funktioniert nur dann, wenn sich der Mensch auf diese von Gott gegebene Humanität verpflichtet weiß.

Seit mehr als 50 Jahren stehe ich in Verbindung mit Joseph Ratzinger, dem emeritierten Papst Benedikt XVI. Anfang April 2016 konnte

---

1 Wust, Peter: *Philosophisches Lesebuch*. Walter Rest (Hrsg.). Regensberg Verlag: Münster 1984, 55–56.

2 *Ibid.*

ich mit ihm im Vatikan sprechen. Noch als Kardinal hat er am 15. Juni 2004 auf dem deutschen Soldatenfriedhof La Cambe bei der französischen Stadt Caen eine Ansprache gehalten und u.a. Folgendes gesagt:

> Wer heute Europa als einen Hort des Rechts und der Gerechtigkeit allen Menschen und Kulturen gegenüber bauen will, kann sich nicht auf eine abstrakte Vernunft zurückziehen, die von Gott nichts weiß, selbst keiner Kultur zugehört, aber alle Kulturen nach ihren Maßen regulieren will: Welche Maße sind das eigentlich? Welche Freiheit kann solche Vernunft gewähren, welche verweigern? Auch heute sind Verantwortung vor Gott und Verwurzelung in den großen, überkonfessionellen Werten und Wahrheiten des christlichen Glaubens die unverzichtbaren Kräfte für die Bildung eines Europa, das mehr ist als ein Wirtschaftsblock: eine Gemeinschaft des Rechts, nicht nur für sich selber, sondern für die Menschheit im Ganzen.[3]

Der bedeutende evangelische Theologe Karl Barth meinte, man müsse in erster Linie von einem Humanismus Gottes sprechen: von der Liebe Gottes zum Menschen. Der Mensch als das von Gott bewirkte Wesen solle sich aus seiner irdischen Wirklichkeit in das Geheimnis seines Ursprungs öffnen. Dabei erfahre er dann die Heiligung der Gnade, den Humanismus Gottes. Die weltlichen Humanismen seien eigentlich überflüssig. Sie seien nur *abstrakte Programme* gegenüber der von den Evangelien verkündeten Gotteskindschaft des Menschen. Soweit Karl Barth.[4]

Die Idee *Gott*, so schwierig sie auch zu enträtseln ist, muss im recht verstandenen Humanismus einbezogen werden. Es geht im christlichen Glauben um mehr als nur um das menschliche, humane Wohl, es geht um das davon zu unterscheidende Heil des Menschen, um seine Zukunft und damit auch um *Freiheit und Gerechtigkeit* als Voraussetzung dieser Zukunft.

---

3 Ratzinger, Joseph Kardinal: „Aus der Kraft der Erinnerung handeln. Gnade und Versöhnung“. In: ders.: *Werte in Zeiten des Umbruchs. Die Herausforderungen der Zukunft bestehen.* Herder Verlag: Freiburg – Basel – Wien 2005, 145 f.

4 Barth, Karl: *Die Menschlichkeit Gottes*. Theologische Studien. Bd. 48. Evangelischer Verlag AG: Zollikon – Zürich 1956, 56.

Das Thema *Glaube und Vernunft* zieht sich wie ein roter Faden durch das Denken und auch Reden von Papst Benedikt. In seiner Ansprache bei einer Generalaudienz am 21. November 2012 unterstreicht er:

> Denn Gott ist nicht etwas Unvernünftiges, sondern allenfalls Geheimnis. Das Geheimnis wiederum ist nicht irrational, sondern Überfülle an Sinn, an Bedeutung, an Wahrheit. Wenn der Vernunft das Geheimnis dunkel erscheint, dann nicht, weil es im Geheimnis kein Licht gibt, sondern weil es vielmehr zu viel davon gibt. So sehen die Augen des Menschen, wenn er sie direkt auf die Sonne richtet, um sie zu betrachten, nur Finsternis. Aber wer würde behaupten, dass die Sonne nicht nur leuchtet, ja sogar die Quelle des Lichts ist?[5]

Martin Luther soll vor dem Reichstag in Worms gesagt haben: „Hier stehe ich und kann nicht anders! Gott helfe mir, Amen!“[6] Ich halte es lieber mit einem Wort aus der *Bibel*. Im ersten Petrusbrief heißt es: „Seid stets bereit, jedem Rede und Antwort zu stehen, der nach der Hoffnung fragt, die euch erfüllt.“ (1 Petr 3,15)

Bibliographie

Barth, Karl: *Die Menschlichkeit Gottes*. Theologische Studien. Bd. 48. Evangelischer Verlag AG: Zollikon – Zürich 1956.

Benedikt XVI.: *Generalaudienz. Aula Paolo VI. Mittwoch, 21. November 2012*. In: https://w2.vatican.va/content/benedict-xvi/de/audiences/2012/documents/hf_ben-xvi_aud_20121121.html, 4.4.2017.

Luther.de: *Legenden um Luther: Luther in Worms*. In: http://www.luther.de/legenden/ws.html, 4.4.2017.

---

5 Benedikt XVI.: *Generalaudienz. Aula Paolo VI. Mittwoch, 21. November 2012*. In: https://w2.vatican.va/content/benedict-xvi/de/audiences/2012/documents/hf_ben-xvi_aud_20121121.html, 4.4.2017.

6 Luther.de: *Legenden um Luther: Luther in Worms*. In: http://www.luther.de/legenden/ws.html, 4.4.2017.

Ratzinger, Joseph Kardinal: „Aus der Kraft der Erinnerung handeln. Gnade und Versöhnung". In: ders.: *Werte in Zeiten des Umbruchs. Die Herausforderungen der Zukunft bestehen*. Herder Verlag: Freiburg – Basel – Wien 2005, 143–146.

Wust, Peter: *Philosophisches Lesebuch*. Rest, Walter (Hrsg.). Regensberg Verlag: Münster 1984.

Global und Local

Jau-hwa Chen

Justice in Transition, Why and Why Not?

Abstract: Issues of transitional justice are becoming a mainstream of international national affairs, such as the tribunals of the I.C.C., the 40 national truth commissions, national projects of purging and lustration, as well as programs of compensation or reparation. The experience of South Africa shows that the traditional value of *ubuntu* forming the local and cultural context of transitional justice has to be carefully weighed. In order to find justice in transition, we need to consider, on the one hand, the international standard of human rights and transitional justice, and, on the other, the legacy of past human rights violations, the political culture and values in the local context. How these two dimensions can be mutually balanced, and how the idea of justice is formulated and reformulated nationally, as well as internationally, are two main questions of this study. Experiences of searching justice in transition in South Korea, East Timor, and Taiwan are examples offered by the present investigation.

I

When proposals for the execution of Nazi Germany's officers, made by the British Prime Minister Winston Churchill[1] and the Soviet leader Joseph Stalin,[2] were rejected by the Allies, and instead a plan for the

1 Cf. Times Online, "Churchill: execute Hitler without trial," *Timesonline.co.uk*, https://web.archive.org/web/20070311090356/http://www.timesonline.co.uk/tol/news/uk/article784041.ece (accessed March 29, 2017).

2 Cf. Teaching American History, "Tehran Conference: Tripartite Dinner Meeting," *TeachingAmericanHistory.org*, http://teachingamericanhistory.org/library/document/tehran-conference-tripartite-dinner-meeting-2/ (accessed March 29, 2017): "(1) At least 50,000 and perhaps 100,000 of the German Commanding Staff must be physically liquidated. (2) The victorious Allies must retain possession of the

trial of European war criminals was drafted,[3] a historical moment occurred for transitional justice. The unanimous international rejection of the thought proclaiming that "Might is Right" demonstrates that the act of seeking justice in transition cannot be grounded upon arbitrary violence and retaliation. It was not a military, but a political and judicial solution, which sought the punishment of Nazi criminals at the Nuremberg trials 1945–1949. In comparison with the original proposals made by Britain and the Soviet Union, this military tribunal model was intended to abolish the rule of retaliation, and pay more attention to the legal and political solutions. The goal was not only the denazification of Germany, but also the establishment of worldwide remembrance of the historic lesson for the future.

However, the model of Nuremberg trials evoked critical responses in the sense of "victors' justice".[4] It is quite easy to understand that only a tiny part of perpetrators could be properly persecuted and convicted. And detail defects in the trial procedures—such as the absence of the defendant's right to appeal, and the fact that the tribunal was conducted by ex-war enemies[5]—could cause more suspicions to audiences who expected that criminal justice and fair trial principles should have been effectuated and respected unconditionally. The latest Auschwitz trial of Oskar Gröning in 2015 reveals that anyone who cooperated with the Nazi genocide project needs to be held accountable.[6] However, Gröning's case presupposed that the domestic jurisdiction has full support for similar trials, and that the judicial system is authorized to deal with such cases, even if they had occurred 70 years ago, and the defendant

---

important strategic points in the world so that if Germany moved a muscle she could be rapidly stopped."

3 Refworld, "Charter of the International Military Tribunal," *Refworld.org*, http://www.refworld.org/docid/3ae6b39614.html (accessed March 29, 2017).

4 Cf. Danilo Zolo, *Victors' Justice: From Nuremberg to Baghdad* (New York and London: Verso Books, 2009).

5 Cf. Arthur L. Goodhart, "The Legality of the Nuremberg Trials," *Juridical Review* 58, no. 1 (1946): 1–19.

6 Cf. Zeit Online, "Oskar Gröning zu vier Jahren Haft verurteilt," *Zeit.de*, http://www.zeit.de/gesellschaft/zeitgeschehen/2015-07/auschwitz-prozess-groening-zu-vier-jahren-haft-verurteilt (accessed March 31, 2017).

was over 90 years old.[7] In this regard, the trial model as an important form of transitional justice is doomed to be imperfect and incomplete, since domestic legislations and judicial resources represent the fundamental preconditions for the prosecutions, but the duty to effectuate the latter seems not to be limited by them.

The other important form of transitional justice, the truth and reconciliation commission (T.R.C.) model—though more acceptable for its truth-revealing and reconciliation functions—requires no less justification than the trial model.[8] The T.R.C. of South Africa would sometimes be reproached for not doing justice to the serious crimes.[9] Criticized by the U.N. for its unconditional amnesty policy, the T.R.C. of South Africa was urged to reconsider its conditions for an amnesty, though thought to be relatively successful in comparison with other similar truth commissions.[10] If these two important forms of transitional justice—together or separately—are always reviewed critically, and do not satisfy full requirements of seeking justice in transition, why is it still necessary for a country after the rule of dictatorship to pursue justice for the past wrongdoings?

7 Cf. Spiegel Online, "BGH bestätigt Urteil gegen früheren SS-Mann Gröning," *Spiegel.de*, http://www.spiegel.de/panorama/justiz/oskar-groening-bgh-bestaetigt-urteil-gegen-frueheren-ss-mann-wegen-beihilfe-zum-massenmord-a-1123361.html (accessed March 31, 2017).

8 Cf. Kent Greenawalt, "Amnesty's Justice," in *Truth v. Justice*, ed. Robert I. Rotberg and Dennis Thompson (Princeton and Oxford: Princeton University Press, 2000), 189–210.

9 Cf. Elizabeth Kiss, "Moral Ambition Within and Beyond Political Constraints: Reflections on Restorative Justice," in *Truth v. Justice*, ed. Robert I. Rotberg and Dennis Thompson (Princeton and Oxford: Princeton University Press, 2000), 68–98.

10 Cf. Amnesty International, *Commissioning Justice: Truth Commissions and Criminal Justice* (London: Amnesty International Publications, 2010), 12–13.

II

Before we clarify the necessity of transitional justice, we firstly need to deliberate upon the question whether transitional justice possesses only an instrumental value. Many argue that transitional justice is meaningful only because of its function for peace and democracy, such as to end war and sustain peace, or to consolidate democracy and the rule of law.[11] After peace and democracy have been reached, the process and mechanism of transitional justice would not be significant anymore. The argument presupposes that transitional justice can be instrumental to serve other liberal values like freedom, justice, and equality. Without liberal values, there would be no room for transitional justice. In opposition to ordinary justice, transitional justice seems to be a special form of justice.[12] However, some will argue that justice and human rights imply the process of seeking truth and justice of the past state-sponsored atrocities, and that, therefore, the process of transformation regarding human rights violations perpetrated by the state is in itself of value. The case of Oskar Gröning's trial exposes that justice and human rights incorporated in the concept of transitional justice constitute its normativity.

Secondly, what is the relation between the trial and T.R.C. models within different understandings of transitional justice? Generally, the differences between the trial and the T.R.C. models can be reflected in dichotomies paralleling retributive vs. restorative justice, individual

11 Cf. International Center for Transitional Justice, "What is Transitional Justice?" *ICTJ.org*, https://www.ictj.org/sites/default/files/ICTJ-Global-Transitional-Justice-2009-English.pdf (accessed April 4, 2017); Louis Bickford, "Transitional Justice," in *Encyclopedia of Genocide and Crimes Against Humanity. Vol. 3*, ed. Dinah L. Shelton (Detroit et al.: Macmillan Reference USA, 2004), 1045–7; Laurel E. Fletcher and Harvey M. Weinstein, "Violence and Social Repair: Rethinking the Contribution of Justice to Reconciliation," *Human Rights Quarterly* 24, no. 3 (2002): 573–639.

12 Cf. Juan E. Corradi, "Toward Societies without Fear," in *Fear at the Edge. State Terror and Resistance in Latin America*, ed. Juan E. Corradi, Patricia Weiss Fagen and Manuel Antonio Garretón (Berkeley: University of California Press, 1992), 267–92.

justice vs. social reconciliation, criminal justice vs. truth-seeking, etc. A holistic approach has been adopted by the U.N. to explain that the two forms are complementary.[13] A report regarding Darfur concludes: "[A] Truth and Reconciliation Commission could play an important role in ensuring justice and accountability. Criminal courts, by themselves, may not be suited to reveal the broadest spectrum of crimes that took place during a period of repression, in part because they may convict only on proof beyond a reasonable doubt. In situations of mass crime, such as have taken place in Darfur, a relatively limited number of prosecutions, no matter how successful, may not completely satisfy victims' expectations of acknowledgement of their suffering. What is important, in Sudan, is a full disclosure of the whole range of criminality."[14] But the next crucial problem is: how can these two forms of transitional justice complement each other?

Does this, thirdly, mean that the trial and the T.R.C. should be held simultaneously in order to deal with complementary mandates? In the case of East Timor, from 2001 to 2005, two separate prosecutorial apparatuses, hybrid Special Panels (S.P.)[15] and the Commission For Reception, Truth and Reconciliation (C.A.V.R.) were held simultaneously.[16] The result of the hybrid S.P. is that an evidentiary

---

13 Cf. United Nations Security Council, *The rule of law and transitional justice in conflict and post-conflict societies. Report of the Secretary-General*, Dok. S/2004/616, 2004, 4; United Nations, *Guidance Note of the Secretary-General. United Nations Approach to Transitional Justice*, 2010; United Nations Human Rights Council, *Analytical study on human rights and transitional justice*, Dok. A/HRC/12/18, August 6, 2009.

14 International Commission of Inquiry on Darfur, *Report of the International Commission of Inquiry on Darfur to the United Nations Secretary-General. Pursuant to Security Council Resolution 1564 of 18 September 2004*, January 25, 2005, § 617, 156.

15 Amnesty International and Justice System Monitoring Programme, *Indonesia. Justice for Timor-Leste: The Way Forward*, https://www.legal-tools.org/doc/35be48/pdf/ (accessed April 4, 2017).

16 Cf. Wendy Lambourne, "Unfinished Business: The commission for Reception, Truth and Reconciliation in East Timor," in *The Development of Institutions of Human Rights*, ed. Lilian A. Barria and Steven D. Roper (New York: Palgrave, 2010), 196–8.

record of abuse was submitted to the court and prominent perpetrators were formally indicted. However, the guilty verdicts of prominent Indonesian perpetrators were complicated with the issues of independence and state-building, and amnesties to the main perpetrators were issued by the president of East Timor in exchange for economic cooperation with Indonesia. The C.A.V.R. conducted significantly more grass-roots programs with a more varied approach.[17] But reconciliation launched by the C.A.V.R. was limited to non-serious crimes.

The trial and the T.R.C. in South Korea were not simultaneous.[18] In 1995, two former presidents of South Korea, Chun and Roh, as well as their subordinates, were prosecuted and convicted. But already after two years, when the subsequent pardons were issued to the two convicted presidents, a critical assessment of the trial stated that only limited justice had been achieved, because it did not involve a political reform, and officers were not held accountable for human rights violations in the past. In 2000 and 2005, two separate truth commissions, the Presidential Truth Commission on Suspicious Deaths and a Truth and Reconciliation Commission were held to deal with past cases of violation. The two commissions are praised for their victim centered approaches, for the regard for the rehabilitation of human rights activists, as well as for providing financial compensation to the victims and their families. But critics of the two commissions insist that they rarely punished or recommended punishment for the offenders, included no institutional reforms, and effectuated an insufficient truth-telling function.[19]

The cases of East Timor and South Korea show that simultaneity does not matter at all, but complementary functions of the revealing of truth, justice, and the ensuring of accountability regarding the broadest spectrum of crimes are more important. Through the forms of

17 Cf. ibid., 205.

18 Cf. Tae-Ung Baik, "Fairness in Transitional Justice Initiatives: The Case of South Korea," *Buffalo Human Rights Law Review* 19, no. 1 (2012), 170–2.

19 Cf. Paul Hanley, "Transitional Justice in South Korea: One Country's Restless Search for Truth and Reconciliation," *University of Pennsylvania East Asia Law Review* 9, no. 2 (2014), 163–5.

transitional justice, a country can identify its historical injustice and transform itself into a more democratic state. According to Baik, there is no uniform answer to the question of the best form of transitional justice. More crucial is the following consideration: "whether transitional justice measures are able to forge a consensus among people in society that such measures contribute to the process of overcoming historical injustice, bridging the gap between a violent past and democratic future."[20]

For people who consider transitional justice to be categorical, the culture of impunity that includes amnesia and immunity, and excludes acknowledgement and accountability, lies at the center of the whole debate. An important step towards countering impunity involves the creation of a culture of remembrance for the future.

III

The responses of Taiwan's government to the 228 Incident (massacre) in 1947 and the White Terror 1948–1992 were formal and unsubstantial. In the 1990s, President Lee launched an investigation of the 228 Incident conducted by retired government officials. The outcome of the investigation was an official report on the Incident. Based on the report, President Lee issued an official apology to the victims and their families. In 1995, Compensation Act for the victims of the 228 Incident was promulgated; in accordance with the Act, the 228 Memorial Foundation was established to deal with reparations.[21] Following the 1995 example of the 228 Compensation Act, the Compensation Act for Wrongful Trials on Charges of Sedition and Espionage during the Martial Law Period (1949–1987) was promulgated in 1999. The Foundation for the provision of reparations to the White Terror victims and their families was instituted. However, the government conducted neither a central investigation, nor published a report on White Terror (1949–1992);

20 Baik, "Fairness", 190–1.

21 Cf. The Memorial Foundation of 228, "Introduction," *228.org.tw*, http://www.228.org.tw/english/index.aspx (accessed April 4, 2017).

only oral history projects, as well as interviews with the White Terror victims or their families, launched by scholars, private organizations, and local governments, prevailed. Publications based on oral history projects included memoirs, autobiographies, biographies, and articles of commemoration.

In 1997, the Taipei New Park was renamed—after the erection of the 228 Massacre Monument, and following the transformation of a former radio station into the Taipei 228 Memorial Museum—as the 228 Peace Memorial Park. Similarly, two memorial parks for human rights were subsequently established: the Green Island and Jin-Mei.

During the years 1951–1965, the Green Island (its original Chinese name means literally "Fire-Roasted Island") served as a labor camp for political prisoners. The number of prisoners and guards in 1954 equaled the number of inhabitants. Many inhabitants still remember that some of the political prisoners helped them do domestic work. From 1972 to 1987, the camp was gradually "modernized" into a prison facility for political prisoners. When the Martial Law was lifted in 1987, and an amnesty was issued to the prisoners, some victims of White Terror suggested that the site of the ex-political-prison has to be preserved in order to advance human rights awareness in Taiwan. The suggestion was accepted by President Chen, and the reorganization of the site[22] as one of the two national human rights museums was assigned to a preparatory office following the restructuring of the Ministry of Culture.

From 2008 onwards, a five-day tour for the remembrance of Taiwan's way towards human rights is held every summer in the Green Island Human Rights Culture Park organized by Professor Chen Wen-Chen's Memorial Foundation.[23] Professor Chen was a victim of an extra-judicial killing perpetrated by the Kuomintang government. He was arrested on July 2, 1981 and found dead the next day near the graduate student's library of the National Taiwan University. The tour

22 Cf. National Human Rights Museum, "The Preparatory Office of the National Human Rights Museum," *Nhrm.gov.tw*, http://www.nhrm.gov.tw/Archive?uid=942 (accessed April 4, 2017).

23 Cf. Professor Chen Wen-Chen's Memorial Foundation, *Cwcmf.net*, http://www.cwcmf.net (accessed April 4, 2017).

invites former political prisoners to share their stories with young generations. The intention of intergenerational dialogues is to inspire the young generation to seek for the truth and justice of the White Terror. A part of youth has, therefore, actively participated in Taiwan's democratic movements including the 318 Sunflower Student Movement of 2014.

A member of the Green Island tour, Chang Yi-lung, in 2008 accidentally found the name of her grandfather on a document; authorized by her mother and other relatives, she applied to have her grandfather's 300-page record in the main archive examined and copied.[24] Among the documents she saw the six letters written by her grandfather before the execution to her grandmother, uncles, aunts, and her mother. When her grandfather was arrested, her mother was not yet born, and, therefore, did not have the chance to see him or know him personally. The arrest and the execution were taboo in the family. As the youngest daughter of the family Yi-lung's mother suffered especially from the void the memory of her father had left behind. After 60 years, the unknown father wrote to her: "Before long I will leave this earth. I am trying to stay calm, to talk with you for the first and last time on this paper. I fear you can't imagine what it's like, alas. To face this moment and be unable to see you once, to hug you once, to kiss you once … I am heartbroken. My regret is unending."[25]

In one of the letters, the grandfather wrote carefully that his dead body should not be buried, but donated to the university hospital, because he was a dentist and favored the training practice of the university. Earlier, he had already sent a letter with some of his teeth to her family expressing that, instead of him, the family should bury the teeth in his memory. Since the family did not receive the newfound letters, his last will was not fulfilled. It is unbearable to ask the following questions: How did he gather his teeth? In what kind of conditions did he write the letter to his unseen daughter?

24 Cf. Paul Mozur, "Taiwan Families Receive Goodbye Letters Decades After Executions," *The New York Times*, https://www.nytimes.com/2016/02/04/world/asia/taiwan-white-terror-executions.html (accessed March 22, 2017).

25 Ibid.

The Green Island tour is one of the NGO projects to combat Taiwan's culture of impunity. The international exchange program is another. In 2010, in a German-Taiwanese conference[26] on remembrance culture and transitional justice, Huang Chiu-shuang told the audience her story in a closed session.[27] Huang uttered sobbingly that she and five members of her family—mother, two younger sisters, younger brother, and one-year-old son of her elder sister—were all arrested as hostages, after her father had escaped and had been searched for in vain. When the youngest boy was crying because he was hungry, the family asked the guards to bring some milk for him, but without avail. A few days beforehand, the boy had celebrated his first birthday. A relative had given him a small ring as a birthday present. One of the guards took the ring off, and brought some milk to the child. Huang ended her story and cried. Edda Ahrberg, the Commissioner for security documents of the former state (East Germany) in Sachsen-Anhalt (Landesbeauftragte für die Unterlagen der Staatssicherheit der ehemaligen DDR), who was invited from Germany to speak in the conference, stood up and walked to Huang to comfort her. Spontaneously, Ahrberg took her ring from her finger and gave it to Huang as a gift, and Huang also took immediately her ring off and presented her ring to Ahrberg. The audience was surprised by the interaction of the two women who did not know each other, but exchanged their rings in a moment of solidarity. They contributed their narratives together to the culture of remembrance in order to combat the culture of impunity.[28]

---

26 Cf. Brennpunkt Taipeh, "Germans attend conference on transitional justice in Taiwan," *Intaiwan.de*, http://www.intaiwan.de/2010/11/09/german-taiwanese-discussion/ (accessed March 22, 2017).

27 Cf. CivilMedia@TW, *CivilMedia.tw*, https://www.civilmedia.tw/archives/22272 (accessed March 22, 2017).

28 Cf. Bundesstiftung zur Aufarbeitung der SED-Diktatur, *Geschichtsmesse 2013 – das Lesebuch*, https://www.bundesstiftung-aufarbeitung.de/uploads/2013-pdf/gm-lesebuch_2013.pdf, 62 (accessed April 4, 2017).

IV

In order to answer the question why it is necessary to involve transitional justice, even when it is an unending process, and doomed to be imperfect and incomplete, we need to feel the pain and suffering of the victims in the narratives, and, at the same time, identify contextually the injustice in the past. The necessity for transitional justice can be unveiled in the identified injustice, through which institutional violations of human rights re-emerge from the black sea of amnesia.

Upon the basis of an a-politic tendency of authoritarian legacies, the President of South Korea, Kim Young-sam, once argued against the NGOs' proposals for transitional justice by saying that "the truth should be reserved for historical judgment in the future".[29] This argument presupposes that wrongdoings belong to the destiny of history, for which no one is responsible. However, in the narratives, we encounter the concrete human being in a concrete situation differently. Between extreme resistance against the system and total obedience to the system, there exist intermediary possibilities. These possibilities, exposed in the narratives, emphasize that the atrocities, which had been perpetrated, sponsored by the state, should not have happened.

It has been argued by Taiwan's former Prime Minister Jiang that transitional justice cannot replace other "justice", such as distributive justice or justice between generations, and that justice is only one of many liberal values which should not be overemphasized against freedom, equality, happiness, and stability. This argument challenges the absolute value of transitional justice implying that the realization of transitional justice projects contradicts other kinds of justice and other liberal values. However, the assumed contradiction is ungrounded, because transitional justice can be incorporated with distributive justice and justice between generations, as well as with freedom, equality, happiness, and stability. Abstract deliberations upon the value of transitional justice cannot, without reference to past injustice, understand why transitional justice is necessary.

29 Hanley, "Transitional," 148.

It must, finally, also be acknowledged that transitional justice is connected with issues of decolonization, independence, unification or state-building. Without taking into account this interconnectedness, there exists a merely instrumental understanding of transitional justice, which presupposes that transitional justice is only valuable, insofar as it can help us realize decolonization, independence, unification or state-building. This argument overlooks how a political system can be poisoned by past human rights violations, which give rise to the necessity of transitional justice.

Bibliography

Amnesty International. *Commissioning Justice: Truth Commissions and Criminal Justice*. London: Amnesty International Publications, 2010.

Baik, Tae-Ung. "Fairness in Transitional Justice Initiatives: The Case of South Korea." *Buffalo Human Rights Law Review* 19, no. 1 (2012): 169–192.

Bickford, Louis. "Transitional Justice." In *Encyclopedia of Genocide and Crimes Against Humanity. Vol. 3*, 1045–7. Edited by Dinah L. Shelton. Detroit et al.: Macmillan Reference USA, 2004.

Corradi, Juan E. "Toward Societies without Fear." In *Fear at the Edge. State Terror and Resistance in Latin America*, 267–92. Edited by Juan E. Corradi, Patricia Weiss Fagen and Manuel Antonio Garretón. Berkeley: University of California Press, 1992.

Fletcher, Laurel E. and Harvey M. Weinstein. "Violence and Social Repair: Rethinking the Contribution of Justice to Reconciliation." *Human Rights Quarterly* 24, no. 3 (2002): 573–639.

Goodhart, Arthur L. "The Legality of the Nuremberg Trials." *Juridical Review* 58, no. 1 (1946): 1–19.

Greenawalt, Kent. "Amnesty's Justice." In *Truth v. Justice*, 189–210. Edited by Robert I. Rotberg and Dennis Thompson. Princeton and Oxford: Princeton University Press, 2000.

Hanley, Paul. "Transitional Justice in South Korea: One Country's Restless Search for Truth and Reconciliation." *University of Pennsylvania East Asia Law Review* 9, no. 2 (2014): 138–66.

International Commission of Inquiry on Darfur. *Report of the International Commission of Inquiry on Darfur to the United Nations Secretary-General. Pursuant to Security Council Resolution 1564 of 18 September 2004*. January 25, 2005.

Kiss, Elizabeth. "Moral Ambition Within and Beyond Political Constraints: Reflections on Restorative Justice." In *Truth v. Justice*, 68–98. Edited by Robert I. Rotberg and Dennis Thompson. Princeton and Oxford: Princeton University Press, 2000.

Lambourne, Wendy. "Unfinished Business: The commission for Reception, Truth and Reconciliation in East Timor." In *The Development of Institutions of Human Rights*, 195–207. Edited by Lilian A. Barria and Steven D. Roper. New York: Palgrave, 2010.

United Nations. *Guidance Note of the Secretary-General. United Nations Approach to Transitional Justice*. 2010.

United Nations Human Rights Council. *Analytical study on human rights and transitional justice*. Dok. A/HRC/12/18. August 6, 2009.

United Nations Security Council. *The rule of law and transitional justice in conflict and post-conflict societies. Report of the Secretary-General*. Dok. S/2004/616. 2004.

Zolo, Danilo. *Victors' Justice: From Nuremberg to Baghdad*. New York and London: Verso Books, 2009.

Internet Sources

Amnesty International and Justice System Monitoring Programme. *Indonesia. Justice for Timor-Leste: The Way Forward.* https://www.legal-tools.org/doc/35be48/pdf/ (accessed April 4, 2017).

Brennpunkt Taipeh. “Germans attend conference on transitional justice in Taiwan.” *Intaiwan.de*. http://www.intaiwan.de/2010/11/09/german-taiwanese-discussion/ (accessed March 22, 2017).

Bundesstiftung zur Aufarbeitung der SED-Diktatur. *Geschichtsmesse 2013 – das Lesebuch*. https://www.bundesstiftung-aufarbeitung.de/uploads/2013-pdf/gm-lesebuch_2013.pdf (accessed April 4, 2017).

CivilMedia@TW. *CivilMedia.tw*. https://www.civilmedia.tw/archives/22272 (accessed March 22, 2017).

International Center for Transitional Justice. “What is Transitional Justice?” *Ictj.org*. https://www.ictj.org/sites/default/files/ICTJ-Global-Transitional-Justice-2009-English.pdf (accessed April 4, 2017).

Mozur, Paul. “Taiwan Families Receive Goodbye Letters Decades After Executions.” *The New York Times*. https://www.nytimes.com/2016/02/04/world/asia/taiwan-white-terror-executions.html (accessed March 22, 2017).

National Human Rights Museum. “The Preparatory Office of the National Human Rights Museum.” *Nhrm.gov.tw*. http://www.nhrm.gov.tw/Archive?uid=942 (accessed April 4, 2017).

Professor Chen Wen-Chen’s Memorial Foundation. *Cwcmf.net*. http://www.cwcmf.net (accessed 4 April, 2017).

Refworld. “Charter of the International Military Tribunal.” *Refworld.org*. http://www.refworld.org/docid/3ae6b39614.html (accessed March 29, 2017).

Spiegel Online. “BGH bestätigt Urteil gegen früheren SS-Mann Gröning.“ *Spiegel.de*. http://www.spiegel.de/panorama/justiz/oskar-groening-bgh-bestaetigt-urteil-gegen-frueheren-ss-mann-wegen-beihilfe-zum-massenmord-a-1123361.html (accessed March 31, 2017).

Teaching American History. “Tehran Conference: Tripartite Dinner Meeting.” *TeachingAmericanHistory.org*. http://teachingamericanhistory.org/library/document/tehran-conference-tripartite-dinner-meeting-2/ (accessed March 29, 2017).

The Memorial Foundation of 228. “Introduction.” *228.org.tw*. http://www.228.org.tw/english/index.aspx (accessed April 4, 2017).

Times Online. "Churchill: execute Hitler without trial." *Timesonline.co.uk*. https://web.archive.org/web/20070311090356/http://www.timesonline.co.uk/tol/news/uk/article784041.ece (accessed March, 29 2017).

Zeit Online. "Oskar Gröning zu vier Jahren Haft verurteilt." *Zeit.de*. http://www.zeit.de/gesellschaft/zeitgeschehen/2015-07/auschwitz-prozess-groening-zu-vier-jahren-haft-verurteilt (accessed March 31, 2017).

Felix O. Olatunji

Modernization Theory and the Challenge of Social Order in Africa

Abstract: Modernization theory emerged following the end of the Second World War as many colonized nations achieved independence. It is also due to the fact that the Cold War began to take shape. In the two decades that followed, new theories were created to ostensibly explain the likely socio-economic futures of these now-independent nation-states of the South. Modernization theory suggested that all countries would evolve through successive stages of development so long as certain cultural and political conditions were in place. The major argument of the modernists is that development is a process of qualitative change, that is, a process that is linear, revolutionary, and diffusionary proceeding particularly from Western Europe and North America to societies in the Global South. This means that Western Europe and North America are the symbols of civilization and modernization and that for any society to develop it must necessarily have certain characteristics like universalism, mobility, and open diffusion. The modernists' argument is that societies of the Global South will develop if and only if they copy, borrow, imbibe, and adopt values, norms, culture, science, technology, and institutions from the developed societies of the West, which continuously remains problematic to Africa. This paper will employ analytic methodology to examine how modernization theory has affected the quest for a stable order in Africa considering her heterogeneous nature. It is expected that the intent of this paper shall be to interrogate the extent to which modernization as an ideology has really affected the stability of African societies in the quest for stability and development due to the fact that modernization is a cyclical process, which dehumanizes man as it sacrifices human, personal, and spiritual values to achieve mass production and mass society.

Introduction

The discourse on development is a fundamental one as it affects everything that man does. The term is controversial in nature as it has the capacity of accommodating changes in human societies. That is, it is dynamic and elastic in description, which makes for an endless process of definitions in keeping with the changes from one tradition to another. Bacon's idea about development is that man can envisage a better world for himself when it is capable of being transformed by the scientific humanism through true induction. While Hobbes examines development from his proposition that reason for rational human subjects should move away from the state of nature and savagery to a state of civility. Hegel argues for reason as the determinant of development in his dialectics claiming that development can only be realized in union with the ultimate realization of the Spirit as reason rules the world—the struggles and processes of self-determination.

Jeffrey Sachs and Joseph Stiglitz project that market forces are in the realm of economic development, which is built on capitalist ideology and in favor of market liberalization. Amartya Sen argues that development should be examined from the angle of freedom as the basic building block. Development, in this view, is the process of expanding human freedoms. My idea of development in this paper is the power and ability of a people to solve their own problems with their own wisdom, experiences, and resources, and the optimal realization of the well-being of individuals in such a community. Simply put, it is a process through which man strives to improve the conditions of his life. This process is embedded in the value of freedom towards achieving social order in Africa.

This understanding of what development is all about will project social order in Africa as it is capable of improving the conditions and lives of the people. This can only be realized if the thought of development moves away from the Western idea of modernization theory, which is seen as a great set-back to social order in Africa. This is because the modernists' argument is that societies of Asia, Africa, and Latin America will develop if and only if they copy, borrow, imbibe, and adopt values, norms, culture, science, technology, and institutions from the developed societies of the West. An attempt to understand modernization theory will be drawn from the analyses of Tipps and Huntington to universalize historically-specific values and institutions deriving from Western hegemonic societies and their experiences. By doing this, this paper will argue that freedom is a necessity for a stable social order among societies in Africa.

The problematique of modernization theory

Modernization theory emerged following the end of the Second World War as many colonized nations achieved independence. It is also due to the fact that the Cold War began to take shape. In the two decades that followed, new theories were created to ostensibly explain the likely socio-economic futures of these now-independent nation-states of the South. Modernization theory suggested that all countries would evolve through successive stages of development so long as certain cultural and political conditions were in place. The modernists' approach to the discourse of development stemmed from the fact that industrialization and urbanization were seen as the inevitable and necessarily progressive routes. This characterizes the acceptance that capital investment is the *sine qua non* in the quest for economic growth and development especially among the less-developed societies.

Dean Tipps examines the origins of this theory saying thus:

> The proximate origins of modernization theory may be traced to the response of American political elites and intellectuals to the international setting of the post-Second World War era. In particular, the impact of the Cold War and the simultaneous emergence of Third World societies as prominent actors in world politics in the wake of the disintegration of the European colonial empires converged during this period to channel—for the first time, really—substantial intellectual interest and resources beyond the borders of American society, and even of Europe, into the study of the societies of Asia, Africa, and Latin America. During the two decades after the war, American social scientists and their graduate students, with the generous support of governmental and private agencies, turned

> increasing attention to the problems of economic development, political stability, and social and cultural change in these societies.[1]

Beyond the task of description, Tipps offers diverse methodological approaches towards the understanding of modernization theory. In his analysis, he presents some characteristic features as the description and meaning of the theory. He writes that the concept tends to be a "summarizing" rather than a "discriminating" one, as every effort is made to specify its meaning in terms which are sufficiently general to avoid excluding any of the possible ramifications of this "multifaceted process".[2] In another dimension, he writes that: it may be conceptualized, whether as industrialization, economic growth, rationalization, structural differentiation, political development, social mobilization, and/or secularization or some other process, that each component of the modernization process can be viewed as representing a source of change operative at the national level, although it obviously may be studied at a variety of other levels as well.[3] In all and despite the variation in both approaches, as outlined by Tipps on the basis of his research, there seems to be a common bond and agreement in what modernization theory tries to achieve. To him, modernization is a type of social change which is both transformational in its impact and progressive in its effects. It is also generally viewed as extensive in scope, as a "multifaceted process" which not only touches at one time or another virtually every institution of society, but does so in a manner such that transformations of one institutional sphere tend to produce complementary transformations in others.[4]

Tipps examines three forms/levels of criticisms against modernization theorists, namely: ideological, empirical, and methodological. From the ideological level, he argues that modernization theory is purely ethnocentric in form and practice. As he puts it:

---

1 Dean Tipps, "Modernization Theory and the Comparative Studies: A Critical Perspective", *Comparative Studies in Society and History* 15, no. 2 (March 1973): 200.

2 Ibid., 201.

3 Cf. ibid., 201–2.

4 Cf. ibid., 202.

> One of the most frequently heard complaints against modernization theories in the dichotomous tradition is that they are the product of an essentially ethnocentric world-view. As modernization theorists began to adapt for their own purposes the dichotomous approach as it was developed by social evolutionists during the late nineteenth century, they did feel constrained to make certain changes. Not only were blatantly ethnocentric terms such as "civilized" and "barbarism" clearly unacceptable, but the explicit racism of the biological school of evolutionary theory had to be laid to rest. However, such changes were in many respects merely cosmetic.[5]

This worldview is projected against other "developed" worlds in order for them to imbibe and emulate values, intents, and traditions of American platform, which is set by the modernization theorists, as being sub-servient and attached to the aprons of the capitalist societies, as he claims.[6]

Tipps emphasizes that any theoretical framework which fails to incorporate such significant variables as the impact of war, conquest, colonial domination, international political, and military relationships, or of international trade, and the cross-national flow of capital cannot hope to explain neither the origins of these societies nor the nature of their struggles for political and economic autonomy—struggles, it should be added, which all societies face, though perhaps in varying degrees and contexts at different historical moments.[7] While the

---

5 Ibid., 206.

6 Cf. ibid., 208–9: "Both the values and the cognitions embodied in modernization theory have been highly reflexive of the social and historical conditions under which they have been developed. The idea of modernization is primarily an American idea. [...] Two features of this period stand out: a widespread attitude of complacency toward American society, and the expansion of American political, military, and economic interests throughout the world. [...] The future of modern society now seemed assured; only that of the 'developing areas' appeared problematic. Such an atmosphere of complacency and selfsatisfaction could only encourage the assumption among social scientists that 'modernity' was indeed an unmixed blessing and that the institutions and values of American society, at least as they existed in their more idealized manifestations, represented an appropriate model to be emulated by other, less fortunate societies."

7 Cf. ibid., 212.

meta-theoretical or methodological level, according to him, examines the descriptive aspect and its usefulness to the hegemonic structure that

> [i]n their effort to achieve descriptive inclusiveness, however, they have relied upon conceptualizations of modernization which are both unparsimonious and vague. Rather than specifying the minimum conditions necessary for the appropriate application of the term, modernization theorists have attempted to encompass within a single concept virtually every "progressive" social change since the seventeenth century. Moreover, to obtain this end, they have defined modernization in terms which are so open-ended that it is almost impossible to identify precisely the range of phenomena to which the concept is intended to apply.[8]

Samuel Huntington examines this theory from its basic characteristics as enumerated as follows: modernization is a revolutionary process, modernization is a complex process, modernization is a systemic process, modernization is a global process, modernization is a lengthy process, modernization is a phased process, modernization is a homogenizing process, modernization is an irreversible process, and modernization is a progressive process.[9] It is from these characteristics that he discusses modernization theory from two angles, which are tradition and modernity as based on diverse societies: one developed and the other under-developed.

He opines that the essential difference between modern and traditional society lies in the greater control which modern man has over his natural and social environment.[10] To him:

> At intellectual level, modern society is characterized by the tremendous accumulation of knowledge about man's environment and by the diffusion of this knowledge through society by means of literacy, mass communications, and education. [...] Socially, the family and other primary groups having diffuse roles are supplanted or supplemented in modern society by consciously organized secondary associations having more specific functions. Economically, there is a diversification of activity as a few simple occupations give way to many complex ones; the

8 Ibid., 218.

9 Cf. Samuel Huntington, "The Change to Change: Modernization, Development, and Politics", *Comparative Politics* 3, no. 3 (April 1971): 288–90.

10 Cf. ibid., 286.

> level of occupational skill and the ratio of capital to labour are much higher than in traditional society.[11]

The above fundamental characteristics separate and make differences known between traditional and modern worlds by which man's world has been polarized. In his critique of modernization theory, he maintains that the concept of modernity suffers many ambiguities; this derives from a tendency to see that modernity and virtue are identical in nature and structure. To him, there is a failure to distinguish between what is modern and what is Western. The one thing which modernization theory has not produced is a model of Western society—meaning the late twentieth-century Western European and North American society—which could be compared with, or even contrasted with, the model of modern society. Implicitly, the two are assumed to be virtually identical.[12]

In another dimension, there is little or no relationship between the two concepts, which makes it more difficult and problematic for the so-called societies of the Global South to mingle freely with those of the Global North in the reckoning of the modernists. Huntington examines that other issues developed concerning the relations between tradition and modernity. In this manner, however, modernity supplements, but does not supplant tradition. Modern practices, beliefs, institutions are simply added to traditional ones. It is false to believe that tradition and modernity "are mutually exclusive." Modern society is not simply modern; it is modern and traditional. The attitudes and behavioral patterns may in some cases be fused; in others, they may comfortably co-exist, one alongside the other, despite the apparent incongruity of it all.[13] These analyses show the fact that modernization is a cyclical process with both challenges and successes over time. And it shows the fact against the belief that modernization is progressive to the fact that it dehumanizes man in his process to realize his full potentials by which "it sacrifices human, personal, and spiritual values to achieve mass

---

11 Ibid., 287.

12 Cf. ibid., 294–95.

13 Cf. ibid., 295.

production and mass society."[14] And against the successes and qualities alluded to within modernization theory, it can be argued, as Huntington opines, that the various elements of the modernization process are historically discreet and that, while they have their roots in common causes, progress along one dimension has no necessary relationship to the progress along another. Such a view is, indeed, implied by rejection of the mutually exclusive nature of modernity and tradition.[15]

From other basic levels, Huntington argues against the fact that modernization is both a revolutionary and a complex process, that there is nothing 'big' about these nomenclatures. He avers that it could be, against the contrary opinion that modernization is revolutionary, argued that the differences between traditional and modern societies are really not that great. Not only do modern societies incorporate many traditional elements, but traditional societies often have many universalistic, achievement oriented, bureaucratic characteristics which are normally thought of as modern. The cultural, psychological, and behavioral continuities existing within a society through both its traditional and modern phases may be significantly greater than the dissimilarities between these phases.

Similarly, the claim that modernization is a complex process could be challenged by the argument that modernization involves fundamental changes in only one dimension and that changes in other dimensions are only consequences of changes in that fundamental dimension.[16] This is in harmony with the argument of Francis Njoku that

> the industrial-modernization process under the guide of the West first sought the help of the local elites, trained in western values to continue the First World agenda. The modernization process, as accentuated by the First World, did not make the process of development light and considerate for the Third World. Something was still wrong: the relationship at the level of industrialization was still unequal. Actually, instead of the situation helping matters, the structure of relationship creates all the more a culture of dependence, even when Third countries

14 Ibid., 298.
15 Cf. ibid., 297.
16 Cf. ibid.

> had taken directives from the First World and borrowed from international financial institutions.[17]

Arturo Escobar avers against the modernists that the advance of poor countries was thus seen from the outset onwards as depending on ample supplies of capital to provide for infrastructure, industrialization, and the over-all modernization of society—and because these countries were seen as trapped in a "vicious circle" of poverty and lack of capital, much of that capital would have to come from abroad.[18] The underlying factor in modernists' intervention is still a form of imperialism, where the Global South is attached to the aprons of the Global North.

Freedom as index towards attaining social order in Africa

Ernest Gellner's position for a stable social order leads to the argument in the quest for an authentic development in Africa. He itemizes two major factors by which a stable social order could be attained and in the same manner affect positively the quest for an enduring development. To him, "[i]n our time, a social order is valid, has rightful claims on the loyalty of the members of the society, under two conditions: It is bringing about, or successfully maintaining, an industrial affluent society (that is, conducive to economic growth)," and the most important one that is more related to our argument here is that "[t]hose in authority are co-cultural with the rest of the society."[19] His argument projects the fact that even though a stable economy is a necessity in a given society, the idea of nationalism should also not to be forgotten, which has been our argument. That is, even though industrialization is necessary, nationalism is more needed in the over-all interests of the people of a particular society. He argues further in support of moral or non-tangible

17 Francis Njoku, *Development and African Philosophy: A Theoretical Reconstruction of African Socio-Political Economy* (New York: iUniverse, Inc., 2004), 19.

18 Arturo Escobar, "The Invention of Development", *Current History*, November 1999, 383.

19 Ernest Gellner, *Thought and Change* (London: Weidenfeld and Nicolson, 1964), 33.

aspect of development to be more important than the tangible as a social order, which fails to satisfy either of these, will fail to retain the loyalty of its members whereas one that is able to satisfy these conditions is likely to survive not minding other defects therein. He argues that:

> [v]irtue, salvation, the good life, consent, the general will, and the rest—those once fashionable criteria—though they may survive in textbooks, when used in real life are merely near vacuous labels attached to quite different criteria and questions. These are—how to become industrialized, and just what to do with an industrial society when one has it. The paradigm of a founder of a state, of a Father of the nation, is no longer the ancestor, or conqueror, divine visitor, hero or lawgiver: it is the liberator-developer, the Ataturk figure. (Liberators who do not modernize or modernizers who do not liberate, are not eligible as symbols of an acceptable order.) [...] There is also, admittedly, the issue of how much liberty is possible at either stage. (This indeed is a concern whose roots may be quite independent. Still, its relevant current formulations are those against the background of industrialism or industrialization.)[20]

The argument being set by Gellner is that values, norms, mores among other things are necessary in the quest for a stable order in which authentic development could be realized and achieved. There is no doubt about the fact that economy or what we refer to as industrialization is good, but the non-tangible aspects cannot be under-played as they are necessary parts of the culture of the people to which Gellner points at as the basis of nationalism. In his views, he projects that

> [t]he effective conviction of our time was summed up as the doctrine that a social order is made valid by conducing to or maintaining to an industrial society, plus the fact that its members share a common "nationality". An alternative way of formulating this contention is to say that the diffusion of industrialism, carried out by national units, is the dominant event of our time.[21]

It should be known from the outset onwards that the understanding of social order is seen from the realm of authentic development in societies below the Mediterranean Sea. This understanding of authentic development is seen from the realm of freedom from all forms of slavery and

---

20 Ibid., 36.
21 Ibid., 40.

"unholy" attachments to the aprons of the Western economies and aids. That is, this sub-section will argue for social order as enveloped and embellished on the discourse of what development ought to be of which modernization theory has been duly affected. The discourse on development is a fundamental one as it affects everything that man does. The term is controversial in nature as it has the capacity of accommodating changes in human societies. That is, it is dynamic and elastic in description, which makes for an endless process of definitions in keeping with the changes from one tradition to another.

In Amartya Sen's *Development as Freedom,* greater attention is paid to the analysis of development and the freedom of individuals as he argues that

> [t]here are two distinct reasons for the crucial importance of individual freedom in the concept of development, related respectively to *evaluation* and *effectiveness.* First, in the normative approach used here, substantive individual freedoms are taken to be critical. The success of a society is to be evaluated, in this view, primarily by the substantive freedoms that the members of that society enjoy. [...] The second reason for taking substantive freedom to be so crucial is that freedom is not only the basis of the evaluation of success and failure, but it is also a principal determinant of individual initiative and social effectiveness.[22]

The argument, for Sen, is that freedom is the principal goal and purpose of development. While Julius Nyerere avers that freedom and development are as completely linked together as are chickens and eggs! Without chickens you get no eggs; and without eggs you soon have no chickens. Similarly, without freedom you get no development, and without development you very soon lose your freedom.[23] And from another point of view, Nyerere reiterates that even personal freedom becomes more real if it is buttressed by development. A man can defend his rights effectively only when he understands what they are, and knows how to

22 Amartya Sen, *Development as Freedom* (Oxford and New York: Oxford University Press, 1999), 18.

23 Cf. Julius Nyerere, *Man and Development* (Dar es Salaam: Oxford University Press Tanzania, 1974), 25.

use the constitutional machinery which exists for the defense of those rights—and knowledge of this kind is part of development.[24]

Sen examines the intrinsic, constitutive, and instrumental roles of freedom towards attaining development. The "agency-aspect"—one who brings positive change—is the intrinsic role of freedom. In the constitutive role, it relates to the importance of substantive freedom in enriching human life. In this aspect, he puts more emphasis on what he calls the freedom of choice, which translates to the discourse of self-esteem, sustenance, and freedom from slavery of all kinds in an effort to understand the concept of human well-being. Here, Sen writes:

> The concept of "functionings," which has distinctly Aristotelian roots, reflects the various things a person may value doing or being. The valued functionings may vary from elementary ones, such as being adequately nourished and being free from avoidable diseases, to very complex activities or personal states, such as being able to take part in the life of the community and having self-respect.[25]

Development, in this view, is the process of expanding human freedoms, and the assessment of development has to be informed by this consideration.[26] He examines this as being different from the instrumental importance of freedom, which includes political freedoms, economic facilities, social opportunities, transparency guarantees, and protective security.

In the analysis of freedom towards development he opines that freedom is valuable for at least two different reasons. First, more freedom gives more *opportunity* to pursue our objectives—those things that we value. Second, we may attach importance to the process of choice itself. The distinction between the "opportunity aspect" and the "process aspect" of freedom can be both significant and quite far-reaching.[27] It should be noted here that Sen's approach to development focuses more on individual freedom with little consideration for the other in the

24 Cf. ibid., 26.

25 Sen, *Development as Freedom*, 75.

26 Cf. ibid., 36.

27 Cf. Amartya Sen, *The Idea of Justice* (Cambridge, MA: The Belknap Press of Harvard University Press, 2009), 228.

society. Even though his argument lays a good foundation for a conceptualization of development, such freedoms as projected are built on and are compatible with economic foundation.

Julius Nyerere makes a case for freedom in the quest for development from two factors, which are of importance and significance to the total development of Africa. The first is leadership through education, and the second is democracy in decision-making.[28] That is, if development is to increase people's freedom, it must be development for the people. It must serve them and their interests. Every proposal must be judged by the criterion of whether it serves the purpose of development—and the purpose of development is the people. Yet, if a proposal contributes to the development of people, and if it is being carried out by the people of their own free will, it will automatically be for the people's interests, provided three conditions are fulfilled. First, if the people understand their own needs; second, if they understand how these needs can be met; and third, if they have the freedom to make their own decisions and to put them into effect.[29]

In essence, Nyerere argues that freedom is a *conditio sine qua non* for development once it is development of the people, as he writes:

> Development brings freedom, provided it is development of *people.* But people cannot be developed; they can only develop themselves. For while it is possible for an outsider to build a man's house, an outsider cannot give the man pride and self-confidence in himself as a human being.[30]

By saying this, he avers thus:

> Those things a man has to create in himself by his own actions. He develops himself by what he does; he develops himself by making his own decisions, by increasing his own knowledge and ability, and by his own full participation—as an equal—in the life of the community he lives in. [...] Development of a man can, in fact, only be effected by that man; development of the people can only be effected by the people.[31]

---

28 Cf. Nyerere, *Man and Development*, 29.

29 Cf. ibid., 28.

30 Ibid., 27 (author's italics).

31 Ibid., 27–8.

In this platform of using freedom to the achievement of development for Africa as encapsulated by Nyerere, Benedict XVI's dictum that "[t]he development of peoples is intimately linked to the development of individuals",[32] cannot be discussed if it is not based and built on freedom. This means that freedom is a necessity for the attainment of authentic and enduring development in Africa. He states that

> [t]he development in question is not simply the result of natural mechanisms, since as everybody knows, we are all capable of making free and responsible choices. Nor is it merely at the mercy of our caprice, since we all know that we are a gift, not something self-generated. Our freedom is profoundly shaped by our being, and by its limits [...] we must fortify our love for a freedom that is not merely arbitrary, but is rendered truly human by acknowledgement of the good that underlies it.[33]

In examining the linkage of freedom to development, which will have greater impact on social order, Nyerere expands on the two essentials of democracy, which are linked to development. Everyone should be free to speak, and there is also the essential of being listened to at every time—these are great conditions. Apart from the two essentials of democracy as outlined, he makes a case for discipline as a follow-up to decision-making in the pursuit of development of people and society. To him

> [d]iscipline must exist in every aspect of our lives. And it must be willingly accepted discipline. For it is an essential part of both freedom and development. The greater freedom which comes from working together, and achieving things by co-operation which none of us could achieve alone, is only possible if there is disciplined acceptance of joint decisions. And this involves the acceptance of joint constituted authority.[34]

He opines in a clear language concerning the significance of discipline thus:

---

32 Benedict XVI, "Caritas in Veritate", *The Holy See*, http://w2.vatican.va/content/benedict-xvi/en/encyclicals/documents/hf_ben-xvi_enc_20090629_caritas-in-veritate.html (accessed September 22, 2017).

33 Ibid.

34 Nyerere, *Man and Development*, 32.

> If we are to live our lives in peace and harmony, and if we are to achieve our ambition of improving the conditions under which we live, we must have both freedom and discipline. For freedom without discipline is anarchy: discipline without freedom is tyranny. Discipline, however, must be a means of implementing decisions. Only in the very limited sense of orderly debate is discipline involved in the making of decisions. And discipline is not another word for force. [...] For discipline allows the orderly conduct of affairs; it is the means by which decisions are implemented—not the way they are made.[35]

The above stipulates that for authentic development to be a reality, which will translate to social order, an informed and disciplined freedom is a necessity; without it, all efforts in the quest for development in Africa will be futile.

Conclusion

It has been argued in this paper that social order through freedom is a socializing process and practical realization in the quest for better living standard in African society. This means that social change could be understood upon the foundation of freedom as it is done through the development of abilities, attitudes, and other forms of behaviors, which are positive to the values of a society not in line with the project of modernization theory, which is a total transformation of a traditional or pre-modern society into the types of technology and associated social organizations that characterize the economically prosperous and politically stable societies of the Western world. And because it reproduces new ideas and abilities in the process for solving problems, it involves a process of total "religious" re-orientation and teaching, which helps people to think for themselves, in order to execute their projects and to effect lasting and enduring solutions to their community in the confrontation with the challenges that modernization theory has projected.

35 Ibid., 34–5.

Bibliography

Benedict XVI. “Caritas in Veritate.” *The Holy See*. http://w2.vatican.va/content/benedict-xvi/en/encyclicals/documents/hf_ben-xvi_enc_20090629_caritas-in-veritate.html (accessed September 22, 2017).

Escobar, Arturo. “The Invention of Development.” *Current History*, November 1999: 382–386.

Gellner, Ernest. *Thought and Change*. London: Weidenfeld and Nicolson, 1964.

Huntington, Samuel. “The Change to Change: Modernization, Development, and Politics.” *Comparative Politics* 3, no. 3 (April 1971): 283–322.

Njoku, Francis. *Development and African Philosophy: A Theoretical Reconstruction of African Socio-Political Economy*. New York: iUniverse, Inc., 2004.

Nyerere, Julius. *Man and Development*. Dar es Salaam: Oxford University Press Tanzania, 1974.

Sen, Amartya. *Development as Freedom*. Oxford and New York: Oxford University Press, 1999.

—. *The Idea of Justice*. Cambridge, MA: The Belknap Press of Harvard University Press, 2009.

Tipps, Dean. “Modernization Theory and the Comparative Studies: A Critical Perspective.” *Comparative Studies in Society and History* 15, no. 2 (March 1973): 199–226.

Jan Brousek

Interaktive Konflikttransformation im Spannungsfeld von Gerechtigkeit und Versöhnung am Beispiel der Alpen-Adria-Region

Abstract: In the field of conflict resolution another form of the conceptual pair of *freedom* and *justice* comes to the fore: *justice* and *reconciliation*. Practical experiences in the Alps-Adriatic region show that *justice* is commonly interpreted as the finding of "the" historical *truth*, whereas *reconciliation* is mainly understood as *freedom* of guiltiness. The article examines ways to overcome this conceptual conflict line.

Einleitung

Dieser Artikel versteht sich als Verschränkung praktischer Erfahrungen und theoretischer Überlegungen zum Zusammenhang von Freiheit und Gerechtigkeit im Kontext des Themenkomplexes Konfliktbearbeitung und Friedensforschung. Dabei knüpfe ich an konkrete Erfahrungen im Bereich der zivilen Konfliktbearbeitung des in Wien ansässigen *Herbert C. Kelman Instituts für Interaktive Konflikttransformation*[1] an

---

1 Herbert C. Kelman ist ein gebürtiger Wiener, der Österreich aufgrund seiner jüdischen Herkunft noch im Kindesalter verlassen musste und sich in weiterer Folge in den USA, vor allem an der Harvard University einen Namen als Sozialpsychologe und Konfliktforscher machte, vor allem durch seine inoffiziell-diplomatischen Bemühungen im Nahost-Konflikt über einen Zeitraum von mehr als vier Jahrzehnten. Das Kelman-Institut ist eine zivilgesellschaftliche Organisation mit Schwerpunkt Friedensmediation in ethnopolitischen Identitätskonflikten mit dem Ziel, das Kelman'sche Erbe weiterzutragen und vor allem weiterzuentwickeln – etwa durch Projektaktivitäten in Sri Lanka (2002–2010) und Israel-Palästina (seit 2006), wie auch im Alpen-Adria-Raum (ebenfalls seit 2006), letzteres mit Fokus Österreich-Slowenien, der demnächst auch auf Italien ausgeweitet wird und im

und werde punktuell auf dessen Dialogprojekt im Alpen-Adria-Raum Bezug nehmen.[2]

Während Friedensarbeit in Sri Lanka und Israel-Palästina im Kontext gewaltförmiger Konfliktaustragung geschieht, ist die Friedensarbeit im Alpen-Adria-Raum von einer anderen Qualität; eben weil die Konflikte hier nicht mehr gewaltförmig ausgetragen werden und der Fokus der hiesigen Arbeit von der Intention getragen ist, am Wege der Vergangenheitsbewältigung den Raum für ein kreatives und nachhaltig friedliches Miteinander in Gegenwart und Zukunft zu schaffen. In diesem Sinne trägt das Dialogprojekt den Titel *Building the Peace Region Alps-Adriatic – Envisioning the Future by Dealing with the Past.*[3]

Bevor hier näher auf dieses Projekt und seine ganz spezifische Relevanz für das Begriffspaar Freiheit und Gerechtigkeit eingegangen wird, soll vorab noch ein Exkurs zur Bedeutung der Begriffe Freiheit und Gerechtigkeit für den Begriff des Friedens unternommen werden.

Freiheit und Gerechtigkeit als Konstituenten eines umfassenden Friedensbegriffs

Im Rahmen eines Interviews Ende August 2016 tätigte Hannan Ashrawi, eine Politikerin der Palästinensischen Befreiungsorganisation (PLO) die Aussage, dass „ein ungerechter Frieden [...] schlechter als überhaupt kein Frieden" sei.[4] Diese Aussage stimmt insofern nachdenklich, als sie

---

Laufe der kommenden Jahre ebenso auf Kroatien und dann schließlich auf weitere Länder dieser Region.

2 Vgl. Graf, Wilfried und Jan Brousek: „Dialog als Methode zum Aufbau einer Friedensregion Alpen-Adria". In: Gruber, Bettina und Werner Wintersteiner (Hrsg.): *Yearbook Peace Culture 2014. Learning Peace – An Integrative Part of Peace Building. Experiences from the Alps-Adriatic Region.* Drava Verlag: Klagenfurt/Celovec 2014, 317–330.

3 Vgl. dazu die von Prof. Jau-hwa Chen im Zuge ihres Beitrages eingebrachte Wendung „remembrance for the future".

4 Raabe, Julia: „Ashrawi: ‚Ein ungerechter Frieden ist schlechter als überhaupt kein Frieden'". In: http://diepresse.com/home/politik/aussenpolitik/5076948/Ashrawi_Ungerechter-Frieden-schlechter-als-kein-Frieden, 29.8.2016.

die Möglichkeit eines Friedens ohne Gerechtigkeit impliziert und daher auf die umfassende Problematik des Definierens von Frieden verweist.

Einen, im Kontext des Spannungsfeldes von Freiheit und Gerechtigkeit interessanten Definitionsansatz bietet der britische Friedensforscher Oliver Richmond. Er unterscheidet vier Generationen oder auch Denkschulen der Friedenspolitik, die hier als realistische, idealistische, liberale und post-liberale Friedenspolitik bezeichnet werden sollen.[5] Jeder dieser Denkschulen entspricht eine andere Strategie zur Erreichung von *Frieden*: die Strategie des *realistischen* Friedens ist die Sicherheitspolitik mit Fokus auf strategischem Machtgleichgewicht; die Strategie des *idealistischen* Friedens ist der Abbau struktureller Gewalt in den betroffenen Gesellschaften; der *liberale* Frieden wiederum will Frieden durch Recht herstellen (bis hin zur humanitären Intervention, legitimiert durch das Mandat der Menschenrechte). Der *post-liberale* Frieden hingegen, sozusagen Oliver Richmonds eigene Position, kritisiert aus einer post-strukturalistischen Position heraus die Unzulänglichkeiten aller drei anderen Friedenspolitiken; allen voran deren universalistischen Grundtenor.[6] Besonders interessant an diesem Konzept ist, dass es sich zeigen lässt, dass sowohl der Freiheitsbegriff als auch jener der Gerechtigkeit gewissermaßen als Paradigmen einzelner Denkschulen fungieren. Im Anschluss an die Überlegungen des Friedensforschers Wilfried Graf kann man nicht nur von Paradigmen, sondern von Bedürfnissen bzw. Grundbedürfniskategorien sprechen; ausgehend davon, dass Politik dazu dient, menschliche Grundbedürfnisse zu befriedigen.[7]

---

5 Vgl. Richmond, Oliver: *Peace in International Relations*. Routledge: London 2008.

6 Vgl. Wintersteiner, Werner und Wilfried Graf: „Friedensforschung in Zeiten des Umbruchs. Plädoyer für (selbst-)kritische Neuorientierung und transdisziplinäre Zusammenarbeit". In: Wintersteiner, Werner und Lisa Wolf (Hrsg.): *Friedensforschung in Österreich. Bilanz und Perspektiven (=Jahrbuch Friedenskultur 2015. Bd. 10)*. Drava Verlag: Klagenfurt/Celovec, 2016, 16–37.

7 Vgl. Graf, Wilfried: „Die Grünen – eine Friedenspartei?". In: Georg Maißer (Hrsg.): *Warum nicht mit Gewalt? Von der Sicherheits- zur Friedenspolitik*. Die Grüne Bildungswerkstatt: Wien 2016, 6–9. Vgl. auch Graf, Wilfried, Marjan Sturm und Jan Brousek: „Politik der Gewalt – Politik der Versöhnung. Vom

In diesem Sinne lässt sich folgern, dass realistische Friedenspolitik auf die Befriedigung von Sicherheit fokussiert. Und, während für idealistischen Frieden das Bedürfnis nach Gerechtigkeit im Zentrum steht, ist Freiheit das Bedürfnis im Fokus des liberalen Friedens; und jenes Bedürfnis im Fokus des post-liberalen Friedens ließe sich als Anerkennung von Identität – jedoch ganz im Sinne von Pluralität und Diversität – verstehen.

Je nach Denkschule haben die Begriffe Freiheit und Gerechtigkeit also jeweils unterschiedliche Bedeutung für die Friedenspolitik. Es liegt auf der Hand, dass jede dieser friedenspolitischen Denkschulen aufgrund der Fokussierung auf einzelne Paradigmen gewisse Stärken, aber vor allem auch Schwächen aufweist. Denn, Frieden auf Basis von Sicherheit ohne Freiheit, Gerechtigkeit und Anerkennung von Identität stellt im besten Fall einen negativen Friedensbegriff dar; also einen Begriff von Frieden, der sich bloß als Abwesenheit von Krieg bzw. direkter Gewalt versteht. Im Umkehrschluss bedeutet das, dass Freiheit und Gerechtigkeit sowie Anerkennung von Identität Konstituenten eines positiven Friedensbegriffs und einer darauf basierten Friedenspolitik sind, die neben dem Abbau direkter Gewalt auch den Abbau systemisch-struktureller und symbolisch-kultureller Dimensionen von Gewalt impliziert.[8]

Daher liegt die Schlussfolgerung nahe, diese Denkschulen kreativ zu kombinieren bzw. in einem Modell zu integrieren.

Das vom *Herbert Kelman Institut* entwickelte Verfahren der Interaktiven Konflikttransformation stellt genau so einen Versuch dar; also den Versuch einer Methodik von Konfliktbearbeitung im Sinne einer fünften Generation oder Denkschule von Friedenspolitik, welche die verschiedenen Ansätze kreativ zusammenführt. Im Zentrum des Verfahrens der Interaktiven Konflikttransformation steht die Intention, den Konflikt in seiner Komplexität zu erfassen. Das Verfahren der *Interaktiven*

Kärntner Ortstafelkonflikt zur Friedensregion Alpen-Adria?“. In: Anderwald, Karl, Peter Filzmaier und Karl Hren (Hrsg.): *Kärntner Jahrbuch für Politik 2014*, Mohorjeva založba/Hermagoras Verlag: Klagenfurt/Celovec 2014, 149–166.

8 Vgl. Galtung, Johan: *Frieden mit friedlichen Mitteln. Friede und Konflikt, Entwicklung und Kultur*. Leske+Budrich: Opladen 1998.

Konflikttransformation unterscheidet daher grundsätzlich drei Phasen der Auseinandersetzung mit einem Konflikt. In der ersten Phase orientiert man sich an der Gegenwart des Konflikts, fragt also nach dem gegenwärtig im Vordergrund, im Fokus der Akteure stehenden Konflikt: Wer was warum und wie erreichen will und inwiefern das zu einem Widerspruch im Konfliktsystem führt. In der zweiten Phase geht es im Sinne des Erweiterns der Konfliktkomplexität um eine vertiefende Auseinandersetzung mit der Frage, worum es bei dem Konflikt *noch* geht; also im Hintergrund oder – wenn man so will – unterhalb der Oberfläche des Konflikts.[9] Es handelt sich dabei beispielsweise um die Bedürfnisse hinter den Zielen der Akteure, die systemische Analyse der strukturellen Macht- und Gewaltverhältnisse, in die der Fokuskonflikt eingebettet ist, sowie das hermeneutische Verstehen der kulturellen Faktoren, die zur Legitimation direkter wie auch indirekter Gewaltformen beitragen. Während der Fokus in der ersten Phase in zeitlicher Hinsicht auf den gegenwärtigen Erscheinungsformen des Konflikts liegt, ist der Fokus der zweiten Phase die Konfliktgeschichte.[10] In der dritten Phase wird der Fokus schließlich, aufbauend auf die Auseinandersetzung mit der Konfliktkomplexität, in Richtung Zukunft gelenkt; und somit in Richtung der vor uns liegenden Transformation des Konflikts.[11]

Was mit kulturellen Identitäten und kollektiven Annahmen in diesem Zusammenhang gemeint ist, lässt sich mit Marjan Sturm, dem

---

9 Man kann in diesem Zusammenhang auch von *Tiefendimensionen* sprechen. Vgl. den Beitrag von Prof. Peter Hanenberg in diesem Band.

10 In diesem Zusammenhang möchte ich an den Beitrag von Gertrude Cepl-Kaufmann verweisen, wo darauf hingewiesen wurde, dass historisch interessante Formationen wieder aufzugreifen sind, um Geschichte nicht nur als Hindernis, sondern auch als Ressource zu begreifen.

11 Schönbauer-Brousek, Linda, Jan Brousek und Wilfried Graf: „Interaktive Konflikttransformation. Neun Perspektiven für partizipative Aktionsforschung mit Konfliktparteien". In: Lakitsch, Maximilian und Susanne Reitmair-Juárez (Hrsg.): *Zivilgesellschaft im Konflikt. Vom Gelingen und Scheitern in Krisengebieten (= DIALOG. Beiträge zur Friedensforschung. Band 69)*. LIT-Verlag: Wien 2016, 95–117. Vgl. auch Brousek, Jan: „Interkulturelle Kommunikation und Konfliktbearbeitung". In: http://plattform-politische-bildung.at/wp-content/uploads/2016/05/Interkultuelle-Kommunikation-und-Konfliktbearbeitung.pdf, 10.6.2016.

Obmann des *Zentralverbandes Slowenischer Organisationen* (*Zveza slovenskih organizacij*) am Beispiel Kärnten folgendermaßen ausdrücken:

> Wenn wir den Nationalitätenkonflikt in Kärnten aber aus einer historischen Perspektive betrachten, aus der Perspektive der Geschichte der Gewalt und der Barbarei des 20. Jahrhunderts, dann haben wir es [...] auch mit einem äußerst destruktiv geführten Kampf zweier totalitärer Systeme und Ideologien [zu tun] – mit dem Nationalsozialismus und den Faschismen auf der einen Seite, mit dem Stalinismus und den anderen bürokratischen Sozialismen wie dem Titoismus auf der anderen Seite. [...] Der Weltkonflikt dieser beiden Lager, der im vorigen Jahrhundert extrem gewaltsam ausgetragen wurde, spiegelt sich in gewisser Hinsicht auch heute noch im kollektiven Denken und Fühlen in Kärnten. Wir haben noch immer die klassischen Feindbilder des Partisanen und des Titoisten auf der Seite der Rechten, aber genauso noch das klassische antifaschistische Feindbild auf Seiten der Linken, und auf beiden Seiten ist prinzipiell kein Dialog mit der anderen Seite erlaubt.[12]

Das Zitat, welches in der Zeit rund um das Zustandekommen des *Ortstafelkompromisses* getätigt wurde, lässt erahnen, warum die vertiefende Problemanalyse im Sinne der Auseinandersetzung mit dem Konfliktkontext (im Rahmen der zweiten Phase) eine zentrale Rolle darstellt. Dennoch gibt es Kritiker, die meinen, dass es für die *Lösung* des Konflikts von Nachteil sei, wenn man der Problemanalyse zu viel Raum gibt, weil der Fokus zu sehr auf der schwierigen Vergangenheit und zu wenig auf der vielversprechenden, vom Konflikt *gelösten* bzw. *befreiten* Zukunft liege. Das ist zumindest die übliche Kritik lösungsfokussierter Verfahren (systemischer Art) gegenüber ausschweifenden Problemanalysen. Dem ist aus der Sicht der *Interaktiven Konflikttransformation* entgegenzuhalten, dass der von vielen als Durchbruch gefeierte Kompromiss in der Kärntner Ortstafelfrage *nur* eine Form der *Konfliktregelung* auf politisch-rechtlicher Ebene darstellt. Jedoch gibt es „auf der Ebene der Konfliktregelung", wie es Wilfried Graf, Gudrun Kramer und Thomas

12 Feldner, Josef und Marjan Sturm: „Ein Dialog über den Dialog". In: Petritsch, Wolfgang, Wilfried Graf und Gudrun Kramer (Hrsg.): *Kärnten liegt am Meer. Konfliktgeschichte/n über Trauma, Macht und Identität*. Drava/Heyn Verlag: Klagenfurt/Celovec 2012, 389.

Ernstbrunner in der Publikation *Kärnten liegt am Meer* formulieren, „[…] keine Garantie, dass in einer tiefen europäischen oder globalen Krise ein Rückfall in die Ideologeme, Mentalitäten und Tiefenkulturen der 30er Jahre des letzten Jahrhunderts ausgeschlossen bleibt.“[13] Deshalb braucht es über die Konfliktregelung hinaus auch der *Lösung* des Konflikts auf der Ebene sozialer Strukturen und der Transformation des Konflikts auf der Ebene kultureller Identitäten und kollektiver Annahmen.

Die Frage, ob und inwiefern es Sinn macht, der Konfliktkontextanalyse breiten Raum zu geben, hat jedoch auch noch einen zweiten Aspekt, auf den im Folgenden näher eingegangen wird, und zwar am Beispiel des Verhältnisses von Gerechtigkeit und Versöhnung im Rahmen von Strategien zum Umgang mit gewaltförmig ausgetragenen Konflikten in der Vergangenheit.

Zum Verhältnis von Gerechtigkeit und Versöhnung …

Während der Begriff der Gerechtigkeit – zumindest in der europäisch-nordamerikanischen Tradition – zu den philosophischen Grundbegriffen gehört, ist der Begriff der Versöhnung „kein klassisch philosophischer Begriff“,[14] wovon sein Fehlen in vielen Fachlexika Zeugnis gibt. Dies ist jedoch verwunderlich, und das nicht nur beispielsweise aufgrund seiner Bedeutung in Hegels *Phänomenologie des Geistes*, sondern vor allem aufgrund der Tatsache, dass es dazu nicht wenige philosophische Auseinandersetzungen im Kontext der Frage gab, wie denn *nach Auschwitz* überhaupt noch philosophiert werden könne; etwa bei Jean Améry oder aber auch bei Adorno und Levinas.[15]

---

13 Graf, Wilfried, Gudrun Kramer und Thomas Ernstbrunner: „Vom Kompromiss zur Versöhnung? Zwischenbericht zum Projekt ‚Kärnten neu denken/verstehen/gestalten‘“. In: Petritsch, Wolfgang, Wilfried Graf und Gudrun Kramer (Hrsg.): *Kärnten liegt am Meer. Konfliktgeschichte/n über Trauma, Macht und Identität.* Drava/Heyn: Klagenfurt/Celovec 2012, 63 ff.

14 Graneß, Anke: „Versöhnung und/oder Gerechtigkeit?“. In: *Polylog. Zeitschrift für interkulturelles Philosophieren*, Nr. 34 (2015), 4.

15 Vgl. *ibid.*, 3–12.

Versöhnung kann jedoch auch nicht im Bereich der Politikwissenschaft und ebenso wenig in jenem der Sozialpsychologie auf einen umfangreichen Diskurs zurückblicken.[16]

Er ist aber auch kein klassisch juristischer Begriff, sondern allen voran ein theologisches Konzept der jüdisch-christlichen Tradition, was die Frage aufwirft, inwiefern es angebracht erscheint, diesen Begriff in westlichen – mehr oder weniger säkularen – Gesellschaften anzuwenden. Noch fraglicher ist, inwiefern es legitim erscheint, ihn in einem nicht jüdisch-christlich geprägten kulturellen Kontext zu gebrauchen.

In jedem Fall kann die Konsequenz dieser mangelhaften philosophischen Auseinandersetzung mit dem Versöhnungsbegriff der Wiener Philosophin Anke Graneß darin gesehen werden, dass Versöhnung nicht nur ein „vager", sondern „ausgesprochen dehnbarer Begriff" ist, „dessen Verhältnis zu Prinzipien der Gerechtigkeit ungeklärt und dessen Zusammenhang zum Wahrheitsbegriff nicht ausreichend ausgelotet ist".[17]

… im Kontext von Konfliktbearbeitung

Dennoch wollen wir den Versöhnungsbegriff für den Bereich der Konfliktbearbeitung nicht vorschnell verwerfen, und zwar weil Versöhnung in der sozialpsychologisch inspirierten Definition nach Herbert Kelman auf eine Dimension verweist, ohne die Konfliktbearbeitung bzw. Friedensarbeit in einem nachhaltigen Sinne unvollständig erschiene, und zwar Versöhnung als Transformation der eigenen Identität, mit dem Ziel die Identität des Anderen immer mehr in sich aufzunehmen. Es heißt also, die Negation des Anderen zu überwinden und damit eine

---

16 Vgl. Kelman, Herbert C.: „Reconciliation From a Social-Psychological Perspective". In: Nadler, Arie, Thomas E. Malloy and Jeffrey D. Fisher (Hrsg.): *Social Psychology of Intergroup Reconciliation*. Oxford University Press, Oxford/New York 2008, 15–32, hier 15.

17 Graneß: „Versöhnung", 4.

neue Qualität der Koexistenz zu erreichen.[18] Diese Art der Versöhnung ist meiner Erfahrung zufolge jedoch mit *Vergangenheitsbewältigung* aufs Engste mit Gerechtigkeit verbunden, und zwar mit der Herstellung gerechter Strukturen als Basis für Versöhnung.[19]

Was sich jedoch rückblickend auf viele Jahre der Bemühungen im Bereich der Konfliktbearbeitung im Alpen-Adria-Raum feststellen lässt, ist, dass die Begriffe Gerechtigkeit und Versöhnung teilweise instrumentalisierend gegeneinander gebraucht werden, wodurch sowohl die *Opfer-* als auch die *Täterseite* davon überzeugt ist, dass sie konstruktiv an der Bearbeitung ihres gemeinsamen Konflikts arbeiten würde, und das obwohl beide Seiten aufgrund ihrer eingenommenen Rollen grundsätzlich verschiedene Vorstellungen davon haben, worauf konstruktive Konfliktbearbeitung fokussieren solle.[20]

Denn, der vermeintlich so konstruktive – zukunftsorientierte – Blick der *Täterseite* in Richtung *Versöhnung* will – ob nun bewusst oder nicht – davon absehen, die Konfliktgeschichte erneut zu thematisieren, eben weil es aus ihrer Perspektive ja keinen Sinn macht, die inzwischen abgekühlten Konflikte von damals wieder *aufzuwärmen*.

---

18 Vgl. Kelman, Herbert C.: „Conflict Resolution and Reconciliation – A Social-Psychological Perspective on Ending Violent Conflict Between Identity Groups“. In: *Landscapes of Violence. An Interdisciplinary Journal Devoted to the Study of Violence, Conflict and Trauma*, Jg. 1, Nr. 1 (2010), 2 f. In: http://scholar.harvard.edu/files/hckelman/files/conflict_resolution_and_reconciliation_lov_2010.pdf, 30.8.2016.

19 Vgl. Brousek, Jan: „Wider einen eindimensionalen Versöhnungsbegriff“. In: *friZ. Zeitschrift für Friedenspolitik*, Nr. 03/06 (2006), 12–16. Vgl. auch Graf, Wilfried und Jan Brousek: „Die Erfindung realistischer Utopien: Dialog als Weg für Konfliktlösung und Versöhnung“. In: Baatz, Ursula und Gudrun Biffl (Hrsg.): *Glücksbilder. Die Wirklichkeit der Utopien. Tagungsband zum 4. Symposion Dürnstein.* Edition Donau-Universität Krems: Krems/Donau 2015, 167–173.

20 Vgl. Brousek, Jan und Jürgen Pirker: „Zukunft durch Vergangenheit? Interaktive Konflikttransformation und Erinnerungspolitik am Beispiel der Alpen-Adria-Region“. In: Wintersteiner, Werner und Lisa Wolf (Hrsg.): *Friedensforschung in Österreich. Bilanz und Perspektiven (=Jahrbuch Friedenskultur 2015. Bd. 10)*. Drava Verlag: Klagenfurt/Celovec, 2016, 264–278. Vgl. auch: Graf, Sturm und Brousek: „Politik der Gewalt“.

Das dabei zur Anwendung kommende Konzept von Versöhnung ist jedoch ein sehr dünnes, weil es Versöhnung mit Zukunftsorientierung gleichsetzt, während die von der Opferseite geforderte Gerechtigkeit im Sinne der Herstellung gerechter Strukturen, aber auch im Sinne der historischen Aufarbeitung und Suche nach *der* geschichtlichen *Wahrheit* mit Vergangenheitsorientierung und so auch mit einem Schritt nach hinten im Konfliktbearbeitungsprozess gleichgesetzt wird. Versöhnung verkommt dabei zu einem Schlagwort für einen politischen Prozess mit dem Ziel des *friedlichen* Zusammenlebens auf Basis der Freiheit von Schuld; ohne Strategien für eine Bearbeitung der strukturellen Ungerechtigkeiten, die einen konstitutiven Bestandteil des Konfliktgefüges ausmachen. Franziska Dübgen, eine Sozialphilosophin der Universität Kassel, bringt es in ihrem Aufsatz „Grenzen der Vergebung?" auf den Punkt, wenn sie schreibt: „Es erscheint geradezu paradox, einen Prozess als Weg der Versöhnung zu beschreiben, wenn die grundlegenden Unrechtsverhältnisse auch danach fortbestehen."[21]

Ein Dialogprozess ist zwar – im Optimalfall – von der Intention getragen, diesen bis hin zur Versöhnung zu führen. Die Bereitschaft zur Versöhnung bzw. konkreter zur Vergebung auf individueller Ebene, darf keinesfalls zu einer Bedingung für einen Dialog werden.

Für Jacques Derrida beinhaltet der, dem kollektiven Prozess der Versöhnung Gehalt gebende Akt der Vergebung, welcher auf der individuellen Ebene stattfindet, eine paradoxe Struktur. Ihm zufolge bedeutet wahre Vergebung, das zu vergeben, was sich jenseits der Möglichkeit nach Vergebung befindet. Aber genau deshalb kann sie nicht eingefordert werden. Wenn sie passiert, ist sie ein Geschenk, so Derrida.[22]

Versöhnung mit der Dimension der Vergebung kann also nicht eingefordert werden, Versöhnung ohne Vergebung wiederum verkommt zu einem inhaltlich seichten Schlagwort im politisch alltäglichen Sprachgebrauch.

---

21 Dübgen, Franziska: „Grenzen der Vergebung?". In: *Polylog. Zeitschrift für interkulturelles Philosophieren*, Nr. 34 (2015), 21.

22 Vgl. Derrida, Jacques: „On Forgiveness". In: ders.: *On Cosmopolitanism and Forgiveness*. Routledge: London/New York 2001, 39 f. Vgl. auch: Dübgen: „Grenzen", 19.

In diesem Sinne wird immer deutlicher, dass das, worauf wir uns im Prozess der Konfliktbearbeitung zu allererst konzentrieren müssen, die Herstellung gerechter Verhältnisse ist. Der US-amerikanische Friedensforscher John Paul Lederach hat schließlich im so genannten „*Justice-Gap*“, d.h. der fehlenden Gerechtigkeit bzw. dem fehlenden Gerechtigkeitsempfinden der Konfliktparteien eine der Hauptursachen für das Scheitern von Friedensprozessen ausgemacht.[23]

In diesem Sinne erscheint es wiederum paradox, dass manche Protagonisten des so genannten Kärntner *Volksgruppenkonflikts* immer noch der Meinung sind, dass ungelöste gesellschaftsstrukturelle Probleme, wie etwa die *Schuldfrage* oder die Frage betreffend den Status von Slowenisch als Amtssprache kein Hindernis für einen Versöhnungsprozess darstellen würden.

Und vermutlich genau deshalb definierte der israelische Friedensforscher Dan Bar-On Versöhnung als Bearbeitung der tiefer liegenden Ursachen des Konflikts; ganz im Sinne der zweiten Phase der *Interaktiven Konflikttransformation*.[24]

Wenn wir uns nun aber der tiefer liegenden Ursachen des Konflikts annehmen, kommen wir unweigerlich bei der Frage nach der historischen *Wahrheit* an: Also, wie war es denn wirklich und wer ist tatsächlich *Opfer* und wer tatsächlich *Täter* gewesen. Dieser Aspekt ist mit Sicherheit einer der schwierigsten im Bereich historischer Versöhnung.

Das Verfahren der *Interaktiven Konflikttransformation* zielt in solchen Fragen keineswegs darauf ab, den Dialogprozess für die Etablierung eines gemeinsamen widerspruchsfreien Narratives zu nutzen. Der Dialog soll vielmehr dazu dienen, das Narrativ des Anderen kennen – im Optimalfall *an-erkennen* – zu lernen und auf Basis dessen zur Reflexion über das eigene Narrativ beizutragen.

Damit wird nicht auf einen Geschichtsrelativismus abgezielt, der alles und jeden infrage stellt. Es geht vielmehr darum, das epistemologische Paradigma des Realismus auf solche Weise mit einer

23 Vgl. Lederach, John P.: *Preparing for Peace. Conflict Transformation Across Cultures*. Syracuse University Press: Syracuse 1995, 5.

24 Vgl. Bar-On, Dan: *Die Last des Schweigens. Gespräche mit Kindern von NS-Tätern*. Edition Körber-Stiftung: Hamburg 2004, 327.

konstruktivistischen Herangehensweise zu verbinden, dass der Tatsache Rechnung getragen wird, dass Geschichte immer das Produkt von Aushandlungsprozessen ist und historische Tatsachen dennoch als *wahr* gelten können. Wir müssen dafür lediglich den in der Wissenschaftstheorie ohnehin längst überkommenen Glauben an eine absolute bedingungs- und voraussetzungslose Wahrheit aufgeben. Wenn man sich nun fragt, was Erkenntnis dann noch bedeuten kann und soll und inwiefern diese Verbindlichkeit für sich beanspruchen kann, dann möchte ich diese Frage mit dem Epistemologen Friedrich Wallner folgendermaßen beantworten: Erkenntnis basiert auf gewissen Voraussetzungen, sei es Vorwissen, Annahmen oder methodischen Vorentscheidungen, die getroffen werden. Worum es bei Erkenntnis daher zu allererst geht, ist die Frage nach den Voraussetzungen, die einen dazu veranlassen, Wissen so und nicht anders zu strukturieren. Zum Kern des Erkenntnisbegriffs wird damit die Erkenntnis der eigenen Voraussetzungen. Die beste Methode, sich dieser im Kontext historischer Versöhnung gewahr zu werden, ist der Dialog mit Menschen, die andere Narrative bzw. Erinnerungskulturen pflegen, weil ein bestimmtes Narrativ im Dialog mit Trägern anderer Narrative *verfremdet* wird und somit in der weiteren Folge der dialogischen Auseinandersetzung die Annahmen bzw. *Vor-aus-setzungen* in den Vordergrund treten, auf die sich das jeweilige Narrativ stützt.[25]

Bibliographie

Bar-On, Dan: *Die Last des Schweigens. Gespräche mit Kindern von NS-Tätern*. Edition Körber-Stiftung: Hamburg 2004.

Brousek, Jan: „Wider einen eindimensionalen Versöhnungsbegriff“. In: *friZ. Zeitschrift für Friedenspolitik*, Nr. 03/06 (2006), 12–16.

25 Vgl. Wallner, Fritz G.: *Die Verwandlung der Wissenschaft. Vorlesungen zur Jahrtausendwende*. Martin J. Jandl (Hrsg.). Dr. Kovač Verlag: Hamburg 2002.

Brousek, Jan und Jürgen Pirker: „Zukunft durch Vergangenheit? Interaktive Konflikttransformation und Erinnerungspolitik am Beispiel der Alpen-Adria-Region“. In: Wintersteiner, Werner und Lisa Wolf (Hrsg.): *Friedensforschung in Österreich. Bilanz und Perspektiven (=Jahrbuch Friedenskultur 2015. Bd. 10)*. Drava Verlag: Klagenfurt/Celovec, 2016, 264–278.

Derrida, Jacques: „On Forgiveness“. In: ders.: *On Cosmopolitanism and Forgiveness*. Routledge: London/New York 2001, 25–60.

Dübgen, Franziska: „Grenzen der Vergebung?“. In: *Polylog. Zeitschrift für interkulturelles Philosophieren*, Nr. 34 (2015), 13–25.

Feldner, Josef und Marjan Sturm: „Ein Dialog über den Dialog“. In: Petritsch, Wolfgang, Wilfried Graf und Gudrun Kramer (Hrsg.): *Kärnten liegt am Meer. Konfliktgeschichte/n über Trauma, Macht und Identität*. Drava/Heyn Verlag: Klagenfurt/Celovec 2012, 384–404.

Galtung, Johan: *Frieden mit friedlichen Mitteln. Friede und Konflikt, Entwicklung und Kultur*. Leske+Budrich: Opladen 1998.

Graf, Wilfried: „Die Grünen – eine Friedenspartei?“. In: Georg Maißer (Hrsg.): *Warum nicht mit Gewalt? Von der Sicherheits- zur Friedenspolitik*. Die Grüne Bildungswerkstatt: Wien 2016, 6–9.

Graf, Wilfried und Jan Brousek: „Dialog als Methode zum Aufbau einer Friedensregion Alpen-Adria“. In: Gruber, Bettina und Werner Wintersteiner (Hrsg.): *Yearbook Peace Culture 2014. Learning Peace – An Integrative Part of Peace Building. Experiences from the Alps-Adriatic Region*. Drava Verlag: Klagenfurt/Celovec 2014, 317–330.

Graf, Wilfried und Jan Brousek: „Die Erfindung realistischer Utopien: Dialog als Weg für Konfliktlösung und Versöhnung“. In: Baatz, Ursula und Gudrun Biffl (Hrsg.): *Glücksbilder. Die Wirklichkeit der Utopien. Tagungsband zum 4. Symposion Dürnstein*. Edition Donau-Universität Krems: Krems/Donau 2015, 167–173.

Graf, Wilfried, Gudrun Kramer und Thomas Ernstbrunner: „Vom Kompromiss zur Versöhnung? Zwischenbericht zum Projekt ‚Kärnten neu denken/verstehen/gestalten‘“. In: Petritsch, Wolfgang, Wilfried Graf und Gudrun Kramer (Hrsg.): *Kärnten liegt am Meer.*

Konfliktgeschichte/n über Trauma, Macht und Identität. Drava/ Heyn: Klagenfurt/Celovec 2012, 33–77.

Graf, Wilfried, Marjan Sturm und Jan Brousek: „Politik der Gewalt – Politik der Versöhnung. Vom Kärntner Ortstafelkonflikt zur Friedensregion Alpen-Adria?“. In: Anderwald, Karl, Peter Filzmaier und Karl Hren (Hrsg.): *Kärntner Jahrbuch für Politik 2014*, Mohorjeva založba/Hermagoras Verlag: Klagenfurt/Celovec 2014, 149–166.

Graneß, Anke: „Versöhnung und/oder Gerechtigkeit?“. In: *Polylog. Zeitschrift für interkulturelles Philosophieren*, Nr. 34 (2015), 3–12.

Kelman, Herbert C.: „Reconciliation From a Social-Psychological Perspective“. In: Nadler, Arie, Thomas E. Malloy and Jeffrey D. Fisher (Hrsg.): *Social Psychology of Intergroup Reconciliation*. Oxford University Press, Oxford/New York 2008, 15–32.

Lederach, John P.: *Preparing for Peace. Conflict Transformation Across Cultures*. Syracuse University Press: Syracuse 1995.

Richmond, Oliver: *Peace in International Relations*. Routledge: London 2008.

Schönbauer-Brousek, Linda, Jan Brousek und Wilfried Graf: „Interaktive Konflikttransformation. Neun Perspektiven für partizipative Aktionsforschung mit Konfliktparteien“. In: Lakitsch, Maximilian und Susanne Reitmair-Juárez (Hrsg.): *Zivilgesellschaft im Konflikt. Vom Gelingen und Scheitern in Krisengebieten (= DIALOG. Beiträge zur Friedensforschung. Band 69)*. LIT-Verlag: Wien 2016, 95–117.

Wallner, Fritz G.: *Die Verwandlung der Wissenschaft. Vorlesungen zur Jahrtausendwende*. Martin J. Jandl (Hrsg.). Dr. Kovač Verlag: Hamburg 2002.

Wintersteiner, Werner und Wilfried Graf: „Friedensforschung in Zeiten des Umbruchs. Plädoyer für (selbst-)kritische Neuorientierung und transdisziplinäre Zusammenarbeit“. In: Wintersteiner, Werner und Lisa Wolf (Hrsg.): *Friedensforschung in Österreich. Bilanz und Perspektiven (=Jahrbuch Friedenskultur 2015. Bd. 10)*. Drava Verlag: Klagenfurt/Celovec, 2016, 16–37.

Internetquellen

Brousek, Jan: „Interkulturelle Kommunikation und Konfliktbearbeitung“. In: http://plattform-politische-bildung.at/wp-content/uploads/2016/05/Interkultuelle-Kommunikation-und-Konflikt bearbeitung.pdf, 10.6.2016.

Kelman, Herbert C.: „Conflict Resolution and Reconciliation – A Social-Psychological Perspective on Ending Violent Conflict Between Identity Groups“. In: *Landscapes of Violence. An Interdisciplinary Journal Devoted to the Study of Violence, Conflict and Trauma*, Jg. 1, Nr. 1 (2010), 1–9. In: http://scholar.harvard.edu/files/hckelman/files/conflict_resolution_and_reconciliation_lov_2010.pdf, 30.8.2016.

Raabe, Julia: „Ashrawi: ‚Ein ungerechter Frieden ist schlechter als überhaupt kein Frieden‘“. In: http://diepresse.com/home/politik/aussenpolitik/5076948/Ashrawi_Ungerechter-Frieden-schlechter-als-kein-Frieden, 29.8.2016.

Freiheits- und Gerechtigkeitskontext in der Literatur

Primus-Heinz Kucher

Bücher und Texte als Festungen der Freiheit Zum Erinnerungs-, Möglichkeits- und Widerstandsraum literarischer Texte

Abstract: In an article entitled "The Challenge" (November 2015) the Austrian author and critic Doron Rabinovici raised the question how literary texts in totalitarian contexts can provide consolation on the one hand, and enforce the resisting spirit, on the other. Remembering some of the abysses of violence, he shows that books and writing, even in situations like concentration camps, gave important contributions to bearing witness to the perpetrated crimes and, furthermore, to exploring the subversive concepts of freedom and humanity.

I

Am 7. November 2015, zwei Tage vor dem Gedenken an die Pogromnacht von 1938 sowie nur wenige Wochen nach der Sprengung des Triumphbogens der antiken Tempelstadt Palmyra durch die Barbaren des sogenannten IS und vorangegangener Ermordung des Archäologen Khaleed Asaad, der sich noch im August 2015 mutig gegen dieses Zerstörungswerk gestellt hatte, veröffentlichte der österreichische, in Tel Aviv geborene Schriftsteller und Kritiker Doron Rabinovici in der *Spectrum*-Beilage der Zeitung *Die Presse* einen Essay unter dem Titel „Das Wagnis".[1] In diesem Essay, der sich mit verschiedenen Anmaßungen diktatorisch-terroristischer Regime gegen die Kultur insgesamt und gegen die Literatur im Besonderen befasst, aber auch mit der Widerstandskraft, die von Büchern ausgehen kann, parallelisiert Rabinovici

1 Vgl. Rabinovici, Doron: „Das Wagnis". In: *Die Presse*, *Spectrum*-Beilage, 7.11.2015, III.

Aspekte der eigenen Familiengeschichte wie z.B. der im Ghetto und dann im Lager Gedichte schreibenden Mutter mit jener der heroischen Ghettobibliothek von Wilna und ihrem Bibliothekar Herman Kruk.[2] Und er bettet dieses und andere Beispiele in eine *tour d'horizon* durch die dunklen Seiten dieses *Krieges gegen die Literatur* ein, deren sichtbares Zeichen nach Außen die Verbrennung von Büchern war, die Vernichtung von Bibliotheken oder anderer Kulturgüter. Nicht selten wurde dies mit einer – problematischen – Berufung auf einen heiligen Text begründet: in der Antike, im Mittelalter, in der Zeit der Inquisition bis herauf zu den Bücherverbrennungen von 1933, die Heinrich Heine bereits in Reaktion auf das Autodafé am deutschnationalen Wartburgfest (1817) – „[…] dort wo man Bücher verbrennt, verbrennt man auch am Ende Menschen"[3] – 1821 vorausgeahnt hat. Es darf in Erinnerung gerufen werden, dass Heine diese auf das 20. Jahrhundert vorwegweisende düstere Vorahnung am Beispiel einer Koran-Verbrennung [!] im Zuge der Eroberung Granadas 1492 durch christlich-spanische Ritter ausgeführt hat und durch die muslimische Figur Hassan in seiner Tragödie *Almansor* aussprechen ließ.

Die Lektüre dieses Rabinovici-Textes fiel für mich persönlich gerade mit einer Vortragsrecherche über das Durchsickern des Wissens über den Holocaust im amerikanischen Exil sowie über die Bedeutung und Kraft literarischer Texte angesichts des unmittelbar erfahrenen Grauens von Deportation und Vernichtung zusammen. Auffallend und berührend war daran, selbst nach jahrelanger Auseinandersetzung mit diesem Thema, wie wichtig gerade in Ausnahmesituationen, angesichts von traumatischen, unvorstellbaren Schockerfahrungen die Zuflucht zum geschriebenen bzw. gesprochenen Wort, zu Aufzeichnungen, Büchern oder zu Erzählungen gewesen ist. Denn so düster der Rabinovici-Essay mit seinen bedrückenden Bestandsaufnahmen auch wirkt, so sehr bestärkt er uns in seiner Gegenbewegung, in seinem Beharren auf

2 Vgl. Kruk, Herman: *Zwischen den Fronten. Zeugnisse aus den Jahren 1939–1944.* Laurentius: Seelze 1990.

3 Heine, Heinrich: „Almansor. Eine Tragödie". In: ders.: *Historisch-kritische Ausgabe der Werke. Bd. 5.* Manfred Windfuhr (Hrsg.). Hoffmann und Campe: Hamburg 1994, 16.

jene Kraft, die von Büchern und Bibliotheken ausgeht und – auch im Zeitalter des medialen *global village* mit seinen *social media hypes* – unser kulturelles Selbstbewusstsein, ja kulturelle Überlegenheit vielen anderen Konzepten gegenüber ausmacht. Daher sollte heute mehr denn je Priorität haben, was dieser Essay ausspricht: „Wer von den Freiheiten und den Werten Europas redet, darf nicht bei ihnen sparen. Sie sind die Festungen unserer Freiheit und die Festräume unserer Fantasie, hier leben wir die Aufklärung und die Menschenrechte.“[4]

Es geht hier im Folgenden nicht darum, die Überlegenheit einer Kultur gegenüber (irgend)einer anderen herauszustreichen, wohl aber um eine Priorität von kulturellen Konzepten und Praxen, die – was vielfach von Verfechtern einer Ein-Buch-Ideologie, sei sie nun religiöser oder laizistischer Ausrichtung meist mit aller Gewalt hintertrieben wird – universelle Werte und z.T. schwer errungene Freiheiten verkörpern. Dass jene der Imagination und freier Gestaltung in der Literatur oder in der Kunst besondere Vorbildwirkung einnehmen, sich um der Freiheit und Gerechtigkeit willen exponieren, geht allein schon daraus hervor, dass sie immer wieder gefährdet sind, in Frage gestellt, ja Gegenstand brutaler Verfolgung oder Vernichtung werden. Um dies mit einem Beispiel zu untermauern, soll hier kurz an den im Irak geborenen, vom Regime Saddam Husseins verfolgten und seit 1980 in der Bundesrepublik lebenden und inzwischen auch auf Deutsch schreibenden Publizisten und Schriftsteller Najem Wali – stellvertretend für eine Reihe ähnlicher Biographien – verwiesen werden. Auch er, ein ehemals irakischer Schiit und nunmehr deutsch-irakischer Autor, ein befugter Kenner und Kritiker des nahöstlichen Raumes hat im März 2015 in der *Neuen Zürcher Zeitung* über die Zerstörungen antiker Kulturdenkmäler in Mossul durch den IS – „Kulturvernichtung als Programm“[5]– anklagend berichtet. Nun, zwei Wochen vor der Ersten Konferenz des *Forums für Humanwissenschaften* im September 2016, hat er nochmals in einem Essay einen kompakten Hymnus auf die Kraft der Literatur vorgelegt

4 Rabinovici: „Das Wagnis“, III.

5 Vgl. Wali, Najem: „Kulturvernichtung als Programm“. In: http://www.nzz.ch/feuilleton/kunst_architektur/kulturvernichtung-als-programm-1.18504172, 24.8.2016.

und dies mit der Autorität eines Schreibenden und Denkenden, dem bereits 2014 für *Bagdad Marlboro* noch vor seinem Buch *Im Kopf des Terrors. Töten mit und ohne Gott* der Kreisky-Preis zugesprochen worden ist.[6]

Dieser Hymnus mit dem Titel „Dank sei dem Erzählen" präsentiert sich als ein beeindruckendes Plädoyer für die über unterschiedliche kulturelle Grenzen hinausreichende und hinauswirkende Faszination und subversive Botschaft der Literatur.[7] Wali beschreibt darin, wie schon seinem Vater die Lektüre von Erich Maria Remarques *Im Westen nichts Neues* zur Einsicht verholfen hatte, sich vom Militärdienst freizukaufen und diese in Diktaturen nicht gerade risikolose Haltung auch seinem Sohn weitergegeben zu haben. Letzterem gelang nach Fälschung seiner Einberufungspapiere unmittelbar nach Ausbruch des irakisch-iranischen Krieges die Flucht aus dem Land.

Natürlich, so bekräftigt dies auch Wali, „posaunt die Literatur nicht laut hinaus, dass sie die Welt verändern wolle; aber sie erlaubt Einsichten, die weit über den Blick auf das im Roman oder in einer Erzählung Dargestellte hinausgehen."[8] Das gilt bereits für seinen frühen Roman *Ein Ort namens Kumait* (1997 Arabisch; 1998 Französisch). In ihm riskierte Wali seinen ersten Tabubruch, indem er anhand seiner eigenen Beschneidungserfahrung diese kulturell-religiöse Identitätschiffre als Folter bezeichnete, und vielleicht noch pointierter trifft das auf seinen Roman *Engel des Südens* (2011) zu. Dieser versteht sich als eine Liebeserklärung an den alten kosmopolitischen Irak, als u.a. nicht nur dessen Scheitern an den Schwellen von großarabischen Träumen und nationalistischen Querelen thematisiert wird, sondern auch interkulturelle Liebesbeziehungen, etwa des arabisch-irakischen Protagonisten, eines Exilanten, und seiner jüdischen Jugendliebe mit verhandelt werden.[9]

---

6 Vgl. http://www.renner-institut.at/bruno-kreisky-preis/fruehere-preistraegerinnen/kreisky-preis-traegerinnen-2014/artikel/bruno, 24.8.2016.

7 Wali, Najem: „Dank sei dem Erzählen". In: *Die Presse*, *Spectrum*-Beilage, 20.8.2016, II.

8 *Ibid.*

9 Vgl. dazu auch die Besprechung von Andreas Faninzadeh „Am Patriotismus zugrunde gegangen". In: http://www.taz.de/1/archiv/digitaz/artikel/?ressort=ku&dig=2011%2F06%2F04%2Fa0034&cHash=fb858ceee3, 24.8.2016.

Tabubrüche, wie hier angesprochen, sind natürlich nicht Selbstzweck, sie sind – einer dialektischen Übung mit Thesis und Antithesis vergleichbar – Explorationen in den Bereich des Vorstellbaren, ohne dabei die Integrität weder einer Kultur noch einer Person zu verletzen, wie dies umgekehrt in den fundamentalistisch – also nicht dialektischen Auslegungen und Missdeutungen von Büchern – begründeten Tabubrüchen sehr wohl der Fall ist. Inwieweit auch eine Verbrüderungsszene zwischen russischen Kriegsgefangenen und ihren österreichischen Bewachern in Stefan Zweigs Autobiographie *Die Welt von Gestern* tiefe Spuren hinterlassen hat, wird in Walis Roman *Bagdad Marlboro* (2014) sichtbar, wo er genau diese Episode als Modell auf eine zwischen einem Amerikaner (als Bewacher) und Iraker (als Gefangenen) überträgt. Dabei macht er deutlich, dass der Krieg auf der Ebene der einzelnen Individuen meist einer Katastrophe gleichkommt, die sie ohnmächtig einer Maschinerie ausliefert, in der sie auf Funktionen reduziert werden, z.B. auf Bewacher und Gefangene. Das Individuum, die Kultur, reduziert auf Funktionen – eine archetypische Konstellation und Erfahrung aus wiederkehrenden Gewalt-Macht-Relationen. Sind solche, wie die Geschichte schmerzhaft lehrt, auch kaum aus der Welt zu schaffen und nur in langwierigen Prozessen überwindbar, so ist es trotz alledem wichtig – und dafür fungiert ihm Zweig als intertextueller und interkultureller Gesprächspartner – die elementaren Grenzen der Menschlichkeit, des Respekts vor dem Leben nicht aufzugeben und zu verlieren.[10]

II

Ich muss gestehen, vor Rabinovici, den Namen Herman Kruk, mit dem er seine Argumentation im Essay „Das Wagnis" entwickelt, nicht gekannt zu haben. Gekannt habe ich jedoch zwei tagebuchartige Aufzeichnungstexte über das Ghetto von Warschau: den von Mary Berg (der noch vor der englischen Ausgabe in Fortsetzungen in der Exilzeitschrift

---

10 Vgl. dazu die Besprechung von Fokke Joel in der *Zeit*: http://www.zeit.de/kultur/literatur/2014-10/najem-wali-bagdad-marlboro, 24.8.2016.

Der Aufbau/Reconstruction 1944 auf Deutsch zum Abdruck gekommen, ursprünglich aber auf Polnisch verfasst worden war) sowie jenen von Chaim Kaplan, der erst Ende der 1960-er Jahre aufgefunden wurde und vom Hebräischen ins Englische übersetzt werden musste.[11] Sie, Berg und Kaplan, haben mich, die Wucht des Vergleichs, die Rabinovici glaubhaft zwischen dem unmenschlichen, bestialischen Furor der Gestapo in Wilna, zweihundert Jahre hindurch das *Jerusalem des Ostens*, und jenem der Taliban zuerst in Afghanistan und der Dschihadisten danach in Syrien, im Irak und anderswo im Hinterkopf, an einen Text denken lassen, der ähnliche existentielle und kulturelle Demütigungserfahrung wie Versuche, ihr zu widerstehen, in einem Zyklus bündiger Erzählungen unter dem mythischen Titel *Der siebente Brunnen* auf- bzw. nachgezeichnet hat: an den Auschwitz-Überlebenstext von Fred Wander (1917–2006; geb. als Fritz Rosenblatt), der wohl zu den großen kulturellen wie literarischen Denkmälern zu rechnen ist und trotzdem viel zu wenig gekannt und vor allem: gelesen wird. Es handelt sich dabei um zwölf Geschichten, von denen hier nur die erste in Erinnerung gerufen sei, nicht zuletzt deshalb, weil sie sich auch der Frage stellt, wie man überhaupt Geschichten erzählen könne. Zugleich gibt sie uns eine Vorstellung davon, welche Kraft Erzählungen entfalten können, selbst bzw. gerade dann, wenn es Geschichten sind, die vom äußersten Rand des Mensch-Seins her, von seiner äußersten Gefährdung, die im vorliegenden Fall bis auf eine Ausnahme allesamt mit dem Sterben in Auschwitz oder Buchenwald enden, ihre Stimme erheben und ins Gedächtnis des Erzählers eingehen.[12]

---

11 Vgl. Berg, Mary: *The Diary of Mary Berg. Growing up in the Warsaw Ghetto* [1945]. Annotated revised edition. Oneworld: London 2007, ²2013; vgl. dazu den kompakten Artikel von Jennifer Schuessler: „Survivor who hated the spotlight". In: *The New York Times*, 10.11.2014. In: https://www.nytimes.com/2014/11/11/arts/survivor-who-hated-the-spotlight.html?_r=0, 20.12.2016. Vgl. ferner Kaplan, Chaim A.: *Scroll of Agony. The Warsaw Diary of Chaim A. Kaplan*. Abraham I. Katsh (Hrsg.). Hamish Hamilton: London 1966. Auszugsweise in: http://www.holocaustresearchproject.org/ghettos/chaimkaplan.html, 20.12.2016.

12 Vgl. dazu v.a. Höller, Hans: „Erzählen als Erinnern und Widerstand. Fred Wanders *Der siebente Brunnen* im Kontext der Literatur über die Shoah". In: Betten,

Es handelt sich um die Geschichte eines gewissen Mendel, der die große Tradition ostjüdischen Geschichtenerzählens verkörpert, aus der Wander väterlicherseits auch lebens- und kulturgeschichtlich herkommt. Jeden zweiten Sonntagnachmittag gelang es diesem, in der Essensbaracke im Akt des Erzählens das Grauen außer Kraft zu setzen und eine magische Welt, eine „reichgedeckte Sabbattafel, die Lieblichkeit eines jüdischen Mädchens, Duft von süßem Palästinawein und Rosinenkuchen“[13] herbeizuzaubern. Eines Tages, kurz bevor Mendel sterben sollte, eines sinnlosen Todes, wie der Erzähler anmerkt, lässt er ihn, die Baracken umrundend, Einblick nehmen in seine besondere Kunst des Erzählens. Er wählt dazu eine unscheinbar wirkende Episode, indem er die Frage des Erzählers (Wander) mit einer ähnlichen an ihn gerichteten Frage vor vielen Jahren beantwortet. Er benötige nur einige wenige Signale, etwa wo jemand wohne, z.B. in einem schäbigen Haus am Stadtrand, in dem der Alltag sich ständig wiederhole und vermeintlich nichts Interessantes vorfalle. Mendel greift diese Signale auf, mehr brauche er nicht, denn vor seinem Auge entfaltet sich bereits eine Welt der Imagination, die sich rasch zu einer Welt voller merkwürdigen Lebensgeschichten auswächst, die mit jedem Akt des Erzählens um eine neue, eine andere Facette bereichert, um eine Episode verlängert oder verändert wird. Und während Mendel ihm quasi aus dem Nichts die möglichen Lebens-, Liebes- und Leidensgeschichten einer Handvoll Menschen aus dem Stadtrandhaus erzählt, ohne dieses je selbst gesehen zu haben – „mit leiser erregter Stimme […] ein Sucher, ein Zaddik“[14] – kommen sie an den verschiedenen Plätzen des Lagers vorbei. Auch diese Plätze, und hier hat eine Art Übertragung bereits stattgefunden, lässt der Erzähler Wander, inspiriert von der Kunst Mendels, nicht nur in ihren grausamen Facetten als dehumanisierende Wirklichkeit prägnant vor den Augen des Lesers erstehen, etwa im Blick auf die geschundenen Leiber auf den Latrinenstangen oder im Blick auf den Waschraum, wo einige gläubige Juden mit ihren *Tefilim*, die

Anne und Konstanze Fliedl (Hrsg.): *Judentum und Antisemitismus. Studien zur Literatur und Germanistik in Österreich*. E. Schmidt: Berlin 2003, 109–119.

13 Wander, Fred: *Der siebente Brunnen*. S. Fischer Verlag: Frankfurt 1997, 7.

14 *Ibid.*, 11.

sie allen Kontrollen zum Trotz gerettet haben, sich in ihre eigene Welt des Gebets versenken, sondern auch in grenzwertig idyllischen Schäkereien des Wachpersonals mit polnischen Mädchen aus den umliegenden Dörfern, vor Kraft strotzende pausbäckig-bäurische Mörder, die sich dessen gar nicht bewusst schienen.[15]

Und für all dieses sucht und findet Mendel auch *ein erlösendes Wort*, d.h., es gelingt ihm, durch das genaue Hinschauen, durch das Erfassen des Grauens ebenso wie des Leidens und der kleinsten Freuden, die auch im Lager dann und wann einen Funken Hoffnung aufkeimen ließen, Kraft zu vermitteln, d.h. seinen völlig entkräfteten Mitleidenden Bilder in ihr Gedächtnis zu senken, damit jene wenigen, die das Lager überleben sollten, davon eines Tages Zeugenschaft geben können: dies war bekanntlich auch bei Wander der Fall, der nach über fünfzehn Jahren Distanz und selbstquälerischen Zweifeln sich dazu durchringen kann, das Vermächtnis Mendels aufzugreifen und seine Gespräche mit ihm in seine nun eigenen Geschichten einfließen und aufgehen zu lassen. Er kann damit dort weiterschreiben, wo eines Tages in Auschwitz der Austausch mit Mendel abgerissen, d.h. zum Abriss gebracht worden ist.

So erfahren wir – in Fortführung der Spaziergänge mit Mendel – die Geschichten jener, die Mendel nicht mehr erzählen konnte, nun durch Fred Wander, der in gewisser Weise in die Stimme Mendels schlüpft (oder schon immer seine gewesen ist): die Geschichte des polnischen Jungen Jossl, z.B., der bei der Arbeit am Holzplatz umfiel und von den Posten, die sich einen Spaß dabei machten, mit Schnee zugeschaufelt wurde und von seinen Leidens-Kameraden nicht ausgegraben werden durfte. Jossl, der dann am Abend steifgefroren in die Baracke geschleppt und von allen unter Aufbietung aller denkbaren Fürsorge noch eine Zeitlang am Leben gehalten werden konnte: „[E]r war ganz steif gefroren […] aber tief innen gloste noch ein Fünkchen Leben und sie bliesen es mit süßen Worten an, mit Gebeten wie mit Zauberformeln.“[16] Vergeblich freilich. Doch diese Vergeblichkeit öffnet den Raum für neue Figuren, die in den Kosmos der Erzählung eintreten:

15 Vgl. *ibid.*, 12.

16 *Ibid.*, 13.

Pechmann, z.B., der Westjude Pechmann, „ein Wiener Jüngel", wie der Text fortfährt. Dieser Pechmann „konnte Musik machen mit fünf Fingern auf einem Brett",[17] d.h. er spielte Instrumente durch Gestik und Fingerrhythmik nach, ohne die Instrumente selbst zur Verfügung zu haben, vorzugsweise das Saxophon. Für Jossl klopfte er einen *Blues* für fünf Finger auf sein Brett, eine Art *Kaddisch* für einen, den man nicht gehen lassen wollte und der doch bereits gegangen war, den die Kameraden aber noch für einige Tage im Spind, eingehüllt in wärmende Decken, versteckten.

Was Wander uns damit sagen will, liegt auf der Hand: das Erzählen und Aufschreiben von Geschichten ist eine eminent kulturelle, über das unmittelbar Erzählte und aufgezeichnete hinausreichende Tätigkeit – konstitutiv für das, was wir *humanity* nennen, auch im Erinnern und Beschreiben an das In-Humane das Humane als Banner unserer Freiheiten hochzuhalten. Bereits die zweite, im Band nachfolgende Geschichte trägt wohl nicht zufällig den Titel „Wovon der Mensch lebt" und macht uns mit weiteren Schicksalen von deren nahendem Ende her vertraut: mit Schicksalen von jüdischen Häftlingskameraden, die aus allen Teilen Europas sich bei der schweren Holzarbeit abmühen und nochmals ihr Leben Revue passieren lassen.

III

Wovon der Mensch letztlich lebt – diese Frage kann nicht eindeutig beantwortet werden, zumindest nicht bei Wander, und wahrscheinlich auch in vielen anderen Texten und Büchern nicht. Doch sie zu stellen, ist vielfach bereits ein Akt der Reflexion, in bestimmten Kontexten vielleicht auch schon des Widerstands. Und auch dieses, Reflexion und Widerstand, könnten kaum unterschiedlicher sein, wenn man den Blick auf einen uns halbwegs vertrauten Schauplatz richtet wie z.B. den des auseinanderbrechenden ehemaligen Jugoslawien und der kriegerischen Konflikte, die es

17 *Ibid.*

in den 1990-er Jahren in den Blickpunkt der Welt-Öffentlichkeit gerückt und manche unserer Vorstellungen ver-rückt haben.

Das Buch und die Autorin, die hier vorgestellt werden sollen, sind beide nicht sonderlich bekannt: ihr Name ist Viktorija Kocman, geboren 1972 in Belgrad, von dort 1991 nach Wien weggegangen, zum Studium der Informatik, aber auch als Zeichen des Dissenses einer jungen Serbin mit dem damaligen offiziellen Serbien rund um Milošević und seine Politik. Eine Kontrastfolie also zu Peter Handke könnte man sagen. Inzwischen hat sie auch Österreich wieder verlassen, zuerst Richtung Niederlande, dann nach New York, um sich beruflich und künstlerisch besser zu positionieren. Ihr erster Erzählband *Reigentänze* (2001), veröffentlicht in einem damals kleinen Klagenfurter Verlag, kam mir zufällig in die Hände: durch den Verleger, der händeringend auf der Suche nach einem Rezensenten war. Er bestand aus drei Geschichten, unter denen eine besonders ins Auge fiel, weil sie sich mit dem serbisch-kroatischen Krieg rund um Vukovar und den Grausamkeiten, die dort unter dem Schweigemantel der Weltöffentlichkeit stattfanden, befasste. Sie machte Eindruck auf mich, es war eine Geschichte von ungewöhnlicher Präzision über den gewöhnlichen Wahnsinn des Tötens, über die Grauzonen der Verantwortlichkeiten, über das Schweigen derer, die eigentlich aufschreien hätten müssen wie Ärzte oder Eltern, deren Kinder, auch Kleinstkinder, von Granaten oder Sprengfallen zerfetzt wurden.[18] Ich besprach es und wartete gespannt auf einen nachfolgenden Text, der prompt 2003 auch vorlag: *Ein Stück gebrannter Erde*.[19]

Es ist dies ein als „Novelle“ untertiteltes, schmales aber eindringliches Buch, über die Devastationen, die der Krieg, der offene und vielleicht noch mehr der im Hinterland geführte, der heimtückische, in Familien und Beziehungen hineingreifende, zur Folge haben kann, hier der Krieg zwischen Serben und Kosovaren Mitte bis Ende der 1990-er Jahre. Für viele von uns,

18 Vgl. Kocman, Viktorija: *Reigentänze*. Kitab: Klagenfurt 2001; vgl. auch meine Besprechung: „Viktorija Kocman: Reigentänze“. In: *Informationen zur Deutschdidaktik (ide). Zeitschrift für den Deutschunterricht in Wissenschaft und Schule*, Nr. 3 (2002), 15–16; dazu auch jene von Veronika Hamer in: http://www.literaturhaus.at/index.php?id=1739, 20.12.2016.

19 Vgl. Kocman, Viktorija: *Ein Stück gebrannter Erde*. Milena Verlag: Wien 2003.

die sich nicht als Insider der lange unter Verschluss gehaltenen brodelnden Spannungen sehen konnten, war dieser doch ein wenig überraschend ausgebrochen und ist erst langsam, im Rückblick auf ein Jahrzehnt nicht mehr nur ideologisch-politisch, sondern ethnisch-kulturell und religiös geprägter Konflikte einigermaßen fassbar geworden ist.

Der Text ist abwechselnd aus der Perspektive seiner Hauptfigur Marina und jener Arietas, der Schwester von Marinas Lebensgefährten Armin, einem Kosovaren aus Priština, strukturiert, wobei Marina der entscheidende Rede- und Reflexionsanteil zukommt, Armin der geringste, obwohl er alsbald in den Mittelpunkt des Konflikts zwischen den beiden jungen Frauen gerät. Die Ausgangssituation macht uns als Leser mit einer scheinbar gelungenen interkulturellen Migrations- und Integrationserfahrung bekannt: das Paar Marina-Armin lebt seit rund zehn Jahren in Wien; er hat es geschafft, nach seinem Studium eine gut bezahlte Anstellung als Versicherungsmathematiker zu finden, Marina dagegen durchläuft eine Art Selbstfindungsphase, sowohl ihre berufliche Zukunft als auch ihre Beziehung zu Armin betreffend, der jedenfalls eine starke – auch erotische – Ausstrahlung – „ich brauche seinen Körper, der mich durch die Berührung – wie eine Batterie – mit Lebenskraft auflädt“[20] – auf sie ausübt, wenngleich sie auch eine Lehrtherapie, begleitend zu ihrem Psychologiestudium, besucht.

Ihre jeweiligen Herkunftsorte scheinen weit weg, fast aus ihrem Alltagsrhythmus gerückt zu sein. Armin war überdies gerade zu dem Zeitpunkt weggegangen, als er – von dem es im Text heißt, dass er einst „die jugoslawische Trikolore an seinem Körper“ getragen hatte, insbesondere in den Jugendjahren als „Pionier“, und „Albaner zu sein, war nebensächlich und irrelevant“[21] – zu spüren anfing, dass das Dogma der „nationalen Identität“ sich immer mächtiger in den Vordergrund drängte. Er erblickte nämlich keinen Sinn darin, „seine Freunde ihrer Nationalität entsprechend einzuordnen“ und fuhr nach Wien, „weg von zu Hause, weg von dem Elend und vom nationalistischen Stumpfsinn, der sich langsam und fast unmerklich in Jugoslawien ausbreitete“.[22]

20 *Ibid.*, 10.
21 *Ibid.*, 19.
22 *Ibid.*

Was auf den ersten Seiten beinahe auf eine Idylle hinsteuert, gekrönt von einem Heiratsantrag Armins und einen ihn dafür belohnenden Nachschlag Liebe, verfängt sich jedoch schrittweise in missverständlichen Nachfragen, in aufkeimenden Zweifeln und lästigen Verstrickungen in Debatten über einen Konflikt, der den Beiden jeden Tag näher rückt, obwohl sie ihn auf Distanz zu halten versuchen. Mit anderen Worten: die Welt korrodiert von innen heraus, der Konflikt holt sie schon ein wenig in Wien, dann aber vollends im Zuge eines Weihnachts-Besuchs bei den jeweiligen Eltern und Familien ein. Waren zuvor beide Familien antinational eingestellt, ja die serbische auf Wien als Sehnsuchtsort geradezu ausgerichtet, so nehmen, meist durch jüngere Mitglieder des erweiterten Familienkreises, Überlegungen überhand, wie denn mit dem ehemaligen Nachbarn und nunmehrigen (potentiellen) Feind umzugehen sei, wie vor allem auch Beziehungen über aufbrechende, offenbar lange Zeit nur verdrängte Grenzen hinweg neu zu definieren, ja auch zu ächten wären. In dieses von Misstrauen und dumpfer Abwehr bis in offenen Hass umschlagende Stimmungen passiert die Katastrophe. Arieta wird von Armin nach Belgrad gebracht, zu Marina, in deren Elternhaus, sichtlich verstört, fast apathisch, zuvor vergewaltigt durch serbische Milizionäre und nun wie eine drückende anklagende Beweislast der Familie Marinas vorgelegt. Marina versteht sofort, was das bedeutet: für Arieta wie für sich selbst. Und sie weiß auch, dass „ich ihr nicht helfen kann", dass es „in ihrer Seele […] niemals wieder so sein [wird] wie vorher".[23]

Arieta wird nach Wien mitgenommen und transferiert ihr Trauma, ihren Krieg in die Beziehung zwischen Armin und Marina. Sie fühlt sich verraten und „würde am liebsten die Wohnung anzünden";[24] zugleich spürt sie „den Neid, der mich von innen auffrisst",[25] kultiviert geradezu ihren Hass – „[b]ei Hass ist das Herz hart wie ein schwarzer Stein, und alle Gefühle ergießen sich in den Wunsch, die andere Person zu verletzen"[26] und sie sinnt – auch der unschuldigen Marina (und indirekt Armin) gegenüber – auf Vergeltung. Ein Fernsehbericht über ein

23 *Ibid.*, 66.
24 *Ibid.*, 73.
25 *Ibid.*, 74.
26 *Ibid.*, 78.

Massaker bietet hierzu den Anlass: Marina, aufgeregt von den ständigen Konflikten, nimmt Schlaftabletten, Arieta hat sie offenbar beobachtet und schneidet ihr nachts das Haar ab: eine symbolische Kastration, eine Demütigung, welche die Beziehung zu Fall bringt: „Mein Blick fällt auf das Bett und die abgeschnittenen Haare. In der eigenen Wohnung, an dem Ort, an dem man sich am sichersten fühlt. […] Ich möchte verschwinden, mich auflösen, meine persönliche Geschichte auslöschen.“[27]

Die Konsequenz liest sich auf wenigen, bündigen Seiten, mit denen die Novelle ihren Wendepunkt nimmt und ausklingt: die Koffer sind rasch gepackt, die Fahrt nach Belgrad gebucht und angetreten. Marina kommt dort an, als die Bombardements auf die Stadt beginnen: als informierte Leser wissen wir, es kann sich nur um den März 1999 handeln. Und sie kommt dort an, um ihre Schwangerschaft zu entdecken und sehr bald froh darüber zu sein, dass sie, angesichts der veränderten Situation, auch im Zuge eines spontanen Abortus, zum vorzeitigen Ende kommt: „Ich denke an Armin. Daran, dass mich nichts mehr an ihn bindet und dass ich froh darüber bin, das Kind verloren zu haben. […] Vielleicht bin ich nur aus dem Grund nach Belgrad gereist, um das Leben in mir zu töten. […] Letztendlich konnte ich mich gegen den Hass nicht durchsetzen.“[28]

IV

Inzwischen ist – auch für deutschsprachige LeserInnen – der Krieg im ehemaligen Jugoslawien zu Ende gegangen und literarisch zumindest gut aufgearbeitet. Doch bis heute sind vergleichbare Texte, d.h. Texte, die ohne deklarative oder autoritative Gesten auskommen und die irrationalen und offenbar doch präsenten Potentiale von Hass und Gewalt unvermittelt, überraschend an die Oberfläche zu bringen in der Lage waren, die zu zeigen imstande sind, wie dünn und rissgefährlich eigentlich unsere rationale, vernunftorientierte Haut als Schutzhaut vor dem, was unter ihr sich anzustauen vermag, nach wie vor Ausnahmen

27 *Ibid.*, 94.
28 *Ibid.*, 118.

und – Glücksfälle. So gelingt es auch diesem Text, besser als vielleicht *bedeutenderen*, Empathie für die Figuren, für die durch die Figuren dargelegten Konflikt- und Verletzungslagen zu entwickeln.

Bedauerlicherweise hat Kocman aufgehört, literarisch tätig zu bleiben, sich mit den Folgen ihrer Kriegserfahrungen auseinanderzusetzen, z.B. mit der Aufarbeitung der im Zuge dieser Kriege aufgerissenen Wunden und neuen Traumata.

Wenn ein literarischer Text jene Empathie erreichen kann, ist schon einiges gewonnen, an Einsicht, an Zugängen und vielleicht auch an dem, womit sich dieser Band befasst: an der Ausweitung von Freiheit und Gerechtigkeit, die stets auch Toleranz und Respekt vor elementaren Grundwerten, nötigenfalls auch Widerstand gegen deren Anfechtung, mit in Rechnung zu stellen hat.

Denn es wirkt irgendwie bedrückend, wenngleich der Realität offenbar korrespondierend, dass sich neuerdings auch die Literaturwissenschaft mit *Poetiken des Terrors* auseinandersetzen muss.[29] Und in den Fallbeispielen aufgrund der veränderten, durch die globalisierten Konflikte mitbedingten Vertreibungs- und Migrationsströme gerade einer Dimension verstärkt Aufmerksamkeit widmen muss, die Europa längst überwunden geglaubt hat: der religiös-kulturellen Konfliktdimension. Aber auch hier gibt es, wenn schon nicht Trost, so doch die Möglichkeit, sich über Bücher zu wappnen, den verschiedenen Fundamentalismen mit Texten und Ideen entgegenzutreten, die z.B. aus einer Innensicht heraus gegen ihn Argumente liefern: mit Navid Kermanis Essay *Dynamit des Geistes. Martyrium, Islam und Nihilismus* (2002), mit Hilal Sezgins *Mihriban pfeift auf Gott* (2010) oder den bedrückenden, aber zugleich auch wieder illuminierenden Büchern von Sherko Fatah über den IS-Terror und dessen fatale Faszination auf eine Generation verlorener *foreign fighters*, an denen das Projekt Integration in die europäische Kultur fraglos gescheitert ist wie z.B. *Das dunkle Schiff* (2009) oder jüngst *Der letzte Ort* (2016)[30] eindringlich vorführen.

---

29 Vgl. König, Michael (Hrsg.): *Poetik des Terrors*. Transcript: Bielefeld 2015.

30 Vgl. dazu die Besprechung von Thorsten Schulte: „Entführt im Irak". In: http://literaturkritik.de/public/rezension.php?rez_id=19769, 20.12.2016.

Bibliographie

Berg, Mary: *The Diary of Mary Berg. Growing up in the Warsaw Ghetto* [1945]. Annotated revised edition. London: Oneworld 2007, ^{2}2013.

Heine, Heinrich: „Almansor. Eine Tragödie". In: ders.: *Historisch-kritische Ausgabe der Werke. Bd. 5*. Manfred Windfuhr (Hrsg.). Hoffmann und Campe: Hamburg 1994.

Höller, Hans: „Erzählen als Erinnern und Widerstand. Fred Wanders *Der siebente Brunnen* im Kontext der Literatur über die Shoah". In: Betten, Anne und Konstanze Fliedl (Hrsg.): *Judentum und Antisemitismus. Studien zur Literatur und Germanistik in Österreich*. E. Schmidt: Berlin 2003, 109–119.

Kocman, Viktorija: *Ein Stück gebrannter Erde*. Milena, Wien 2003.

—: *Reigentänze*. Kitab: Klagenfurt 2001.

König, Michael (Hrsg.): *Poetik des Terrors*. Transcript: Bielefeld 2015.

Kruk, Herman: *Zwischen den Fronten. Zeugnisse aus den Jahren 1939–1944*. Laurentius: Seelze 1990.

Kucher, Primus-Heinz: „Viktorija Kocman: Reigentänze". In: *Informationen zur Deutschdidaktik* (*ide*). *Zeitschrift für den Deutschunterricht in Wissenschaft und Schule*, Nr. 3 (2002), 15–16.

Rabinovici, Doron: „Das Wagnis". In: *Die Presse*, *Spectrum*-Beilage, 7.11.2015, III.

Wander, Fred: *Der siebente Brunnen*. S. Fischer Verlag: Frankfurt 1997.

Wali, Najem: „Dank sei dem Erzählen". In: *Die Presse*, *Spectrum*-Beilage, 20.8.2016, II.

Internetquellen

Arend, Ingo: „Die Welt ist ein Saustall". In: http://www.taz.de/1/archiv/digitaz/artikel/?ressort=ku&dig=2011%2F06%2F04%2Fa0034&cHash=fb858ceee3, 24.8.2016.

Faninzadeh, Andreas: „Am Patriotismus zugrunde gegangen“. In: http://www.taz.de/1/archiv/digitaz/artikel/?ressort=ku&dig=2011%2F06%2F04%2Fa0034&cHash=fb858ceee3, 24.8.2016.

Hamer, Veronika: „Viktorija Kocman: Reigentänze“. In: http://www.literaturhaus.at/index.php?id=1739, 14.4.2017.

Joel, Fokke: „Die Hölle sind nicht nur die anderen“. In: http://www.zeit.de/kultur/literatur/2014-10/najem-wali-bagdad-marlboro, 24.8.2016.

Kaplan, Chaim A. *Scroll of Agony. The Warsaw Diary of Chaim A. Kaplan*. Abraham I. Katsh (Hrsg.). Hamish Hamilton: London 1966. Auszugsweise in: http://www.holocaustresearchproject.org/ghettos/chaimkaplan.html, 20.12.2016.

Renner-Institut.at: *Bruno-Kreisky-Preis*. In: http://www.renner-institut.at/bruno-kreisky-preis/fruehere-preistraegerinnen/kreisky-preis-traegerinnen-2014/artikel/bruno, 24.8.2016.

Schuessler, Jennifer: „Survivor who hated the spotlight“. In: *The New York Times*, 10.11.2014. In: https://www.nytimes.com/2014/11/11/arts/survivor-who-hated-the-spotlight.html?_r=0, 20.12.2016.

Schulte, Thorsten: „Entführt im Irak“. In: http://www.literaturkritik.de/public/rezension.php?rez_id=19769, 20.2.2016.

Wali, Najem: „Kulturvernichtung als Programm“. In: http://www.nzz.ch/feuilleton/kunst_architektur/kulturvernichtung-als-pro gramm-1.18504172, 24.8.2016.

Mira Miladinović Zalaznik

Welche Freiheiten hatten Johann, Friedrich und Nikolaus von Maasburg im 20. Jahrhundert?

Für Manfried Rauchensteiner

Abstract: The paper deals with the members of Maasburg family, living on the territory of Slovenia during WWI and WWII, and with their perception of freedom and justice. Whilst their lives were well organized in the Habsburg Monarchy until 1918, their situation became quite chaotic after the end of WWII. They were chased out of the country, expropriated, and some of them even liquidated, in spite of the fact that they had actively supported the partisans.

Das Freiheitsverständnis war im slowenischen ethnischen Gebiet nicht nur komplex und wandelbar, sondern mitunter nicht einmal existent, wie es der gebürtige Laibacher Anton Alexander Graf Auersperg, d.i. der Vormärzdichter Anastasius Grün (1806–1876), Mitte des 19. Jahrhunderts beklagte. Auch dem Autor der Chronik, die im Goriški muzej in Nova Gorica zufällig entdeckt wurde und von Kunst und dem I. Weltkrieg handelt, stellten sich die Fragen nach Gerechtigkeit und Freiheit. Die Antworten darauf waren weder einfach noch lagen sie im Mittelpunkt seines Interesses. Für seine Nachfahren wurden sie nach Ausbruch der Freiheit 1945 existenziell.

K.u.k. Generalmajor a.D. Baron Johann Maschek von Maasburg (1847–1923), der der Autor einer 197-seitigen Chronik ist, kam vom gebürtigen Schloss Križ bei Slavonski Brod (heute Kroatien) an den West-Rand der Habsburger Monarchie. Vipava heißt der stille Ort im Görzischen, durch den er mit seinem Regiment zog. Die Tochter des Bezirkshauptmanns von Gottschee, Rosa Tribuzzi (1852–1947),[1]

1 Sie wurde 1877 von Johann Wolf auf einer Fresco in der Kirche Sv. Štefan von Vipava verewigt. In: http://zupnija-vipava.si/predstavimo-se/cerkev-sv-stefana, 31.10.2016.

streute aus diesem Anlass rote Rosen vor die Hufe seines Pferdes.[2] Er heiratete sie später. Aus dieser Ehe gingen die Tochter Edithe (1877–1892) und zwei Söhne hervor. Als Rentner ließ er sich in Vipava[3] nieder. Zeit seines Lebens nahm er sich kleine Freiheiten heraus: Die Freiheit, eine Chronik über seine Lektüre zu führen, als Offizier Porträts und Landschaften voller Stimmung zu malen und zum Großen Krieg eine eigene Meinung zu haben, die mit der offiziellen nicht immer konform ging.

Bis zum Ausbruch des I. Weltkriegs notierte er in einem Heft seine Gedanken zur Lektüre[4] und zweimal zu Leben und Tod. Die großen Freiheiten wie die eines Menschen, eines Volkes oder Vaterlands, die wir heute für „das höchste Gut einer Demokratie"[5] halten, wurden von ihm darin kaum behandelt.

Den zweiten Teil seiner Chronik versah er mit dem Titel *Denkwürdigkeiten aus der Zeit des Weltkrieges 1914*. Hier geht es um bisweilen wörtliche Entnahmen aus den Berichten des k.u.k. Generalstabs,[6] aber auch um Wiedergaben deutscher, österreichischer, russischer, englischer, französischer, italienischer oder belgischer Pressestimmen und der eigenen Analysen der Lage. Als Motto stellte er seinen Eintragungen Verse aus dem Gedicht „Die Verbannten" des dichtenden

2 Für die Information bedanke ich mich bei seinem Ururenkel, Dr. Nikolaus Faulstroh.

3 Hier heiratete auch Johanns Schwester Helene (1844–1909) am 20.6.1871 den späteren k.u.k. Oberstleutnant Friedrich Festraetz van Thienen (1825–1905).

4 Einige der gelesenen Autoren sind heute vergessen, während andere zum Weltliteraturkanon gehören: Eufemia von Adlersfeld-Ballestrem, Hermann Bahr, Rudolf Hans Bartsch, Ludwig Börne, Euripides, Johann Wolfgang Goethe, Max Haushofer Jr., Heinrich Heine, Georges Ohnet, Leopold Sacher-Masoch, Friedrich Schiller, Ossip Schubin, Edward Stilgebauer, Leo Tolstoi, Hans von Wentzel, Johann Wurth, Hans von Zobeltitz, Émil Zola etc. Es sei darauf hingewiesen, dass er sowohl jüdische Autoren als auch jene, die sich für Juden eingesetzt hatten (Zola für Alfred Dreyfus, Haushofer), gelesen hatte.

5 Kurbjuweit, Dirk: *Die Lage am Dienstag*. In: http://www.spiegel.de/politik/ausland/news-des-tages-aleppo-beate-zschaepe-nsu-horst-seehofer-ber-a-1105722.html, 2.8.2016.

6 Vgl. *Das Archiv zum Ersten Weltkrieg. Darstellungen des Kampfes 1914–1918 aus der Sicht der damaligen Zeit*. In: http://www.stahlgewitter.com/, 17.8.2016.

Nationalökonomen Max Haushofer Jr. (1840–1907) voran, die das Glück eines Lebens in Frieden und Freiheit preisen, das ob der Sucht der Menschen nach „Schmerzen […] Leid und Not“[7] ein jähes Ende findet.

Hier stellt sich die Frage, ob der kriegserfahrene Generalmajor im gestandenen Alter von 67 Jahren auch ein Humanist und Pazifist gewesen ist vom Schlage des Offiziers Friedrich von Tilling, einer Figur aus dem Roman Bertha von Suttners *Die Waffen nieder!*, der sich infolge eigener Kriegsbeteiligung zum Kriegsgegner entwickelte.[8] Seit wann war Johann, der in Triest Erzieher von Kadetten war, der Ansicht, dass sich die im Frieden lebende Menschheit nach Krieg, Leid und Not sehnt?[9] Er hoffte dessen ungeachtet noch weiter, „[…] die Menschheit kenn[e] vielleicht die Erlösung aus der Welt der Falschheit, des Hasses und des Neides […].“[10] Als ein kriegeserfahrener Offizier teilte er weder die Euphorie der Bevölkerung noch die Freude des Militärs über den Krieg: „Überall Soldaten in den neuen Uniformen; die Offiziere sah man geschäftig rennen – alle fröhlich als ging's zum Tanze.“[11] Bei der Verabschiedung seiner Söhne – Offiziere Wilhelm (1876–1957) und Friedrich (1880–1914) – Mitte August 1914 in den Krieg beschlichen ihn wenig aufbauende Gedanken: „‚Gott schütze dich, mein geliebtes Kind und komme bald heil nach Hause!‘ Solche Segenswünsche richten zu dieser Stunde Millionen tief betrübter Herzen an den Allmächtigen, der sie nicht erhören kann, da er die Welt geschaffen.“[12]

---

7 Maasburg, Johann von: *Chronik*. Manuskript. Vipava 1918. Goriški muzej Kromberk – Nova Gorica, arhiv oddelka za zgodovino, 86.

8 Vgl. Miladinović Zalaznik, Mira: „‚– Ich hab's gewagt […] ich hab's gesagt!‘ Bertha von Suttners Die Waffen nieder!“ In: Lughofer, Johann Georg (Hrsg.): *Im Prisma. Bertha von Suttner „Die Waffen nieder!“*. Edition Art Science: Wien 2010, 157–167.

9 Zu beachten ist, dass Maasburg Verse eines Gedichts festgehalten hatte, die von einem *Politiker* in einer Zeit veröffentlicht wurden, als der Krieg gemeinhin für einen Bestandteil der Lebensart gehalten wurde.

10 Maasburg, J.: *Chronik*, 94.

11 *Ibid.*, 100.

12 *Ibid.*, 101.

Wilhelm wurde vor dem Krieg krankheitshalber auf ein Jahr beurlaubt. Im August 1914 kehrte er aus Bad Gastein, wo er zur Kur weilte, heim und zog als Ordonanzoffizier zur Armee Kummers. Im Krieg durfte er heiraten, weil Etelka Gräfin Zichy, die Großmutter seiner Braut Douglas Maria de Courcy Mac Carthy (1891–1962), Konnexionen zum Hof hatte und die Erlaubnis erwirken konnte. Douglas war bis zur Geburt der beiden Töchter beim *Roten Kreuz* auf dem Feld engagiert. Wilhelm hat den I. Weltkrieg im Rang eines k.u.k. Oberstleutnants im Generalstabsdienst als gezeichneter Mann[13] über- und die materielle Demontage seiner Familie nach dem II. Weltkrieg *er*lebt. Dieses Los blieb auch seiner Mutter Rosa nicht erspart, die in Vipava fast 95jährig verstarb.

Friedrich litt beim Ausbruch des Krieges

> in Folge anstrengender Übungen, mangelhafter Verpflegung an Fieber und Gelbsucht […] Kaum genesen mußte er in Folge seiner Mobilisierungsbestimmung in der Zuteilung beim Landes. Inftrgmt. No 27 verbleiben, in Bolzano seine 16. Kompanie aus Landwehr und Landsturm-Männern bestehend, bekleiden und bewaffnen. Die Mannschaft bestand aus Slowenen und Italienern […] Unter seinem Kommando standen 280 M.[14]

Er wurde nach Ost-Galizien abkommandiert. Die Lage war angespannt, die Moral der Truppen infolge verlorener Schlachten und Verluste schlecht. Die Folgen waren Selbstverstümmelung oder Fahnenflucht. Viele Offiziere und Soldaten litten an Neurasthenie, wobei Offiziere darob enthoben, die Soldaten mit Elektroschocks behandelt wurden. Nicht wenige, auch unter den höheren Offizieren, begingen nach erlittenen Niederlagen Selbstmord, was meist vertuscht wurde. „Von den 800.000 Österreichern, die in drei und schließlich vier Armeen mit den Operationen am nordöstlichen Kriegsschauplatz begonnen hatten,

13 Wilhelm hatte im Krieg eine Verletzung erlitten, weswegen sein Bein amputiert wurde. Starke Schmerzen wurden mit Morphium behandelt. Er konnte sich später mit Unterstützung seiner resoluten Mutter von dieser Abhängigkeit befreien. Für die Information bedanke ich mich bei seinem Großneffen, Msgr. Dr. Leo-M. Maasburg.

14 Maasburg, J.: *Chronik*, 96.

waren rund 400.000 verloren gegangen, darunter 100.000 als Kriegsgefangene."[15]

Am 9.9.1914 ist Friedrich einer Verletzung in der blutigen und folgenschweren Schlacht von Lemberg bei Grodek[16] erlegen. Mit seiner Frau Irma, née v. Adamovics (1882–1936), hatte er eine zweieinhalbjährige Tochter (1912–1990) und einen 10 Monate alten Sohn, die in Maribor lebten.

Sein Sohn Nikolaus (1913–1965) kam in der einstigen Garnisonsstadt Maribor/Drau zur Welt, wo er eine deutsche Volksschule besuchte. „1927 übersiedelte die Familie aus Pensionsgründen nach Graz, wo er […] die Bundeslehranstalt für Maschinenbau und Elektrotechnik […] [besuchte], die er 1936 mit der Matura für Maschinenbau abschloß."[17] Er nannte sie später

> eine nazistische Hofburg, in der sogar Professoren öffentlich gegen Österreich Vorträge hielten. Er begann daher alle „guten Österreicher" gegen die überwiegend nationalsozialistisch eingestellte Studentenschaft zu sammeln und hielt […] Vorträge gegen den Nationalsozialismus. […] Damals fand auch das erste Verhör Maasburgs durch die Sicherheitspolizei statt.[18]

Als Einjährig-Freiwilliger legte er am 4.9.1936 den Fahneneid ab. „Im Oktober 1937 wurde er in den 1. Jahrgang der Maria-Theresianischen Militärakademie in Wiener Neustadt […] aufgenommen."[19] Dort gab es „überdurchschnittlich viele Nationalsozialisten […], die […] bei jeder Gelegenheit gegen Österreich Stellung bezogen. […] Maasburg

15 Rauchensteiner, Manfried: *Der Erste Weltkrieg und das Ende der Habsburgermonarchie 1914–1918*. Böhlau Verlag: Wien, Köln, Weimar 2013, 251.

16 Das letzte Gedicht des Lyrikers Georg Trakl (1887–1914) „Grodek" handelt von diesem Ort, der Anfang September 1914 von Russen und Österreichern umkämpft wurde.

17 Maasburg, Christiane: *Nikolaus Maasburgs Rolle im Widerstand und bei der Wiederherstellung eines unabhängigen Österreich*. Diplomarbeit zur Erlangung des Magistergrades der Philosophie. Universität Wien: Wien 1996, 23–24.

18 *Ibid.*, 25.

19 *Ibid.*

gründete […] eine Gegenorganisation […], der […] ungefähr 40 Akademiker angehörten."[20]

Zwei Tage nach dem *Anschluss* Österreichs erfolgte die Vereidigung seiner Kompanie auf Hitler, die er, wie es heißt, wegen der Verletzung eines Kniegelenks nicht leisten konnte. Am 9.4.1938 „wurde Maasburg auf funktelegraphische Anordnung der Geheimen Staatspolizei Wien aus der Wiener Neustädter Militärakademie entlassen",[21] da er für einen Gegner des Nationalsozialismus gehalten wurde, dem Mitglied des österreichischen Kaiserhauses Erzherzog Felix zur Flucht verholfen hatte und ein Freund von Juden und „Mischlingen"[22] gewesen war.

Nikolaus schloss sich dem Widerstand an, der in Österreich nicht leicht zu organisieren war: Offiziell wurde das Land nicht okkupiert, es hatte weder eine Exilregierung noch eine besiegte Armee wie z.B. das Königreich Jugoslawien. Es hatte Otto von Habsburg, den Sohn des letzten österreichischen Kaisers, der nach dem Anschluss in der französischen Presse einen Protest gegen den Einmarsch der Deutschen veröffentlichen ließ. Die einzige Reaktion darauf kam von den Deutschen, die gegen ihn einen Haftbefehl wegen Hochverrats erließen.[23]

Der österreichische Widerstand[24] wurde in kommunistischen und legitimistisch-monarchistischen Verbänden organisiert. Die letzteren konnten sich auf ein bestehendes Netz von Beziehungen stützen, das auf Zugehörigkeit zum Adel, Pflege von gemeinsamen Werten und Treue zur Tradition basierte. Ihre Mitglieder wurden von Loyalität zueinander getragen und bezogen ihre Direktiven von Otto von Habsburg. Eine der Widerstandsgruppen, jene, der Nikolaus angehörte und sie aufzubauen half, war die *O5*: „*5* steht für den fünften Buchstaben im Alphabet, *E*; zusammengesetzt bedeutet das Kürzel *OE* […] eine

20 *Ibid.*, 26.
21 *Ibid.*, 29.
22 *Ibid.*, 31.
23 Vgl. *ibid.*
24 Er wurde weder von den westlichen Alliierten noch von den jugoslawischen Partisanen (Josip Broz – Tito, 1892–1980, war dagegen) unterstützt. Er bekam einige Unterstützung von Sowjet-Russland.

Abkürzung für *Österreich*."[25] Von Otto erhielt Nikolaus „den Auftrag, in der Steiermark eine Widerstandsbewegung zu organisieren", u.z. als Landesleiter ihres militanten Teils, der mit dem politischen vorerst nicht in Kontakt zu treten hatte.

> [N]un wartete man auf die [...] Aufträge [Ottos] aus dem Ausland und auf die [...] Unterstützung in Form von Propagandamaterial, einer Auffangorganisation für politische Flüchtlinge [...] und klare Befehle. Da diese [...] nicht eintrafen, unternahmen die Gruppen [...] selbständig Sabotageakte oder Schmieraktionen.[26]

Nikolaus wurde 1939 *ein*mal, 1940 *zwei*mal von der Gestapo verhaftet. Er reiste nach Jugoslawien, Italien, in die Schweiz, nach Frankreich. In Jugoslawien traf er Nedeljković,[27] den er für einen serbischen General, Nazigegner und Leiter des jugoslawischen Nachrichtendienstes[28] hielt. In Wahrheit war Milovan Nedeljković Leutnant und als ein unter dem königlichen General Draža Mihailović (1893–1946) dienender Tschetnik Antikommunist.[29] Laut Nikolaus wollte Nedeljković österreichische Widerstandsgruppen mit Waffen beliefern, um somit ein Netz des Widerstands vom Balkan nach Mitteleuropa zu spannen.

Im Oktober 1941 heiratete Nikolaus Christiane Gräfin Ceschi a Santa Croce (1914–1984), die als Nachfahrin der seit dem 13. Jahrhundert aus Slovenj Gradec (Windischgraetz) stammenden bedeutenden Familie Windisch-Graetz ein dem Familienvermögen gehörendes Schloss in Bizeljsko bei Brežice bewirtschaftete und anlässlich der Hochzeit als Heiratsgut überschrieben bekam.

Nikolaus diente bei der Abwehrstelle Klagenfurt, dann Salzburg, war immer wieder in Untersuchungshaft, um 1943 nach Norwegen

---

25 „O5 war somit Zeichen des über Parteigrenzen und Ideologien hinweg gemeinsamen Kampfes für ein freies Österreich. Das O5-Zeichen am Wiener Stephansdom erinnert daran." In: https://de.wikipedia.org/wiki/O5, 6.8.2016.

26 Maasburg, Chr.: *Nikolaus Maasburgs Rolle*, 52.

27 Vgl. http://www.znaci.net/00001/4_14_3_232.htm, 17.8.2016.

28 Vgl. Maasburg, Chr.: *Nikolaus Maasburgs Rolle*, 55.

29 Vgl. Engelke, Edda: *„Jeder Flüchtling ist eine Schwächung der Volksdemokratie". Die illegalen Überschreitungen am jugoslawisch-steirischen Grenzabschnitt in den Fünfzigerjahren*. LIT Verlag: Berlin, Münster, Wien, Zürich, London 2011, 220.

strafversetzt zu werden. Im Urlaub ging er in Klagenfurt ins Lazarett, „um sich seine angeblich kranken Bandscheiben behandeln zu lassen“,[30] worauf er dem Ersatztruppenteil des Gebirgsjägerregiments 137 zugeteilt wurde. Nach Klagenfurt versetzt, reiste er wiederholt zu seiner Familie nach Bizeljsko. Er verhinderte dort die Schädelvermessungen seiner Angehörigen und der Bevölkerung durch das von der SS angeführte Rasse- und Siedlungsamt. Ab 1943 organisierte und unterstützte er mit seiner Frau und mit Hilfe von slowenischen Freunden, dem Tierarzt Dr. Maks Šribar[31] und Ivan Janežič, wie auch dem Hauptmann Radovan Koroša, regionale Partisanenverbände. Durch die Vermittlung Radovans, der aus Kroatien kam, knüpfte er 1944 Kontakte zu Partisanen in Pohorje an.

„Im Herbst 1944 wurde Maasburg vom Kriegsgericht Klagenfurt zur Frontbewährung“ wegen „unerlaubter Truppenentfernung und Zersetzung der Deutschen Wehrmacht“[32] verurteilt. Mit Hilfe von Oberstleutnant Dengler von der Abwehrstelle Klagenfurt konnte er aus dem Gerichtssaal fliehen. Als Deserteur in Wien nahm er die Verbindung zum Palais Auersperg auf, wo sich das Zentrum des Widerstands befand, der die Befreiung Wiens organisierte. Ende April wurde er von Russen verhaftet.[33] Auch von hier gelang ihm die Flucht. Mit Prinzessin Agathe von Croy (1920–1993), der Sekretärin der „resistance movement ‚o/5‘“,[34] und Prinz Willy von Thurn und Taxis (1919–2004)

30 Maasburg, Chr.: *Nikolaus Maasburgs Rolle*, 57–58.

31 Als Šribar von den Deutschen festgenommen wurde, schickte seine Frau eine Magd ins Schloss zu Nikolaus um Hilfe. Er ritt der Gruppe nach, um dadurch Šribars Erschießung, die, wie üblich, *wegen eines Fluchtversuchs* hätte erfolgen können, zu verhindern. Er ist seinem Freund stundenlang durch den Wald gefolgt, bis ihn die Deutschen, wieder in bewohnten Gebieten angelangt, gehen ließen. Ich bedanke mich für die Information bei Dr. Aleksandra Faber, der Tochter von Dr. Šribar.

32 Maasburg, Chr.: *Nikolaus Maasburgs Rolle*, 60.

33 Vgl. Schandl, Catherine Eva: *Swedish Gold. Book 3 in the Trilogy about MI6 in World War II.* Lulu Books: 2011, 103–109.

34 Identification of Austrian Non Political Organization vom 17.7.1945 durch den Executive Officer des Headquarters Detachment A, OSS Austria, APO 403, U. S. Army. Familienarchiv Maasburg. Ich bedanke mich bei Mag. Christiane Maasburg, einer Enkelin von Nikolaus, für die Bereitstellung dieses Materials.

knüpfte er als „Delegation der O5“[35] Kontakte mit Amerikanern an. Das Unterfangen blieb erfolglos. Die Gruppe, die wider Erwarten *keine* Direktiven von Otto erhalten hatte, löste sich auf.

Nach Kriegsende und der ersten Partisanenbesetzung ihres Schlosses konnte Christiane mit ihrer Mutter und ihren Kindern im Schloss Bizeljsko bleiben. Bei der zweiten Partisanenbesetzung wurden sie ins Lager nach Brežice verbracht, von dort in einen Zugtransport gesteckt und nach Österreich geschickt. Das Schloss wurde ungeachtet der Unterstützung der Partisanenbewegung durch das Ehepaar Maasburg im Herbst 1945 beschlagnahmt. Ein Teil des Inventars, der auf einer *nur* dreiseitigen Liste zusätzlich 6 kurze Zeilen des damaligen slowenischen Ministeriums für Landwirtschaft aufgelistet wurde, wurde gegen Bezahlung der Hauswirtschaftsschule in Vipava überlassen.[36]

Die fast 95jährige Rosa und ihr 73jähriger Sohn Wilhelm wurden in Vipava ebenfalls enteignet, Rosa sogar postum: Der Grund dieser Enteignung war laut Gerichtsdokumenten die *deutsche* Nationalität.[37] Im Archiv der Republik Slowenien existiert ein Dokument,[38] wonach die Enteignung in Vipava aufgrund der *Agrarreform* erfolgte, von der alle, die zu viel Land besassen, betroffen waren. Auch hier wurde alles beschlagnahmt, was man vorfand, auch die Bilder und das Tagebuch Johanns und die Wäsche Wilhelms.

Hier stellt sich die Frage, wer derjenige in der damaligen Führung Sloweniens war, der bescheid wusste, dass Mitglieder der Familie Maasburg sowohl in Bizeljsko als auch in Vipava lebten. Und der dafür gesorgt hatte, dass ein Teil der beweglichen Habe aus dem Schloss

35 Maasburg, Chr.: *Nikolaus Maasburgs Rolle*, 75.

36 Aus einem im kultivierten Slowenisch (mit leicht italienischem Einfluß) verfassten Brief von Wilhelm an das jugoslawische Generalkonsulat in Krumpendorf vom 11.7.1951 geht hervor, dass er von seiner Enteignung nichts wusste (KUNI, a.e. 15/920).

37 Beschluss des Kreisgerichts Gorica I 149/48-2 vom 4.4.1949. An der Verhandlung nahm kein Maasburg teil. Dieser Beschluss wurde bis zum heutigen Tag nicht revidiert. Es ist hervorzuheben, dass die allfälligen Revisionen der Urteile bzw. Beschlüsse nie automatisch erfolgen. Die nicht geringen gerichtlichen und Anwaltskosten müssen von den Enteigneten bzw. ihren Erben getragen werden.

38 SI AS 56/2736.

Bizeljsko nach Vipava (gegen Bezahlung!) beordert wurde. Der Rest der Gegenstände aus Bizeljsko und aus Vipava ist „verschwunden".[39] Selbst die Chronik Johanns wurde nach der Enteignung dem erst 1952 gegründeten Museum in der ebenfalls erst ab Ende 1947 erbauten Stadt Nova Gorica zugeführt, wobei unklar ist, wo in der Zwischenzeit welche Gegenstände waren und wie sie ins Museum gelangten.

In der Sammlung des Museums Nova Gorica befinden sich 29 Bilder (Porträts, Landschaftsbilder voller Stimmung, Bleistiftzeichnungen, Ölbilder und Aquarelle), die Johann Maasburg gemalt hatte, ein Öl-Bild des Wiener Malers Heinrich Steegmeyer und sechs Ölbilder des berühmten slowenischen Malers Anton Karinger (1829–1870), der mit einer Schwester von Rosas Mutter verheiratet war, alle aus dem Besitz der Maasburg. Vier Bilder von Maasburg wurden vom Museum an das Schloss Dobrovo geliehen, in dessen Galerie sie hängen und wegen der herrschenden Feuchtigkeit in den Ecken leichte Wellen schlagen.[40] Drei weitere Bilder Maasburgs hängen im Musem in Tolmin.[41]

Die beiden, weiter oben angeführten Fälle der Vermögensbeschlagnahme des Maasburg-Eigentums enthielten in den Enteignungsunterlagen immer die gleiche Begründung. Die Besitzer wurden als „Personen deutscher Herkunft und Staatsbürger des Dritten Reiches in Jugoslawien" bezeichnet, ungeachtet dessen, dass sie alle im slowenischen bzw. kroatischen ethnischen Gebiet geboren wurden. Grundlage hierfür war „der *Beschluss des Präsidiums des AVNOJ* [Antifaschistischer Rat der Volksbefreiung Jugoslawiens] über den

---

39 Es ist anzunehmen, dass ein Teil davon den privilegierten politischen und Staatsfunktionären überlassen wurde. Vgl. Keršič, Marta Milena und Neža Stres (Hrsg.): *Dokumenti o privilegijih političnih in državnih funkcionarjev v Sloveniji v obdobju socializma.* Ministrstvo za pravosodje Republike Slovenije: Ljubljana 2008.

40 Darüber, dass das Schloss samt Anwesen nach dem Sieg 1945 enteignet wurde, schweigt man sich auf den Internet-Seiten (vgl.: https://www.brda.si/znamenitosti/kulturne_znamenitosti/2013040311445356/, 19.7.2017) aus. Genauso wie darüber, dass dort Maasburg-Bilder hängen.

41 Ich bedanke mich bei der Mitarbeiterin des Museums von Nova Gorica Katarina Brešan für die Bereitstellung der Liste der Maasburg-Bilder und für die Informationen.

Übergang des feindlichen Vermögens ins Staatseigentum, über die Verwaltung des Vermögens abwesender Personen durch den Staat und über die Sicherstellung des Vermögens, welches von den Okkupationsmächten zwangsweise entfremdet wurde vom 21. November 1944".[42] Der Beschluss, der während des Krieges 1944 von der provisorischen Regierung der Nationalen Befreiungsarmee erlassen wurde, also von einem militärischen Organ einer revolutionären Gruppe eines damals nicht existenten und international nicht anerkannten Staats, wurde im Amtsblatt des selbst genannten „Demokratischen Föderativen Jugoslawien" unter der Nr. 2/1945 vom 6.2.1945, d.h. noch *vor* Kriegsende, veröffentlicht. Die provisorische Regierung dieses Staats endete mit der Ausrufung der Föderativen Volksrepublik Jugoslawien am 29.11.1945. Eine neue Verfassung wurde am 31.1.1946 erlassen.[43]

Dieser AVNOJ-Beschluss und die darauffolgenden Gesetze wurden von der Republik Slowenien übernommen. Als Mitglied der EU und der Vereinten Nationen ging Slowenien zahlreiche internationale Verpflichtungen ein. Trotzdem beruft es sich in heutigen Prozessen gegen die Alt-Eigentümer immer noch auf die AVNOJ-Beschlüsse, die selbst in Fällen von enteigneten Juden[44] dadurch ihre Gültigkeit behalten und

---

42 Mikola, Milko: „Koncentracijska taborišča za pripadnike nemške in madžarske narodnosti v Sloveniji leta 1945". In: ders. (Hrsg.): *Dokumenti in pričevanja o povojnih koncentracijskih taboriščih v Sloveniji*. Ministrstvo za pravosodje RS: Ljubljana 2007, 11.

43 Unauffindbar scheint heute die Angabe, wann das neue Jugoslawien international anerkannt wurde. Fest steht nur, dass es 1945 zu den 50 Gründern der UNO gehörte. Und dass seine Grenzen bis 1953 mehr oder weniger geschlossen waren.

44 Stellvertretend seien hier genannt: Windisch-Graetz in ganz Slowenien; Attems in Podčetrtek; Friedrich Born (1873–1944, als Jude im KZ getötet) in Tržič, Kaufmann Feliks Moskovič (1878–1943) in Ljubljana. In der Moskovič-Villa in Ljubljana befindet sich heute der Sitz der Nachfolgerpartei der KP Sloweniens, der *Partei der Sozialdemokraten* (SD), aus der der aktuelle Staatspräsident Borut Pahor hervorging. Als die Öffentlichkeit 2005 erfuhr, dass sich der Sitz der SD in der Villa des 1943 im KZ Auschwitz getöteten und 1949 wegen seiner angeblichen Kollaboration mit den Nationalsozialisten in Ljubljana postum enteigneten Juden Feliks Moskovič befindet, wurde eine Kommission für die Rückerstattung des beschlagnahmten jüdischen Besitzes gegründet. Diese verlangte die

trotz der geltenden slowenischen Verfassung, in der das Recht des Einzelnen auf Vermögen als Grundrecht verankert ist.

Die Familie von Nikolaus, die aus dem Schloss Bizeljsko Mitte 1945 vertrieben wurde, obwohl sie die Partisanen unterstützt und gegen die Nazionlasozialisten gekämpft hatte, kam in ein Lager an der österreichischen Grenze und nach mehreren Monaten über Graz nach Meran. Nikolaus wurde von der ÖVP mit Kurierdiensten und Geheimaufträgen nach Südtirol beauftragt, weswegen er 1948 dort ausgewiesen wurde und bis 1952 Landesverbot hatte. Ein Betrieb zur Waffelherstellung, den seine Frau in Meran, wo sie wegen ihrer kranken Mutter mit ihren drei Kindern lebte, gegründet hatte, musste deshalb schließen. Den Lebensunterhalt verdiente Nikolaus in einer algerischen Busfirma in Paris und in einem Reisebüro in Frankfurt. Nach Abschluss des Österreichischen Staatsvertrages 1955 kehrte er nach Wien zurück, doch gelang es ihm nie, dort „Fuß zu fassen. Jahrelang versuchte er, wieder beim Militär aufgenommen zu werden; sein Ansuchen wurde […] abgelehnt [mit der] Begründung […], er sei […] zu alt, […] sein Rang […] zu niedrig. Zeitweise lebten er und seine Familie nur von der Opferfürsorgerente […].“[45] Trotzdem unterstützte seine Familie mit Lebensmittelpaketen den in Klagenfurt lebenden, völlig verarmten und fast 80-jährigen Onkel Wilhelm. In den 1960er Jahren fand Nikolaus eine Arbeit bei der italienischen Schreibmaschinenfirma Olivetti. Am 9.8.1965 starb er im Alter von nur 52 Jahren in Trient.[46]

Wenn wir uns nun fragen, was für ein Verhältnis Johann, Friedrich und Nikolaus von Maasburg zur Freiheit hatten, so sehen wir, dass ihr

---

Rückerstattung der Villa an die jüdische Gemeinschaft, Ljubljana. Die Forderung wurde seitens der damals größten Oppositionspartei (SD!) abgelehnt.

45 Maasburg, Chr.: *Nikolaus Maasburgs Rolle*, 77. In Österreich verhielt man sich seinen Widerstandskämpfern gegenüber ähnlich wie in Deutschland gegenüber den Offizieren des 20. Juli 1944: Man hielt sie für Landesverräter.

46 Menschen, die ihn kannten, waren noch Jahre davon überzeugt, er sei als Opfer eines Attentats gestorben (vgl. Koschatzky, Walter: *Faszination Kunst: Erinnerungen eines Kunsthistorikers*. Böhlau Verlag: Wien 2001, 143.). Leo-M. Maasburg, erzählte, dass sein Vater 198 cm groß und 140 kg schwer war. Er litt wohl an unbehandeltem Diabetes, was der Grund seines plötzlichen Todes gewesen sein könnte.

Leben von kleinen Freiheiten gezeichnet war, die sie sich herausgenommen haben: Johann nahm sich während des I. Weltkriegs die Freiheit heraus, in seiner Chronik weder den Tod des Kaisers Franz Joseph, noch die Besuche Kaiser Karls an der Isonzo-Front oder die des einzigen weiblichen Kriegsberichterstatters jener Zeit Alice Schalek, welche in der *Neuen Freien Presse* von den Schlachten am Isonzo berichtete,[47] auch nur zu erwähnen; er nahm sich im Alter von 68 Jahren die Freiheit heraus, sich in Wien im „Kriegsministerium und anderen Stellen umzusehen, ob eine zusagende Localanstellung auf Kriegsdauer zu erlangen möglich wäre";[48] er nahm sich die Freiheit heraus, während des Kriegs nicht zu allen offiziellen Feierlichkeiten zu erscheinen und nicht über den Schmerz um den gefallenen Sohn zu berichten. Dass er über seine Wohltätigkeit nicht geschrieben hatte,[49] versteht sich von selbst, was von ihm vermutlich nicht als Freiheit bezeichnet worden wäre, sondern als Menschenhaltung. Seine letzte Freiheit: Ab Mitte 1916, als er den „Anfang vom Ende"[50] der Doppel-Monarchie diagnostiziert hatte, führte er seine Chronik nicht mehr.

Die wenigsten Freiheiten nahm sich nach heutigem Wissensstand Friedrich heraus. Streng genommen nur eine: Sich beim Abmarsch an die Front sonderbar zu benehmen, da er einem anderen Regiment anstatt seinem eigenen zugeteilt wurde.[51]

Nikolaus, der letzte hier behandelte Maasburg, war ein Mensch der Visionen, voller Tatendrang, mutig, risikofreudig und seinen Freunden treu ergeben. Sein Wunsch war es, gleich seinem Vater und

---

47 Vgl. Miladinović Zalaznik, Mira: „Die Reporterin Alice Schalek bei der Isonzoarmee". In: *Zagreber Germanistische Beiträge*, Jg. 25 (2016), 271–290.

48 Maasburg, J.: *Chronik*, 164.

49 Das Tagesblatt *Slovenski narod* (Anonym: „VIII. zaznamek prispevkov, ki so jih vposlali c.kr. deželnemu predsedstvu naslednji darovalci", 4) berichtete am 28.9.1914, dass Generalmajor Maasburg aus Vipava einen Beitrag von 20 K dem k.u.k. Landespräsidium gespendet habe. Laut einem Bericht in der Zeitung *Slovenec* vom 22.8.1916 (Anonym: „Vipava", 3) musste der Friedhof in Log bei Vipava wegen vieler Gefallenen vergrößert werden. Die Leitung der anliegenden Arbeiten übernahm Maasburg.

50 Maasburg, J.: *Chronik*, 192.

51 Vgl. *ibid.*, 113.

Großvater im österreichischen Heer zu dienen. Dabei erhoffte er sich eine Erziehung als österreichischer Offizier, doch sie bekam er nicht. Da ihm Österreich zu *deutsch* wurde, nahm er sich die Freiheit heraus, Kontakte zu Habsburg anzuknüpfen und sich 1938 in Frankreich auf einem Bourbon-Schloss von Otto vereidigen zu lassen, wie auch nach Kriegsende von ihm schriftlich zu verlangen, ihn von seinem Eid zu befreien: Er war der Ansicht, Otto hätte im Krieg nicht genug für den Widerstand geleistet und sei unfähig, ein Land zu regieren.[52] Im Dritten Reich war er so frei, Menschen in Not bei der Flucht zu helfen, den österreichischen und den slowenischen Widerstand aufzubauen, Kontakte zu englischem *Intelligence Service* aufzunehmen und in Verbindung mit Franzosen und Amerikanern zu treten. Im jungen Frieden war er so frei, seine Landsleute, die er als annehmbare Kreise der NDSP einschätzte, zur Mitarbeit heranzuziehen und sie später nicht an Russen auszuliefern, weswegen er, so seine Vermutung, von diesen gefangen genommen wurde.[53]

Familie Maasburg lebt heute in der ganzen Welt verstreut. In Slowenien, das sie verlassen musste, hat sie nicht nur ihren Besitz, sondern auch zwei Onkel, Fürst Gottlieb von Windisch-Graetz (1899–1946) und Graf Hubertus von Ledebur (1901–1945), die sich als *kinderlos* dazu verpflichtet fühlten, den Familienbesitz zu retten zu versuchen, verloren. Sie wurden beide, obwohl sie den Partisanen geholfen hatten, liquidiert.

Laut Dokumenten aus den USA[54] wurde Windisch-Graetz nach einer 1945 in Triest durchgeführten Entführung durch die Partisanen

52 Maasburg, Chr.: *Nikolaus Maasburgs Rolle*, 76–77. Der Historiker N. Faulstroh ist der Ansicht, dass eine wichtige Rolle der Umstand spielte, dass Otto ab 1940 vor allem in den USA lebte, dort Kontakte zu den höchsten Kreisen anknüpfte und die legitimistische Bewegung immer weniger unterstützte. Spätestens nach der russischen Besatzung Österreichs 1945 hatte die Bewegung O5 keine Chancen mehr, politisch Fuß zu fassen.

53 Vgl. *ibid.*, 70.

54 Vgl. NARA, RG 331, E 88, B 880, F 15. Für die selbstlose Bereitstellung der Unterlagen aus den USA bedanke ich mich beim Kollegen Gorazd Bajc. Ich bedanke mich auch bei Olga von Riedemann, née Windisch-Graetz, und N. Faulstroh für die Einzelheiten über das Verschwinden ihres Onkels.

in die Gefängnisse in Ljubljana eingeliefert. Von dort kam er ins KZ in Šentvid.[55] Da die einschlägigen Dokumente unauffindbar sind, vermutet man aufgrund von schriftlichen oder von Gerichten protokollierten Zeugenaussagen von Opfern und Tätern, dass in diesem KZ vom Anfang Mai bis Ende September 1945 an 35.000 Inhaftierte, sowohl Zivilisten und Kinder als auch bewaffnete Einheiten aus Slowenien, Kroatien und Serbien, die gegen die Partisanen gekämpft hatten, festgehalten wurden, davon 800 Deutsche und 397 Italiener. Die meisten von ihnen wurden 1945 in Teharje, Podutik, Kočevski Rog oder im Gymnasium Šentvid liquidiert. 700–800 wurden aufgrund der Amnestie vom 7.8.1945 freigelassen, doch einige von ihnen auf ihrem Weg nachhause hinterhältig getötet.[56]

Über Gottliebs Verbleib gibt es zwei Erwähnungen in Dokumenten. Laut dem *I. Buch der Häftlinge. Liste der Gefangenen – Basis Gericht Ljubljana, die in die Zentralgefängnisse, nach Šentvid etc. verschickt wurden*[57] wurde er als Häftling Nr. 501 am 12.5.1945 in die Laibacher Gerichtsgefängnisse verbracht. Sein Wohnsitz lautet in diesem Dokument auf Postojna, sein Beruf auf Gutsbesitzer, seine Nationalität auf Österreicher. Am 17.7.1945 wurde er verhört, wobei nicht klar ist, wo.[58] Der zweite Eintrag wurde im *IV. Buch der Häftlinge. Liste der Gefangenen in den Zentralgefängnissen von UDV*[59] für Slowenien[60] gefunden. Hierbei handelt es sich um das Gefängnis in Poljanski nasip 52, wohin er als Häftling Nr. 2331 am 19.8.1945 als Forstingenieur und

55 Das KZ war in dem 1903 erbauten erzbischöflichen Gymnasium untergebracht, dem ersten in unserem Gebiet mit Slowenisch als Unterrichtssprache, welches 1941 kurz von Italienern, darauf bis Ende des Krieges von Deutschen und nach Kriegsende von Partisanen besetzt gehalten wurde, die es *selbst* als *KZ* bezeichneten. Die jugoslawische Armee blieb hier bis zum Zerfall Jugoslawiens 1991, als das Gebäude seinem ursprünglichen Zweck zugeführt wurde.

56 Vgl. Mikola, Milko: „Koncentracijsko taborišče Št. Vid nad Ljubljano“. In: ders. (Hrsg.): *Dokumenti in pričevanja o povojnih koncentracijskih taboriščih v Sloveniji. II. del.* Ministrstvo za pravosodje RS: Ljubljana 2008, 13–17.

57 SI AS 1931, t.e. 1069, a.e. 1.

58 SI AS 2331, t.e. 1069, a.e. 1.

59 UDBA, Verwaltung der Staatsicherheit.

60 SI AS 1931, t.e. 1069, a.e. 4.

„politisch verdächtiger Slowene“ mit Wohnsitz in Triest eingeliefert wurde.[61] Mehr war zu Gottlieb bisher nicht herauszufinden.

Eine Schwester von Gottlieb, Fürstin Maria Antoinetta (1911–2002), verheiratet mit dem italienischen Diplomaten Conte Girolamo di Bosdari,[62] kam 1947 nach Ljubljana, um Informationen über ihren verschwundenen Bruder einzuholen oder zumindest seine Leiche zu erhalten. Sie wurde trotz Diplomatenstatuses gefangen genommen und befürchtete ihre Liquidierung. Sie wurde zur Grenze gebracht und dort in die Freiheit entlassen.

Ein anderer Verwandter, Graf Hubertus Ledebur, ging im Mai 1945 mit seinem Förster Jožef Vedinger (Woedinger) in die Wälder von Pohorje nahe Oplotnica, um mit den Partisanen zu verhandeln. Dort wurden sie von ihnen gefangen genommen, auf einen Bauernhof bei Slovenj Gradec verbracht, gefoltert und erschossen. Marija Vedinger fand das Grab der beiden und identifizierte die Leichen. Sie bekam lediglich die Erlaubnis, ihren Mann im Friedhof zu begraben. Eines Nachts grub sie alle beiden im Geheimen aus und begrub sie auf dem Friedhof St. Anna in Slovenske Konjice. Sie durfte den Namen Ledeburs auf dem Grabstein nicht anbringen lassen. Dort stand bis zur Souveränitätserklärung Sloweniens (1991) die Inschrift PAX.[63]

Die Familie Maasburg musste ihr Leben in *Freiheit ohne Gerechtigkeit* in großer Not beginnen, was sie im ungebrochenen Gottesglauben tat. Am schwersten wiegt für sie der Umstand, dass sie gewaltsam entwurzelt wurde. Über 70 Jahre nach Kriegsende befindet sie sich, ohne Hass und ohne auf Rache zu sinnen, auf der Suche nach ihrem Recht, nach ihrer sich in Slowenien abgespielten Vergangenheit und nach ihrer durch den Frieden 1945 gewaltsam unterbrochenen Familienidentität und -tradition. Die gefundene Chronik ihres Vorfahren stellt den fehlenden Anschluss an einen gelöscht geglaubten Teil ihrer Geschichte z.T. wieder her.

---

61 Vgl. SI AS 2331, t. e. 1069, a.e. 4.

62 Vgl. http://baldi.diplomacy.edu/diplo/diplomcessati.htm, 9.11.2016.

63 Für die Information bedanke ich mich bei N. Faulstroh und Olga von Riedemann.

Bibliographie

Primärliteratur

Anonym: „Vipava". In: *Slovenec*, 22.8.1916, 3.

Anonym: „VIII. zaznamek prispevkov, ki so jih vposlali c.kr. deželnemu predsedstvu naslednji darovalci". In: *Slovenski narod*, 28.9.1914, 4.

Koschatzky, Walter: *Faszination Kunst: Erinnerungen eines Kunsthistorikers*. Wien: Böhlau Verlag 2001.

Sekundärliteratur

Engelke, Edda: *„Jeder Flüchtling ist eine Schwächung der Volksdemokratie". Die illegalen Überschreitungen am jugoslawisch-steirischen Grenzabschnitt in den Fünfzigerjahren*. LIT Verlag: Berlin, Münster, Wien, Zürich, London 2011.

Keršič, Marta Milena u. Neža Stres (Hrsg.): *Dokumenti o privilegijih političnih in državnih funkcionarjev v Sloveniji v obdobju socializma*. Ministrstvo za pravosodje Republike Slovenije: Ljubljana 2008.

Maasburg, Christiane: *Nikolaus Maasburgs Rolle im Widerstand und bei der Wiederherstellung eines unabhängigen Österreich*. Diplomarbeit zur Erlangung des Magistergrades der Philosophie. Universität Wien: Wien 1996.

Mikola, Milko: „Koncentracijska taborišča za pripadnike nemške in madžarske narodnosti v Sloveniji leta 1945". In: Mikola, Milko (Hrsg.): *Dokumenti in pričevanja o povojnih koncetracijskih taboriščih v Sloveniji*. Ministrstvo za pravosodje RS: Ljubljana 2007, 11–26.

—: „Koncentracijsko taborišče Št. Vid nad Ljubljano". In: Mikola, Milko (Hrsg.): *Dokumenti in pričevanja o povojnih koncetracijskih taboriščih v Sloveniji. II. del*. Ministrstvo za pravosodje RS: Ljubljana 2008, 13–17.

Miladinović Zalaznik, Mira: „Die Reporterin Alice Schalek bei der Isonzoarmee“. In: *Zagreber Germanistische Beiträge*, Jg. 25 (2016), 271–290.

—: „„Ich hab’s gewagt [...] ich hab’s gesagt!‘ Bertha von Suttners Die Waffen nieder!“. In: Lughofer, Johann Georg (Hrsg.): *Im Prisma. Bertha von Suttner „Die Waffen nieder!“*. Edition Art Science: Wien 2010, 157–167.

Rauchensteiner, Manfried: *Der Erste Weltkrieg und das Ende der Habsburgermonarchie 1914–1918*. Böhlau Verlag: Wien, Köln, Weimar 2013.

Schandl, Catherine Eva: *Swedish Gold. Book 3 in the Trilogy about MI6 in World War II*. Lulu Books: 2011.

Quellen

Archiv der Republik Slowenien, SI AS 56/2736.

Archiv der Republik Slowenien, SI AS 1931, t.e. 1069, a.e. 4.

Archiv der Republik Slowenien, SI AS 2331, t.e. 1069, a.e. 1.

Archiv der Republik Slowenien, SI AS 2331, t.e. 1069, a.e. 4.

Archiv der Republik Slowenien, KUNI, a.e. 15/920.

Identification of Austrian Non Political Organization vom 17.7.1945 durch den Executive Officer des Headquarters Detachment A, OSS Austria, APO 403, U. S. Army. Familienarchiv Maasburg.

Maasburg, Johann von: *Chronik*. Manuskript. Vipava 1918. Goriški muzej Kromberk – Nova Gorica, arhiv oddelka za zgodovino.

National Archives and Records Administration II, College Park, MD (NARA), Record Group 331 (Records of Allied Operational and Occupation Headquarters (RG 331), Entry 88 (E 88), Box 880 (B 880), Folder 15 (NARA, RG 331, E 88, B 880, F 15).

Odločba Okrajnega sodišča v Novi gorici I 149/48-2 vom 4.4.1949.

Internetquellen

Baldi.Diplomacy.edu: *Diplomatici cessati dal servizio. Dal 2 giugno 1946 al 1 aprile 2004*. In: http://baldi.diplomacy.edu/diplo/diplom cessati.htm, 9.11.2016.

Brda.si: *Grad Dobrovo*. In: https://www.brda.si/znamenitosti/kulturne_znamenitosti/2013040311445356/, 19.7.2017.

Kurbjuweit, Dirk: „Die Lage am Dienstag". In: http://www.spiegel.de/politik/ausland/news-des-tages-aleppo-beate-zschaepe-nsu-horst-seehofer-ber-a-1105722.html, 2.8.2016.

Stahlgewitter: *Das Archiv zum Ersten Weltkrieg. Darstellungen des Kampfes 1914–1918 aus der Sicht der damaligen Zeit*. In: http://www.stahlgewitter.com/, 17.8.2016.

Wikipedia: *Nekrolog*. In: https://de.wikipedia.org/wiki/Nekrolog_1907, 26.7.2016.

—: *O5*. In: https://de.wikipedia.org/wiki/O5, 6.8.2016.

Znaci.net: „Izveštaj komandanta rudničkog korpusa od 26. jula 1944. Draži Mihailoviću o borbama protiv 2. šumadijske NO brigade i organizacionom stanju u korpusu 1". In: *Zbornik dokumenata vojnoistorijskog instituta. Tom XIV – Dokumenti četničkog pokreta Draže Mihailovića. Knjiga 3*. In: http://www.znaci.net/00001/4_14_3_232.htm, 17.8.2016.

Župnija Vipava: *Cerkev sv. Štefana*. In: http://zupnija-vipava.si/predstavimo-se/cerkev-sv-stefana, 31.10.2016.

Freiheit und Gerechtigkeit in der Geschichte

Claudio Povolo – Darko Darovec

Vendetta and Banishment

Abstract: The challenge of the vendetta, understood as a genuine legal and cultural system that regulated the organization of conflict and thereby constituted an instrument of social control, was a very important phenomenon in almost all the countries of Europe. One of the instruments adopted by the new state realities was the introduction of inquisitorial procedures, whose aim was not only to impose a different legitimization of violence, but also to put an end to the connections between customary rites and judicial practices that had for centuries characterized the legal system of the vendetta, in which the banishment had had a special role. The new punitive justice was marked by both the imposition of severe penalties, and by the absence of an active role in the resolution of conflicts of the parties involved.[1]

In the past decades the famous essay by Max Gluckman[2] has become a reference point for many historical studies on feud and revenge. In his study, Gluckman emphasized how the system of feud fulfilled an essential function of balance within strongly conflicting societies, both by acting as a true regulatory system of social control, and by preventing the dreaded and inevitable retaliation represented by episodes of violence. Actually, the general interest of historians for the subject of

1 This research is supported by a Marie Curie Intra European Fellowship within the 7th European Community Framework Programme within the project "FAIDA. Feud and Blood Feud between Customary Law and Legal Process in Medieval and Early Modern Europe. The Case of the Upper-Adriatic Area" (Grant Agreement Number 627936), within research program "The Past of North Eastern Slovenia and Neighbouring Regions of Austria, Hungary and Croatia" at the University of Maribor, and within research project "The Contemporality of the Understanding Context and the Expression of Personal and Social Freedom" at Inštitut Nove revije, zavod za humanistiko (Ljubljana) financed by the Slovenian Research Agency.

2 Cf. Max Gluckman, "The Peace in the Feud", *Past & Present* 8, no. 1 (1955): 1–14.

feud has grown since the early 1970s thanks to the anthropological perspective—found in mostly unpublished work—on European society.[3]

The very definition of the concept of feud and revenge, no longer directed to exotic or non-European societies, had to be approached with detail and precision. In his study of the Icelandic sagas, Ian Miller,[4] like Christopher Boehm in his research on Montenegro,[5] provides a detailed description of elements that, in his opinion, constitute the system of feud. These descriptions are not easily comparable to other realities for obvious problems of context, and mainly because both the analysis of Miller and that of Boehm considered societies predominantly characterized by customary law.

More recently have the difficulties of definition and comparison been underscored in what can be considered a true synthesis on the subject. In their work *Feud in Medieval and Early Modern Europe* the two Danish curators[6] declare that a satisfactory history of feud in Europe remains yet to be written. And this is not so much—or not only—because of the problem of summing up a vast literature that refers to different historical contexts and periods distant from each other. As these authors point out at the end of their analysis, the problem lies in dealing with a series of studies, in which the theme of feud has been addressed in the light of meanings and definitions that are very different from each other.

---

3 Cf. Vittoria A. Goddard, "From Mediterranean to Europe: Honour, Kinship and Gender", in *The Anthropology of Europe. Identity and Boundaries in Conflict*, ed. Victoria A. Goddard, Joseph R. Llobera and Chris Shore (Oxford, Washington D.C.: Berg, 1994), 57–92; John Davis, *People of the Mediterranean: an essay in comparative social anthropology* (London: Routledge & K. Paul, 1977); David D. Gilmore, "Anthropology of the Mediterranean Area", *Annual Review of Anthropology* 11 (1982): 175–206; Dionigi Albera, Anton Blok and Christian Bromberger, *L'anthropologie de la Méditerranée. Anthropology of the Mediterranean* (Paris: Maisonneuve et Larose, Maison méditerranéenne des sciences de l'homme, 2001).

4 Cf. William Ian Miller, *Bloodtaking and Peacemaking. Feud, Law, and Society in Saga Iceland* (Chicago, London: The University of Chicago Press, 1992).

5 Cf. Christopher Boehm, *Blood Revenge. The Anthropology of Feuding in Montenegro and Other Tribal Societies* (Kansas: University Press of Kansas, 1984).

6 Cf. Jeppe B. Netterström and Björn Poulsen (ed.), *Feud in Medieval and Early Modern Europe* (Aarhus: *Aarhus* University Press, 2007).

However, it should be added that if the synthesis of the two Danish scholars is extremely suggestive and of undoubted importance, it was focused almost exclusively on the bibliography in English language and does not take into account the decisive contributions provided by the peculiar approach of legal anthropology, an anthropological analysis that takes into account the legal dimension.[7]

Like other relevant topics, the studies on feud underwent the classical disciplinary subdivisions that were consolidated in the last decades of the nineteenth century.[8] The fact is that certain disciplines have particularly developed in those countries where historiography is still predominantly not in English. Legal anthropology, which largely developed in France,[9] and the history of law, which has a rich tradition in Italy,[10] are two examples where the English translation has had considerable influence. The interrelations between discourses, practices, and representations[11] or, in other words, between theory, practice, and narratives[12] were discussed, while the study of practices has been somewhat neglected, especially judicial practices, which include the feud. A reconstruction of the concept of feud and revenge can also be very helpful in understanding other forms of *narratives* on the topic, such as the arts, literature, and architecture.

Studies on feud have had a particular relevance in the German context. The discussion started after the famous text by Otto Brunner *Land*

---

7 Cf. Claudio Povolo, "Feud and Vendetta: Customs and Trial Rites in Medieval and Modern Europe. A legal-anthropological approach", *Acta Histriae* 23, no. 2 (2015): 195–244.

8 Cf. Roger Chartier, *The Order of Books. Readers, Authors, and Libraries in Europe Between the 14th and 18th Centuries* (Stanford: Stanford University Press, 1994); John Storey, *Inventing Popular Culture. From Folklore to Globalization* (Oxford: Basil Blackwell, 2003).

9 Cf. Norbert Rouland, *Legal Anthropology* (Stanford: Stanford University Press, 1994).

10 Cf. Antonio Padoa Schioppa (ed.), *Legislation and Justice* (Oxford: Oxford University Press, 1997); Manlio Bellomo, *The Common Legal Past of Europe, 1000–1800* (Washington: CUA Press, 1995).

11 Cf. Rouland, *Legal Anthropology*.

12 Cf. Alun Munslow, *The Routledge Companion to Historical Studies* (New York: Taylor & Francis, 2000).

and Lordship published in 1939. According to Brunner, the feud system followed legal and ritualized forms, which included a solemn open challenge reserved to members of the nobility. This was a legal practice that was different from the simple blood revenge (blood-feud, *Blutrache*). More recently, Hillay Zmora,[13] summing up the complex debate, has advanced the anthropological perspective on feud: a conflict system connected with honor and kinship, which often included forms of violent retaliation. Indeed, for a previous period, i.e., the early medieval ages, Halsall[14] has pointed out how the feud had been an entirely legal customary practice, in which the solemn open challenge was intended to clarify the just demand for vengeance for the wrongdoing.

Thus, this is a discussion characterized not only by different approaches, but also by the reflections that come from the different periods examined. As has been pointed out by Harold Berman,[15] the true turning point consisted ultimately in the introduction in Germany (between the late fifteenth and early sixteenth centuries) of the Roman canonical procedure, which, not unlike what had happened in Central-Northern Italy, ended up incorporating significant aspects of the feud. This phenomenon has also been observed by Jenny Wormald and Michael Braddick[16] in the late sixteenth-century Scottish context, when the system of conflicts centered on the feud was integrated with legal settlement. However, it must be added that in some countries (such as France and Italy, and even Germany) the introduction of very strict

---

13 Cf. Hillay Zmora, *The Feud in Early Modern Germany* (Cambridge: Cambridge University Press, 2011).

14 Cf. Guy Halsall, "Reflections on Early Medieval Violence: The example of the 'Blood Feud'", *Memoria y Civilización* 2, no. 1 (1999): 7–29.

15 Cf. Harold Berman, *Law and Revolution. Vol. II. The Impact of the Protestant Reformations on the Western Legal Tradition* (Cambridge, Massachusetts, London: Harvard University Press, 2003).

16 Cf. Jenny Wormald, "Bloodfeud, Kindred and Government in Early Modern Scotland", *Past & present* 87 (1980): 54–97; Michael Braddick, *State Formation in Early Modern England, c. 1550–1700* (Cambridge: Cambridge University Press, 2004).

inquisitorial procedures resulted in time in the weakening and neutralizing of the feud system.[17]

For the area of Central-Northern Italy the debate has been focused primarily on two texts by Edward Muir[18] and Trevor Dean.[19] In particular, the differences focused on the meaning of the concept of revenge that medieval and early modern sources mention to indicate conflicts among the different kin groups, which animated the life of Italian cities. To what extent can we distinguish the term feud understood in the sense of a more general conflict that refers to enmity, which often lasted for long periods, from that of revenge, which seems to suggest a single act of retaliation or more simply a generic concept?

The research conducted regarding the modern age[20] shows how the feud aristocratic system imploded when, due to the intervention of central political authorities, there no longer existed a self-regulatory system of conflicts based on the idiom of honor. The system of feud was intimately connected with the political dimension of the Italian cities and with the introduction, in the course of the twelfth and thirteenth centuries, of Roman canonical procedures which had the aim of incorporating the conflict system of feud—until then mainly governed by custom—into the procedural practices in order to mitigate its bloodiest consequences. Feud, revenge, and trial rites were all part of a complex system of regulation of conflicts.[21]

Historiography has focused on the great transformation that characterized the seventeenth- and eighteenth-century society, emphasizing

17 Cf. Mirjan Damaška, *The Faces of Justice and State Authority* (New Haven: Yale University Press, 1986).

18 Cf. Edward Muir, *Mad Blood Stirring. Vendetta and Factions in Friuli during the Renaissance* (Baltimore: Johns Hopkins University Press, 1993).

19 Cf. Trevor Dean, *Crime and Justice in Late Medieval Italy* (Cambridge: Cambridge University Press, 2007).

20 Cf. Claudio Povolo, *L'intrigo dell'onore. Poteri e istituzioni nella Repubblica di Venezia tra Cinque e Seicento* (Verona: Cierre Edizioni, 1997).

21 Cf. Peter Stein, *Legal Institutions. The Development of Dispute Settlement* (London: Butterworths, 1984); Harold Berman, *Law and Revolution. Vol. I. The Formation of the Western Legal Tradition* (Cambridge, Massachusetts: Harvard University Press, 1983).

in different ways the aspects that were decisive in the imposition of a new concept of order and justice.[22] What is more, philosophers and sociologists have dwelt on diverse theories of criminal law that have arisen from the nineteenth century onwards.[23] This essay aims simply to present the fundamental lines of the long, complex course that led the feud system to be absorbed and metabolized into the sphere of judiciary procedures that deeply influenced its later developments,[24] even if it did

22 A summary focusing on a comparison between the theses of Foucault and Elias is offered by Peter Spierenburg, "Punishment, Power, and History: Foucault and Elias", *Social Science History* 28, no. 4 (2004): 607–36.

23 A clear and efficacious summary is found in: Barbara Hudson, *Understanding Justice. An Introduction to Ideas, Perspectives and Controversies in Modern Penal Theories* (Philadelphia: Open University Press, 2003).

24 Following suggestions coming from anthropology, in recent years a noteworthy series of studies has been published about feud understood as a set of conflicts and practices able to interact actively both with local institutions, as well as with external *super-community* ones. This approach has allowed us to appreciate important aspects of conflict and its strategies that have clear political features. Some significant examples regarding the Italian context are: Osvaldo G. Raggio, *Faide e parentele. Lo stato genovese visto dalla Fontanabuona* (Turin: Einaudi, 1990); Maria Lepori, *Faide. Nobili e banditi nella Sardegna sabauda del Settecento* (Roma: Viella, 2010). On Corsica cf. Stephen Wilson, *Feuding, Conflict and Banditry in Nineteenth-Century Corsica* (Cambridge: Cambridge University Press, 1988). In these works, there is a clear focus on judiciary activities coming from the outside, or on attempts by the political authority to enter the dynamics of conflicts with various forms of pacification. As Wilson observes in his conclusions: "It is true as a very general proposition that feuding is in the end incompatible with 'modernization' and the development of the State, or even 'that the higher the level of political complexity in a society, the less frequently feuding is found'. But the process by which one form of justice is replaced by another is itself complex and goes through a number of stages that are not irreversible. The two systems may exist side by side without interaction. Then, rulers or governments, unable or unwilling to ban feuding, may intervene to encourage settlements within the feuding, since it undermines the traditional controls on the old system of sanctions before supplying an effective replacement." (Wilson, *Feuding*, 417.) In reality, within the European societies the interconnections between feud and justice can be understood in all their complexity and transformations by exploring the trial rites and their capacity to absorb or neutralize customary practices. In this context, see the outstanding pioneering work of Antonio Pigliaru. In recent years, research on the

not decisively eliminate latent social and cultural tensions between the needs of the victim and those of the existing political systems.[25]

Customs and Roman canonical procedures

In reality, while focusing on the relationship between the spread of violence and the need for peace, the discussion on the subject of feud in Europe paid little attention to the role played by the spread of Roman canonical procedures and the mediation carried out by lawyers, both in their tracts and their judiciary practice, in order to introduce a new social order. And this is also seen in subsequent studies on the early modern period, as the intense dynamics of social violence and the decisive interventions of state powers have not yet been adequately studied in the light of the changes that took place in judicial proceedings. These transformations were relevant and even decisive, especially after the introduction of strict inquisitorial rites,[26] which subtracted from the privileged classes the independent resolution of conflicts and the traditional management of procedural practices.

---

administration of justice and the criminal trial has grown, especially with regards to the Middle Ages; in this essay we make use of some of the most significant studies. For the modern period, particular mention goes to: Marco Bellabarba, *La giustizia ai confini. Il principato vescovile di Trento agli inizi dell'età moderna* (Bologna: il Mulino, 1996); the complete and in-depth study of Giancarlo Angelozzi and Cesarina Casanova, *La giustizia criminale in una città di antico regime. Il tribunale del Torrone di Bologna (secc. XVI–XVIII)* (Bologna: Clueb, 2008); and that of Luca Covino, *Governare il feudo. Quadri territoriali, amministrazione, giustizia. Calabria citra (1650–1800)* (Milan: Storia, 2013), which we also refer to for fuller and more precise bibliographical references concerning the Italian context (cf. 375–78). Essential for an overall view is the excellent synthesis provided by Marco Bellabarba, *La giustizia nell'età moderna* (Bari: Laterza, 2008).

25 Cf. Claudio Povolo, "La vittima nello scenario del processo penale. Dai crimini senza vittime all'irruzione della vittima nel dibattito sociale e politico", *Acta Histriae* 12, no. 1 (2004): I–XIV.

26 Cf. John H. Langbein, *Prosecuting Crime in the Renaissance. England, Germany, France* (Cambridge: Harvard University Press, 1974).

Affirmation of inquisitorial procedures, in which almost everywhere the system based on feuds and its ancient procedures was weakened, has not been sufficiently studied. The different forms of affirmation and dominance of state realities were crucial to the subsequent development of the feud during the modern era (and in some cases even in contemporary times).[27]

The relationship between judicial practices and the feud acquires interesting relevance both in customary systems, and in systems governed by the legal process. But there still remains the task to trace the crucial transition from customary practices mainly handled by the community (prevailing in the early medieval age) to practices managed by professionals (*judges*, *lawyers*, *notaries*) and the procedures successively worked out by them. Therefore, it is important to take into account research conducted on specific European areas and for different historical periods, especially for the early Middle Ages, the Middle Ages, the Modern and Contemporary Age, and finally the various disciplines used.

Thus, just as the ideological structure of the high Middle Ages was built on the wave of the so-called peace movement after the year 1000, which separated God's truce—a temporary suspension of hostilities, distinct from God's peace, which meant perpetual peace—, so the rite of resolution of conflict included truce as a phase of suspension of hostilities. However, for the peace to endure it was also necessary to proclaim the so-called lasting peace, which was based solely on the satisfaction of both parties. It should therefore not come as a surprise that in the system of conflict resolution, already established in tribal communities, the ideal final ritual intended to guarantee an enduring peace envisioned marriage exchanges between the conflicting parties, or at least the exchange of godparents between the families involved.

There exists abundant documentation and evidence on this subject to be interpreted using suitable methods of investigation. To clarify this cultural phenomenon more fully, it is important to look to Guille-Escuret's interpretation. According to this scholar, the formula of a tribe of

27 Cf. Charles Tilly, *Trust and Rule* (Cambridge: Cambridge University Press, 2005).

New Guinea reported by the renowned anthropologist Marshall Sahlins on the basis of field research is present in many places on our planet: "We fight against those we marry." (our translation)[28] Or, again, the publication of certain acts of conflict resolution in Marseilles in the middle of the fourteenth century: when after the vendetta (*vindicta*) the parties to the case had deposited the declaration of peace with a notary, there followed a notary's entry concerning the marriage between representatives of the families previously in dispute.[29] At this point, we certainly do not intend to go deeper into the unifying role of conflicts in the community, but it is possible to confirm the observations or even just the insights of certain researchers, according to whom the system of conflict resolution in tribal communities was doubtlessly of great importance in forming the cohesion and unification of wider communities, not the least of which were national communities.[30]

The degree to which, thanks to the written law, peaceful resolution of conflicts through recourse to law had taken the place of violent resolution—the key role of guarantor of agreements now being taken on by a notarial act—[31] is shown in customary rites by significant elements of free will, since single individuals and communities were given the freedom to choose whether to resolve the conflict through friendly means, with community mediation, or to continue the violent solution.

The concept of a system of conflict resolution, which was reiterated and maintained in the community through symbolic ritual activities,

28 Georges Guille-Escuret, *Družbe in njihove narave* (Ljubljana: SH – Zavod za založniško dejavnost, 1998), 171.

29 Cf. Daniel Lord Smail and Kelly Gibson (ed.), *Vengeance in Medieval Europe: A Reader* (Toronto: University of Toronto Press, 2009), 426–7.

30 In his review of Zmora's book Carroll explains: "Zmora's claim that feuding contributed to state-building fits well with this model." (Stuart Carroll, "Hillay Zmora. The Feud in Early Modern Germany (Review)", *H-HRE*, http://www.h-net.org/reviews/showrev.php?id=35932; accessed January 5, 2017.)

31 Notaries were chosen as judiciary administrators who were—according to Irnerius (c. 1050–1130), the first glossator— "*able to give concrete answers to whoever wanted to protect his own interests without having recourse to arms, but to the law instead*" (our translation). Cf. Manlio Bellomo, *L'Europa del diritto commune* (Roma: Il Cigno G. G. Edizioni, 2011), 71.

established norms, and values which, at least in the initial phases of the written law, were included as obvious elements in written legal formulas. Thus, as a compulsory integrating element in the process of reconciliation and of guaranteeing the lasting peace, the ritual gesture of the kiss of peace (*osculum pacis*) between the conflicting parties was maintained at the end of the rite of reconciliation. In some cases, this gesture was described in notarial acts.[32]

Far from having an irrational system of proofs, the early Middle Ages had worked out a highly sophisticated legal system. This was a system that expressed a concept of justice clearly reflecting both particular political systems, and customary laws directed at affirming an essentially communitarian form of social control.

The affirmation of a new legal system, later to be known as common law, strongly based on Roman and canon law, and marked by the use of writing, had among its consequences that of absorbing the variety of customary legal systems prevalent until then. These systems had been considered binding in that they were an expression of the community they represented. The new legal system was based on the interpretation of jurists and was applied through sophisticated, complex judiciary procedures, and it had a profound influence on the resolution of conflicts, in which the parties involved and the judgment of peers had previously had a preeminent role.

This has been referred to as the start of a form of hegemonic justice, considering the characteristics that have been emphasized: above all, the new system of proof and the *ex-officio* initiative of the judge.

32 Some examples of documents on the exchange of the *osculum pacis* at the end of pacification procedures in the fourteenth century have been published in the study mentioned above—cf. Smail and Gibson (ed.), *Vengeance*, 417–41—, but a very precise testimony is that of Rodulphi de Passageriis Rolandino, *Summa Totius Artis Notariae*, Venice 1546 (anastatic reprint: Bologna: Arnaldo Forni Editore, 1977), esp. 158–9: Rolandino says that without personal contact between the parties peace cannot be enduring, and so at the end of the reconciliation the gesture of the *osculum pacis* is prescribed, meaning the kiss on the mouth (*ore ad os*). Cf. also Jacques Le Goff, *Za drugačen srednji vek* (Ljubljana: Studia Humanitatis, 1985), 383–461, esp. 392; Kiril Petkov, *The Kiss of Peace. Ritual, Self, and Society in the High and Late Medieval West* (Leiden, Boston: Brill, 2003).

As we shall see, despite its undisguised goal of defending community values and interests, faced with a new social and economic reality, the main goal of this legal system was to find different and more certain ways to manage conflicts that often involved highly influential urban social and kin groups. Customary rules that governed the feud system were partly absorbed into the new Roman canon procedures. This was true both on the purely formal level, and in some cases (such as the inclusion of agreements and acts of peace) in the determination of outcomes. Obviously, many of these rules lost their original character as they adapted to the new political and economic reality.

In short, the new hegemonic justice reflected a political and constitutional system that was deeply imbued both with urban community values and with an ideology of kinship closely tied to status and the idiom of honor. In its underlying logic, this justice joined the older early medieval tradition with the cultural and political need to deal incisively with the problems and tensions characteristic of a more complex and stratified society, one that required new forms of social control. In any case, it was a form of justice whose cultural and ideological features, and whose territorial context expressed *in primis* the values of the community, its ruling class, and the economic and political relations that linked the city to its surrounding territory. Undoubtedly, it could be manipulated for political purposes, or could become an incisive instrument of social control over the poorer classes. At the same time, it never lost sight of its main purpose, which was to guarantee a balanced management of the conflicts that opposed groups and lineages.

From the sixteenth century onwards, with the introduction of authentically inquisitorial procedures, the transformations that took place in the majority of European countries, the effort was to control banditry, and the widespread affirmation of strict punitive justice. These were the novelties that first weakened and then neutralized the feud system. Nonetheless, this system still showed up frequently both in the form of bloody episodes of violence, and far more discreetly and commonly in the courtroom. There it met procedures highly sensitive to the need to channel it towards peaceful resolutions. Whenever research has examined judiciary practice in various courts, it has been possible to identify diverse levels of justice existing over the course of the modern age. These were characterized either by procedures, in which the conflicting parties were essentially excluded from active management of the trial, or on the contrary others that still allowed quite wide margins of discretionary power. But after the late seventeenth century trial rites that prevailed were on the whole distinguished by the predominance of a form of justice which, though not denying the defendant adequate possibilities for his/her defense, put the role of the victim on the sideline, and shifted the center of gravity of proceedings towards the initial phase of the trial, which was directed by a fully autonomous judge. The form of trial that became prevalent was characterized by a genuine inquiry conducted by a judge, by close questioning, and, above all, by the exclusion of any possible interference from the conflicting parties in the initial phase of proceedings. The feud system, considered chiefly as a manifestation of custom and a reflection of deeply rooted social conflicts of class and kinship, was weakened or in any case forced to accept the new rules imposed by the criminal trial and, consequently, to lose some of its distinctive features.

Still, the vendetta has maintained strong symbolic and emotive connotations to our day. This is not only or mainly because it is continually the focus of an animated discussion centering on the characteristics and goals of criminal justice, but rather because literature and cinema, though often from contrasting angles and with differing interpretive insight, have paid great attention to it. In this context, we need only to think of the important explications of Clint Eastwood's *The Unforgiven* made by two highly qualified American scholars, in which vendetta is the heart of stories that are a key to the role of narrators, stories aimed at revealing the symbolic dimension of an irrepressible emotional drive.[33]

33 Ian Miller deals with the theme of vendetta in its legal and social dimensions by examining its representations in cinema, where it is often considered as a sort of integration to the inefficiency of the law. With regards to *The Unforgiven* he comments: "The usual evolutionary story we tell ourselves is that revenge gives way to law and is inconsistent with it. Popular culture sees revenge as a necessary supplement to law, and it might well be that popular culture is not wrong as a matter of legal history and social theory." (William Ian Miller, "Clint Eastwood and Equity: Popular Culture's Theory of Revenge", in *Law in the Domains of*

In consideration of the specific purpose of this essay, we have deliberately avoided using a number of judiciary cases, as this would have made it much longer. Rather, we have preferred to refer to the existing bibliography on the subject. Still, though it presents numerous examples, this bibliography does not always permit an in-depth analysis of the hypotheses underlying our study. Nor does it always provide a consistent picture of the chronological and geographical development of the long, complex socio-political phenomenon that put the cultural system of the feud in relation to the development of institutions and judiciary procedures in the diverse countries of Italy and Europe.[34]

Culture, ed. Austin Sarat and Thomas R. Kearns (Ann Arbor: The University of Michigan Press, 1998), 201.) Austin Sarat has also examined various narrations regarding vendetta in the films of Eastwood, focusing particularly on their relation to memory; cf. Austin Sarat, "When Memory Speaks: Remembrance and Revenge in *The Unforgiven*", in *Breaking the Cycles of Hatred*, ed. Martha Minow (Princeton: Princeton University Press, 2002), 236–59.

34 The complexity of this theme is still reflected in our day in the lively discussion about the function of the penalty (punitive, rehabilitative or reparative), and the role of the victim. A concise but effective examination, above all with regards to the death penalty, has been made by Eva Cantarella, *Il ritorno della vendetta. Pena di morte: giustizia o assassinio?* (Milan: Biblioteca Universale Rizzoli, 2007). This theme is particularly meaningful in the U. S., where tensions have focused on the different concepts of *retributive* and *restorative justice*. These are concepts that at times tend to be interpreted in the light of contradictory social instances taken out of their specific historical origin. As has been observed, "[i]ncreasingly, retributive justice is used not just as a synonym for punishment generally, but in the hands of critics, as a type of shorthand for all the numerous faults and failings of punishment practices. To many, 'retributive justice' is a dirty word, not a theory of punishment. The original meaning of retributive justice is further obscured by the tendency to use the terms 'vengeance', 'revenge' and 'retaliation'." On the contrary, "[r]estorative justice advocates have consistently challenged the conventional wisdom that justice before the emergence of the nation-state was vengeful and barbaric, arguing that this overlooks numerous examples where informal processes were characterized by an emphasis on negotiation and compensation." (Declan Roche, "Retribution and Restorative Justice", in *Handbook of Restorative Justice*, ed. Gerry Johnstone and Daniel W. Van Ness (Cullompton, Devon: Willan Publishing, 2007), 78–81.) Regarding the close and surprising connection between justice and vendetta found today in the U. S., cf. Terry K. Aladjem, *The Culture of Vengeance and the Fate of American Justice* (Cambridge: Cambridge

The new punitive justice

During the seventeenth century, a system of criminal justice controlled directly from the center and aiming above all at punishing crimes considered socially dangerous was decisively established. Above all, in the period between the late sixteenth and the first decades of the seventeenth century the procedures adopted were of the inquisitorial type. These were very severe, and strictly limited the defendant's possibility of defense, and explicitly introduced a punitive idea of justice. This was all the more meaningful when compared to more traditional forms of justice in that both the laws and the punishments inflicted were valid in all the lands of the state, thus ignoring the ancient jurisdictional arrangements.

The inquisitorial trial took on declaredly political features, putting a damper on the guarantees and respect for common law procedures formulated by jurists who based themselves explicitly on that system of law and on the ancient municipal statutes. This type of criminal trial was characterized *in primis* by the so-called self-defense, formally drawn up by a defense attorney who had to remain behind the scenes, and who, in any case, did not have at his disposal a copy of the trial documents. Clearly he had slight possibility of challenging the political choices of the judging organ.[35] The type of interrogation that prevailed

---

University Press, 2008), XI–XVII. It seems clear that in centuries when the feud system was active, the dialectic between the different purposes of justice was measured essentially by the role of the conflicting parties and their social standing, taken both in the context of custom and of trial rites.

35 Jean-Pierre Royer, focusing on the great *Ordonnance criminelle* of 1670, has remarked that "[i]l n'est pas sûr par example que l'avocat ait toujours été absent du procès pénal courant et qu'il ne se soit fait connaître, dans les grandes causes, que par les *factums* et *mémoires* écrits dont la vogue va se répandre au XVIII siècle." (Jean-Pierre Royer, *Histoire de la justice en France* (Paris: Presses Universitaires de France, 2001), 39–40.) Gaetano Cozzi also focused on self-defense in his studies during the 1980s, which then appeared in one of the volumes published on the occasion of an important conference held at the Leopoldina. Cf. Gaetano Cozzi, "Autodifesa o difesa? Imputati e avvocati davanti al Consiglio dei Dieci", in Gaetano Cozzi, *La società veneta e il suo diritto. Saggi su questioni matrimoniali,*

(called *costituto opposizionale*) marked the start of a genuine inquiry, although for a long time the probative system still kept prevalently to the old form of legal proof based on two testimonies in agreement and on confession. The role of the victim (the opposite party) was almost completely absent, and generally the sentence did not take the form of pecuniary damages.[36]

Above all, there were many laws passed regarding banditry; these were superimposed over custom and local statutes. These political and social changes took place in all the ancient Italian states, along the lines of what was happening in the wider European context.[37]

This criminal policy was initially very prudent and careful not to interfere with the jurisdiction of the local tribunes that had broad authority of banishment from cities, territories, and the so-called 15 miles outside of these territories. At first, the central organs limited themselves to suspending for limited periods of time the possibility that bandits could be killed with impunity if they entered the forbidden territories. In this way, feuds were regulated from the center without interfering explicitly with local jurisdictions. This policy clearly also aimed at encouraging

---

giustizia penale, politica del diritto, sopravvivenza del diritto veneto nell'Ottocento (Venice: Marsilio Editori, 2000), 156–229.

36 A meaningful example is the trial held against Paolo Orgiano and other members of the Vicenza aristocracy in the first decade of the seventeenth century. The trial acts are published integrally and with an introduction by the editor in: Claudio Povolo (ed.), *Il processo a Paolo Orgiano (1605–1607)* (Roma: Viella, 2003). The *costituto opposizionale* arose and developed in the sphere of the inquisitorial trial. The older *costituto de plano* was not abolished, and often preceded the *opposizionale*, almost as if to indicate the difficulty in totally leaving behind the old judicial rites.

37 For Italy, cf. the summary in: Bellabarba, *La giustizia nell'età moderna*, particularly 115–28. On the phenomenon of banditry and the often summary procedures used to cope with problems of order and social control, cf. Irene Fosi, *La società violenta. Il banditismo nello stato pontificio nella seconda metà del Cinquecento* (Roma: Edizioni dell'Ateneo, 1995); Povolo, *L'intrigo*; Luigi Lacché, "'Ordo non servatus': anomalie processuali, giustizia militare e 'specialia' in antico regime", *Studi storici* 29 (1988): 361–84.

the urban ruling classes to limit the use of violence, and for its characteristic features it can be defined as a policy of suspension.[38]

Starting from the last two decades of the sixteenth century, this policy was definitively replaced by other choices of an interlocutory type, whose harsh and severe impact marked a decisive change. Indeed, the central organs started to pass laws against banditry, thereby annulling the ancient rights of municipal jurisdictions.[39] Initially, this body of laws was postponed for limited periods of time, but in the end it prevailed entirely. The penalty of banishment was made extremely strict and extended to all the lands of the state. Bandits could not only be killed with impunity, but the law also decreed that they could kill each other.[40] Killing a bandit guaranteed a reward and, above all, the right to free another banished person (the so-called *voce liberar bandito*).[41] The penalties of death and banishment were extended to cover the whole state and substituted traditional penalties. One of the consequences of this stricter use of the penalty of banishment was the rise and spread almost all over Europe of the figure of the outlaw openly antagonistic to the reigning political authorities.[42]

Not only did the imposition of inquisitorial procedures and the new legislation on banditry discourage the customary dialectic between

---

38 In brief, what was suspended was municipal jurisdiction over banditry.

39 The old penalty of banishment also had the function of containing the devastating effects of feud by sending away the person who had committed a blood crime, thereby facilitating the recomposition of the antagonistic groups. The new legislation definitively made this impossible for local tribunes, even if initially it was marked by limited periods of time (two or three years), which were however renewed after brief pauses. From the early sixteenth century onwards, the laws on banditry, emanated from the dominant center, automatically became definitive and thus lost their provisional character, though from time to time they were taken up again to be integrated or modified.

40 For a general picture of this change cf. Povolo, *L'intrigo*; Fosi, *La società*.

41 The *interlocuzione* (interlocutory judgement) *vis-à-vis* local powers lay in the fact that from this time onwards it was a centralized law that periodically regulated the penalty of banishment. Measures of suspension were, therefore, followed by those of extension.

42 An example can be found in Claudio Povolo, *Zanzanù. Il bandito del lago (1576–1617)* (Arco (Trento): Comune di Tignale, 2011).

feud and trial rites, it also had the effect of weakening powerful aristocratic lineages and the political control they exercised over other social classes. This higher level of justice and trial procedure reflected primarily the need to impose a concept of public order aimed at assuring social peace and order, as well as protecting the trade. The social and geographical mobility of the seventeenth century had clearly revealed the inadequacy of the usual parameters of social control and consequently the weakness of the municipal political contexts, which insisted on claiming their prerogatives and jurisdictions.

The requirements of peace and order, and the evident state of emergency facilitated the imposition of new trial rules. But the most important changes on the whole occurred in the administration of criminal justice. At first timidly, but then with a brusque acceleration, from the late seventeenth century onwards, this was directed and controlled by dominant centers. However, even in this case the choices made at first highlighted the difficulty of bypassing and overcoming the polycentric structure of the jurisdictional state, centered as it was on the multiplicity of jurisdictions and privileges that were still unchanged, and had kept their original profile.

These choices and times varied from place to place, but they are indicative of the political and judiciary changes that began in the seventeenth century. In Bologna, for instance, the transfer of criminal activity from the tribune of the "*podestà*" to the Torrone constituted a political fact whereby "papal power was able to impose its effective control of the city almost always without injuring or openly denying its boasted privileges." (our translation)[43] In Florence, Milan, and Genoa, as in other parts of Europe, the severity of penalties and the inquisitorial procedures adopted clearly reveal the great changes that had taken place in the administration of criminal justice.[44] In a territory intensely

43 Angelozzi and Casanova, *La giustizia criminale*, 10, 57 ff.

44 For an overview, cf. Italo Mereu, *La morte come pena. Saggio sulla violenza legale* (Roma: Donzelli Editore, 2000), 37–53. Cf. also Mario Sbriccoli, *Storia del diritto penale e della giustizia. Scritti editi e inediti (1972–2007)* (Milano: Giuffrè, 2009), 131–54 and 279–320, where the author identifies a sort of continuity with the earlier form of a hegemonic type begun at the start of the fourteenth century,

characterized by jurisdictional autonomies and kin networks like Sardinia, the imposition of strict forms of justice clearly aimed at weakening antagonistic local powers was felt only in the second half of the eighteenth century.[45]

In the Venetian Republic, the same phenomenon can be seen starting from the last two decades of the sixteenth century onwards. But the new criminal policy is also apparent in previous decades, both in the direct transfer of politically meaningful cases by the Council of Ten, and in the interference of the criminal *Quarantia* in the jurisdictional activity of the cities in the Terraferma. In the end, an intense activity of delegation to the rectors and their *corti pretorie*,[46] which enjoyed the same authority and procedural modes as the Council of Ten, imposed a higher level of administration of criminal justice,[47] one which no longer reflected local power dynamics or, especially, the feuds that had always found an important form of containment and legitimization in the sphere of justice and trial.[48]

---

a moment when "it seems to grow and impose itself with unceasing continuity, reducing the spaces of negotiated justice." (our translation) (142.) As we have already remarked, this hypothesis can only be accepted in its formal and jurisprudential traits.

45 Cf. Lepori, *Faide*, 171 ff.

46 The *corte pretoria* comprised the Venetian *podestà* and his *assessori*, professional judges who accompanied him over the course of his appointment. Variable in number, their presence was marked chiefly in the most important cities. The proxy granted to the *corte pretoria* included the inquisitorial rites of the Council of Ten, and it excluded from the preliminary trial inquiry both local notaries and, if hypothetically envisioned, the presence of citizen-judges. The preliminary inquiry was entrusted to the *giudice del maleficio*, an *assessore* of the *podestà*, while the trial transcript was drawn up by the *cancelliere pretorio*, another figure in the entourage of the Venetian rector.

47 Called, in fact, delegate. For the Kingdom of Naples, cf. remarks in Bellabarba, *La giustizia nell'età moderna*, 125.

48 For a general overview, cf. Povolo, *L'intrigo*; Claudio Povolo, "Dall'ordine della pace all'ordine pubblico. Uno sguardo da Venezia e il suo stato territoriale (secoli XVI–XVIII)", in: *Processo e difesa penale in età moderna. Venezia e il suo stato territoriale*, ed. Claudio Povolo (Bologna: il Mulino, 2007), 15–107.

Paradoxically, in narrative, although with some distortion of the procedures used, the new punitive justice brought to the surface a system of conflict that had the feud as its reference point, along with the related language of honor and status. In the course of the seventeenth century, it is thus possible to see true rhetorical figures, such as the tyrannical, abusive nobleman, along with glaring social manifestations like the unwonted violence that resulted from apparently ill-advised clashes between antagonistic groups.[49] But the new punitive justice also carried with it forms of narration spoken in the voice of the protagonists of inquisitorial procedure—men and women who had suffered abuse and violence. Starting in the nineteenth century, these narrations attracted the attention of historians and novelists like Alessandro Manzoni, who were the first to turn their curiosity to the seventeenth-century society, viewing it through the prism of trial documents.[50] Although they did not grasp the language of feud that imbued these documents, these nineteenth-century authors placed themselves inside that society without

49 In his *La prattica e theorica del cancelliere*, the Vicentine Giacomo Marzari, treating the features of the *inquisizione generale*, portrayed two stereotypes of imagined criminals: *Terripandrum Metonem mandantem* and *Arrionem Fallariun mandatarium et assassinum*, examples of perpetrators of an interminable series of crimes. Cf. Giacomo Marzari, *La prattica e theorica del cancelliere* (Vicenza: per Giorgio Greco, 1593).

50 Cf. Claudio Povolo, *Il romanziere e l'archivista. Da un processo veneziano del Seicento all'anonimo manoscritto dei Promessi Sposi* (Verona: Cierre Edizioni, 2004). Despite profound differences in the political and judicial context, it is possible to extend to the Italian situation what has been observed by Jonathan Grossman regarding the birth of the novel in England: "The novel, in becoming the ascendant literary genre of the nineteenth century, played an active role in a process through which a reinvented criminal trial supplanted the spectacle of the gallows as the culmination of justice [...]; in the era between gallows literature and the detective mystery, between Tyburn scaffold and 221-B Baker Street, the law courts crucially shaped the formal structures and political aims of the novel." (Jonathan Grossman, *The Art of Alibi. English Law Courts and the Novel* (Baltimore: Johns Hopkins University Press, 2002), 5.)

hiding their amazement about social practices that seemed to belong to a distant and culturally obsolete world.[51]

Conclusions

If we examine the great transformations that influenced the history of crime and of criminal justice in the modern and contemporary periods, focusing especially on the ways conflicts were organized, and on the values and ideology that characterized them on the level of social control, one of the most important things that stands out is the significant delegitimization of the practice of vendetta, and the political weakening of the contexts that considered it a determining and essential instrument for maintaining social equilibrium and control.[52] The use of inquisitorial procedures and severe punishments on the part of the central powers was probably the consequence of the economic and demographic changes which, above all from the sixteenth century onwards, involved

51 One of the first witnesses is Giacomo Casanova. Incarcerated in the *Piombi* of the Ducal Palace, while pacing up and down in an attic next to his cell where he was allowed to walk, he came upon a genuine surprise: "I had seen lots of old pieces of furniture thrown onto the pavement, here and there, and in front of them there was a big pile of files: I picked up five or six, to amuse myself in reading them. They were criminal trials that I found very interesting; it was for me a new genre: evocative interrogations, singular replies about the seduction of virgins; forbidden courtesies paid to tutors, confessors, school masters, and pupils. There were some dating back two or three centuries, which for their style and customs allowed me to pass whole days quite pleasantly." (our translation) (Cf. Amelia Vianello, *Gli archivi del Consiglio dei Dieci. Memoria e istanze di riforma nel secondo Settecento veneziano* (Padova: Il Poligrafo, 2009), 70.)

52 A thesis emphatically proposed by Donald Black, "Crime and Social Control", *American Sociological Review*, 48 (1983): 34–45. Black remarks: "Much of the conduct described by anthropologists as conflicts managements, social control, or even law in tribal and other traditional societies is regarded as crime in modern societies. This is especially clear in the case of violent modes of redress such as assassination, feuding, fighting, maiming and beating, but it also applies to the confiscation and destruction of property and to other forms of deprivation and humiliation." (34.)

the majority of European countries. The system founded on feud and vendetta found its *raison d'être* in community contexts characterized by shared decision-making and by certain specific factors, among which custom and juridical pluralism were the most outstanding.[53]

Only the central powers could ensure control over so vast and politically fragmented a territory, where there were phenomena felt to be extremely dangerous, such as vagrancy, pauperism, and banditry. Nor is it by chance that the judicial activity that was equipped with inquisitorial rites was directed above all at controlling and repressing aristocratic violence, as well as the attacks and robbery that threatened the security of highways and private property.

Thus, it was inevitable that the system of feud and vendetta that characterized the life of the communities and the social groups and lineages that had traditionally used it should in the end be traumatically involved, along with the system of custom and the judicial procedures that had for centuries marked it.

Comparisons with the custom of conflict resolution in Montenegro, Albania, and Herzegovina confirm the hypothesis of a number of ritual and procedural features of custom in the written law. In addition, they confirm the fact that the customary conflict resolution system, also called *vindicta, faida, blood revenge, krvna osveta, gjakmarrja*, etc., was in fact a concept. Ritually, it consists of three phases: gift (compromise), the truce (oath), and lasting peace (*amor*).[54] The three phases, brilliantly described by Le Goff on the case of knights' investiture in his work "The Symbolic Ritual of Vassalage",[55] are valid on the level of secular authorities' organization. Concept, obviously developed within the earliest human societies.

---

53 Cf. Rouland, *Legal Anthropology*, 196–200.

54 Cf. Darko Darovec, "Turpiter interfectus: the Seigneurs of Momiano and Pietrapelosa in the customary system of conflict resolution in thirteenth-century Istria", *Acta Histriae* 24, no. 1 (2016): 1–42.

55 Cf. Jacques Le Goff, "The Symbolic Ritual of Vassalage", in *Time, Work, and Culture in the Middle Ages*, Jacques Le Goff (Chicago, London: The University of Chicago Press, 1980), 237–87.

In social and interpersonal relations, conflicts are not only a reflection of the continual struggle for control of resources; rather, they are an integral part of the system of social order. Indeed, conflicts generate alliances between different groups, in the past chiefly between kin groups and clans. This is a general structural aspect of conflict, while the local or particular aspect is shown concretely through the struggle for resources, in the interweaving of single circumstances, where those who succeed in forming the greatest number of loyalties, differing and often contrasting alliances, are the ones who prevail.

Bibliography

Aladjem, Terry K. *The Culture of Vengeance and the Fate of American Justice*. Cambridge: Cambridge University Press, 2008.

Albera, Dionigi, Anton Blok and Christian Bromberger. *L'anthropologie de la Méditerranée. Anthropology of the Mediterranean*. Paris: Maisonneuve et Larose, Maison méditerranéenne des sciences de l'homme, 2001.

Angelozzi, Giancarlo and Cesarina Casanova. *La giustizia criminale in una città di antico regime. Il tribunale del Torrone di Bologna (secc. XVI–XVIII)*. Bologna: Clueb, 2008.

Bellabarba, Marco. *La giustizia ai confini. Il principato vescovile di Trento agli inizi dell'età moderna*. Bologna: il Mulino, 1996.

—. *La giustizia nell'età moderna*. Bari: Laterza, 2008.

Bellomo, Manlio. *L'Europa del diritto commune*. Roma: Il Cigno G. G. Edizioni, 2011.

—. *The Common Legal Past of Europe, 1000–1800*. Washington: CUA Press, 1995.

Berman, Harold. *Law and Revolution. Vol. I. The Formation of the Western Legal Tradition*. Cambridge, Massachusetts: Harvard University Press, 1983.

—. *Law and Revolution. Vol. II. The Impact of the Protestant Reformations on the Western Legal Tradition*. Cambridge, Massachusetts, London: Harvard University Press, 2003.

Black, Donald. "Crime and Social Control." *American Sociological Review*, 48 (1983): 34–45.

Blok, Anton. *The Mafia of a Sicilian Village, 1860–1960. A study of violent peasant entrepreneurs*. London, New York: Oxford, Basil Blackwell, 1975.

Boehm, Christopher. *Blood Revenge. The Anthropology of Feuding in Montenegro and Other Tribal Societies*. Kansas: University Press of Kansas, 1984.

Bossy, John. *Peace in the Post-Reformation*. Cambridge, New York: Cambridge University Press, 2004.

Braddick, Michael. *State Formation in Early Modern England, c. 1550–1700*. Cambridge: Cambridge University Press, 2004.

Cantarella, Eva. *Il ritorno della vendetta. Pena di morte: giustizia o assassinio?* Milan: Biblioteca Universale Rizzoli, 2007.

Carroll, Stuart. "Hillay Zmora. The Feud in Early Modern Germany (Review)." *H-HRE*. http://www.h-net.org/reviews/showrev.php?id=35932 (accessed January 5, 2017).

Chartier, Roger. *The Order of Books. Readers, Authors, and Libraries in Europe Between the 14th and 18th Centuries*. Stanford: Stanford University Press, 1994.

Covino, Luca. *Governare il feudo. Quadri territoriali, amministrazione, giustizia. Calabria citra (1650–1800)*. Milan: Storia, 2013.

Cozzi, Gaetano. "Autodifesa o difesa? Imputati e avvocati davanti al Consiglio dei Dieci." In Gaetano Cozzi, *La società veneta e il suo diritto. Saggi su questioni matrimoniali, giustizia penale, politica del diritto, sopravvivenza del diritto veneto nell'Ottocento*, 156–229. Venice: Marsilio Editori, 2000.

Damaška, Mirjan. *The Faces of Justice and State Authority*. New Haven: Yale University Press, 1986.

Darovec, Darko. "Turpiter interfectus: the Seigneurs of Momiano and Pietrapelosa in the customary system of conflict resolution in thirteenth-century Istria." *Acta Histriae* 24, no. 1 (2016): 1–42.

Davis, John. *People of the Mediterranean: an essay in comparative social anthropology*. London: Routledge & K. Paul, 1977.
Dean, Trevor. *Crime and Justice in Late Medieval Italy*. Cambridge: Cambridge University Press, 2007.
Fosi, Irene. *La società violenta. Il banditismo nello stato pontificio nella seconda metà del Cinquecento*. Roma: Edizioni dell'Ateneo, 1995.
Gilmore, David D. "Anthropology of the Mediterranean Area." *Annual Review of Anthropology* 11 (1982): 175–206.
Gluckman, Max. "The Peace in the Feud." *Past & Present* 8, no. 1 (1955): 1–14.
Goddard, Vittoria A. "From Mediterranean to Europe: Honour, Kinship and Gender." In *The Anthropology of Europe. Identity and Boundaries in Conflict*, 57–92. Edited by Victoria A. Goddard, Joseph R. Llobera and Chris Shore. Oxford, Washington D.C.: Berg, 1994.
Grossman, Jonathan H. *The Art of Alibi. English Law Courts and the Novel*. Baltimore: Johns Hopkins University Press, 2002.
Guille-Escuret, Georges. *Družbe in njihove narave*. Ljubljana: SH – Zavod za založniško dejavnost, 1998.
Halsall, Guy. "Reflections on Early Medieval Violence: The example of the 'Blood Feud'." *Memoria y Civilizatión* 2, no. 1 (1999): 7–29.
Hudson, Barbara. *Understanding Justice. An Introduction to Ideas, Perspectives and Controversies in Modern Penal Theories*. Philadelphia: Open University Press, 2003.
Kamen, Henry. *Early Modern European Society*. London, New York: Taylor & Francis, 2000.
Lacché, Luigi. "'Ordo non servatus': anomalie processuali, giustizia militare e 'specialia' in antico regime." *Studi storici* 29 (1988): 361–84.
Langbein, John H. *Prosecuting Crime in the Renaissance. England, Germany, France*. Cambridge: Harvard University Press, 1974.
Le Goff, Jacques. "The Symbolic Ritual of Vassalage." In *Time, Work, and Culture in the Middle Ages*, 237–87. Jacques Le Goff. Chicago, London: The University of Chicago Press, 1980.
—. *Za drugačen srednji vek*. Ljubljana: Studia Humanitatis, 1985.

Lepori, Maria. *Faide. Nobili e banditi nella Sardegna sabauda del Settecento*. Roma: Viella, 2010.

Marzari, Giacomo Vicentino. *La prattica e theorica del cancelliere*. Vicenza: per Giorgio Greco, 1593.

Mereu, Italo. *La morte come pena. Saggio sulla violenza legale*. Roma: Donzelli Editore, 2000.

Miller, William Ian. *Bloodtaking and Peacemaking. Feud, Law, and Society in Saga Iceland*. Chicago, London: The University of Chicago Press, 1992.

—. "Clint Eastwood and Equity: Popular Culture's Theory of Revenge." In *Law in the Domains of Culture*, 161–202. Edited by Sarat Austin and Thomas R. Kearns. Ann Arbor: The University of Michigan Press, 1998.

Muir, Edward. *Mad Blood Stirring. Vendetta and Factions in Friuli during the Renaissance*. Baltimore: Johns Hopkins University Press, 1993.

Munslow, Alun. *The Routledge Companion to Historical Studies*. New York: Taylor & Francis, 2000.

Netterström, Jeppe B. and Björn Poulsen (ed.). *Feud in Medieval and Early Modern Europe*. Aarhus: Aarhus University Press, 2007.

Padoa Schioppa, Antonio (ed.). *Legislation and Justice*. Oxford: Oxford University Press, 1997.

Petkov, Kiril. *The Kiss of Peace. Ritual, Self, and Society in the High and Late Medieval West*. Leiden, Boston: Brill, 2003.

Pitt-Rivers, Julian. "Honour and Social Status." In: *Honour and Shame. The values of Mediterranean Society*, 19–77. Edited by John George Peristiany. Chicago, London: Weidenfeld and Nicolson, 1966.

Povolo, Claudio. "Dall'ordine della pace all'ordine pubblico. Uno sguardo da Venezia e il suo stato territoriale (secoli XVI–XVIII)." In *Processo e difesa penale in età moderna. Venezia e il suo stato territoriale*, 15–107. Edited by Claudio Povolo. Bologna: il Mulino, 2007.

—. "Feud and Vendetta: Customs and Trial Rites in Medieval and Modern Europe. A legal-anthropological approach." *Acta Histriae* 23, no. 2 (2015): 195–244.

— (ed.). *Il processo a Paolo Orgiano (1605–1607)*. Roma: Viella, 2003.
—. *Il romanziere e l'archivista. Da un processo veneziano del Seicento all'anonimo manoscritto dei Promessi Sposi*. Verona: Cierre Edizioni, 2004.
—. "La vittima nello scenario del processo penale. Dai crimini senza vittime all'irruzione della vittima nel dibattito sociale e politico." *Acta Histriae* 12, no. 1 (2004): I–XIV.
—. *L'intrigo dell'onore. Poteri e istituzioni nella Repubblica di Venezia tra Cinque e Seicento*. Verona: Cierre Edizioni, 1997.
—. *Zanzanù. Il bandito del lago (1576–1617)*. Arco (Trento): Comune di Tignale, 2011.
Raggio, Osvaldo G. *Faide e parentele. Lo stato genovese visto dalla Fontanabuona*. Turin: Einaudi, 1990.
Roche, Declan. "Retribution and Restorative Justice." In *Handbook of Restorative Justice*, 75–90. Edited by Gerry Johnstone and Daniel W. Van Ness. Cullompton, Devon: Willan Publishing, 2007.
Rolandino, Rodulphi de Passageriis. *Summa Totius Artis Notariae*. Venezia 1546. (Anastatic reprint. Edited by the Consiglio Nazionale del Notariato. Bologna: Arnaldo Forni Editore, 1977).
Rouland, Norbert. *Legal Anthropology*. Stanford: Stanford University Press, 1994.
Rousseaux, Xavier. "Initiative particulière et poursuite d'office. L'action pénale en Europe (XIIe-XVIIIe siècles)." *JAHCCJ bulletin* 18 (1993): 58–92.
Royer, Jean-Pierre. *Histoire de la justice en France*. Paris: Presses Universitaires de France, 2001.
Ruff, Julius R. *Violence in Early Modern Europe 1500–1800*. Cambridge: Cambridge University Press, 2004.
Sarat, Austin. "When Memory Speaks: Remembrance and Revenge in *The Unforgiven*." In *Breaking the Cycles of Hatred*, 236–59. Edited by Martha Minow. Princeton: Princeton University Press, 2002.
Sbriccoli, Mario. *Storia del diritto penale e della giustizia. Scritti editi e inediti (1972–2007)*. Milano: Giuffrè, 2009.
Schwerhoff, Gerd. "Social Control of Violence, Violence as Social Control: The Case of Early Modern Germany." In *Social Control in*

Europe. Vol. I. 1500–1800, 220–46. Edited by Herman Roodenburg and Pieter Spierenburg. Columbus: Ohio State University Press, 2004.

Smail, Daniel Lord and Kelly Gibson (ed.). *Vengeance in Medieval Europe: A Reader*. Toronto: University of Toronto Press, 2009.

Spierenburg, Peter. "Punishment, Power, and History: Foucault and Elias." *Social Science History* 28, no. 4 (2004): 607–36.

Stein, Peter. *Legal Institutions. The Development of Dispute Settlement*. London: Butterworths, 1984.

Storey, John. *Inventing Popular Culture. From Folklore to Globalization*. Oxford: Basil Blackwell, 2003.

Tilly, Charles. *Trust and Rule*. Cambridge: Cambridge University Press, 2005.

Vianello, Amelia. *Gli archivi del Consiglio dei Dieci. Memoria e istanze di riforma nel secondo Settecento veneziano.* Padova: Il Poligrafo, 2009.

Wilson, Stephen. *Feuding, Conflict and Banditry in Nineteenth-Century Corsica*. Cambridge: Cambridge University Press, 1988.

Wormald, Jenny. "Bloodfeud, Kindred and Government in Early Modern Scotland." *Past & present* 87 (1980): 54–97.

Zmora, Hillay. *The Feud in Early Modern Germany*. Cambridge: Cambridge University Press, 2011.

Gorazd Bajc

A Reflection on Historiographies regarding Intelligence Services The Case of Julian Venetia during the Second World War

Abstract: The essay aims to present a reflection upon various historiographies (in Italy, Slovenia, and the former Yugoslavia, the United Kingdom, the U.S., etc.), as well as the main weak points in the previous studies about Intelligence Services in the Julian Venetia (the area around Trieste, Gorizia, the eastern part of the province of Udine, and Istria) during the Second World War. In particular, the author discusses works regarding three modes of the operation of Secret Services: the Human Intelligence, or classical methods used by the Intelligence to collect data with the use of the "human factor"; the Signal Intelligence, or data collection with the use of interception and decryption; the "Political Intelligence" or Political/Psychological Warfare— the analysis and interpretation of secret information and open sources in favor of political leaders in order to find a solution for problems and to generate propaganda.

Introduction

In 1987, one of the most important contemporary historians Christopher Andrew wrote:

> As recently as the beginning of the 1970s books on twentieth-century international relations commonly omitted intelligence altogether. Some still do. Over the last fifteen years, however, research on intelligence has helped to transform our understanding of the Second World War. There are, nonetheless, still major gaps

> in our knowledge of wartime intelligence (Soviet signal intelligence, for example, remains uncharted ground) and even larger gaps for the previous generation.[1]

There is no doubt, in the last decades many important works regarding the history of Intelligence Services (or Secret Services) during the Second World War have been published offering new insights, that can be incorporated into existing knowledge resulting from the wide production; nevertheless, Andrew's affirmation might still be true, even after 30 years.

Furthermore, in some European countries views on the period of the Second World War remain divided as a result of different interpretations regarding historical facts. Not only do differences due to personal recollections and traumas exist, but politics also remains present and thus decisive. What is the role of historiography in this? What do we actually know about history? Quite a lot, but surely not everything. It is a well-known circumstance that in contemporary Europe a strong emphasis exists on the studies of sites of memory and the comprehension of culture of memory, commemorations, and policy of memory (clearly, this kind of studies are mainly linked to the so-called dark side of history: violence, abuses, repressions, revenges, etc.). This choice is justified and, without doubt, welcome, but just as important is the detection of unknown or unexplained historical aspects. We cannot talk about or discuss the past if it is not previously known.

The history of Intelligence certainly belongs to some of the lesser-known aspects of the Second World War. There are several reasons for this: the inaccessibility of resources, difficulties in identifying and understanding (thus also in the interpretation) of backgrounds, complicated (deceptive) topics, etc. In the recent years, there have been some significant shifts, particularly regarding the accessibility of archives. Nevertheless, the operations of Intelligence Services during the war continue to be an under-researched field of historiography. This applies especially to periods that decisively marked the history of certain areas.

1 Christopher Andrew, "Introduction: Intelligence and International Relations 1900–1945," in *Intelligence and International Relations 1900–1945*, ed. Christopher Andrew and Jeremy Noakes (Exeter: University of Exeter, 1987), 1.

Nowadays, this kind of history is still the subject of shared memories, opinions, and views, also because of sheer ignorance of the basic facts, as well as too modest interpretations. This is especially true for some areas where circumstances were extremely complicated. For instance, the area where twentieth-century Italy and Yugoslavia were in strong competition, once called *Venezia Giulia* (Julian Venetia or Julian March: the area of Trieste, Gorizia, the eastern part of the province of Udine, and Istria, as well as Fiume and some parts of Dalmatia).

This is one of those parts of Europe, which was, as a result of multi-ethnic, multicultural, and multilingual features, extremely complex, crucially marked by contradictory claims on the Italian side, on the one hand, and the Yugoslav, on the other. The area was inhabited by a lot of ethnic groups: mainly Croats, Slovenes, and Italians, but also other, such as Serbs, Jews, Germans, Greeks, Hungarians, Czechs, Slovaks, Poles, Armenians, etc. During the period of the birth of nationalism (ca. 1848), co-existence between major ethnic groups deteriorated. After the First World War in 1918, Italians occupied not only the ethnically mixed areas, but also territories inhabited mainly by Slovenes or Croats, and then annexed them, in accordance with the Treaty of Rapallo signed in November 1920. In this way, 360,000 Slovenes and about 160,000 Croats were formally brought under the Italian state. After that, the aspirations of the Italian state for the eastern territory did not diminish. Italianization, denationalizing measures, and assimilation pressures began in the liberal period (1918–1922), despite initial promises, and they reached a new height after fascism came to power. The violence of the so-called *fascismo di frontiera* (the frontier fascism) had caused great harm to Slovenes and Croats, but the fascist government itself additionally gave a strong push to denationalization. Fascist legislation had detrimental effects on all vital Slovenian and Croatian structures in the Julian Venetia, including the school system, culture, toponyms, personal names, surnames, publications, the economy, politics, and various associations.

During the Second World War (actually, in April 1941), Italy invaded and occupied the Slovenian capital city Ljubljana and the southern part of Slovenia. In the area of Trieste, Gorizia, and in Istria, Italy pursued the same policy as in the previous period, whereas in the newly-occupied territory, which became part of the Province of Ljubljana (*Provincia di Lubiana*), it initially adopted a slightly less severe policy in order to win the confidence of the inhabitants. Later on, repressive policy intensified, reaching the level of the German occupation. After the capitulation of Italy on September 8, 1943, the situation changed, and the area passed under German administration. In 1941, in various Yugoslav regions, and also in Julian Venetia, a partisan movement began its activities against the occupiers. The resistance gained power, especially after the capitulation of Italy, so much so that it represented a real danger for the Italian side in Julian Venetia: now, no Italian military formation was able to defend the territory in the north-eastern part of the country from the Yugoslav (Slovene and Croat) partisan movement, which demanded that the territory be annexed to Yugoslavia. All Italian circles (fascist and anti-fascist formations), with the exception of the Communist Party and communist-oriented partisans of the Garibaldi units, strove to defend the north-eastern boundaries. The question of the Yugoslav-Italian border remained uncertain until the end of the war and even beyond; only the Treaty of Osimo signed in 1975 finally defined the last disputed section of the Yugoslav-Italian border.

From almost one year before the beginning of the Second World War onwards, between 1938 (after the *Anschluss* in March 1938) and 1945, the geopolitical importance of the Julian Venetia and also Slovenia greatly increased, as did also, after the Munich Agreement in September 1938, the importance of Central Europe, in general. Before and during the war years, the Intelligence Services of all the sides involved (Yugoslav, Italian, but also of the United Kingdom, the United States of America, Germany, the Union of Soviet Socialist Republics, Czechoslovakia, and Vatican) were extremely active in this area. Strong interests produced a large underground operation.

This essay aims to present a reflection upon various historiographies, as well as the main weak points in previous studies about the wartime Intelligence in Julian Venetia.

The Intelligence Services and the Second World War

In order to understand properly the role and importance of Intelligence Services during the Second World War we have to take into account three modes of their operation: the HUMINT, the SIGINT, and the "Political Intelligence".

The HUMINT or Human Intelligence represents the classical methods used by the Intelligence Services to collect data with the use of the "human factor", for instance, the work and the role of agents and collaborators or helpers, the so-called special operations. The most famous services for special operations during the war were the British Special Operations Executive (SOE) and the U.S. Office of Strategic Services (OSS).

The SIGINT or Signal Intelligence means the data collection with the use of interception and decryption. We can say that reliable and safe communication was always a key factor for all the belligerent sides, but it was likewise important to intercept and decipher the messages of the enemy. These special and strictly protected underground activities became very efficient during the Second World War when new systems based on the successful collaboration of Intelligence Services and mathematicians were developed. The best-known system is ULTRA, with the help of which the British successfully deciphered the intercepted messages of the German Enigma code machine. For example, because of this system the British lost just 33 cargo ships in January 1943, whereas in November 1942 they had lost 109, because of the hermetic codes of the German U-boat submarines. Afterwards, American decoding of Japanese messages played a key role in the Pacific theatre. At the same time, the forces of the Axis powers were also intercepting messages of their adversaries and more or less deciphering them.

The "Political Intelligence" or Political/Psychological Warfare is the analysis and interpretation of secret information and open sources in favor of political leaders in order to find a solution for problems (for instance, the "contested borders") and to generate propaganda. The most famous services for the "black propaganda" during the Second World War were the British Political Warfare Executive (PWE) and the

U.S. Office of War Information (OWI), as well as the Allied Psychological Warfare Branch (PWB).

Several works take into consideration the Anglo-American HUMINT. Among the most important authors on wartime British Intelligence are: Christopher Andrew, Roderick Bailey, David Dilks, Michael R.D. Foot, Max Hastings, Francis Harry Hinsley, Patrick Howard, Keith Jeffery, William James Millar Mackenzie, Mark Seaman, David Stafford, Jonathan Walker, Nigel West, Neville Wylie. With the U.S. Intelligence deal: David Alvarez, Robert L. Benson, Richard D. Breitman, Anthony Cave Brown, George C. Chalou, Norman J.W. Goda, Peter Grose, Timothy Naftali, Joseph E. Persico, Richard H. Smith, and Bradley F. Smith. None of the mentioned authors deals with the issue of Julian Venetia in depth. As far as the SIGINT is concerned, there are very useful studies outlining the general background for these themes (e.g., works written by Francis Harry Hinsley, Richard J. Aldrich, David Kahn, Gill Bennet, Stephen Budiansky, Ralph Erskine, David A. Hatch, John Jackson, Michael Smith, Hugh Sebag-Montefiore, Paul Gannon, David Alvarez, Nigel West, Alberto Santoni, Frederick W. Winterbotham), but in this case also, there exist no studies dealing with the Italo-Yugoslav border. The same is true of the works on the British and U.S. Psychological Warfare (e.g., works by Michael Balfour, P.M.H. Bell, Charles Cruickshank, Robert Cole, David Garnett, Stanley Newcourt-Nowodworski). The wartime Julian Venetia is also not one of the central topics in numerous works regarding the Italian (among the most important authors: Giuseppe De Lutiis, Roberto Canosa, Alberto Santoni, Franco Fucci, Paolo Ferrari, Alessandro Massignani, Andrea Vento), the German or Nazi (Richard Bassett, Edmund L. Blandford, Richard D. Breitman, George C. Browder, Reinhard R. Doerries, Carsten Dams, Michael Stolle, Mario R. Dederichs, Robert Gerwarth, Heinz Höhne, Carlo Gentile, Lauran Paine, Katrin Paehler, Michael Wildt, etc.), and the Soviet Intelligence (Christopher Andrew, Oleg Gordievsky, Vasili Mitrokhin, Desmond Ball, Igor Damaskin, Vadim J. Birstein, David M. Glantz, Donald O'Sullivan, Viktor Suvorov, Nigel West, Oleg Tsarev).

The case of Julian Venetia

Historiography has often dealt with the Italo-Yugoslav border (or the so-called "Trieste question") with well-documented studies written in different languages, among which the "classical" and most important ones were written by Janko Jeri,[2] Jean-Baptiste Duroselle,[3] Bogdan C. Novak,[4] Diego De Castro,[5] Antonio Giulio M. De Robertis,[6] Giampaolo Valdevit,[7] Roberto G. Rabel,[8] Raoul Pupo,[9] Marina Cattaruzza,[10] and Jože Pirjevec.[11] These works also deal with the Second World War and are useful in order to contextualize the activities of Intelligence, but do not deal with them in depth.

---

2 Janko Jeri, *Tržaško vprašanje po drugi svetovni vojni: tri faze diplomatskega boja* (Ljubljana: Cankarjeva založba, 1961).

3 Jean-Baptiste Duroselle, *Le Conflit de Trieste 1943–1954* (Bruxelles: Editions de l'Institut de Sociologie de l'Université libre, 1966).

4 Bogdan C. Novak, *Trieste, 1941–1954: The Ethnic, Political, and Ideological Struggle* (Chicago – London, University of Chicago Press, 1970).

5 Diego De Castro, *La questione di Trieste: l'azione politica e diplomatica italiana dal 1943 al 1954. Vol. 1 and 2* (Trieste: Lint, 1981).

6 Antonio Giulio M. De Robertis, *La frontiera orientale italiana nella diplomazia della seconda guerra mondiale* (Napoli: Edizioni scientifiche italiane, 1981); De Robertis, *Le grandi potenze e il confine giuliano 1941–1947* (Bari: Università degli studi, Istituto di storia moderna e contemporanea – Laterza, 1983).

7 Giampaolo Valdevit, *La questione di Trieste 1941-1954: politica internazionale e contesto locale* (Milano: Franco Angeli, 1986); Valdevit, *Il dilemma Trieste: guerra e dopoguerra in uno scenario europeo* (Trieste – Gorizia: Istituto regionale per la storia del movimento di liberazione nel Friuli-Venezia Giulia, Libreria editrice goriziana, 1999).

8 Roberto G. Rabel, *Between East and West: Trieste, the United States, and the Cold War, 1941–1954* (Durham, etc.: Duke University Press, 1988).

9 Raoul Pupo, *Guerra e dopoguerra al confine orientale d'Italia (1938–1956)* (Udine: Del Bianco, 1999); Pupo, *Il lungo esodo. Istria: le persecuzioni, le foibe, l'esilio* (Milano: Rizzoli, 2005); Pupo, *Trieste '45* (Roma – Bari: Laterza, 2010).

10 Marina Cattaruzza, *L'Italia e il confine orientale 1866–2006* (Bologna: il Mulino, 2007).

11 Jože Pirjevec, *"Trst je naš!" Boj Slovencev za morje (1848–1954)* (Ljubljana: Nova revija, 2007).

Several works take into consideration the Anglo-American HUMINT in Italy and in Yugoslavia, but they almost never deal with the border issue and overlook the MI6 (Military Intelligence 6, i.e., the ISLD—Inter-Services Liaison Department) missions or operations, concentrating only on the SOE and/or the OSS. Exceptions are Sebastian Ritchie's book,[12] in which only one ISLD mission in Yugoslavia is treated, and John Earle's treatise[13] in which the main themes of the problem are outlined.

I myself have covered the topic of the role of Secret Services in the Julian Venetia in my books,[14] focusing on the SOE/OSS in the border area. The research convinced me of the necessity for a specific treatment of the SIGINT and border themes, and to also take into consideration other Services, as well the need for a new periodization: since the geopolitical importance of the Julian Venetia increased after the *Anschluss* in March 1938, and in general the importance of Central Europe increased after the Munich conference in September 1938. There are only a few studies, in fact, that deal with the period 1940–1943, and almost nonexistent are those beginning with 1938—with the exception of Jerca Vodušek Starič's work regarding Slovenia,[15] and Tone Ferenc's[16]

12 Sebastian Ritchie, *Our Man in Yugoslavia: The Story of a Secret Service Operative* (London – New York: Routledge, 2004).

13 John Earle, *The Price of Patriotism: SOE and MI6 in the Italian-Slovene Borderlands during World War II* (Sussex, England: Book Guild, 2005).

14 Gorazd Bajc, *Zapletena razmerja: Ivan Marija Čok v mreži primorske usode* (Koper: Društvo TIGR Primorske, 2000); Bajc, *Iz nevidnega na plan. Slovenski primorski liberalni narodnjaki v emigraciji med drugo svetovno vojno in ozadje britanskih misij v Sloveniji* (Koper: Zgodovinsko društvo za južno Primorsko – Znanstveno-raziskovalno središče Republike Slovenije, 2002); Bajc, *Operacija Julijska krajina: severovzhodna meja Italije in zavezniške obveščevalne službe (1943–1945)* (Koper: Univerza na Primorskem, Znanstveno-raziskovalno središče, Založba Annales – Zgodovinsko društvo za južno Primorsko, 2006).

15 Jerca Vodušek Starič, *Slovenski špijoni in SOE: 1938–1942* (Ljubljana: self-published, 2002).

16 Tone Ferenc, *Akcije organizacije TIGR v Avstriji in Italiji spomladi 1940* (Ljubljana: Borec, 1977).

and Peter Pirker's studies[17] that deal mostly with the Austrian Carinthia. Three recent studies on the SOE in Italy in the period 1940–1943 written by Mireno Berrettini,[18] Gianluca Barneschi,[19] and Roderick Bailey[20] are significant. The last one is the official history of SOE operations in fascist Italy, and is better documented and thus superior to the previously mentioned.

There exist more studies on the period 1943–1945. With regard to Italy, Massimo De Leonardis,[21] Tommaso Piffer,[22] David Stafford,[23] and Mireno Berrettini[24] are the main authors. With regard to Yugoslavia, Dušan Biber's synthesis of the Anglo-American (and Soviet) missions[25] is of fundamental importance and very interesting. The same applies to books by authors like Kirk Ford, Jr.,[26] and the more recent ones like the works by Heather Williams (about the SOE in Yugoslavia)[27] and Blaž Torkar (about the OSS in Slovenia).[28] The situation in Slovenia is well described in the studies on the SOE in Austria:

---

17 Peter Pirker, *Gegen das "Dritte Reich". Sabotage und transnationaler Widerstand in Österreich und Slovenien 1938–1940* (Klagenfurt – Wien: Kitab, 2010).

18 Mireno Berettini, *La Gran Bretagna e l'antifascismo italiano: diplomazia clandestina, intelligence, operazioni speciali (1940–1943)* (Firenze: Le Lettere, 2010).

19 Gianluca Barneschi, *L'inglese che viaggiò con il Re e Badoglio. Le missioni dell'agente speciale Dick Mallaby* (Gorizia: LEG, 2013).

20 Roderick Bailey, *Target: Italy. The Secret War against Mussolini, 1940–1943* (London: Faber & Faber, 2014).

21 Massimo De Leonardis, *La Gran Bretagna e la resistenza partigiana in Italia (1943–1945)* (Napoli: Edizioni scientifiche italiane, 1988).

22 Tommaso Piffer, *Gli alleati e la Resistenza italiana* (Bologna: il Mulino, 2010).

23 David Stafford, *Mission Accomplished: SOE and Italy 1943–1945* (London: Bodley Head, 2011).

24 Mireno Berrettini, *La Resistenza Italiana e lo Special Operations Executive britannico (1943–1945)* (Firenze: Le Lettere, 2014).

25 Dušan Biber, "Zavezniške in sovjetske misije ter obveščevalne službe v NOB," *Borec* 43, no. 1–3 (1991): 77–138.

26 Kirk Ford, Jr., *OSS and the Yugoslav Resistance, 1943–1945* (College Station: Texas A&M University Press, 1992).

27 Heather Williams, *Parachutes, Patriots, and Partisans. The Special Operations Executive and Yugoslavia, 1941–1945* (London: Hurst & Company 2003).

28 Blaž Torkar, *Prikriti odpor. Ameriška obveščevalna služba na Slovenskem med drugo svetovno vojno* (Celovec: Mohorjeva, 2012).

besides Thomas M. Barker's "classic" study,[29] Peter Pirker's great work[30] should also be mentioned. Memoirs of Anglo-American agents or collaborators (Fitzroy Maclean, Peter Wilkinson, Frederick William Deakin, Geoffrey Cox, Max Corvo, Franklin Lindsay, Patrick Martin-Smith, Tom R.S. Macpherson, Donald Gurrey, William Jones, Louis Huot, Peter Tompkins, Edgardo Sogno, etc.) contain useful information and some of them are also well documented.

As has already been mentioned, as far as the SIGINT is concerned, there are very useful studies outlining the general background for these themes, but also in this case there exist no studies dealing with the Italo-Yugoslav border. Besides the monumental *British Intelligence in the Second World War* by Francis Harry Hinsley et al., and the works by Filippo Cappellano,[31] there are no exhaustive works on the Italian and Yugoslav situation either, with the exception of two articles written by Herbert Romerstein[32] and John Cripps[33] focusing on the problem "Tito vs. Mihailović".

Works on the Italian intelligence describe mostly the fascist police, in particular the *Organizzazione per la Vigilanza e la Repressione dell'Antifascismo*—OVRA: fundamental are the studies by Mimmo

29 Thomas M. Barker, *Social Revolutionaries and Secret Agents. The Carinthian Slovene Partisans and Britain's Special Operations Executive* (New York: Columbia University Press, 1990).

30 Peter Pirker, *Subversion deutscher Herrschaft. Der britische Kriegsgeheimdienst SOE und Österreich* (Vienna: Vienna University Press, 2012).

31 Cf., e.g., Filippo Cappellano, "Il servizio intercettazioni radio e radiogoniometrico del regio Esercito 1915– 1945," in *Radiofronte 1935–1945. Le radiotrasmissioni militari dell'Italia in guerra*, ed. Filippo Cappellano and Nicola Pignato (Rovereto: Museo storico italiano della guerra, 2003), 9–43.

32 Herbert Romerstein, "Aspects of World War II History Revealed through 'ISCOT' Radio Intercepts," *The Journal of Intelligence History* 5, no. 1 (2005): 15–28.

33 John Cripps, "Mihailović or Tito? How Codebreakers Helped Churcill Choose," in *The Bletchley Park Codebreakers*, ed. Ralph Erskine and Michael Smith (London: Biteback Publishing Ltd., 2011), 217–39.

Franzinelli[34] and Mauro Canali[35] (with some significant differences among them), and, as far as the Italian Army's Intelligence Service (*Servizio Informazioni Militare*—SIM) is concerned, the study by Giuseppe Conti[36] that briefly analyses also the Italian SIGINT, and, in general, work by Maria Gabriella Pasqualini.[37] There are no in-depth studies on the missions ordered from the South (the new pro-Allied Badoglio's government) in the Julian Venetia. In the memoirs of the Navy Chief Raffaele De Courten[38] and in the works by Raoul Pupo[39] we find some more information regarding the missions of the Italian Navy's Secret Service (*Servizio Informazioni Segreto*—SIS). For some background regarding the agents sent from the South to Friuli (in particular of the SIM) the works on the so-called massacre at Porzûs in February 1945 should be considered, in particular the analysis by Alessandra Kersevan.[40] Lastly, further information can be found in the publications regarding the "first stay-behind" units[41] and in studies of the rich (but often

34 Mimmo Franzinelli, *I tentacoli dell'OVRA. Agenti, collaboratori e vittime della polizia politica fascista* (Torino, Bollati Boringhieri: 1999); Franzinelli, *Guerra di spie. I servizi segreti fascisti, nazisti e alleati, 1939–1943* (Milano, Mondadori: 2004).

35 Mauro Canali, *Le spie del regime* (Bologna: il Mulino, 2004).

36 Giuseppe Conti, *Una guerra segreta. Il SIM nel secondo conflitto mondiale* (Bologna: il Mulino, 2009).

37 Cf., e.g., Maria Gabriella Pasqualini, *Carte segrete dell'intelligence italiana: 1919–1949* (Roma: Ministero Difesa – RUD, 2007); Pasqualini, *Carte segrete dell'intelligence italiana: Il S.I.M. in archivi stranieri* (Roma: Ministero Difesa – RUD, 2014).

38 Raffaele De Courten, *Le memorie dell'Ammiraglio De Courten (1943–1946)* (Gaeta: Stabilimento grafico militare – Ufficio Storico della Marina Militare, 1993). Cf. Riccardo Nassigh, *La Marina Italiana e l'Adriatico. Il potere marittimo in un teatro ristretto* (Roma: Ufficio Storico della Marina Militare, 1998).

39 Cf., e.g., Raoul Pupo, "L'Italia e la presa del potere jugoslava nella Venezia Giulia," in *La crisi di Trieste. Maggio-giugno 1945: una revisione storiografica*, ed. Giampaolo Valdevit (Trieste: Istituto regionale per la storia del movimento di liberazione nel Friuli-Venezia Giulia, 1995), 93–142.

40 Alessandra Kersevan, *Porzûs. Dialoghi sopra un processo da rifare* (Udine: Kappa Vu, 1995).

41 Cf., e.g., Giuseppe Casarrubea and Mario José Cereghino, *Lupara nera. La guerra segreta alla democrazia in Italia, 1943–1947* (Milano: Bompiani 2009); Giacomo

not objective) memoirs of the former members of the fascist unit X MAS.

Even if the works on the Czechoslovak,[42] the Nazi, and the Soviet Intelligence do not directly concern the Julian Venetia (with the exception of those regarding the Nazi police violence[43] and some aspects of the Soviet missions among Slovene partisans[44]), they do contain useful data.

There are no detailed reconstructions regarding the VOS (*Varnostno-obveščevalna služba*), the first service established by Slovenian partisans (1941–1944), while there exists more data on the service active from 1944 to 1946 (*Oddelek za zaščito naroda/Odjeljenje za zaštitu naroda*—OZNA), in particular in the studies by Ljuba Dornik

---

Pacini, *Le altre Gladio. La lotta segreta anticomunista in Italia 1943–1991* (Torino: Einaudi 2014).

42 Cf., e.g., Jiří Šolc, *Přijdeme za svítání. Diverze v neregulérní válce Československého odboje v letech 1939–1945* (Praha: Naše vojsko, 2005); Šolc, *Po boku prezidenta. Generál František Moravec a jeho zpravodajská služba ve světle archivních dokumentů* (Praha: Naše vojsko, 2007). For the wider context cf. Detlef Brandes, *Exil v Londýně 1939–1943: Velká Británie a její spojenci Československo, Polsko a Jugoslávie mezi Mnichovem a Teheránem* (Praha: Karolinum, 2003); Borut Klabjan, *Češkoslovaška na Jadranu: Čehi in Slovaki ter njihove povezave s Trstom in Primorsko od začetka 20. stoletja do druge svetovne vojne* (Koper: Univerza na Primorskem, Znanstveno-raziskovalno središče – Zgodovinsko društvo za južno Primorsko, Založba Annales, 2007); Klabjan, *Češi a Slováci na Jadranu: vztahy s Terstem a severním Jadranem v letech 1848–1948* (Praha: Filozofická fakulta Univerzity Karlovy, 2014).

43 Irene Bolzon, *Repressione antipartigiana in Friuli: la Caserma "Piave" di Palmanova e i processi del dopoguerra* (Udine: Kappa Vu, 2013); Giorgio Liuzzi, *Violenza e repressione nazista nel Litorale Adriatico 1943–1945* (Trieste: Istituto regionale per la storia del movimento di liberazione nel Friuli Venezia Giulia, 2014).

44 Gorazd Bajc, "Slovenskie i anglo-amerikanskie istočniki o sotrudničestve v oblasti voennoj razvedki v Slovenii i na jugoslavsko-ital'janskoj granice v 1944–1945 gg.," in *Slovenica 2. Slavjanskij mežkul'turnyj dialog v vosprijatii russkih i slovencev: k jubileju I. V. Čurkinoj*, ed. Konstantin V. Nikiforov (Moskva: Institut slavjanovedenija Rossijskoj akademii nauka, 2011), 181–91; Marina Rossi, *Soldati dell'Armata Rossa al confine orientale: 1941–1945* (Gorizia: LEG, 2014).

Šubelj.[45] In this field, an important contribution presents the book by Jera (or Jerca) Vodušek Starič on the takeover of power by the Yugoslav Communist Party;[46] for this rise to power and also for the complicated context of Slovenian wartime works written by Bojan Godeša,[47] Vida Deželak-Barič,[48] Božo Repe,[49] and several others[50] are essential.

Some books on Slovenian collaborationists (in particular by Boris Mlakar)[51] offer interesting data on the double-cross perpetrated by a few officers, but they almost overlook the Julian Venetia. Analyses by Tamara Griesser Pečar[52] give a Manichaean look of the past, but they nevertheless contain interesting data. Several issues connected with Slovenian non-Communists, who actually collaborated with the Allies, are explained—i.e., are explainable—thanks to the important document collection edited by Jera Vodušek Starič,[53] but also to some other

---

45 Ljuba Dornik Šubelj, *Oddelek za zaščito naroda za Slovenijo* (Ljubljana: Arhiv Republike Slovenije, 1999); Dornik Šubelj, *OZNA in prevzem oblasti 1944–46* (Ljubljana: Modrijan – Arhiv Republike Slovenije, 2013).

46 Jera Vodušek Starič, *Prevzem oblasti 1944–1946* (Ljubljana: Cankarjeva založba, 1992).

47 Bojan Godeša, *Kdor ni z nami, je proti nam: slovenski izobraženci med okupatorji, Osvobodilno fronto in protirevolucionarnim taborom* (Ljubljana: Cankarjeva založba, 1995); Godeša, *Čas odločitev: katoliški tabor in začetek okupacije* (Ljubljana: Mladinska knjiga, 2011).

48 Vida Deželak-Barič, *Komunistična partija Slovenije in revolucionarno gibanje 1941–1943* (Ljubljana: Inštitut za novejšo zgodovino, 2007).

49 Božo Repe, *S puško in knjigo. Narodnoosvobodilni boj slovenskega naroda 1941–1945* (Ljubljana: Cankarjeva založba, 2015).

50 The most recent work is a collaborative volume by Zdenko Čepič, Damijan Guštin and Nevenka Troha, *Slovenija v vojni 1941–1945* (Ljubljana: Modrijan, 2017).

51 Boris Mlakar, *Domobranstvo na Primorskem (1943–1945)* (Ljubljana: Borec, 1982); Mlakar, *Slovensko domobranstvo 1943–1945. Ustanovitev, organizacija, idejno ozadje* (Ljubljana: Slovenska matica, 2003).

52 Tamara Griesser Pečar, *Razdvojeni narod. Slovenija 1941–1945: okupacija, kolaboracija, državljanska vojna, revolucija* (Ljubljana: Mladinska knjiga, 2004).

53 Jera Vodušek Starič (ed.), *"Dosje" Mačkovšek* (Ljubljana: Arhivsko društvo Slovenije, 1994).

works[54] and memoirs (the most important by Vladimir Vauhnik).[55] Many problems linked to the Yugoslav non-Communists, but in a way, also to the Allies, need a thorough document examination (e.g., in relation to the international context).

Specific literature has overlooked or underestimated almost completely the role of women of various Services in the Julian Venetia.[56]

The theme of "Political Intelligence", intended as analysts' work to find a solution to the border problem in the Julian Venetia, has been as yet only indirectly dealt with in the studies regarding diplomacy. In any case, available works do not focus on the operating methods of analysts or on the propaganda concerning the border. Among the authors writing on the British and the U.S. psychological warfare in Italy we can take into consideration Maura Piccialutti Caprioli[57] and Lamberto Mercuri,[58] and, in the treatise on the British Service for the "black propaganda" (the Political Warfare Executive—PWE), Michael Stenton writes much about Yugoslavia up to 1943.[59] The works by

54 Cf., e.g., Pavle Borštnik, *Pozabljena zgodba slovenske nacionalne ilegale* (Ljubljana: Mladinska knjiga, 1998); Aleksander Bajt, *Bermanov dosje* (Ljubljana: Mladinska knjiga, 1999); Janez A. Arnež, *SLS: Slovenska ljudska stranka / Slovenian People's Party: 1941–1945* (Ljubljana – Washington: Studia Slovenica, 2002).

55 Vladimir Vauhnik, *Nevidna fronta. Spomini* (Buenos Aires: Svobodna Slovenija, 1965). Cf. Miloš Vauhnik, *Pe-fau in dvajseto stoletje* (Ljubljana: Jutro, 2012).

56 Among the available studies on the Italian women connected with the Services cf. Andrea Romoli, *Il diritto di parlare: Paola Del Din, una vita in prima linea dalla Resistenza alla Guerra Fredda* (Udine: Gaspari, 2017). On Slovenian women cf. Ljuba Dornik Šubelj, "Vloga žensk v obveščevalnih in varnostnih službah na Slovenskem," in *Ženske skozi zgodovino*, ed. Aleksander Žižek (Ljubljana: Zveza zgodovinskih društev Slovenije, 2004), 159–68.

57 Maura Piccialuti Caprioli, *Radio Londra 1939–1945* (Roma – Bari: Laterza, 1979).

58 Lamberto Mercuri, *Guerra psicologica: la propaganda anglo-americana in Italia, 1942–1946* (Roma: Archivio trimestrale, 1983).

59 Michael Stenton, *Radio London and Resistance in Occupied Europe. British Political Warfare 1939–1943* (Oxford: Oxford University Press, 2000). Cf. Miroljub Jevtović, *Šta kaže Radio London* (Beograd: A-Š Delo, 1989).

Marco Fincardi[60] and Luigi Petrella[61] about propaganda in the fascist Italy are very useful. Anyway, there are no notable works regarding the wartime propaganda in the Julian Venetia, with the exception of articles regarding the Nazis by Fulvia Albanese,[62] Gianmarco Bresadola,[63] and Katja Colja.[64] Leonid Gibianskii's works[65] will be also useful for the interpretation of Soviet analysts and psychological propaganda.

An important issue is the publication of documents in different languages concerning the present topic. Apart from the diplomatic

60 Cf., e.g., Marco Fincardi, "Anglo-American Air Attacks and the Rebirth of Public Opinion in Fascist Italy," in *Bombing, States and Peoples in Western Europe 1940–1945*, ed. Claudia Baldoli, Andrew Knapp and Richard Overy (London: Continuum, 2011), 241–55; Fincardi, "Gli italiani e l'attesa di un bombardamento della capitale," in *I bombardamenti aerei sull'Italia: politica, Stato e società (1939–1945)*, ed. Nicola Labanca (Bologna: il Mulino, 2012), 213–45; Fincardi and Claudia Baldoli, "Italian Society Under Anglo-American Bombs: Propaganda, Experience," *The Historical Journal* 52, no. 4 (2009): 1017–38.

61 Luigi Petrella, *Staging the Fascist War. The Ministry of Popular Culture and Italian Propaganda on the Home Front, 1938–1943* (Oxford [etc.]: Peter Lang, 2016).

62 Fulvia Albanese, "Rallegratevi della guerra e temete la pace! Note sulla propaganda nazista nel Litorale Adriatico 1943–1945," *Qualestoria*, no. 1 (1997): 177–208.

63 Gianmarco Bresadola, "'... per una migliore comprensione dei problemi di questo territorio.' Il progetto nazionalsocialista di governo del Litorale Adriatico nelle pagine del della Deutsche Adria Zeitung," *Qualestoria*, no. 2 (2002): 83–118.

64 Katja Colja, "Il collaborazionismo nell'Adriatisches Küstenland: la vicenda dei domobranci (1943–1945)," in *Storia e memoria degli sloveni del Litorale: fascismo, guerra e resistenza*, ed. Marta Verginella, Sandi Volk and Katja Colja (Trieste: Istituto regionale per la storia del movimento di liberazione nel Friuli-Venezia Giulia, 1994), 123–60.

65 Cf., e.g., Leonid Gibianskii, *Savetskij Sojuz i novaja Jugoslavija 1941–1947* (Moskva: Nauka, 1987); Gibianskii, "Triestskij vopros v konce vtoroj mirovoj vojny (1944–1945)," *Sovetskoe slavânovedenie*, no. 4 (2001): 3–30; Gibianskii, "The Trieste Issue and the Soviet Union in the 1940s," in *Vojna in mir na Primorskem. Od kapitulacije Italije leta 1943 do Londonskega memoranduma leta 1954*, ed. Jože Pirjevec, Gorazd Bajc and Borut Klabjan (Koper: Univerza na Primorskem, Znanstveno-raziskovalno središče, Založba Annales – Zgodovinsko društvo za južno Primorsko, 2005), 357–90.

sources,[66] the most important documents are those containing reference to the Secret Services (and also political issues), such as, for example, on the Chief of the OSS mission in Bern, Switzerland, Allen Dulles,[67] the collections by Dušan Biber,[68] Chiara Saonara,[69] Elena Aga-Rossi,[70] Bogdan Krizman,[71] Branko Petranović,[72] Živko Avramovski,[73] Ljubo Boban,[74] Staniša R. Vlahović,[75] Robert L. Jarman,[76] Nicola Tranfaglia,[77]

---

66 In particular cf.: *Foreign Relations of the United States*; *Documenti Diplomatici Italiani*; *Actes et documents du Saint-Siège relatifs à la Seconde Guerre Mondiale.*

67 Neal H. Petersen, *From Hitler's Doorstep. The Wartime Intelligence Reports of Allen Dulles, 1942–1945* (Pennsylvania: The Pennsylvania State University Press – University Park, 1996).

68 Dušan Biber, *Tito-Churchill. Strogo tajno* (Zagreb: Globus, 1981). In the 1980s, Biber also edited the publication of certain reports by the Allied agents active in Slovenia.

69 Chiara Saonara, *Le missioni militari alleate e la resistenza nel Veneto. La rete di Pietro Ferrari dell'OSS* (Venezia: Istituto veneto per la storia della Resistenza-Annali 1988–1989 – Marsilo 1990).

70 Cf., e.g., Elena Aga-Rossi, "Alleati e Resistenza in Italia," in *Problemi di storia della Resistenza in Friuli. Vol. 1* (Udine 1984), 193–269; Aga-Rossi, *L'inganno reciproco: l'armistizio tra l'Italia e gli angloamericani del settembre 1943* (Roma: Ministero per i beni culturali e ambientali, Ufficio centrale per i beni archivistici, 1993).

71 Bogdan Krizman, *Jugoslavenske vlade u izbjeglištvu 1941–1943: dokumenti* (Beograd – Zagreb: Arhiv Jugoslavije – Globus, 1981).

72 Branko Petranović, *Jugoslovenske vlade u izbeglištvu 1943–1945: dokumenti* (Beograd – Zagreb: Arhiv Jugoslavije – Globus, 1981).

73 Živko Avramovski, *Britanci o Kraljevini Jugoslaviji. Vol. 3 (1939–1941)* (Beograd: Arhiv Jugoslavije – Jugoslovenska knjiga, 1996).

74 Ljubo Boban, *Hrvatska u arhivima izbjegličke vlade 1941–1943: izvještaji informatora o prilikama u Hrvatskoj* (Zagreb: Globus, 1985); Boban, *Hrvatska u diplomatskim izvještajima izbjegličke vlade 1941–1943* (Zagreb: Globus – Filozofski fakultet, Humanističke i društvene znanosti – Zavod za hrvatsku povijest, 1988).

75 Staniša R. Vlahović, *Zbornik dokumenata iz Britanske arhive: anglo-jugoslovenski odnosi 1941–1948* (Birmingham: Staniša R. Vlahović, 1985).

76 Robert L. Jarman, *Yugoslavia: Political Diaries 1918–1965. Vol. 3: 1938–1948* (Slough: Archive Editions, 1997).

77 Nicola Tranfaglia, *Come nasce la Repubblica. La mafia, il Vaticano e il neofascismo nei documenti americani e italiani, 1943/1947* (Milano: Bompiani, 2004).

Marijan F. Kranjc and Slobodan Kljakić,[78] Mateja Jeraj and Jelka Melik,[79] and, furthermore, the published sources on the resistances in Italy and Yugoslavia, as well as the facsimiles of the *Weekly Political Intelligence Summaries* (1983).

Conclusions

In general, the state-of-the-art—apart from certain content gaps—shows, on a methodological level, the preference for classical approaches that do not take into account interdisciplinarity, with the exception of Glenda Sluga,[80] Rolf Wörsdörfer,[81] Marta Verginella,[82] and others, who adopt the historical-anthropological approach to the border issue. A comparison between the two parts of the Italo-Yugoslav border has not been made, and the southern parts of the Julian Venetia (Istria, Fiume, and Dalmatia) have not been taken into account enough. Moreover, the documentation has not always been analyzed in a critical way. The data regarding different Services, especially the operating methods and objectives, has not been compared properly, with few exceptions. Additionally, no comparison of sources stemming from different origins has been carried out; the lack of knowledge of the local languages has,

78 Marijan F. Kranjc and Slobodan Kljakić, *Plava garda: zaupno poročilo četniškega vojvode in generalštabnega polkovnika Karla I. Novaka, poveljnika slovenskih četnikov* (Maribor: Pro-Andy, 2006).

79 Mateja Jeraj and Jelka Melik, *Kazenski proces proti Črtomirju Nagodetu in soobtoženim. Študija in prikaz procesa* (Ljubljana: Arhiv Republike Slovenije, 2015).

80 Glenda Sluga, *The Problem of Trieste and the Italo-Yugoslav Border: Difference, Identity, and Sovereignty in Twentieth-Century Europe* (Albany: State University of New York Press, 2001).

81 Rolf Wörsdörfer, *Krisenherd Adria 1915–1955. Konstruktion und Artikulation des Nationalen im italienisch-jugoslawischen Grenzraum* (Paderborn: Schöningh, 2004).

82 Marta Verginella, *Il confine degli altri* (Roma: Donzelli 2008); Verginella, "Drugi Tržaški proces," in *Primorski upor fašizmu 1920–1941*, ed. Milica Kacin Wohinz and Marta Verginella (Ljubljana: Društvo Slovenska matica, 2008), 259–350.

namely, not allowed the researchers to take into account documents from different origins.

New studies (a lot of sources—useful for a more precise understanding of the complicated history of Julian Venetia during the Second World War—can now be accessed, which enables exhaustive comparative studies) will fill the gap with regard to the SIGINT in the Julian Venetia (at present, there are no studies in this field), disclose what went on behind the work of analysts, the various forms of propaganda, the role of women and double agents, as well as the short- and long-term plans of the Services, etc. Moreover, new research will analyze the political contamination of Intelligence Services and their "construction" of information and rhetoric handed to the authorities.

Bibliography

Actes et documents du Saint-Siège relatifs à la Seconde Guerre Mondiale.

Aga-Rossi, Elena. "Alleati e Resistenza in Italia." In *Problemi di storia della Resistenza in Friuli. Vol. 1*, 193–269. Udine 1984.

—. *L'inganno reciproco: l'armistizio tra l'Italia e gli angloamericani del settembre 1943*. Roma: Ministero per i beni culturali e ambientali, Ufficio centrale per i beni archivistici, 1993.

Albanese, Fulvia. "Rallegratevi della guerra e temete la pace! Note sulla propaganda nazista nel Litorale Adriatico 1943–1945." *Qualestoria*, no. 1 (1997): 177–208.

Andrew, Christopher. "Introduction: Intelligence and International Relations 1900–1945." In *Intelligence and International Relations 1900–1945*, 1–7. Edited by Christopher Andrew and Jeremy Noakes. Exeter: University of Exeter, 1987.

Arnež, Janez A. *SLS: Slovenska ljudska stranka / Slovenian People's Party: 1941–1945*. Ljubljana – Washington: Studia Slovenica, 2002.

Avramovski, Živko. *Britanci o Kraljevini Jugoslaviji. Vol. 3 (1939–1941)*. Beograd: Arhiv Jugoslavije – Jugoslovenska knjiga, 1996.

Bailey, Roderick. *Target: Italy. The Secret War against Mussolini, 1940–1943*. London: Faber & Faber, 2014.

Bajc, Gorazd. *Iz nevidnega na plan. Slovenski primorski liberalni narodnjaki v emigraciji med drugo svetovno vojno in ozadje britanskih misij v Sloveniji*. Koper: Zgodovinsko društvo za južno Primorsko – Znanstveno-raziskovalno središče Republike Slovenije, 2002.

—. *Operacija Julijska krajina: severovzhodna meja Italije in zavezniške obveščevalne službe (1943–1945)*. Koper: Univerza na Primorskem, Znanstveno-raziskovalno središče, Založba Annales – Zgodovinsko društvo za južno Primorsko, 2006.

—. "Slovenskie i anglo-amerikanskie istočniki o sotrudničestve v oblasti voennoj razvedki v Slovenii i na jugoslavsko-ital'janskoj granice v 1944–1945 gg." In *Slovenica 2. Slavjanskij mežkul'turnyj dialog v vosprijatii russkih i slovencev: k jubileju I. V. Čurkinoj*, 181–91. Edited by Konstantin V. Nikiforov. Moskva: Institut slavjanovedenija Rossijskoj akademii nauka, 2011.

—. *Zapletena razmerja: Ivan Marija Čok v mreži primorske usode*. Koper: Društvo TIGR Primorske, 2000.

Bajt, Aleksander. *Bermanov dosje*. Ljubljana: Mladinska knjiga, 1999.

Barker, Thomas M. *Social Revolutionaries and Secret Agents. The Carinthian Slovene Partisans and Britain's Special Operations Executive*. New York: Columbia University Press, 1990.

Barneschi, Gianluca. *L'inglese che viaggiò con il Re e Badoglio. Le missioni dell'agente speciale Dick Mallaby*. Gorizia: LEG, 2013.

Berrettini, Mireno. *La Gran Bretagna e l'antifascismo italiano: diplomazia clandestina, intelligence, operazioni speciali (1940–1943)*. Firenze: Le Lettere, 2010.

—. *La Resistenza Italiana e lo Special Operations Executive britannico (1943–1945)*. Firenze: Le Lettere, 2014.

Biber, Dušan. *Tito-Churchill. Strogo tajno*. Zagreb: Globus, 1981.

—. "Zavezniške in sovjetske misije ter obveščevalne službe v NOB." *Borec* 43, no. 1–3 (1991): 77–138.

Boban, Ljubo. *Hrvatska u arhivima izbjegličke vlade 1941–1943: izvještaji informatora o prilikama u Hrvatskoj*. Zagreb: Globus, 1985.

—. *Hrvatska u diplomatskim izvještajima izbjegličke vlade 1941–1943*. Zagreb: Globus – Filozofski fakultet, Humanističke i društvene znanosti – Zavod za hrvatsku povijest, 1988.

Bolzon, Irene. *Repressione antipartigiana in Friuli: la Caserma "Piave" di Palmanova e i processi del dopoguerra*. Udine: Kappa Vu, 2013.

Borštnik, Pavle. *Pozabljena zgodba slovenske nacionalne ilegale*. Ljubljana: Mladinska knjiga, 1998.

Brandes, Detlef. *Exil v Londýně 1939–1943: Velká Británie a její spojenci Československo, Polsko a Jugoslávie mezi Mnichovem a Teheránem*. Praha: Karolinum, 2003.

Bresadola, Gianmarco. "'… per una migliore comprensione dei problemi di questo territorio.' Il progetto nazionalsocialista di governo del Litorale Adriatico nelle pagine del della Deutsche Adria Zeitung." *Qualestoria*, no. 2 (2002): 83–118.

Canali, Mauro. *Le spie del regime*. Bologna: il Mulino, 2004.

Cappellano, Filippo. "Il servizio intercettazioni radio e radiogoniometrico del regio Esercito 1915– 1945." In *Radiofronte 1935–1945. Le radiotrasmissioni militari dell'Italia in guerra*, 9–43. Edited by Filippo Cappellano and Nicola Pignato. Rovereto: Museo storico italiano della guerra, 2003.

Casarrubea, Giuseppe and Mario José Cereghino. *Lupara nera. La guerra segreta alla democrazia in Italia, 1943–1947*. Milano: Bompiani 2009.

Cattaruzza, Marina. *L'Italia e il confine orientale 1866–2006*. Bologna: il Mulino, 2007.

Colja, Katja. "Il collaborazionismo nell'Adriatisches Küstenland: la vicenda dei domobranci (1943–1945)." In *Storia e memoria degli sloveni del Litorale: fascismo, guerra e resistenza*, 123–60. Edited by Marta Verginella, Sandi Volk and Katja Colja. Trieste: Istituto regionale per la storia del movimento di liberazione nel Friuli-Venezia Giulia, 1994.

Conti, Giuseppe. *Una guerra segreta. Il SIM nel secondo conflitto mondiale*. Bologna: il Mulino, 2009.

Cripps, John. "Mihailović or Tito? How Codebreakers Helped Churcill Choose." In *The Bletchley Park Codebreakers*, 217–39. Edited by Ralph Erskine and Michael Smith. London: Biteback Publishing Ltd., 2011.

Čepič, Zdenko, Damijan Guštin and Nevenka Troha. *Slovenija v vojni 1941–1945*. Ljubljana: Modrijan, 2017.

De Castro, Diego. *La questione di Trieste: l'azione politica e diplomatica italiana dal 1943 al 1954. Vol. 1 and 2*. Trieste: Lint, 1981.

De Courten, Raffaele. *Le memorie dell'Ammiraglio De Courten (1943–1946)*. Gaeta: Stabilimento grafico militare – Ufficio Storico della Marina Militare, 1993.

De Leonardis, Massimo. *La Gran Bretagna e la resistenza partigiana in Italia (1943–1945)*. Napoli: Edizioni scientifiche italiane, 1988.

De Robertis, Antonio Giulio M. *La frontiera orientale italiana nella diplomazia della seconda guerra mondiale*. Napoli: Edizioni scientifiche italiane, 1981.

—. *Le grandi potenze e il confine giuliano 1941–1947*. Bari: Università degli studi, Istituto di storia moderna e contemporanea – Laterza, 1983.

Deželak-Barič, Vida. *Komunistična partija Slovenije in revolucionarno gibanje 1941–1943*. Ljubljana: Inštitut za novejšo zgodovino, 2007.

Documenti Diplomatici Italiani.

Dornik Šubelj, Ljuba. *Oddelek za zaščito naroda za Slovenijo*. Ljubljana: Arhiv Republike Slovenije, 1999.

—. *OZNA in prevzem oblasti 1944–46*. Ljubljana: Modrijan – Arhiv Republike Slovenije, 2013.

—. "Vloga žensk v obveščevalnih in varnostnih službah na Slovenskem." In *Ženske skozi zgodovino*, 159–68. Edited by Aleksander Žižek. Ljubljana: Zveza zgodovinskih društev Slovenije, 2004.

Duroselle, Jean-Baptiste. *Le Conflit de Trieste 1943–1954*. Bruxelles: Editions de l'Institut de Sociologie de l'Université libre, 1966.

Earle, John. *The Price of Patriotism: SOE and MI6 in the Italian-Slovene Borderlands during World War II*. Sussex, England: Book Guild, 2005.

Ferenc, Tone. *Akcije organizacije TIGR v Avstriji in Italiji spomladi 1940*. Ljubljana: Borec, 1977.

Fincardi, Marco. "Anglo-American Air Attacks and the Rebirth of Public Opinion in Fascist Italy." In *Bombing, States and Peoples in Western Europe 1940–1945*, 241–55. Edited by Claudia Baldoli, Andrew Knapp and Richard Overy. London: Continuum, 2011.

—. "Gli italiani e l'attesa di un bombardamento della capitale." In *I bombardamenti aerei sull'Italia: politica, Stato e società (1939–1945)*, 213–45. Edited by Nicola Labanca. Bologna: il Mulino, 2012.

Fincardi, Marco and Claudia Baldoli. "Italian Society Under Anglo-American Bombs: Propaganda, Experience." *The Historical Journal* 52, no. 4 (2009): 1017–38.

Ford, Jr., Kirk. *OSS and the Yugoslav Resistance, 1943–1945*. College Station: Texas A&M University Press, 1992.

Foreign Relations of the United States.

Franzinelli, Mimmo. *Guerra di spie. I servizi segreti fascisti, nazisti e alleati, 1939–1943*. Milano, Mondadori: 2004.

—. *I tentacoli dell'OVRA. Agenti, collaboratori e vittime della polizia politica fascista*. Torino, Bollati Boringhieri: 1999.

Gibianskii, Leonid. *Savetskij Sojuz i novaja Jugoslavija 1941–1947*. Moskva: Nauka, 1987.

—. "The Trieste Issue and the Soviet Union in the 1940s." In *Vojna in mir na Primorskem. Od kapitulacije Italije leta 1943 do Londonskega memoranduma leta 1954*, 357–90. Edited by Jože Pirjevec, Gorazd Bajc and Borut Klabjan. Koper: Univerza na Primorskem, Znanstveno-raziskovalno središče, Založba Annales – Zgodovinsko društvo za južno Primorsko, 2005.

—. "Triestskij vopros v konce vtoroj mirovoj vojny (1944–1945)." *Sovetskoe slavânovedenie*, no. 4 (2001): 3–30.

Godeša, Bojan. *Čas odločitev: katoliški tabor in začetek okupacije*. Ljubljana: Mladinska knjiga, 2011.

—. *Kdor ni z nami, je proti nam: slovenski izobraženci med okupatorji, Osvobodilno fronto in protirevolucionarnim taborom*. Ljubljana: Cankarjeva založba, 1995.
Griesser Pečar, Tamara. *Razdvojeni narod. Slovenija 1941–1945: okupacija, kolaboracija, državljanska vojna, revolucija*. Ljubljana: Mladinska knjiga, 2004.
Jarman, Robert L. *Yugoslavia: Political Diaries 1918–1965. Vol. 3: 1938–1948*. Slough: Archive Editions, 1997.
Jeraj, Mateja and Jelka Melik. *Kazenski proces proti Črtomirju Nagodetu in soobtoženim. Študija in prikaz procesa*. Ljubljana: Arhiv Republike Slovenije, 2015.
Jeri, Janko. *Tržaško vprašanje po drugi svetovni vojni: tri faze diplomatskega boja*. Ljubljana: Cankarjeva založba, 1961.
Jevtović, Miroljub. *Šta kaže Radio London*. Beograd: A-Š Delo, 1989.
Kersevan, Alessandra. *Porzûs. Dialoghi sopra un processo da rifare*. Udine: Kappa Vu, 1995.
Klabjan, Borut. *Češi a Slováci na Jadranu: vztahy s Terstem a severním Jadranem v letech 1848–1948*. Praha: Filozofická fakulta Univerzity Karlovy, 2014.
—. *Češkoslovaška na Jadranu: Čehi in Slovaki ter njihove povezave s Trstom in Primorsko od začetka 20. stoletja do druge svetovne vojne*. Koper: Univerza na Primorskem, Znanstveno-raziskovalno središče – Zgodovinsko društvo za južno Primorsko, Založba Annales, 2007.
Kranjc, Marijan F. and Slobodan Kljakić. *Plava garda: zaupno poročilo četniškega vojvode in generalštabnega polkovnika Karla I. Novaka, poveljnika slovenskih četnikov*. Maribor: Pro-Andy, 2006.
Krizman, Bogdan. *Jugoslavenske vlade u izbjeglištvu 1941–1943: dokumenti*. Beograd – Zagreb: Arhiv Jugoslavije – Globus, 1981.
Liuzzi, Giorgio. *Violenza e repressione nazista nel Litorale Adriatico 1943–1945*. Trieste: Istituto regionale per la storia del movimento di liberazione nel Friuli Venezia Giulia, 2014.
Mercuri, Lamberto. *Guerra psicologica: la propaganda anglo-americana in Italia, 1942–1946*. Roma: Archivio trimestrale, 1983.

Mlakar, Boris. *Domobranstvo na Primorskem (1943–1945)*. Ljubljana: Borec, 1982.

—. *Slovensko domobranstvo 1943–1945. Ustanovitev, organizacija, idejno ozadje*. Ljubljana: Slovenska matica, 2003.

Nassigh, Riccardo. *La Marina Italiana e l'Adriatico. Il potere marittimo in un teatro ristretto*. Roma: Ufficio Storico della Marina Militare, 1998.

Novak, Bogdan C. *Trieste, 1941–1954: The Ethnic, Political, and Ideological Struggle*. Chicago – London, University of Chicago Press, 1970.

Pacini, Giacomo. *Le altre Gladio. La lotta segreta anticomunista in Italia 1943–1991*. Torino: Einaudi 2014.

Pasqualini, Maria Gabriella. *Carte segrete dell'intelligence italiana: 1919–1949*. Roma: Ministero Difesa – RUD, 2007.

—. *Carte segrete dell'intelligence italiana: Il S.I.M. in archivi stranieri*. Roma: Ministero Difesa – RUD, 2014.

Petersen, Neal H. *From Hitler's Doorstep. The Wartime Intelligence Reports of Allen Dulles, 1942–1945*. Pennsylvania: The Pennsylvania State University Press – University Park, 1996.

Petranović, Branko. *Jugoslovenske vlade u izbeglištvu 1943–1945: dokumenti*. Beograd – Zagreb: Arhiv Jugoslavije – Globus, 1981.

Petrella, Luigi. *Staging the Fascist War. The Ministry of Popular Culture and Italian Propaganda on the Home Front, 1938–1943*. Oxford (etc.): Peter Lang, 2016.

Piccialuti Caprioli, Maura. *Radio Londra 1939–1945*. Roma – Bari: Laterza, 1979.

Piffer, Tommaso. *Gli alleati e la Resistenza italiana*. Bologna: il Mulino, 2010.

Pirjevec, Jože. *"Trst je naš!" Boj Slovencev za morje (1848–1954)*. Ljubljana: Nova revija, 2007.

Pirker, Peter. *Gegen das "Dritte Reich". Sabotage und transnationaler Widerstand in Österreich und Slovenien 1938–1940*. Klagenfurt – Wien: Kitab, 2010.

—. *Subversion deutscher Herrschaft. Der britische Kriegsgeheimdienst SOE und Österreich*. Vienna: Vienna University Press, 2012.

Pupo, Raoul. *Guerra e dopoguerra al confine orientale d'Italia (1938–1956)*. Udine: Del Bianco, 1999.

—. *Il lungo esodo. Istria: le persecuzioni, le foibe, l'esilio*. Milano: Rizzoli, 2005.

—. "L'Italia e la presa del potere jugoslava nella Venezia Giulia." In *La crisi di Trieste. Maggio-giugno 1945: una revisione storiografica*, 93–142. Edited by Giampaolo Valdevit. Trieste: Istituto regionale per la storia del movimento di liberazione nel Friuli-Venezia Giulia, 1995.

—. *Trieste '45*. Roma – Bari: Laterza, 2010.

Rabel, Roberto G. *Between East and West: Trieste, the United States, and the Cold War, 1941–1954*. Durham, etc.: Duke University Press, 1988.

Repe, Božo. *S puško in knjigo. Narodnoosvobodilni boj slovenskega naroda 1941–1945*. Ljubljana: Cankarjeva založba, 2015.

Ritchie, Sebastian. *Our Man in Yugoslavia: The Story of a Secret Service Operative*. London – New York: Routledge, 2004.

Romerstein, Herbert. "Aspects of World War II History Revealed through 'ISCOT' Radio Intercepts." *The Journal of Intelligence History* 5, no. 1 (2005): 15–28.

Romoli, Andrea. *Il diritto di parlare: Paola Del Din, una vita in prima linea dalla Resistenza alla Guerra Fredda*. Udine: Gaspari, 2017.

Rossi, Marina. *Soldati dell'Armata Rossa al confine orientale: 1941–1945*. Gorizia: LEG, 2014.

Saonara, Chiara. *Le missioni militari alleate e la resistenza nel Veneto. La rete di Pietro Ferrari dell'OSS*. Venezia: Istituto veneto per la storia della Resistenza-Annali 1988–1989 – Marsilo 1990.

Sluga, Glenda. *The Problem of Trieste and the Italo-Yugoslav Border: Difference, Identity, and Sovereignty in Twentieth-Century Europe*. Albany: State University of New York Press, 2001.

Stafford, David. *Mission Accomplished: SOE and Italy 1943–1945*. London: Bodley Head, 2011.

Stenton, Michael. *Radio London and Resistance in Occupied Europe. British Political Warfare 1939–1943*. Oxford: Oxford University Press, 2000.

Šolc, Jiří. *Po boku prezidenta. Generál František Moravec a jeho zpravodajská služba ve světle archivních dokumentů*. Praha: Naše vojsko, 2007.

—. *Přijdeme za svítání. Diverze v neregulérní válce Československého odboje v letech 1939–1945*. Praha: Naše vojsko, 2005.

Torkar, Blaž. *Prikriti odpor. Ameriška obveščevalna služba na Slovenskem med drugo svetovno vojno*. Celovec: Mohorjeva, 2012.

Tranfaglia, Nicola. *Come nasce la Repubblica. La mafia, il Vaticano e il neofascismo nei documenti americani e italiani, 1943/1947*. Milano: Bompiani, 2004.

Valdevit, Giampaolo. *Il dilemma Trieste: guerra e dopoguerra in uno scenario europeo*. Trieste – Gorizia: Istituto regionale per la storia del movimento di liberazione nel Friuli-Venezia Giulia, Libreria editrice goriziana, 1999.

—. *La questione di Trieste 1941-1954: politica internazionale e contesto locale*. Milano: Franco Angeli, 1986.

Vauhnik, Miloš. *Pe-fau in dvajseto stoletje*. Ljubljana: Jutro, 2012.

Vauhnik, Vladimir. *Nevidna fronta. Spomini*. Buenos Aires: Svobodna Slovenija, 1965.

Verginella, Marta. "Drugi Tržaški process." In *Primorski upor fašizmu 1920–1941*, 259–350. Edited by Milica Kacin Wohinz and Marta Verginella. Ljubljana: Društvo Slovenska matica, 2008.

—. *Il confine degli altri*. Roma: Donzelli 2008.

Vlahović, Staniša R. *Zbornik dokumenata iz Britanske arhive: anglo-jugoslovenski odnosi 1941–1948*. Birmingham: Staniša R. Vlahović, 1985.

Vodušek Starič, Jera (ed.). *"Dosje" Mačkovšek*. Ljubljana: Arhivsko društvo Slovenije, 1994.

—. *Prevzem oblasti 1944–1946*. Ljubljana: Cankarjeva založba, 1992.

Vodušek Starič, Jerca. *Slovenski špijoni in SOE: 1938–1942*. Ljubljana: self-published, 2002.

Weekly Political Intelligence Summaries.
Williams, Heather. *Parachutes, Patriots, and Partisans. The Special Operations Executive and Yugoslavia, 1941–1945*. London: Hurst & Company 2003.
Wörsdörfer, Rolf. *Krisenherd Adria 1915–1955. Konstruktion und Artikulation des Nationalen im italienisch-jugoslawischen Grenzraum*. Paderborn: Schöningh, 2004.

Stane Granda

Bemühungen um Freiheit und Gerechtigkeit als slowenische historische Erfahrung

Abstract: The position and role of justice within society presents the fundamental principle for an evaluation of Slovenian reality since the attainment of independence. The total subordination of the state to politics attempting to justify and abuse its power with a hierarchical elevation of freedom above justice is the central source of general discontent palpable in contemporary Slovenian society. In Slovenia, a political perspective can only belong to the ones who build upon social justice. Slovenian thirst for justice is such that even its abuse can be forgiven if it is being solely declaratively represented.

Der angesehene Polyhistor Johann Weikhard Valvasor (1641–1693) hat in seinem berühmten Werk *Die Ehre des Herzogthums Crain* (1689) den Kampf um das (alte) Recht hervorgehoben. Damit hat er nur dasjenige bekräftigt, was seit 1515 die ersten slowenischen gedruckten Worte verkündigt hatten, nämlich: Die Gerechtigkeit ist zeitlich und inhaltlich die erste und höchste politische Kategorie unserer Vorfahren. Die Freiheit ist relativer und davon gibt es offensichtlich gerade so viel, wie vom einfachen Menschen in seinem Alltag benötigt, innerhalb der Gerechtigkeit selbst. Das bedeutet nicht, dass die Freiheit nicht geachtet wurde. Die Aufrechterhaltung des Feudalismus in den Zeiten der Französischen Herrschaft (1809–1813) war hierzulande das Höchste, was Napoleon verübelt wurde. Zum Bewegungsgrund des slowenischen gesellschaftlichen Bewusstseins von Massen wurde die Freiheit aber erst 1848, doch war sie damals der Gerechtigkeit immer noch unterlegen.

Die Gerechtigkeit war immer wieder ein Schlüsselmoment der täglichen politischen Entscheidungen unserer Vorfahren auch in all den nachfolgenden Jahrzehnten der slowenischen Geschichte, vor allem während des II. Weltkriegs, u.z. gerade auch bei den beiden nicht mobilisierten teilnehmenden Gruppierungen im Bürgerkrieg 1941–1945.

Humanwissenschaften sind als ein Wissenschaftsgefüge immer durch Zeit und Raum gekennzeichnet. Sie sind an sich nie problematisch. Das Problem sind vielmehr jene Menschen, die sich mit Humanwissenschaften zieren und sie missbrauchen. Humanwissenschaftler sollten die Würze eines Volkes sein, sie sind mitunter jedoch auch sein größtes Unglück. Wir Slowenen müssen uns für unser Überleben in hohem Maße eben bei Humanwissenschaften und Humanwissenschaftlern bedanken, wobei jedoch nicht übersehen werden darf, dass zahlreiche unter unseren Humanwissenschaftlern an den größten Verbrechen gegen die eigenen Landsleute aktiv beteiligt waren. Die Analyse ihres Tuns und Lassens zeigt, dass die einzige Lösung für diese Lage in noch mehr Humanwissenschaften innerhalb eines demokratischen Rahmens und mithilfe demokratischer Mittel liegt.

Es sind 27 Jahre seit den gewichtigen Ereignissen verflossen, die den letzten großen europäischen Totalitarismus auf den Haufen der Geschichte befördert haben. Die damit verbundenen Ereignisse waren derart einschneidend und einmalig, dass sie in all ihrer Schicksalshaftigkeit von vielen eigentlich weder damals noch heute in voller Bedeutung erfasst wurden.

Der Fall des Faschismus und des Nationalsozialismus ging mit der militärischen Niederlage ihrer Träger einher. Und doch war ihr Abgang in die Geschichte nicht schnell. Vielen scheint es heute immer noch von Bedeutung, auf die Gefahr ihrer Erneuerung hinzuweisen.

Der Kommunismus dagegen wurde militärisch nicht besiegt. Als Herrschaft, als ein gesellschaftlich-politisches System ist er vielmehr in sich zusammengesackt. Das gilt jedoch nicht für die ehemaligen Träger des Kommunismus, die als Individuen sein Ende nicht nur geahnt, sondern es auf Grund des eigenen Machttriebs auch beschleunigt haben. Seine zahlreichen Träger gaben offen zu, dass ihnen die gesellschaftlich-politischen Ziele des Kommunismus nichts bedeutet hatten. Sie haben sich vielmehr an die neuen politischen Gegebenheiten außerordentlich schnell angepasst, denn sie wollten, koste es, was es wolle, ihre ökonomisch-politischen Privilegien, die das Wesen ihrer ehemaligen Macht ausmachten, beibehalten.

Die Macht bedeutete ihnen schlichtweg alles, die Ideologie dagegen nichts oder fast nichts. Dabei sind zwei Vorgehensweisen zu beobachten. Einerseits gibt es unter ihnen Zahlreiche, die, ohne sich Asche aufs Haupt gestreut zu haben, in neue Parteien übergelaufen sind, wo sie aufgrund ihrer politischen Erfahrungen rasch fast zum Gipfel hinaufgeklommen sind. Sie wurden von den neuen demokratischen Parteien verhältnismäßig gern und unkritisch aufgenommen, weil man sich von ihnen wertvolle Informationen und praktische Hilfe bei der Abrechnung mit den alten Machtstrukturen erhofft hatte. Andererseits hat sich die zweite Gruppierung, die zwar nicht so zahlreich, dafür jedoch wegen ihrer engen Verbindungen mit den ehemaligen Geheimdiensten ausnehmend stark war, formal umgebildet und sich in neue Gegebenheiten eingefügt. Hauptsächlich bei dieser Gruppe, d.h., bei den meisten ihrer Anhänger, ist eine fast komplette Ignoranz gegenüber der ehemaligen *totalitären Ideologie* zu beobachten, nicht jedoch gegenüber den ehemaligen politischen Verbindungen und Taktiken, deren sie sich zwecks Zusammenraffens von ökonomischen Privilegien bedient hatten. Dabei berufen sie sich in der Regel, vor allem während der jüngsten Privatisierungsprozesse, auf den Schutz des *nationalen* Interesses. Jenes Mittel, dessen sie sich dabei in der Regel bedienen, ist die Xenophobie auf dem ökonomischen und die Intoleranz auf dem ideologischen Gebiet.

In diesen allgemeinen Feststellungen, die keine besondere Luzidität benötigen, liegt die Erklärung für die Ursachen der gesellschaftlichen Erfolgslosigkeit und des demokratischen Mankos in den Ländern der ehemaligen Volksdemokratien bzw. des Ostblocks, wohin man aufgrund der Natur ihres sozial-politischen Systems auch die aus dem ehemaligen Jugoslawien hervorgegangenen neuen Länder zählen kann.

Das totalitäre kommunistische System pflegte gegenüber der Kultur und den Humanwissenschaften keine Vorbehalte prinzipieller Art. Ganz im Gegenteil! Weil, abgesehen von der groben physischen Gewalt, seine wichtigste Waffe Propaganda war, waren gerade Künstler und Kulturschaffende äußerst gefragt. Außerdem wollten viele neue Machthaber schnellstens ihre eigene mangelhafte Bildung und ihre proletarische oder bäuerliche

Ungeschliffenheit loswerden, indem sie nach Ehepartnerinnen bürgerlicher Herkunft suchten und ihre Kinder in künstlerische Berufe lenkten, da vor allem in die Schauspielerei. Wenn das sonst nicht zu erreichen war, so wurden auch Ehebündnisse mit Künstlerinnen angestrebt.

Das ehemalige politische System hat mit seinen *unversöhnlichen Gegnern physisch* abgerechnet. Am glücklichsten durften sich jene unter ihnen schätzen, die man *nur* des Landes verwies. Den anderen gegenüber wendete man eine differenziertere Regelung an. Von ihnen verlangte man *Proskynesis* in Form der Mitarbeit beim Ausbau des Führerkults, u.z. in der Darstellungskunst, Hagiographie oder Ähnlichem; von den Wissenschaftlern verlangte man das obligate Zitieren von *Sprüchen und Gedanken* der *Führer*, die sich in allem *auskannten*. Dabei wurden sowohl internationale Größen wie Marx, Lenin und Stalin als auch *lokale* zitiert, bei den Slowenen vornehmlich Edvard Kardelj,[1] Boris Kidrič[2] und Boris Ziherl.[3] Diese Praxis führte sogar zur Entstehung von sog. *Vademecums* mit nützlichen Zitaten.

---

1 Edvard Kardelj (1910–1979) war ein slowenischer und jugoslawischer Politiker und wegen seines Ablebens verhinderter Nachfolger von Tito. Obwohl er vom Beruf bloß Lehrer war, wurde er für den innenpolitischen Chefideologen des Titoismus gehalten. Genauso wie er rücksichtlos und äußerst hart, sogar *physisch* hart, gegen die Gegner des Kommunismus eingeschritten ist, so behandelte er auch seine politischen Konkurrenten oder stellte sich entschieden *gegen* die Forderungen nach der Demokratisierung der jugoslawischen und vor allem slowenischen Gesellschaft.

2 Boris Kidrič (1912–1953), der spätere slowenische und jugoslawische Politiker, wurde in Wien als Sohn des renommierten slowenischen Literaturhistorikers France Kidrič (1880–1950) geboren. Als einen erfolglosen Chemie-Studenten zeichnete ihn auch später noch sein Hang zur Technik aus. Er galt als einer der besten jugoslawischen Vollstrecker von politischen, vor allem aber von wirtschaftlichen Plänen des Tito-Regimes. Er war überdurchschnittlich intelligent. Leider hat er diese Gabe vor allem der skrupellosen Abrechnung mit den Gegnern der Revolution und des Kommunismus in Slowenien zukommen lassen.

3 Boris Ziherl (1910–1976) war vor allem ein slowenischer kommunistischer Ideologe, zuständig für Kultur-, Bildungs- und Wissenschaftsproblematik. Trotz seines nicht abgeschlossenen Jura-Studiums wurde er für den führenden kommunistischen Philosophen und Soziologen gehalten und als solcher mit den allerhöchsten Titeln in der Wissenschaft ausgezeichnet. Er war sogar Mitglied der Slowenischen Akademie der Wissenschaften und Künste.

Viele Künstler, Kulturschaffende und Wissenschaftler, die kaum Vorbehalte an einer Eingliederung in die neue *totalitäre* Gesellschaft hatten, wurden mit verschiedenen Jobs belohnt, zu Mitgliedern der Akademien[4] ernannt, bekamen diverse *Sine Curae* oder sonstige Positionen, die zwar kein Reichtum, dafür aber eine verhältnismäßig sichere Existenz und bequeme Rente im Alter mit sich brachten. Die Sicherung der beruflichen Existenz war eines der effektivsten Mittel, um das ideologische Rückgrat eines Menschen zu brechen. Wegen der Wertschätzung, die den Wissenschaftlern öffentlich entgegengebracht wurde, übte es die allergrößte Wirkung auf sie aus, wenn man sie aus der Öffentlichkeit entfernte, wobei sie einer Arbeit in Archiven, Instituten oder Bibliotheken weiterhin nachgehen durften. Auch die einstigen *Genossen*, mit denen man aus dem einen oder dem anderen Grund auseinander gegangen war, wurden in ähnlichen Institutionen *abgestellt*. Die bekanntesten Fälle dieser Art in Slowenien sind wohl die sog. Fälle Cene Logar[5] und Dušan Kermavner.[6]

Es soll hier nicht unerwähnt bleiben, dass viele Kulturschaffende und Wissenschaftler die neuen politischen Verhältnisse für eine Abrechnung mit ihren ehemaligen ideologischen oder fachlichen Gegnern oder gar mit deren Nachkommen missbraucht haben. So war, beispielsweise, eine Universitätskarriere für Angehörige bestimmter Familien völlig ausgeschlossen.

---

4 Vgl. Oset, Željko: *Zgodovina Slovenske akademije znanosti in umetnosti*. ZRC SAZU: Ljubljana 2017.

5 Cene Logar (1913–1995), slowenischer marxistischer Philosoph und Revolutionär, zuständig vor allem für die ideologische Problematik der Kultur. Als er sich anlässlich des Konflikts Tito-Stalin politisch nicht schnell genug positionierte, wurde er für acht Jahre im härtesten jugoslawischen kommunistischen Lager *Goli Otok* (Kahle Insel) inhaftiert. Nach seiner Entlassung wurde er mit Publikationsverbot belegt und fristete sein Dasein im zentralen slowenischen Archiv.

6 Dušan Kermavner (1903–1975), slowenischer kommunistischer Politiker der ersten Generation. Als Doktor der Pädagogik war er ideologisch *ausgebauter* und gewandter als seine Kollegen, geriet als solcher aber bald in einen Konflikt mit der jüngeren Generation von Kardelj und Kidrič, die ihn aus der Politik aussonderte und ihn mit einer Arbeit auf dem Gebiet der Literaturgeschichte *bestrafte*, wo er lange gezwungen war, unter einem Pseudonym zu veröffentlichen.

Um an dieser Stelle nicht weiter aufzuzählen, sei hier lediglich angemerkt, dass Humanwissenschaften als Wissenschaft bei uns weder *rein* noch *unschuldig* aus dem ehemaligen Regime hervorgegangen sind. Es kann vielmehr behauptet werden, dass es eine *einheitliche* Schicht der Humanwissenschaftler gar nicht gegeben hatte, sondern dass innerhalb dieser Schicht unversöhnliche Gegensätze geherrscht hatten. Die humanistische Intelligenz wurde somit zum einen zum letzten Zufluchtsort der Freiheit und Gerechtigkeit,[7] zum anderen zum Stoßtrupp der totalitären Machthaber. Einige Wissenschaftsdisziplinen, bei uns beispielsweise Geschichte, Philosophie, Soziologie, Psychologie, waren mehrheitlich oder fast zur Gänze gebrochen.[8] Und trotzdem waren die Machthaber mit dem Erreichten nicht zufrieden; sie begannen, ihre eigenen politischen höheren oder Hochschulen zu gründen, um sie zu einem späteren Zeitpunkt, nachdem ein politisch und ideologisch zuverlässiger Kader erzogen worden war, in das existierende Universitätssystem einzubeziehen, wobei sie ihre ideologische Überwachung nie ganz unterließen. Um verschiedenen Vorwürfen vorzubeugen, wurden an diesen Institutionen von Zeit zu Zeit auch *un-richtige* Personen zugelassen. Sind sie zu stark geworden und stellten sie für die Macht eine Gefahr dar – für die herrschende Ideologie konnte das mitunter sogar die eigene, doch tiefer gehende ideologische Richtung sein –, so wurde mit ihnen erbarmungslos abgerechnet. Die Geschichte der Laibacher Fakultät für Sozialwissenschaften (FDV)[9]

---

7 Vgl. Kraševec, Jože: *Pravičnost v Svetem pismu in evropski kulturi*. Mohorjeva družba: Celje 1998. Vgl. auch die dort angeführte Literatur.

8 Es sei mir erlaubt, in diesem Zusammenhang auf einige wissenschaftliche Arbeiten meiner Kollegen Dr. Aleš Gabrič und in neuester Zeit Dr. Željko Oset hinzuweisen. Aleš Gabrič (1963) ist ein slowenischer Historiker, der am *Institut für Zeitgeschichte*, Ljubljana, forscht. Sein Forschungsgebiet ist vor allem die neuere Geschichte der Kultur und Wissenschaft und ihr politischer und ideologischer Missbrauch. Željko Oset ist Dozent an der Universität Nova Gorica, wo er die Geschichte der slowenischen Akademie der Wissenschaften und Künste und die Arbeit der slowenischen Wissenschaft und Kultur während des Kommunismus nach dem Zweiten Weltkrieg erforscht.

9 Die heutige FDV (Fakultät für Sozialwissenschaften) hieß seit ihrer politisch angeordneten Gründung am 31.1.1961 FSPN (Fakultät für Soziologie, Politologie und Journalismus) und besaß vier Lehrstühle: für Philosophie, Soziologie, Ökonomie wie auch für gesellschafts-politisches System und internationale

ist dafür ein klassisches Beispiel. Genauso haben sich die Machthaber alle Mühe gegeben, den einen oder den anderen von ihren eigenen Leuten in ein wissenschaftliches Gebiet abzustellen, das zwar als *loyal* empfunden, doch in ihren Augen als nicht genügend *zuverlässig* eingeschätzt wurde. Das Institut für Geschichte an der Laibacher Philosophischen Fakultät ist nicht der einzige solche Fall. Es ist an der Zeit zu sagen, dass sogar Prof. DDr. Metod Mikuž,[10] Partisan, der in den ersten Nachkriegsjahren der Macht äußerst treu ergeben war, noch in den 1970er Jahren keinen Assistenten *eigener* Wahl anstellen durfte.

In Anbetracht des Ausgeführten fällt es nicht besonders leicht, genau zu beurteilen, wie groß die Verdienste der human- und teilweise der sozialwissenschaftlichen Intelligenz, besser gesagt, jenes Teils davon, der den Prinzipien der Humanität treu geblieben ist, für den Zusammenbruch des einstigen totalitären Regimes in den Ländern der Volksdemokratie tatsächlich waren. Es soll dabei auch nicht unerwähnt bleiben, dass selbst die mit Erfolg gekrönten slowenischen Dissidenten nicht so sehr aus den Reihen diametraler Gegner hervorgegangen sind, sondern sie waren vielmehr jene Menschen, die zeitweise Mitläufer oder gar eine Art überwachte bzw., besser gesagt, *gelenkte* Gegner des Regimes waren.

Nicht wenig Verwirrung stifteten in der slowenischen Landschaft die Nachkommen der höchst gestellten Funktionäre. Bei diesen bestand in der kritischen Intelligenz seit immer der Zweifel, der bis zum heutigen Tag anhält, ob sie sich der demokratischen Bewegung aufrichtig

---

Beziehungen. Im Jahr 1964 wurde hier der erste Lehrstuhl für Journalismus jugoslawienweit gegründet. Sie wurde am 10.10.1991 in die FDV umbenannt. Im Volksmund wurde sie ironisch die Laibacher *Sorbonne* genannt.

10 Metod Mikuž (1909–1982), Theologe und Historiker, der vom damaligen Laibacher Bischof Gregorij Rožman (1883–1959), welchem die Kommunisten unbegründeter Weise die Hauptverantwortung für die Kontrarevolution in Slowenien unterschieben wollten, zu kommunistischen Partisanen geschickt wurde, wo er bis zum Ende des Zweiten Weltkriegs wirkte. Nach seiner Laisierung wurde er an der Laibacher Universität zum ersten Lehrstuhlinhaber für die Geschichte nach dem Ersten Weltkrieg im damaligen Jugoslawien ernannt. Infolge der innenpolitischen Verhältnisse bzw. des zeitweiligen *Tauwetters* wagte er sich vor allem in seinen Seminaren an die sog. politischen *Tabu*-Themen der internationalen und einheimischen kommunistischen Bewegung heran.

angeschlossen haben oder nur wegen deren Modernität und Popularität, oder ob sie nur aus taktischen Gründen auf die Seite der Dissidenten übergetreten sind, um dadurch die eigenen Vorfahren zu schützen.

Slowenien ist voller solcher Fälle und auch darin ist ein Grund dafür zu suchen, dass hierzulande nicht einmal eine minimale Lustration durchgeführt wurde, so dass die neue Demokratie ohne eine grundlegende politische Hygiene ihren Lauf genommen hat. Auch in dieser Ansicht war die ehemalige intellektuelle Opposition nie einheitlich. Die Differenzierung lag nicht so sehr auf der ideellen Ebene, sondern sie war eher eine Folge des Argwohns, der auf dem uneinheitlichen sozialen Ursprung der Menschen fußte.

Bei den verschiedenen Volksangehörigen des ehemaligen Jugoslawien stand der Zusammenbruch des Kommunismus in enger Verbindung mit der Affirmation ihrer Völker, die den Weg der vollständigen nationalen Etablierung durch den eigenen Staat eingeschlagen haben. Dieser Umstand verdeckte deutlich das ideologische Wesen dieser Ereignisse. Bis zum heutigen Tag kann man die Behauptung hören, dass wir Slowenen mit der Volksbefragung 1990 *das ehemalige Jugoslawien* begraben und das eigene *unabhängige* Slowenien inthronisiert haben, nicht aber, dass wir den *totalitären Kommunismus* begraben und die *Demokratie* eingeführt haben. Und in der Tat, diese wurde zum größten Opfer der slowenischen Souveränität. Das Entstehen des Nationalstaates drängte einige Träger des sozialen Umsturzes in Vergessenheit. Dabei denke ich an den der Volksbefragung vorangegangenen Streik in einem der größten slowenischen Maschinenbaufirmen, der berühmten sog. Titos-Anstalt von Litostroj, die den Politikern mehr Angst einjagte als alle Kulturtiraden. 5.000 Arbeiter sprachen in der Zeit vom 9. bis zum 15. Dezember 1987 unter der Leitung von France Tomšič[11] dem Partei- und

11 France Tomšič (1937–2010), slowenischer Maschinenbauingenieur. Nach seiner Rückkehr aus Deutschland, wo er als ausländischer Arbeitnehmer tätig war, leitete er, wie weiter oben erwähnt, vom 9. bis zum 15. Dezember 1987 den Streik von 5.000 Arbeitern in der Elitemaschinenfabrik in Ljubljana, die nach Tito (Titovi zavodi Litostroj) benannt wurde. In den nachfolgenden Monaten organisierte er die ersten nicht-kommunistischen Gewerkschaften nach dem Zweiten Weltkrieg und trug somit wesentlich zur slowenischen Souveränität bei.

Selbstverwaltungssystem ihr Misstrauensvotum aus. Sie verlangten die Gründung von unabhängigen Gewerkschaften und sie gründeten den Initiationsausschuss des *Sozialdemokratischen Bundes Sloweniens*. Dadurch schloss sich unsere Arbeiterschaft den europäischen Arbeiteraktivitäten an, die sonst in ehemaligen Volksdemokratien am stärksten in Polen und Rumänien waren, etwas schwächer anderswo im Osten. Es sei hier auch an den Streik der Bergwerkleute in Trepča im Kosovo[12] und an seine explosiven Inhalte erinnert. Es waren die Arbeiter, die den ehemaligen Machthabern die Freude genommen haben, beim Alten zu bleiben. Sie waren es, vor allem nach den Ereignissen in Rumänien, die den Machthabern hierzulande Angst einjagten. Diese haben es nämlich verhältnismäßig schnell gemerkt, dass sie, abgesehen von der Waffengewalt, weder über Menschen noch Argumente verfügten, um weiterhin an der Macht bestehen zu können. Erinnern wir uns doch an die antidemokratischen Demonstrationen in Ljubljana vom Januar/Februar 1999, von den Fahrern des Laibacher Personentransports organisiert, deren Hauptslogan lautete: „*Gebt uns unsere Assoziierte Arbeit zurück!*" Ich bezweifle es, dass ein einziger der Streikenden diese Forderung hätte erklären können. Das waren die am meisten idiotischen Demonstrationen in unserer ganzen Geschichte und sind als solche die beste Widerspiegelung der vollständigen Ohnmacht ehemaliger Machthaber.

Mein Insistieren auf dem Arbeiteranteil bei unseren Bemühungen um die Demokratie ist aus dem Grund besonders wichtig, weil die Arbeiter im vergangenen Vierteljahrhundert zum größten Gruppenopfer der demokratischen Prozesse wurden, die Europa verändert und die Welt erschüttert haben. Niemand schützte sie vor dem Missbrauch durch die neuen Kapitalisten, in erster Linie durch den liberalen Kapitalismus, in dessen Reihen man in den ehemaligen Ländern der Volksdemokratie in der Regel die Vertreter einstiger Machtelite antrifft. Es ist vollkommen

---

12 Der Streik der Bergleute im Bleibergwerk Trepča im Kosovo erfolgte 1989. Kosovo war in Jugoslawien ein autonomes Gebiet innerhalb der Teilrepublik Serbien. Der Streik richtete sich gegen die Politik des serbischen nationalistischen Politikers Slobodan Milošević (1941–2006). Die slowenische oppositionelle Öffentlichkeit tat ihre Unterstützung des Streiks an einer öffentlichen Sonderversammlung in Ljubljana kund, was zum serbischen Groll führte.

klar, dass den ehemaligen Machthabern der in zahlreichen Fällen verschlechterte Zustand der Arbeiter sehr entgegenkam. Daher verwundert es auch nicht, dass Kommunisten, entgegen allen Erwartungen, bei den Wahlen mitunter sogar gewinnen, gar in den katholischen Ländern wie Polen, Ungarn und Kroatien.

Die humanistische Intelligenz hat zweifelsohne große Verdienste um den Wechsel der totalitären Macht. Damit Hand in Hand geht auch ihre keinesfalls kleiner gewordene Verantwortung den neuen sozialen Verhältnissen gegenüber, wo sie jedoch das von ihr Erwartete nicht bewältigt hat. Sie verfügt weder über Kenntnisse noch über den entsprechenden Willen, konkrete Arbeit zu leisten, die von der Politik, vor allem der Politik der Transition, beansprucht wird.

Die *Hauptwaffe* der Humanwissenschaften sind *Rede* und *Schrift*, während die Politik *konkrete* Resultate in *konkreter* Zeit erwartet. Anders formuliert: Humanwissenschaften, sowohl Menschen, die ihnen dienen, als auch die Inhalte, an denen sie arbeiten, waren weder konkreten Problemen noch der Größe gesellschaftlicher Transition gewachsen. Ihr Rückzug aus dem öffentlichen Leben war *verantwortungslos*. Sie hätten viel zustande bringen können, sie wären es eigentlich schuldig gewesen, die neuen Zustände zu kritisieren und auf die Verantwortung für die Veränderungen hinzuweisen. Das Beispiel Russlands, wo statt der Gebildeten Wladimir Putin und dessen *Siloviki* die Macht ergriffen haben, weist auf die ganze Tragödie der sozialen und politischen Transition nach dem Fall des Kommunismus hin. Die wirtschaftliche Erfolglosigkeit der neuen sozialen Eliten, viele konnten sich wegen der ihnen immer noch konkurrierenden einstigen Eliten nicht einmal endgültig formieren, ist das größte Schlüsselproblem der neuen Demokratien. Es ist wahr, dass das neue ökonomische Bild der Welt mit ihrem Entstehen und ihrer Entwicklung in enger Verbindung steht: Da ist das Kapital alles, der Mensch und seine Kultur dagegen wenig oder nichts. Auf diesen Sachverhalt war niemand vorbereitet, doch ist dies keine Entschuldigung für den Zustand der Humanwissenschaften im breitesten Sinne des Wortes in der heutigen Welt.

Nicht minder verwickelt als die innenpolitischen Probleme sind auch die internationalen. Die neu entstandenen Länder befassen sich mit den Existenzfragen, die innenpolitische oder außenpolitische Gründe haben. Wie wir sehen, zittern wegen der russischen neo-kolonialen Politik nicht nur die kleinen baltischen Länder, um von jenen in Mittelasien ganz zu schweigen, sondern auch große wie Polen und die Ukraine. Ihre Angst ist weder erfunden noch unbegründet, denn die Geschichte gibt ihnen keine Garantien in Bezug auf ihre Zukunft. Allzu tief begründet liegt auch die Angst der baltischen Länder, deren einzige Überlebenshoffnung die NATO ist. Die Slowakei scheint, abgesehen von zeitweiligen Kratzern mit Ungarn, stabil und sicher. Ein besonderes Problem stellen die neuen, auf dem Gebiet ehemaligen Jugoslawiens entstandenen Länder dar. Diese haben komplexe zwischennachbarliche Beziehungen, auch sind sie innerhalb der einzelnen Länder sehr labil und unzuverlässig. Vielleicht hat, langfristig gesehen, eine klare Zukunft die albanische Gemeinschaft auf dem Balkan, die angesichts der möglichen und wahrscheinlichen Balkankrisen nur gewinnen kann.

Wo liegt und was ist die Hoffnung für die Zukunft? Einzig und allein in der innenpolitischen und internationalen Demokratie. Diese hat viele Fehler, sie verursacht auch Unsicherheiten, doch ein anderes besseres Mittel gibt es vorläufig nicht. So lange Völker und Länder von den Werten der Demokratie durchdrungen sind, gibt es Hoffnung. Das Einsetzen dafür, vor allem für ihre Unbedingtheit, bleibt die Hauptaufgabe der Humanwissenschaften heute und in der Zukunft.

Bibliographie

Kraševec, Jože: *Pravičnost v Svetem pismu in evropski kulturi*. Mohorjeva družba: Celje 1998.

Oset, Željko: *Zgodovina Slovenske akademije znanosti in umetnosti*. ZRC SAZU: Ljubljana 2017.

Medien und Demokratie

Anđelko Milardović

Freedom of the Press between Politics and Capital

Abstract: The issue of freedom of the press is one of those specific philosophical questions concerning the idea of liberty in a society with particular emphasis on positive and negative specification of freedom. Freedom of the press exists in a wider context of social and political philosophy as well as constitutional law within democratic societies. This text, besides the notion and history of media, questions the very idea of freedom of the press in the framework of democratic political philosophy highlighting certain representatives of the political thought and their reflections. We shall also try to put the idea of such freedom in the frame of constitutional law and constitutional theory of democracy with emphasis on normative definition (*Sollen*) of the freedom of the press. We are refering to normative theory and normative approach towards the consideration of the freedom of the press. On the other hand, we underline the comparison between the normative notion of freedom of the press and the experiental or empirical dimension which is stretched between capital and politics, especially in time of different dimensions of globalization and corporative power.

Theoretical dimension

The notion of the media in general

In postmodern theory of culture the media is nothing more than an expression of the production of hiperreality, as it can be interpreted according to the French philosopher Jean Baudrillard. Irrespective of the old or the new media, it is always about the production of a certain hiperreality. The general definition of the media is relevant for the understanding of old and new media. We shall define the media as middlemen or mediators between the transmitter and recipient of a message. The media possess, within communication science, in the sense of geographical and verbal expression, the significance of midfield/space/-galaxy, through and by which something is being communicated.

The word "communication" refers to interactive speech in a community, because communication relates to community. The media intermediates speech in all sorts of communities. The media thus exhibits a mediatory role in the symbolical reality or symbolically arranged world. They have a role of a "window", "mirror", "filter", "interpreter" or "forum". On the basis of these different definitions of the media we can talk about their diverse perceptions in the public. A broader understanding of the media is possible only by interpreting some works by Herbert Marshall McLuhan. One of the classical theses in his theory is that "the medium is the message". The medium is not only the message, it can also be a massage. In 1967 McLuhan and Quentin Fiore published *The Medium is the Message: An Inventory of Effects*. When the book had been sent to the printing press there appeared a mistake in the title. Instead of *The Medium is the Message*, it was published under the title *The Medium is the Massage*. Such an error seemed appealing to Herbert Marshall McLuhan. In the end he did not insist on changing the title on the cover. In English, words "message" and "massage" do not have the same meaning and by a common spelling mistake one can easily turn into another.

His critics had immediately started talking about Freudian slips in speaking and writing psychoanalyzing Herbert Marshall McLuhan's acceptance of the mistake which has never been corrected. The work still exists under this "appealing title" which leads to a chain of associations. One of these is that the media is turning into the means of mental massage for the public and audience. Should we cope with it?!

Theory regarding the media as "human extensions" and "artificial organs" is particularly relevant in the age of electronics or the electronic age. Some authors refer to the latter as the age of information, in which the media symbolize the fast transmission of information and messages or simply the speeding-up typical for the informational age of computers. Technology determines the law of the media. Technology produces its form while the media create contents or artefacts of our lives. We shall now proceed with a short narrative concerning the history of the media.

On the history of the media

The history of the media is actually a history of technologies. Although the media is divided into the old and the new they are always new in the context of technological development. We can refer to three crucial epochs in the history of the media. The first epoch relates to the preindustrial society with its oral and written culture. The second is the epoch of the industrial society. It is closely bound with the development of erstwhile new technologies. The history of the media pertaining to the industrial society can be covered by the concept of mass media and industrial society communications. The third epoch in the history of the media is related to information society. This era is marked with strong domination of information, knowledge, internet, globalization, and a tacit corporative supremacy. Each epoch in the history of the media is connected with technology, society, and a dominant type of culture. Appearance of the new media, with the possibility of communicative interaction or communicative interactive effect, is a novelty in the global information society. The history of the media is also a history of social modernizations.

Social modernization implies the application of new information and communicative technologies. Each epoch is distinguished by its own new technologies and media in comparison with the previous epoch or form of society and culture. Therefore we can speak about the modernization of the media and their influence on society and culture or, in other words, about the technological determinism. In the history of the media there exists a division into the new and the old media.

The notion of the old media incorporates printed media (books, newspapers, and magazines) and electronic media such as radio and television. These media are related to the industrial mass society. We can use the term mass media as a synonym for old media. Mass media are frequently compared to "industrial media" and the model of one-way mass communication.

The new media are related to the global information society of the second modernity and are crucial for the creation and development of globalization and all of its dimensions such as geographic, demographic, economic, political, technological, cultural, and communicative. They have enabled the construction of the global information society. Its essence lies in interactivity. Regardless of the classical division of the media into old and new there has always existed a question regarding the issue of the freedom of the press. What is the exact scope of freedom of the media within global corporative capitalism? The issue of freedom of the press actually enters into the field of political philosophy. So, let us explore the meaning of freedom within political philosophy and freedom of the media as a component of liberal democracy.

On freedom of the press in the context of political philosophy of democracy

Free media are a prerequisite for liberal democracy which cannot be achieved without them. Freedom of the media must be regarded in the context of the general notion of freedom within modern political philosophy. In this sense, I shall advise you to pay attention to the position of the media in the framework of political freedom in John Stuart Mill's works (*Essay on Freedom*), as well as in the context of positive and negative determination of freedom in Isaiah Berlin's famous text *Two Concepts of Liberty*.

Regarding previous authors we should also see how Chomsky interprets "freedom" of the media. Noam Chomsky, evidently, regards the media as being unfree. They are the means of propaganda and "manufacturing consent" which entails "mechanism of control" that negates the freedom of the press. Noam Chomsky considers the media in democracies as servants of propaganda with the associated clique of journalists, academics, professors, and PR experts or, in other words, elite for the manufacturing of consent. There is no freedom of the press with propaganda. Freedom has been repressed by the power of propaganda. The media are a part of power of the global corporative system and corporations crucially influence their freedom, especially by all sorts of limitations. The concentration of capital in the media, as we shall see afterwards, exerts direct influence on freedom and diversity of media content. In a globalized corporative society the media apparently express thematic and cultural diversity. Domination of money through advertising also influences content and quality of the media which extensively produce the society of spectacle and pseudo-events. Freedom of the media can be related with their own objectivity. If the media are situated between politics and capital, their objectivity in reporting and representing everyday life needs to be questioned. Regarding such objectivity, Noam Chomsky draws attention to the myth that the media are "objective and well-balanced".

The media try to present themselves as opponents of power, as those who undermine powerful institutions. But that is not the case! They are, mainly, a part of the power system. And that is the essence of their paradox! The paradox of freedom of the media in democracy, or post-democracy, lies in the fact that post-democracy cannot exist without them while it puts them under sophisticated surveillance. Post-democracy puts them in the position of an instrument that serves oligarchy which is based on money, as a well a recognized symbol and medium of power. The media must be brought into contact with money and democracy with the former as the biggest medium in democracy.

Furthermore, it is important to show the pessimistic perspective of the West regarding this triangle by using Oswald Spengler and certain extracts from his book *The Decline of the West* as example. The media in combination with money are a part of modern and postmodern society. The magical triangle democracy-media-money had been drawn in the age of mass industrial modernization of western societies. Democracy in its semiotic level presents communication mediated by mass media in mass societies and influenced by politics and capital, or money as the dominant medium of market society. In *The Decline of the West* Oswald Spengler writes about the "field of powers" or symbiotic structure of "journalism and money" in the function of the animation of the masses in electoral processes and democracy. The primary power is money and journalism/media is the secondary. The age of representative democracy, journalism (media) and money is the age of mass (political) culture dominated by superficiality and spiritual poverty.

Therefore, money and the media are at the very core of democracy. Oswald Spengler recognizes, regarding the relation between money and democratic electoral process, the idea of money in function of simulation/inscenation of democracy, of putting it onto the political stage. We should point out the crucial excerpt considering the relation between money and representative democracy which would be impossible without mass media.

Oswald Spengler writes in *The Decline of the West*: "Through money, democracy becomes its own destroyer, after money has destroyed the intellect." (my translation)[1] The destroyed intellect in democracy is recognizable on a daily basis on the pages of old and new media, and in the sense of superficiality and banality. Superficiality and banality of occurences, events, and people is the result of the "field of power", as Oswald Spengler would put it, or the bond between money and the media related to the self-destroying of democracy in which the media possess only guaranteed normative freedom that needs to be distinguished from the empirical one.

Normative dimension of freedom of the press

Constitutional definition of freedom of the press or normative idealism

Classical and contemporary political science, and political philosophy in relation to democracy as a form of rule are represented in normative and empirical political theories. Actually, we are dealing with two hermeneutics. The first, normative hermeneutics regards the political phenomenon as it should be (*Sollen*), and the second one sees it as it is (*Sein*). The political phenomenon relates to the *polis* (city-state) or community. A community without symbolical interactionism mediated by the media is not possible. Therefore, communication is essential!

The normative dimension of the political phenomenon, and other things related to democracy and freedom of the press are embedded in

---

1 Oswald Spengler, *Propast Zapada. Drugi svezak. Svjetsko historijske perspektive* (Zagreb: Demetra, 2000), 455.

all democratic constitutions of the world. Those constitutions, in fact, support freedom of the press. In article 38 of the constitution of the Republic of Croatia freedom of the press, speech, and thought is guaranteed. Although the media in democracies have been treated as the fourth power, they are constantly in danger of being controlled by the means of politics and capital. Democracy is mediated via the pluralist media which should generate political pluralism with contest of opinion. They should generate?!

The media are expected to activate processes of free thinking in a democracy, although every ruling political party uses its transmissions to control thoughts. The media are, on a normative level, free. Such freedom has its normative dimension. It is on the level of certain ontological idealism which has its share of problems in dealing with the real world (realism) or the world permeated with the idea of power. In an open and democratic society the media should not be controlled by power structures in order to successfully perform its democratic role in forming free and critical thought. I underline that the media "should" (*sollen*) be free compared to what they really are (*sein*). We are witnesses to the clash of constitutional formulations regarding the freedom of the press (*sollen*), and manifestation of that freedom in the real world of power between politics and capital, especially in the age of techno-culture and globalization.

Empirical dimension of freedom of the press in the age of globalization

The media in function of the globalization of culture

In the globalization of culture, the media are inevitable as "factories of simulation". Jean Baudrillard criticizes contemporary media for producing "speech" without "answer". Such position gives them monopolistic power. The media in the globalized world can be regarded as broadcasters of pieces of information, images, and events ranging from printed and electronic media to the internet and integral media which encompass all sorts of media. Therefore, they are mediators in the globalization of culture. On the other hand, they can be viewed not only as mediators of information, but also as a part of global and local corporation.

On the first level the media are only mediators of technologically and culturally constructed "global village", while on the second one they function as local and global companies with their own brands distinguished from other companies just by the type of goods they sell. And these goods are pieces of information! In the postmodern informational capitalism pieces of information are most sought-after goods of the twentieth century. As Manuel Castells says, we have entered into the age of informational capitalism and network society. Power is in the hands of those who control the information. In *The Rise of the Network Society* Manuel Castells writes about transition from the Gutenberg to the McLuhan galaxy, from industrial to global informational and network society under the influence of new informational and communicative technologies, the internet as well as global interactive network. The media accept ICT which enables the integration of various sorts of media into hypermedia or hypertext. Such integration is made possible by the internet, through which different types of media like newspapers, radio, television, and cinema can be blended into "multimedia". Manuel Castells also writes about the one-way character of communication in the case of television. He considers McLuhan's age as unidirectional in the communicative sense. Emergence and usage of computers as well as incorporation of the old media into new ones establishes an interaction which leads to new communicative and interactional society. Their global interdependance has been enabled by computers and telecommunications for fast data transfer, information, images, and media networking via computers. Thus, the media possess a global character. They are actually part of the globalization of culture. They create a new virtual reality and global virtual techno-culture. The role of mass and new global media is unavoidable in the global incitement of consumerism and its symbols or brands. Naomi Klein picturesquely wrote about it in the sixth chapter called "Brand bombing" in *No Logo*. Satellite TV can be watched in all the corners of the world with the help of receivers and antennas. This includes various TV series, Mexican soap operas, series like *Dallas*, *Beverly Hills*, *24 Kitchen*, or TV shows like *Big Brother* which divided the Croatian public. The local media produced several headlines regarding this vain and extremely stupid show for curious voyeurs. Amongst these were: “Cultural elite buries its head in the sand” or “Croatian Big Brother”. “When on September 18, 2004 RTL started to broadcast the Croatian version of the most popular reality-show *Big Brother*—in which 12 candidates spend 100 days locked in one house—Croatia has become a part of the West; not the West that entices us with its developed democracy and achievements concerning human rights, but the West which fascinates us with its human emptiness. This show has not only displaced the limits of privacy, but has also shown that average young Croats are even duller and more boring than we thought.” (my translation)[2] The phrase “globalized Croats” was even mentioned in one of the texts. Voluntary confinement for the duration of 100 days in one space and conscious acceptance of control is an experiment whose knowledge can be used on much larger population.

The question is where are the limits to the freedom of the press and such perception of freedom which leads one to the voluntary acceptance of total cotrol? Is this only an introduction to something more frightening? A German, following the idea of *Big Brother*, said that he was going to build a Big Brother town in which people would come to live voluntarily. Is this just a shortcut for the abolition of freedom, in the name of freedom itself, and an introduction of a new, malicious control of human behavior? *Big Brother* opens up space for globalization and *glocalization* of culture of stupidity for an easier metapolitical government.

Global media corporations (CNN, MTV, B.B.C. World News) have a significant role in the globalization of culture and the spreading of modern values, as well as Anglo-American cultural content. Anglo-saxon media and cultural domination are the main protagonists of a new cultural shaping of the world so that some theorists do not speak about “silent domination”, but an open one against which some European cultures have to defend themselves by laws. Such is the case with French language and French movies. These are the reasons why certain

---

2 *Slobodna Dalmacija* (December 31, 2004).

theoreticians write about new media and cultural imperialism or cultural hegemony which goes on under the auspices of the globalization of culture. Domination of the Anglosaxon world is not only being established through economic, military, and technological means, but also in a metapolitical way. Culture as metapolitical concept of disclosure and realization of global power of main protagonists of globalization is a good way for the establishment of a new "cultural hegemony" or "global intellectual" dominating the rest of the world by method of implanting cultural symbols, contents, cultural styles, patterns of behavior, and production of ideological mainstream.

The mainstream within the global village can be produced by both global and local media. The mainstream excludes freedom of thought in the media by reducing freedom of the press which is nowadays measured by indexes or ranks. In 2016, Finland was the first in the world, the second was Netherlands, the third Norway and the fourth Denmark (Scandinavian countries). In 2014, *Reporters without borders* put Croatia on 58th position, Slovenia on 35th, Bosnia and Herzegovina on 66th, Serbia on 67th, USA on 49th, and Russia on 152nd. There is a discrepancy in the real world between the normative definition of freedom (constitutional definition of freedom of the press) and the limitation of freedom under the influence of politics and ownership structure which are mainly connected with politics. Freedom of the press is determined by the mutual relationship of capital, politics, and the concentration of capital in the media.

Concentration of capital in the media as limitation of freedom of the press

The media produce information, images, and events as a specific commodity of informational capitalism. The process of concentration led by the idea of money is visible in the media while the concentration of the media actually means the concentration of capital in the media industry. Concentration of the media presents a threat to freedom of the press. The media industry (the media) emerges as a part of informational capitalism. Such media fall into the category of global media corporations as media masters of the world. The following table shows the process of the concentration of capital in the media on a global scale in 2015.

1. Comcast (Philadelphia/USA)	€ 51,769 billion
2. Google Inc. (Mountain View/USA)	€ 49,681 billion
3. The Walt Disney Company (Burbank/USA)	€ 35,308 billion
4. News Corp. Ltd./21st Century Fox (New York/USA)	€ 30,441 billion
5. AT&T Entertainment Group (El Segundo/USA)	€ 24,318 billion
6. Viacom Inc./CBS Corp. (New York/USA)	€ 20,767 billion
7. Time Warner Inc. (New York/USA)	€ 20,594 billion
8. Sony Entertainment (Tokyo/JP)	€ 20,169 billion
9. Bertelsmann SE & Co. KGaA (Gutersloh/GER)	€ 16,675 billion
10. Apple Inc. (Cupertino/USA)	€ 13,596 billion

Table 1. Top 10 International Media Corporations 2015

Source: IfM (Institut für Medien- und Kommunikationspolitik) 2015. This is the abridged table. Original table lists Top 50 – International Media Corporations 2015. See the integral table with review of the top 10 international media corporations: Media Data Base, "Top 50 – International Media Corporations 2015," *Mediadb.eu*, http://www.mediadb.eu/en/data-base/international-media-corporations.html (accessed November 22, 2016).

The table shows that eight out of ten most powerful media corporations in 2015 come from the USA, one is from Japan (Sony Entertainment; Tokyo), and one from Germany (Bertelsmann SE & Co. KGaA; Gütersloh). In the same year Bertelsmann SE & Co. KGaA (Gütersloh, Germany) ranked first with 16.675 billion EUR among ten biggest media corporations in the Federal Republic of Germany.

In relation to the media in the globalized world, their concentration, global corporative position, and influence, we should distinguish the media in the comunicative sense from the media as economic corporations which have a tendency for constant augmentation of profits. In the clash between the freedom of the press and money in the media, as well as politics, the advantage is on the side of money and politics which try to limit the freedom of the press. Concentration of the media or their oligarchization leads to the limitation of media pluralization in culturally plural societies. Politics is not only concerned with the limitation of the freedom of the press, alongside with the concentration of the media and capital, but also with the limitation of media pluralism. How does this look on a model level of observation?

Influence of politics on the media and the postdemocratic condition

Political interference in the media in democratic societies is contrary to constitutional formulas which guarantee the freedom of the press on a normative level. Empirical level, as opposed to the normative one, shows different political influences via political parties and social groups belonging to various political options. We shall present three models of political influence on the media in this fragment.

The first is a sort of a soft model of political influence on the media as a result of the intertwining of values and interests which leads to favoritism and unfreedom of the press. Media control is visible through surveillance of undesirable contents that could have an effect on voters and interests of political protagonists and structures. The media can be free on the normative level, but there is always a kind of latent control and bias in the democratic political arena. Favoritism stems from alignment with political parties (sides) on ideological and worldview level by interpreting politics on the basis of accepted sets of values and interests. Accepted values and interests can hardly express the freedom of thought (level of favoritism) and objectivity in the media or freedom of thought that will not confront with certain interests. Well, let them try! Let us see how will that ends up?! That is just hard! The interactivity of political influence on the freedom of the press and the media in function of certain politics shows the contraction of free space and public criticism. It may not be so in old democracies which I can witness to based on theoretical knowledge instead of empirical. But the previous statement is definitely valid for the new democracies emerging in the age of transition, after the fall of the Berlin Wall in 1989. In other words, in the age of transitional social spectacle and overnight changes.

The second is the hard and radical model of political influence on the freedom of the press. On the other side, constitutionally guaranteed democracy and freedom of the press are distinguished in relation to aberrations or deviations from good democratic practices in times of clear and plain reversions to authoritarian solutions towards "*demokratur*" which can be seen in Russia (Putin) and Turkey (Erdoğan). In the aforementioned countries we are confronted with a direct control of the media in the function of maintaining the non-liberal system or, in much worse cases, with murders of journalists. These are restrictive democracies with regularly held elections which limit not only the freedom of the press, but also civil freedoms and human rights. In the cases of Hungary, Poland, and Russia we can refer to restrictive non-liberal democracies with limitations of the freedom of the press.

The third model is the restriction of freedom of the press in developed Western democracies in the postdemocratic condition. The postdemocratic condition in relation to freedom of the press implies a shift in which free discussion is replaced with production of pseudo-events, spins, and PR techniques where PR has replaced every thought and discussion. That is how a new model of democracy under the working title of *PR democracy* came into existence. In relation to the real world dominated by the idea of power and opposed to the idea of freedom, the freedom of the press is just a normative model and ideal type that clashes with the idea of power containing capital and politics as its basic ingredients. In his book *Postdemocracy* Colin Crouch highlights the statement concerning "the fall of serious political discussion" disguised by the idea of the society of the spectacle where democracy also becomes its part through electoral shows and without discussions concerning structural problems of society. As part of a society of the spectacle such democracy is, in fact, a Hollywood democracy.

In the postdemocratic society the media avoid critical and political discussions regarding public matters. Although the precept of expressing the freedom of thought in the media implies the possibility of actual articulation of such freedom, the space for the freedom of thought in a postdemocratic society is being constantly narrowed down. Democracy falls into trivial things and shallow spiritual content due to the domination of money and advertisements in the media. This description tries to understand the postdemocratic condition which is not about complete abandonement of democracy, but rather a condition in which democratic pendulum swings towards interests of upper social strata, oligarchy or tyranny by the few that sophistically shapes the amount of the freedom of the press so as not to put into danger oligarchic interests or those of tyranny by the few in democracy.

Social masses have to be sedated and narcotized by contents of mass and consumerist culture so that simulated democracy, as the real oligarchy and tyranny by the few, can function in the long run. Using money and the media, it maintains oligarchic democracy according to its poetic definition that democracy is the rule of majority while oligarchy is all about majority voting for minority so that minority can rule over majority!

Majority is not the subject of democracy, it becomes that maybe only when it decides by elections while in a postelectoral condition, just like in the postdemocratic one, it is only the object of rule by minority. This is just a production of illusions in the democracy with the help of powerful and controlled media within a symbiotic structure media-democracy-politics-money, in other words, that structure which incessantly reduces the space of the freedom of the press.

Instead of a conclusion

The idea of the freedom of the press is relevant in political philosophy, which generally deals with the notion of freedom in the works of modern and postmodern philosophers, as well as in social philosophy that would encompass the media as significant mediators in communication within society and political community. On the other hand, every discussion concerning the freedom of the press implies its understanding, knowledge about the notion, development, technology, and history of the media which has shown, in a technological sense, that the media broadened the space for freedom (democracy) and at the same time served as an instrument for various backward ideologies and authoritarian/totalitarian forms of rule in the twentieth century.

According to modern political philosophy, the free media is the basis for democracy. Naturally, such a statement reflects the optimism of liberal political philosophy and political theory of liberal democarcy. There is also one current of Western thought, on the theoretical level, which is rooted in pessimism, and promotes a pessimist and critical attitude towards the media, money, and democracy with Oswald Spengler as example.

Discourse on the freedom of the press should be composed of three dimensions: (a) theoretical, (b) normative, and (c) empirical. These three dimensions have been incorporated in this text. The theoretical dimension forms a part of the discourse on political and philosophical aspect of the freedom of the press. The normative dimension is a part of the discourse on the constitutional dimension of the freedom of the press, on the level of *sollen* or the idea that the media in a democratic and plural society should be free and form the basis of it. We can agree with such a statement only if we abandon the real world and sail to a distant island of ideas where inhabitants have decided to flee and isolate themselves from the real world. On the other hand, on the level of phenomenological sociology, the real world can be defined as an organized everyday life revolving around our individual lives (*Lebenswelt*). In the real world, or the world of experience and perceptive reality, experiental dimension of the freedom of the press inevitably falls into the gap and discrepancy between *Sollen* and *Sein*.

Fields which determine the freedom of the press are capital and politics. These are the fields of powerplay and the game of thrones. These two dimensions largely affect limitations related to the freedom of the press. We have shown in this text that the freedom of the press in the age of globalization is restricted in corporative capitalism through concentration of the media which constricts media pluralism and leads to globalization and homogenization of the media that are in function of the globalization of culture which is, more or less, something like global Americanization. The proof is those ten global media corporations in 2015 with eight of them situated in the USA. On the one hand we have the phenomenon of the concentration of the media with limitations of freedom while on the other hand we encounter limitations of freedom of the press under the influence of politics.

In this text we have tried to construct three models of political influence on the freedom of the press or three models of the limitation of that freedom. The first is a soft model, the second is a hard one, and the third is a postdemocratic one. All of them serve as a concise description of three images of limited freedom of the press under the influence of political protagonists and power structures in the age of simulated democracy in which democracy is put on the stage while the media produce the image as information which should convince the audience that we live in democracy. We should supposedly live in such a system?!

The audience should be convinced that majority is some sort of ruler, or some other relevant political subject in that form of rule, while we are confronted with the covering up of the truth that every democracy is, in fact, an oligarchy or a tyranny by the mighty few which use the media through money/capital in order to maintain definitive and constructed power structure, "manufacturing consent", and production of mainstream ideology instead of being free. They try to exist in this way clashing with the real world and oligarchic power structures and only according to the possibility of freedom and not the wish for attaining it. This is a territory of the compromise between *Sollen* and *Sein* in our discourse on the freedom of the press in the time in which we live or, in other words, in the time of the second modernity, globalization, and techno-culture.

Bibliography

Baudrillard, Jean. *Simulacija zbilje*. Zagreb: Jesenski i Turk, 2013.

Castells, Manuel. *Uspon umreženog društva*. Zagreb: Golden Marketing, 2000.

Chomsky, Noam. *Mediji, propaganda, sistem*. Zagreb: Što čitaš?, 2006.

Crouch, Colin. *Postdemokracija: političke i poslovne elite u 21. stoljeću*. Zagreb: Izvori, 2007.

Kalanj, Rade. "Postmodernistički vidokrug Jeana Baudrillarda." In *Simulacija zbilje*. Jean Baudrillard. Zagreb: Jesenski i Turk, 2013.

Klein, Naomi. *No Logo. Antikorporacijski vodič za 21. stoljeće*. Zagreb: VBZ, 2002.

Lechner, Frank J. and John Boli (eds.). *The Globalization Reader*. Malden, MA: Blackwell Publishers, 2000.

McLuhan, Marshall. *Razumijevanje medija: Mediji kao čovjekovi produženci*. Zagreb: Golden Marketing, 2008.

McLuhan, Marshall and Quentin Fiore. *The Medium is the Massage*. Berkeley: Gingko Press, 1967.

McQuail, Denis. *McQuail's Mass Communication Theory*. London: Sage Publications, 2000.

Media Data Base. "Top 50 – International Media Corporations 2015." *Mediadb.eu*. http://www.mediadb.eu/en/data-base/international-media-corporations.html (accessed November 22, 2016).

Milardović, Anđelko (ed.). *Globalizacija*. Osijek-Zagreb-Split: Pan Liber, 2000.

Slobodna Dalmacija.

Spengler, Oswald. *Propast Zapada. Drugi svezak. Svjetsko historijske perspective*. Zagreb: Demetra, 2000.

Bernard Nežmah

What Is the Position of the Humanities in Mass Media?

Abstract: The article tries to establish what the object of reporting is, and addresses this issue through a comparison of the perspectives of the mass media and of humanistic sciences applied to five different examples. The first example is taken from modern global reports on the position of a tree in an urban environment, the second focuses on Western reports regarding Yeltsin's tank attack on the Parliament, the third shows the function of a press conference in communist regimes, the fourth deals with the reception of cultural revolution in China amongst the French left-wing intellectuals while the fifth one focuses on André Gide, who with his humanistic distance escaped the claws of Soviet propaganda and wrote the legendary book *Return from the U.S.S.R.*

We first have to introduce the concepts of freedom and justice in the attempt to approach the phenomenon of mass media.

When can we speak of freedom? Let us take a trivial example of a local radio's broadcast a couple of days ago. It is particular yet it represents the common attitude of mass media around the world.

> At a school's courtyard some trees were chopped down because their roots have been destroying the surface of the parking place. The workers then made a new asphalt cover so the ambiance around the school would be splendid again.

What is the background of this journalistic report? It is an overspread opinion which regards a tree as an annoying cause that destroys public paths and streets. Moreover, this opinion puts nature in opposition to culture where it's considered a destructive force towards the works of human civilization.

However, where can freedom be found within this type of journalistic reports? The very idea of freedom is to have a choice where the act of choosing presupposes the existence of at least two different options. If the first perspective is to regard the tree as evil and disruptive to the civilization, then the other perspective needs to be taken from the point of the tree itself. Therefore, the same event of cutting the tree at a school's courtyard would be the following one:

> The workers have chopped several maple trees which were more than 30 years old and 30 meters tall and were producing great amount of oxygen, as well as absorbing huge quantities of dust and small particles. Besides that, they hosted more than 40 different types of insects and offered shelter for flocks of singing birds. Furthermore, they provided a cool dim area and were contributing humidity to the city air in summer.

The second perspective is taken from the viewpoint of animals and from the lateral benefits for man himself. By describing the trees by their name, their height, their age, their function, the maple trees have got the mark of existing creatures. Now, the report is no more based on the supremacy of the human race. The chopping of the trees is not a mere act of technical progress any more. At the same time, it can be perceived as arrogance and even vandalism of man.

The problem that arises is how to ensure the field of freedom? To reach the recognition of the status of the tree as a respected inhabitant of our planet it is necessary to adapt the knowledge of biology, ecology, and also a certain philosophy of nature.

At this very point the lack of journalism is evident. At schools of journalism ecology and history are not a part of the teaching curriculum. So a journalist should later on invest time in reading books. For example, Germany's bestseller this year is *The Hidden Life of Trees*, a book written by the forester Peter Wohlleben.[1] Some years ago in Croatia a professor of law, Nikola Visković, published a book entitled *Tree and Man*, which is written from the perspective of cultural botany, symbolical function of trees, aesthetics, and also from the stance of political history as well as the from the juridical point of view.

---

1 Cf. Peter Wohlleben, *Das geheime Leben der Bäume* (München: Ludwig Verlag, 2015).

Let me enlighten the subject with two examples taken from the book.

> In the period of Yugoslav communism there was a custom to pay tribute to president Tito by planting an alley of trees. For his 88th birthday the local politicians performed a ceremony of planting 88 trees. Later on, after the fall of communism in the region of Slavonia the new anti-communist politicians decided to stop cherishing dictator Tito, so they chopped down the alley of 88 trees. (my translation)[2]

> In the 1980s in the state of Oregon in the United States, forest companies started to cut down the Willamette National Forest. Groups of ecologist reacted immediately by protesting and fighting them and with time the forest was preserved by the decision of the court. The forest was finally protected as the home of the spotted owl. Since then the movement of eco-warriors has been established. (my translation)[3]

Let us leave this digression and return to the question of freedom within journalism. Common knowledge taken from regular school education and by following the daily mass media must be enlarged by studying the humanities which shake common sense through reflections and the epistemological approach. However, the actual journalism is dominated by the logic of profit which demands high efficiency from journalists, but leaves no room for the study of the humanities. If we look into newsrooms, a modern version of Taylorism can be observed. Journalists are chained to computers to recycle web news.

Therefore, freedom in this profession is not a principle, but an exception.

Since the first example of mass media journalism was taken from the field of ecology, the second one was found in the field of politics.

On October 3, 1993 there was a unique event in the center of Moscow. The building of the Parliament was surrounded by tanks, firing grenades at the White House.

What were the media's reports on the shelling? Absolute majority of them broadcasted the emissions and texts, in which they praised the battle of president Yeltsin for democracy. He was namely the Supreme Commander-in-Chief of the army which was ordered to attack the

---

2 Nikola Visković, *Stablo i čovjek* (Zagreb: Antibarbarus, 2001), 726.

3 Ibid., 786.

Parliament. By Western journalistic and political standards the armed intervention against the high political representatives is in theory the evident annihilation of the state of law. Yet, in the case of Russia and Yeltsin, it was welcomed because the Russian president fought communistic parliamentary majority.

In Russia, at the time, there existed a political confrontation between the Parliament and the President who was issuing personal decrees, which overruled the laws passed by the national assembly if he disliked them. Then he made the final blow by coup d'état which suspended the actual Parliament.

Unlike the case of the tree massacre at the schoolyard where journalists lacked knowledge, back then they were given all the evidence and perspectives.

However, the mass media unanimously took the side of President Yeltsin. What prevented them from adopting the perspective of justice?

It was common belief that communism was absolute evil, that it required a decisive response, even of a coup d'état. Even in the situation when the communist majority was elected at free democratic elections.

The principle of justice was therefore rejected for the dominant anti-communist ideology.

However, in Moscow on October 4, 1993 a curious event happened. At the time, I was working there as a foreign reporter. A real scene of theatre was given. The Parliament was surrounded by tanks and a few hundred meters away there were thousands of civilians who came to observe and participate in the so-called theatre. Among them I noticed an elderly man who was listening to the radio while observing the attack. I approached him to ask why he was listening to the radio. Namely, he already acted like an eyewitness of the event. His answer was simple: "I am listening to the radio to check if they report in an adequate manner."[4]

He is an excellent example of wisdom which indicates that the consumer of media should perform himself a high state of cautiousness and his own ways of checking the news.

---

4 Bernard Nežmah, *Jelcinova Rusija* (Ljubljana: Umco, 2007), 48.

The case of Andrei Sinyavsky should be included here. He was a Russian writer and a dissident who spent years in prison and emigrated to North America afterwards. In 1968, when the Soviet troops marched into Prague seven protesters gathered on the Red Square to condemn the military intervention. One of them was Sinyavsky. He was an anti-communist par excellence.

How did he perceive Yeltsin's gesture of the shelling of the Parliament? In his book *The Russian Intelligentsia* he writes:

> The final disagreement between me and Russian intelligentsia was over firing on the White House. The flower of Russian intelligentsia went over to the authorities supporting Yeltsin's fire on the White House, chanting: Go on Boria! Crush our enemies! It was unbearably painful and shameful to see, at the bottom of the collective letter the signatures of cultural figures who on numerous occasions had written letters demanding that the adored president take harsh repressive measures against the political opponents and even indicated who should be sent to prison, which group should be disbanded, which newspapers and TV programs should be banned.[5]

If the example of the broadcast regarding the chopping of the trees was interpreted due to the lack of freedom and the humanities, the case of Russian intelligentsia showed that intellectuals as the bearers of humanities are no guarantee of justice.

Let us proceed to the third example of the mass media principles which is called the source of information. Nowadays, political authorities are likely to give press conferences. Journalists ask questions and out of these talks they make a report. This is a frequent practice in Slovenia and can be found elsewhere as well.

From the viewpoint of freedom they are free to ask politicians about their plans and deeds. Be that as it may, could we call this freedom?

Namely, the press conference itself is turned into an event. And from the point of journalistic work process it is a huge saving of time. Instead of doing research or investigation on certain topics and issues

5 Andrei Sinyavsky, *The Russian Intelligentsia* (New York: Columbia University Press, 1997), 10.

by themselves they spend an hour at the conference and all they have to do afterwards is summarize the press conference data.

Further words on transition are needed. At the time of communist regime in 1981 a mass demonstration took place in Kosovo. The army intervened, tanks were sent to the streets, and as a result, hundreds were killed and injured. Nevertheless, there were no given reports in the mass media. A week later, a member of the politburo gave a press conference in the capital Pristina where he described what happened, stated the number of victims, which was of course minimalized. The conference was attended by 200 journalists who conveyed the words of the high politician as a pure fact. No one went to the streets to ask Albanian civilians, no picture of devastation was published. During the communist regime the politicians were the ones who decided when an event happened and what to write about. The sacred place which produced the events was the press conference.[6]

And in a slightly modified way this still persists in the democratic mass media of modern Slovenia.

To sum up, an example of Mao Zedong's China is to be given. Even nowadays in China, Mao is venerated and his statues have remained untouched. His successor Deng Xiaoping who turned the state from communistic into free market economy and who himself was a victim of Mao when imprisoned during the Cultural Revolution launched a policy of transition in such a manner that he stated that Mao was good in 70 percent. The result, therefore, is that there is no process of a demystification of the old regime.

However, let us leave internal Chinese affairs aside. More striking is the reaction of European intellectuals regarding Mao in the 1960s and 70s. During the policy of the Great Leap Forward there were more than 40 million Chinese who died of hunger. At the time of the Cultural Revolution the pro-Maoist groups committed not only mass killings, but carried out even cannibalism. Officially 291 persons who were supposed to be enemies of the people were killed to be eaten according to official reports in China. While Jean-Paul Sartre, Simone

---

6 Cf. Bernard Nežmah, *Časopisna zgodovina novinarstva* (Ljubljana: Študentska založba, 2012), 253–60.

de Beauvoir, and others were enthusiastic about the Cultural Revolution, there were established Maoist groups and parties in France. Of course, the key reason of their sympathetic view was the idea of anti-authoritarian moment of the Cultural Revolution. However, did Sartre and the French Maoists know about the Mao atrocities? In France at the time there were several books published on the criminal regime of Mao. In 1974, Roland Barthes and Philippe Sollers went on an official visit to China with a group and afterwards they published some articles of fascination.

Indeed, it was practically impossible to find out what the real China was if escorted by the state officials and not knowing the Chinese language.

For the conclusion, I will give you the example on the French author André Gide who went to the Soviet Union in the mid-1930s. He was also accompanied by state officials as he didn't understand Russian. Moreover, he was a leftist at the time and a great sympathizer of communism.

After his return, he published a book *Return from the U.S.S.R.* His illusions of communism fell apart. Instead of finding the new human being he found a totalitarian state. His method of observation is worth noting:

> When I was taken to a factory for a talk with the workers I was told that in Moscow there is a Metro while in France there are only trams and buses. As I stated that Paris had a Metro as well, the workers looked at me with skeptical smiles. Then, I was informed that in France all the workers are unhappy, that children are beaten in schools. (my translation)[7]

All around the same principles were repeated: the hosts were praising the success of the Soviet Union while at the same time stating how sad and undeveloped life was in France. Yet, no one had ever travelled to France. It became clear to him that strong propaganda was imposed upon the people.

7 André Gide, *Retour de l'U.R.S.S.* (Paris: Gallimard, 1936), 46.

The lack of the humanities in mass media prevents them from applying the principles of freedom and justice in their reports, but on the other side even an intellectual with a background in the humanities cannot be seen as a one-way street towards justice.

Bibliography

Gide, André. *Retour de l'U.R.S.S.* Paris: Gallimard, 1936.

Nežmah, Bernard. *Časopisna zgodovina novinarstva*. Ljubljana: Študentska založba, 2012.

—. *Jelcinova Rusija*. Ljubljana: Umco, 2007.

Sinyavsky, Andrei. *The Russian Intelligentsia*. New York: Columbia University Press, 1997.

Visković, Nikola. *Stablo i čovjek*. Zagreb: Antibarbarus, 2001.

Wohlleben, Peter. *Das geheime Leben der Bäume*. München: Ludwig Verlag, 2015.

New Critique

Mihael Brejc

Is Democracy Threatened?

Abstract: Aristotle already talked about democracy being threatened, and even today this topic remains relevant. Democracy is a state and a process; it is not something mechanical and predictable. In spite of the same rules and perhaps even the general condition democracy in one country can be very different from the one in another country. While people in one country find that all the institutions of the democratic system work, in another country the contrary can be ascertained. Where the democratic society is losing the attributes of democracy there is likely to be talked about the threat to democracy and the dangers of totalitarianism. Even today this issue is topical, not only when it comes to the "old democracies", but also when it comes to countries that have just entered onto the path of democratic reform. In this paper it comes to finding the answer to the title question.

Every person, every organization, every system throughout its existence has been and is faced with factors that threaten it. The threat is, therefore, the natural state of things, and the important thing is that we do everything we can to maintain it and let it develop. It is the same with democracy. Since ancient times there have been discussions on the threats to democracy. Today, it is the same, when we have a whole host of phenomena that concern us as they threaten our way of life.

Democracy is threatened because it is as it is. Since democracy is a process and status, a method and form of social organization, with a broad range of principles, rules, and institutions, it is logical that it may be vulnerable. Despite a series of shortcomings, democracy is still something that is good for the people. This provides more than enough reason for the consolidation of the democratic society and the prevention of the phenomena that threaten democracy.

In this article, we will concisely demonstrate some of the factors that threaten democracy, and then reflect on the means to strengthen democracy.

Let us start with the following question: is it possible that the U.S. could become a totalitarian state?

The majority would, without any consideration, likely answer no. It is hard to imagine that the U.S., whatever you may think of them, would cut the umbilical cord with the democratic tradition, because its creation is based on individual freedom, freedom of creativity, and confidence in the country (state). And here we have the first problem of European democracies, especially young democracies, where research found the loss of public confidence in the country, its government, and its democratic institutions. The first factor that threatens democracy, in my opinion, is *the loss of confidence*. As Confucius says: "If the people do not have confidence, then it is not possible to run the country."

So, if people do not trust each other, if they do not trust the President of the Republic, the Government, the Parliament, if they lose confidence in the functioning of the Police and the judiciary system, if fewer believe producers and merchants, chaos follows, and in such circumstances requirements to settle the situation with a firm hand arise. Such conditions are usually abused by populist parties of the left and the right who first try to establish law and order, and at the same time or at least very soon they use their power for their totalitarian goals. They at first show will on behalf of the people, and arrange something here or there, but when they consolidate their power, they take advantage of the circumstances and a totalitarian system appears.

But democracy is also threatened by boundless confidence. A democratic society, therefore, builds its strength on mistrust, which is a reflection of the constructive, positive action of the people and is based on the values of the democratic society. Where there is *no trust there is also no respect.* If people do not trust politicians, they do not respect authority figures nor its acquis. Failure to comply with the acquis leads to chaos. And quite fast, demands for a firmer hand emerge from the public.

In a society where "money rules the world", people are willing to do, if not everything, almost everything, for money. If we add conformism, which is reflected in voluntary slavery and orientation towards consumerism, a decline of interest in important social issues is logical. In Western democracies the people want to adapt more than they are forced to, as warned by Fromm in the last century:

> Modern capitalism needs men who co-operate smoothly and in large numbers; who want to consume more and more; and whose tastes are standardized and can be easily influenced and anticipated. It needs men who feel free and independent, not subject to any authority or principle or conscience—yet willing to be commanded, to do what is expected of them, to fit into the social machine without friction; who can be guided without force, led without leaders, prompted without aim—except the one to make good, to be on the move, to function, to go ahead.[1]

Studies point to *a decline of the people's interest in politics*, which is worrying. There is a growing number of people in politics, whose characteristics are ambition, incompetence, and stupidity. Politician is not a respectable profession, so few capable and successful people choose to participate in the political processes. Here it is necessary to look for the answer to the question of why there are not any charismatic figures in Europe whom the masses could follow. Socrates once said that woe to the country where the bad people rule because the good do not want to. The result is that politicians become easy prey to the interests of those who have social power. It is interesting that the economic and financial spheres show a great interest in politics. Throughout history, and even today, there are a lot of examples that capital more easily establishes its interest if politicians are corruptible and manipulable.

Holders of social power know all too well that the public is stationary, if there is sufficient bread and games. Only a small minority of the population is aware of who the real holders of social power are. These are only partially the Government and Parliament, while increasingly financial corporations and large business systems are in the forefront and have a dominant influence on policy. They are constantly publicly critical of state policy and attempt to convince the public that policy is

---

1 Erich Fromm, *The Art of Loving* (New York: Harper & Row, 1956), 85.

wrong (bad), while exercising their economic power to influence policy. In doing so, they are helped by *the media*, which, due to economic dependency, cannot be independent. If all influential media is under the influence of capital, it is clear that this will have repercussions on politics. If capable and successful people want to participate in politics, but are not to the capital's liking, the media will tear them to shreds at the first blunder. Here I am referring to, in particular, radio, television, and print media, and the increasingly obvious impact of the online media. The public often doubts the reality of what is published in the media, while at the same time, the media have the greatest impact on public opinion.

In the last century the proletariat held a significant amount of social power, which declined with automation and robotization towards the end of the century. In this century, we are witnessing *the proletarianization of the middle class*,[2] which actually means that the middle class is pushing itself to the level of the proletariat, while it does not have its energy. It is well known that a strong middle class is crucial to democracy.

The European economic complex has been in the past decades characterized by the relocation of production to China and other Asian countries, but now we are witnessing the first relocations back to Europe. However, the expectation that *unemployment* in Europe, therefore, will fall, is not realistic, as the new factories are robotic and do not require mass labor force. Mass unemployment sooner or later leads to social unrest and is the humus for the growth of non-democratic forces.

Recently we have seen a rise in *terrorism and mass migration*. Europe is aging, it is increasingly becoming clear that there will be labor shortages which, therefore, opens the door to migrants, primarily from the war-torn countries. On the basis of publicly available information regarding the perpetrators of classic crime and terrorism, it is clear that the perpetrators of these acts are strongly dominated by migrants, which raises public demands for the closure of borders and harsh measures against migrants who do not comply with the acquis. The idea of

2 Cf. France Bučar, *Prelom, do katerega ni prišlo* (Ljubljana: Cankarjeva založba, 2015), 173.

the threat to our way of life is a suitable basis for the decrease of democratic standards, and it is strongly amplified and underlined by extreme political parties. The victory of the extreme right or left in the elections will lead to tightening measures against migrants and will, of course, also apply to other criminals, from here there is only one single step to the declaration of a state of emergency, in which the extremists will deal with its political rivals and opponents, and transition from a democratic society to a seemingly democratic society or even totalitarianism. All in the name of the fight for the preservation of prosperity, religion, and our way of life. A democratic society, therefore, makes it possible for certain forces to use democratic mechanisms to obtain power, which plunge the state into totalitarianism in the name of democracy.

The greater the range of *human rights* and other *civil society* has developed, the more democratic society there exists. But human rights and civil society require an increase in the administrative apparatus, whose purpose it is to ensure the fundamental postulates of democratic society are exercised (equality before the law, legality, etc.), which in turn means that we are close to the thesis that the increasing democratization of society also increases its bureaucratization, which in turn means that the state administration is gaining strength and is becoming an increasingly important carrier of social power. The growing power of bureaucracy threatens democracy. The more bureaucratic the society is, the less it is democratic.

Social inequality is natural and necessary; however, if social inequality is inflated, it loses its stimulating role and leads to social tensions that sooner or later lead to conflict. These can be solved in a democratic way, but these frames can be bypassed and we are once again faced with the dangers of totalitarianism.

Especially in young democracies, such as Slovenia, independence led to the transformation of society and the new distribution of social wealth. Under socialism, the Communist Party actually decided on all important matters, but formally it was the authorities. With independence, the Communist Party, of course, did not want to lose their power and encouraged processes of theft of public property so that the so-called red directors overnight became business owners, factory owners, etc., and retained key positions in the banking and financial institutions. Thus, in addition to democratically elected institutions there developed *a parallel state*, i.e., informal centers of power, which still have a decisive impact in politics, business, and the public sector. The country therefore has all the usual democratic institutions, political pluralism, etc., but the actual social power is concentrated in capital, which is largely in the hands of former holders of social power. Government and Parliament therefore cannot independently decide on important social issues, without taking into account the actual holders of social power, which formally have no role in political events. Like socialism, there is still a duality of power, de jure and de facto.

The separation of power into the legislative, executive, and judicial branch is one of the fundamental principles of democracy. Every government wants the comfortable majority in the legislature that ensures that all government decisions are passed in the Parliament. This creates instead of three separate branches of government only two, the executive-legislative and the judicial branch. Parliament has a relatively independent role only in the case of a fragile government majority or a minority government. The government also passes a number of regulatory decrees, which often contain provisions that the government failed to enforce in the legislative process. The regulatory decrees therefore did not go through a democratic procedure and contain more stringent provisions than the law, and this is of course unacceptable and undemocratic.

The consequence of the close relationship between the government and the parliamentary majority is the limited political activity of the members of the governing majority. If the members of the government majority would vote in their sole discretion, it is possible the government would not be able to pass its program. Is democracy endangered because of this? When the principle of separation of powers does not work, and if the representatives of the people only have limited freedom of political activity, then a situation arises in which the social power is concentrated in a part of the political elite, which can enforce its interests to the detriment of the common good. Society is democratic only when social power is properly distributed.

The following fundamental question concerns *the content of the decisions of the Parliament and the Government.* The Parliament and the Government are political bodies that are supposed to decide on what is good for the community and the individual. The decision of the Parliament is always political, such is its responsibility. Parliament cannot vote on highly technical or specific professional matters, because that simply is not its task. The government should use the expertise of public administration, scientific, and professional institutions, and the rule of proposed expert solutions, and thereby assume political responsibility. If the government is not able to decide between various technical proposals, this shows its weakness and incompetence. Members of the Parliament have difficulty discussing and deciding on complex and diverse substantive legal issues, because they cannot be well acquainted with the matter. Consequently, they stick to the directions of the party leadership, where the decision of support for the government's proposal is dominated by special interests, rather than the benefit of the country and its citizens. Due to the latter reasons the Parliament is becoming a voting machine that passes everything proposed by the Government.

Another factor endangering democracy is *the hypertrophy of regulations*, which is the result of expanded normative idealism, that is, the belief of politicians and the public that the situation will improve in a certain area once the new legislation (regulation) is passed. And when that, despite of the new regulation, does not happen we need a new regulation. The obsession of politics and legal profession with scaling everything that can be scaled leads to an endless sum of regulations, that are inconsistent and establish unnecessary complexity, which even the courts cannot go through, let alone citizens. Hypertrophy increases the already extended power of bureaucracy, thereby stifling the democratic life of society.

Individualism has been strengthening since the Renaissance, in the 1960s of the last century it acquired more pronounced forms, especially in the time of Margaret Thatcher ("Society does not exist, only the individual."). Individual interest is a natural component of every personality. Where, however, an extremely personal interest prevails over the common interest and even denies the common and, therefore, does not act in the direction of social integration, we are met with *asocial individualism*. A society that consists of discrete clusters of self-driven individuals who are driven only by their own benefit (whether it is profit, pleasure or something else) has always been present in the theory of the capitalist economy.[3] If everyone cares only for themselves, striving to exercise self-interest, and does not care for the common interest, democracy is threatened.

The title question can be answered in the affirmative. Therefore, I emphasize the question of what can be done to strengthen the democratic processes?

In a democracy, it is necessary to believe, to participate in the processes of the management of society, rather than stand on the sidelines and wait for others to do the necessary. Political passivity, abstaining from elections, and the complete retreat into privacy open the door to undemocratic forces. That is why we require *active citizenship*.

We need *democratic political culture*, but it cannot be created overnight. In young democracies, there is a mixture of old and new values. The old resists the new, although this is actually an establishment of values that once already dominated a given environment.

> It is necessary to find the continuity and identity of the multiplicity in the apparent chaos that surround us. We must trust in our own abilities and the power of permanent values that are part of our nature. The meaning and importance of the change of values accompanying social transformation, is, on the one hand to reflect this transformation, and, on the other hand to grant individuals the support of communities and guidance in social events. (my translation)[4]

Primary socialization (in families) is very weak, because the parents do not have enough time and perhaps the will to raise their children. It is, therefore, essential that children and youth are acquainted with democratic values in the process of socialization. This should emphasize

---

3 Cf. Eric J. Hobsbawm, *The Age of Extremes. A History of the World, 1914–1991* (New York: Vintage Books, 1996), 16.

4 Janek Musek, *Nova psihološka teorija vrednot* (Ljubljana: Inštitut za psihologijo: Educy, 2000), 254.

values such as freedom, fairness, tolerance, responsibility, perseverance, and courage. Tagore once wrote that

> [f]reedom is not for those who are not lovers of freedom and who only allow it standing space in the porter's vestibule for the sake of some temporary purpose, while worshipping, in the inner shrine of their life, the spirit of blind obedience.[5]

In political parties there are still strong patterns of behavior typical of the Communist Party. The new political elite has very little knowledge about policy. Political parties must assume responsibility for the *education and upbringing* of politicians, because policy is an important component of social life and, together with the government administration, directs social development. If a political party is led in an autocratic way, it is hard to believe that, when it comes to power, it will act democratically. However, since political parties often do not have the necessary education and training, nor have developed criteria for careers, the elected representatives at local, regional, and national levels, are in political terms quite helpless. A man does not become a politician upon being elected into the Parliament. Representatives of the people must be generally knowledgeable, have life experience, must demonstrate a personal commitment to democracy, they must be an example when it comes to the respect for the acquis, their behavior must be ethical and moral. Impatience, intolerance, hatred are destructive to human society, and, therefore, also a threat to democracy.

The *media* have a very important role in the development of *democratic political culture*. We all want independent media, we would like to make the media the fourth branch of governance. But how can this be achieved within the free market economy? If the media are economically dependent, they are not independent. If the elected government has control over them, they are not independent. The ideal situation would be that all public media have sufficient budgetary resources and that they are not in any way dependent on policy, budget, and commercial

5 Rabindranath Tagore, *The English Writings of Rabindranath Tagore. Vol. 3. A Miscellany* (New Delhi: Sahitya Akademi, 2006), 352.

activities. Supervision could be done only by the public, not the founders and the funders.

In the human society there are forces that are committed to democracy and their activity strengthens the democratic nature of society, and also the forces acting in the opposite direction, in between the crowd, waiting what will happen. The participants of this conference express (demonstrate) a commitment to the development of democracy, and we can only hope that at least a bit of what we speak of will be achieved in the first, second, and third.

Bibliography

Bučar, France. *Prelom, do katerega ni prišlo*. Ljubljana: Cankarjeva založba, 2015.

Fromm, Erich. *The Art of Loving*. New York: Harper & Row, 1956.

Hobsbawm, Eric J. *The Age of Extremes. A History of the World, 1914–1991*. New York: Vintage Books, 1996.

Musek, Janek. *Nova psihološka teorija vrednot*. Ljubljana: Inštitut za psihologijo: Educy, 2000.

Tagore, Rabindranath. *The English Writings of Rabindranath Tagore. Vol. 3. A Miscellany*. Edited by Sisir Kumar Das. New Delhi: Sahitya Akademi, 2006.

Peter Trawny

Kritik und Kapital

Abstract: Philosophy begins with critique. Parmenides and then Plato founded a tradition of philosophy, called Metaphysics, which is inherently critical. But this force, this character of critical thinking exhausted in the course of the centuries. Marx was a milestone of this exhaustion. In the twentieth century, philosophers and thinkers like Max Scheler, Carl Schmitt, and Martin Heidegger diagnosed the end of critique. The article votes for a new critical thinking on the base of Adorno's *Negative Dialectics*.

Die Philosophie beginnt damit, dass sie das Eine als ihren Gegenstand entdeckt. Nachgedacht wird nicht über ein Moment oder einen Teil des Ganzen, sondern über das Eine Ganze selbst. Doch schon bald (im Verlauf von Jahrhunderten) wurde klar, dass dieses Eine als ein in sich differenziertes verstanden werden müsse. Platon erkannte dann, dass die Welt, das empirisch feststellbare Seiende, nicht schon die Mittel liefert, die das Denken braucht, um diese Welt zu verstehen. Die Ideen (*ideaí*) und die Reden (*lógoi*) sind keine empirischen Objekte, die erscheinen wie Tische und Stühle. Daher nahm Platon eine Trennung vor, die dann als *Zweiweltentheorie* banalisiert worden ist und immer noch wird.

Was mit dieser *Zweiweltentheorie* (Unterscheidung eines *mundus sensibilis* von einem *mundus intelligibilis* (Kant), eines Übersinnlichen von einem Sinnlichen) gemeint ist, ist in einer Hinsicht nicht ganz falsch. Die Idee als Denk-Mittel stellt das, was sie meint, in Perfektion, in Vollkommenheit dar. Das liegt nicht nur an ihrem formalen Charakter. Es hängt auch damit zusammen, dass die Idee des Guten und des Schönen die Idee der Idee ist. Die Platonische Idee beansprucht deshalb einen ontologisch höheren Status, als den erscheinenden Einzelgegenständen zugesprochen werden kann.

Dadurch wird die Idee zum Ideal, d.h. zu einem praktischen Maßstab. Man muss daran erinnern, dass das griechische Wort für Tugend *areté* auch mit Gegenständen verbunden werden kann. Ein Messer oder ein Buch kann *gut* sein. Insofern dient die Idee, das Ideal, als Anmessung. Diese wird aber nur möglich aufgrund jener Trennung der Ideen von den erscheinenden Objekten. Trennen oder ur-teilen aber heißt auf Griechisch *κρίνω*. Platon und Sokrates sind daher die ersten philosophischen Kritiker, Philosophen, die das Denken als ein Kritisieren betrieben haben (z.B. *Phaidon*, 100a, *κρίνω ἐρρωμενέστατον*, *ἐρρωμένος*, meistens übersetzt: als stärkste (Rede) zugrunde legen, als stärkste beurteilen, aber es könnte auch heißen: als stärkste Rede abtrennen, hypothetische Methode).[1]

Sokrates hat dieses kritische Denken dann zum ersten Mal auf die objektive Verfassung der Polis bezogen. Er hat es in Gesprächen mit den Bürgern geübt und ist deshalb von diesen als *mýops*, als ein hässliches, stechendes Insekt, bezeichnet worden. Vermutlich wurde er darum sogar hingerichtet, denn die bekannte Anklage des Athener Volksgerichtes klingt doch eher, als wäre eine Folge (die Aufklärung in Fragen der Religion) zur Ursache gemacht worden.

Freilich, um das Phänomen Sokrates verstehen zu können, muss noch erläutert werden, wie Sokrates die kritische Differenz zwischen den *lógoi* und der Praxis der Athener interpretiert hat. Es mag nämlich sein, dass die Philosophie immer einen Unterschied zwischen dem höchsten zu denkenden Gegenstand (z.B. Gott) und der erscheinenden Welt macht. Das heißt aber nicht schon, dass dieser Unterschied selber als kritischer *lógos* angewendet wird. Darum aber geht es: Aus der Erkenntnis der Trennung von Idee und Einzelgegenstand erfolgt der philosophische Akt, die Welt der Einzelgegenstände den Ideen anzunähern. Das geschieht insofern kritisch, als der Zustand der Welt, die Welt der Einzelgegenstände, in *lógoi* überführt wird, die nun kritisiert

1 Dean Komel weist auf die Prägnanz der *κρίσις* schon bei Parmenides hin in seinem Aufsatz: „Crisis as the Discrimen of Philosophy". In: Komel, Dean (Hrsg.): *Open Forums. Open Forms.* In: *Phainomena*, Jg. 24, Nr. 92/93 (Juni 2015), 19–27. Und das zurecht, wenn im Fragment 8 die Göttin Diké die *κρίσις* erklärt, dass das Seiende ist oder nicht ist und dass notwendig die zweite Möglichkeit für den Wissenden nicht in Frage kommt.

(differenziert, getrennt, beurteilt) werden. Nur angesichts des Kriteriums ihrer Idee, ihres Ideals, kann eine Welt kritisiert werden.

Alles, was in großen Bögen über die Geschichte der Philosophie gesagt werden kann, ist natürlich mit Vorsicht zu genießen. Aber es gibt einen Typus des Philosophierens, der sich an dieser Platonischen Matrix des Denkens, dieser Trennung des Übersinnlichen (Idee) vom Sinnlichen (Materie), orientiert hat; die sich daran orientiert hat, dass die Reden, die *lógoi* auf ein Kriterium bezogen werden, das nicht in der Ordnung der erscheinenden Dinge gefunden werden kann. Dieser Typus des Denkens kann als „Metaphysik" bezeichnet werden.

Die Metaphysik ist kritisch, weil sie eine ontologische von einer logischen Ordnung trennt. Das heißt nicht, sie sei deshalb schon *kritisch*, weil sie die gesellschaftliche Wirklichkeit einer Welt *kritisiert*. Das ganze Mittelalter hindurch und auch am Beginn der Neuzeit hat sich die Philosophie mit sich selbst beschäftigt, mit dem Begreifen der sich zueinander verhaltenden beiden Ordnungen. Zudem war die Rolle des Christentums wohl eher die, die gesellschaftliche Wirklichkeit zu stabilisieren. Marx' Gedanke, dass die „Kritik der Religion" die „Voraussetzung aller Kritik"[2] sei, macht darauf aufmerksam.

Das hatte Kant in seinem Projekt der Vernunft-Kritik teilweise bereits realisiert. Wenn er auch sein Verständnis der Kritik niemals unmittelbar auf gesellschaftliche Verhältnisse, auf politische Zustände bezogen hat, so darf doch betont werden, dass die *Aufklärung*, wie er sie verstanden hat, die (selbst-)kritische Tendenz der Vernunft fordert. Kant war es auch, der mit dem Begriff des *transzendentalen Ideals* die platonische Matrix der Metaphysik geradezu auf den Punkt gebracht hat.

Marx' Bezugnahme auf die *Kritik* in seiner Schrift „Zur Kritik der Hegelschen Rechtsphilosophie" wurde schon erwähnt. Überhaupt ist für Marx *Kritik* ein wesentliches Moment seines Denkens, so auch in der „Kritik der politischen Ökonomie", die darin besteht, dass die Ökonomie überhaupt *politisch* verstanden wird. Man könnte dabei überrascht sein, Marx als einen Vertreter der *Metaphysik* behandelt zu sehen. Doch wenn es in der *Deutschen Ideologie* heißt: „Das Bewußtsein kann nie

2 Marx, Karl: *Die Frühschriften*. Siegfried Landshut (Hrsg.). Alfred Kröner Verlag, Stuttgart 1971, 207.

etwas Andres sein als das bewußte Sein, und das Sein der Menschen ist ihr wirklicher Lebensprozeß",[3] und: „Nicht das Bewußtsein bestimmt das Leben, sondern das Leben bestimmt das Bewußtsein",[4] dann wird in dieser Differenzierung die platonische Matrix der Metaphysik nur bestätigt. Die Umdrehung des Denkens vom Kopf (Hegel) auf die Füße (Marx) verlässt die Metaphysik nicht.

Was allerdings mit der Differenzierung von Über- und Unterbau geschieht, ist eine schleichende Entmachtung des Anspruchs der Philosophie. Dadurch wird ihr kritisches Potential geschwächt. Die 11. Feuerbach-These zieht dann den Schluss: „Die Philosophen haben die Welt nur verschieden *interpretiert*; es kommt aber darauf an, sie zu *verändern*."[5] Der Abschied vom kritischen Potential des Denkens zur revolutionären Praxis ist dann konsequent.

Adorno hat sich mit diesem Moment des marxschen Diskurses besonders beschäftigt. Adorno, der Marx für einen „spekulativen Denker"[6] hält (d.h. für einen metaphysischen), macht darauf aufmerksam, dass die „Welt [...] wahrscheinlich *auch* deswegen nicht verändert [...] weil sie zu wenig interpretiert [und d.h. für Adorno immer auch: kritisiert] worden"[7] sei.

Wie dem auch sei: auch die revolutionäre Praxis müsste von einem Kriterium ausgehen, das nicht schon in den gesellschaftlichen Zuständen selbst erscheint. Klar: Das (nie bloß vorhandene) Proletariat schreitet zur Revolution, weil es keine andere Möglichkeit des Überlebens mehr sieht, als sich gegen die Eigentümer der Produktionsmittel zu erheben. Doch nicht nur Lenin, sondern auch Marx wusste schon, dass eine

---

3 Marx, Karl und Friedrich Engels: „Die deutsche Ideologie. Kritik der neuesten deutschen Philosophie in ihren Repräsentanten Feuerbach, B. Bauer und Stirner, und des deutschen Sozialismus in seinen verschiedenen Propheten". In: dies.: *Marx-Engels-Werke. Bd. 3*. Dietz Verlag: Berlin 1960, 22.

4 *Ibid.*

5 Marx, Karl: „Thesen über Feuerbach". In: Marx, Karl und Friedrich Engels: *Marx-Engels-Werke. Bd. 3*. Dietz Verlag: Berlin 1960, 535.

6 Adorno, Theodor W.: *Vorlesung über Negative Dialektik. Fragmente zur Vorlesung 1965/66*. Rolf Tiedemann (Hrsg.). Suhrkamp Verlag: Frankfurt am Main 2003, 141.

7 *Ibid.*, 89.

Kommunistische Avantgarde die Revolution organisieren musste. Aber woher nimmt diese Organisation ihre Orientierung? Die Kommunistische Avantgarde blickt über die gesellschaftlichen Zustände hinaus. Wohin blickt sie?

Ich nehme den Faden noch einmal auf, und zwar bei Sokrates, dem hingerichteten Sokrates. Platon hat dieser Hinrichtung im Höhlengleichnis eine philosophische Bedeutung gegeben. Der Philosoph, der wieder die Höhle betritt, erscheint als ein Trottel. Er kann sich in der Dunkelheit der Welt nicht entsprechend verhalten. Zugleich will er die Gefesselten aus ihrer Dunkelheit befreien: ein Trottel als Befreier? Nun: Das wird nicht ausreichen, um den am Philosophen verübten Mord zu verstehen. Für gewöhnlich tötet man einen Trottel nicht.

Doch in der Stimme des Trottels muss noch etwas Anderes geklungen haben. Der Trottel hatte etwas Gefährliches mitzuteilen, nämlich das, was er außerhalb der Höhle gesehen hatte. In diesem *lógos* musste etwas anwesend sein, das die Ordnung der Gefesselten bedrohte. Man wollte an ihr festhalten, wollte den Schmerz nicht übernehmen, der ja in der Befreiung des Philosophen sich schon ereignet hatte. Nur mit Gewalt war ja dieser aus seiner Fesselung, seiner bequemen Lage in der Höhle zu befreien. Der Philosoph hatte schon erfahren, was die zu Befreienden noch erfahren sollten. Und sie wollten es nicht erfahren.

Das führt zu einem weiteren Aspekt dieses meines Problems. Platon bringt seine Kritik, d.h. die Trennung der Ideen von den Dingen, mit einer *Erfahrung* in einen Zusammenhang. Das ist ein für die gesamte Philosophie wichtiger Gedanke. Der Übergang zur Philosophie geschieht in einer Erfahrung, er ist nicht einfach eine intellektuelle Leistung. Für gewöhnlich meint man, bei Platon sei das besonders das *thaumázein*. Die Stelle im *Theaitetos*, an der dieser Begriff erscheint, wurde häufig recht flach verstanden. Das Erstaunen muss, wenn überhaupt, als eine unangenehme Erfahrung, ein Schwindel oder so etwas, verstanden werden. Die Philosophie beginnt mit einer Erfahrung der Gewalt. Warum ist das so?

Schwer zu sagen. Vielleicht geht Platon im Höhlengleichnis nicht beiläufig und zufällig vom *Körper* und seiner Lage in der Welt aus. Es wird ziemlich genau beschrieben, wie die Höhlen-Menschen auf der

Erde liegen, wie und wo sie gefesselt sind. Wäre es möglich, dass sich die Philosophie schmerzhaft inkorporieren muss? Gibt es eine Inkorporation der Philosophie? Das betrifft freilich auch den Eros des Philosophen, der allerdings einer genaueren Betrachtung bedürfte. Immerhin: Sollte die Tapferkeit nicht nur eine soldatische, sondern auch eine philosophische Tugend sein, dann muss sie sich am Körper erweisen. Denn wie sollten wir tapfer sein, wenn nicht im Verhältnis zum Körper? Eine rein intellektuelle Tapferkeit gibt es nicht.

Auf die kritische oder diakritische Philosophie des Sokrates reagiert die athenische Polis mit der Exekution des Philosophen. Doch die Hinrichtung gilt nicht dem Sokrates, sondern der Philosophie, die er verkörpert. Das kritische Denken wird getötet, es soll mundtot gemacht werden. Man muss sich fragen, warum der Vernunft am Beginn der Philosophie ein solches Misstrauen entgegengebracht worden ist (Hegel hat geantwortet).

Mit Platons Inszenierung des Dramas der Philosophie erhält die Kritik eine revolutionäre Bedeutung. Kallikles betont genau dieses Drama am Anfang seines Gesprächs mit Sokrates im *Gorgias*: „Wenn du es nämlich ernst meinst, und wahr ist, was du sagst, dann wäre das Leben von uns Menschen wirklich auf den Kopf gestellt und wir tun – wie es scheint – in allem das Gegenteil von dem, was wir tun sollten."[8] Platon gebraucht das Wort ἀναταράσσω, was so viel wie verwirren bedeutet. Daran steckt das Nomen ταραχή, die Verwirrung, aber auch der Aufstand. Die Kritik muss hingerichtet werden, weil sie die Konventionen auf den Kopf stellt, weil sie den Aufstand probt.

Diese Einstellung zur Philosophie hat ihre Geschichte bestimmt. Nicht nur Sokrates wurde hingerichtet. Selbst Aristoteles musste Athen verlassen, um nicht dasselbe Schicksal zu erleiden. Warum Cicero und Boethius ermordet wurden, ist nicht genau festzustellen. Im Mittelalter war es die Inquisition, die die Philosophie regulierte. In der Neuzeit erwischte es Hobbes und Rousseau. Wo die öffentliche Verbrennung von Menschen nicht mehr zeitgemäß war, verbrannte man stellvertretend die Bücher. Noch Kant hatte es mit der Zensur zu tun. Marx floh

8 Platon: *Gorgias*. Griechisch / Deutsch. Übersetzt von Michael Erler. Reclam Verlag: Stuttgart 2011, 481b.

nach der französischen Februarrevolution 1848 nach London ins Exil. Nietzsches philosophischer Mut endete im Misserfolg, in menschlicher Isolation und im Wahnsinn.

Man könnte behaupten, dass die Heroen-Geschichte der Philosophie eine Geschichte der philosophischen Kritik ist. Stets waren es die kritischen, im weitesten Sinne sokratischen Philosophen, die erfahren mussten, was es heißt, den stärkeren vom schwächeren *lógos* zu unterscheiden. Mit dem 20. Jahrhundert hat sich das allerdings verändert. Mit ihm beginnt die Krise der Kritik, vielleicht ihr Untergang.

Ich möchte hier an drei Texte, drei Reflexionen erinnern, die diese Veränderung auf den Punkt bringen. Der erste Text stammt von Max Scheler, aus dem Jahr 1927, und spricht vom „Menschen im Weltalter des Ausgleichs". Scheler fragt sich, welchen „Namen" er dem „im Anzug begriffenen Weltzeitalter" geben würde. Er entscheidet sich für den des „‚Ausgleichs'".[9] Dann zählt er seine Formen auf: „Ausgleich der *Rassenspannungen*, Ausgleich der Mentalitäten, der Selbst-, Welt- und Gottesauffassungen der großen *Kulturkreise*, vor allem Asiens und Europas. Ausgleich der Spezifitäten der *männlichen* und *weiblichen* Geistesart in ihrer Herrschaft über die menschliche Gesellschaft. Ausgleich von *Kapitalismus* und *Sozialismus*, und damit der Klassenlogiken und der Klassenzustände und -rechte zwischen *Ober-* und *Unterklassen*. Ausgleich zwischen den politischen Machtanteilen von sogenannten *Kultur-*, *Halbkultur-* und *Naturvölkern*; Ausgleich auch zwischen relativ primitiver und höchst zivilisierter Mentalität. Relativer Ausgleich von *Jugend* und *Alter* im Sinne der Wertung ihrer Geisteshaltungen. Ausgleich von *Fachwissenschaft* und *Menschenbildung*, von körperlicher und geistiger Arbeit. Ausgleich zwischen den *nationalen ökonomischen* Interessensphären und dem Beitrag, den die *Nationen geistig* und zivilisatorisch für die Gesamtkultur und -Zivilisation der Menschheit liefern. Ausgleich endlich auch zwischen den einseitigen *Ideen vom Menschen* […]."[10] Schelers Aufzählung hält auf den ersten Blick mit den nach

9 Scheler, Max: „Der Mensch im Weltalter des Ausgleichs". In: ders.: *Philosophische Weltanschauung*. Maria Scheler (Hrsg.). Francke Verlag: Bern u. München 1954, 97.

10 *Ibid.*

1927 auftretenden historischen Ereignissen kaum Stand. Wie kann man in Bezug auf die Shoah von einem „Ausgleich der Rassenspannungen" sprechen? Wie von einem „Ausgleich von *Kapitalismus* und *Sozialismus*", wenn aus der Nachkriegszeit zwei politische Blöcke entstanden, die sich genau in diesem Punkt unterscheiden sollten?

Und doch hat Scheler nicht Unrecht. Im Verlauf des 20. Jahrhunderts scheinen die metaphysischen Alternativen, die metaphysischen Differenzen, an Bedeutung zu verlieren. Das 21. Jahrhundert steht heute im Schatten von Maggie Thatchers „*There is no alternative*!" Nach dem Verschwinden des Sozialismus scheint der Kapitalismus, der sich zwischenzeitlich dem Sozialismus angenähert hatte, unausweichlich zu sein. Gerade der Ausbruch der Alternative von Kapitalismus und Sozialismus nach dem Zweiten Weltkrieg scheint nun seinen dialektischen Gegenschlag zu erfahren. In der aktuellen Alternativlosigkeit scheint dann auch die Philosophie als Kritik ortlos geworden zu sein.

Nach Scheler hat Carl Schmitt zwei Jahre später (1929) in seinem Aufsatz vom „Zeitalter der Neutralisierungen" davon gesprochen, dass es eine weltgeschichtliche Stufenfolge „vom Theologischen über das Metaphysische und das Moralische zum Ökonomischen"[11] gebe. Es handle sich dabei um „eine Reihe fortschreitender Neutralisierungen der Gebiete, von welchen das Zentrum wegverlegt wurde", um eine topologische Veränderung also. Es gebe ein „Streben nach einer neutralen Sphäre", das auch zur „Entpolitisierung"[12] führe.

Eine besondere Bedeutung spricht Schmitt dabei der „Evidenz des heute verbreiteten Glaubens an die Technik" zu. Man glaube, „in der Technik den absoluten und endgültig neutralen Boden gefunden zu haben." „Scheinbar" gebe es „nichts Neutraleres als die Technik".[13] Das Beispiel, das Schmitt nennt, ist der „Rundfunk", der „für Nachrichten aller Art und jeden Inhalts zu gebrauchen" sei. Etwas später spricht er von der „psychotechnischen Maschinerie der Massensuggestion". „Gegenüber theologischen, metaphysischen, moralischen und selbst

---

11 Schmitt, Carl: „Das Zeitalter der Neutralisierungen". In: ders.: *Der Begriff des Politischen*. 7. Auflage. Duncker & Humblot: Berlin 2002, 88.

12 *Ibid.*

13 *Ibid.*, 89.

ökonomischen Fragen, über die man ewig streiten" könne, „haben die rein technischen Probleme etwas erquickend Sachliches."[14]

Für Schmitt ist der „Geist der Technizität [...] vielleicht böser und teuflischer Geist". Er sei „vielleicht etwas Grauenhaftes, aber selber nichts Technisches und Maschinelles [...] Überzeugung einer aktivistischen Metaphysik, der Glaube an eine grenzenlose Macht und Herrschaft des Menschen über die Natur, sogar über die menschliche Physis." Das könne „man phantastisch und satanisch nennen".[15] Erstaunlich, dass Schmitt schon 1929 zu solchen Erkenntnissen gelangt, in einer Zeit, in der Heidegger noch auf seine Begegnung mit Jüngers *Arbeiter* warten muss, um die Frage nach der Technik zu entdecken.

In der Tat ist die Krise der Kritik nicht ohne die neutralisierende Funktion der Technik zu begreifen. Das Medium, das allerdings in sich techno-ökonomisch verfasst ist, in dem m.E. Technik und Ökonomie nicht mehr zu trennen sind, neutralisiert den sokratisch-kritischen oder revolutionären Geist. Jede kritische Äußerung wird nun nicht mehr bekämpft, nicht geächtet, nicht gebannt, sondern ökonomisch-technisch integriert. Slavoj Žižeks Texte in ihrer nostalgischen Widerständigkeit erscheinen als edle Bücher mit dem spezifischen Žižek-*lable*, das darin besteht, dass man den berühmten Neurotiker gern seine mehr oder weniger bizarren linken Positionen vertreten lässt. Davon profitieren alle: der Produzent und der Konsument. Nichts davon kann einen seriösen Anspruch auf eine revolutionäre Theorie erheben. Die Kritik wird vom Kapital aufgesogen, je kritischer, je besser, je mehr kann das Kapital investieren.

Die Konsequenz von all dem hat Heidegger in seinem Vortrag „Das Ende der Philosophie und die Aufgabe des Denkens" vom Beginn der sechziger Jahre gezogen. Das „Ende der Philosophie" sei die „Vollendung der Metaphysik".[16] Heidegger verweist dabei darauf, dass sich die „Ausbildung von Wissenschaften" innerhalb eines „Gesichtskreises" ereignete, „den die Philosophie eröffnete". Daher sei die

---

14 *Ibid.*, 90.

15 *Ibid.*, 93.

16 Heidegger, Martin: „Das Ende der Philosophie und die Aufgabe des Denkens". In: ders.: *Zur Sache des Denkens*. Max Niemeyer Verlag: Tübingen ^{3}1988, 62.

„Auflösung“ der Philosophie in die „Wissenschaft“ nichts anderes als ihre „Vollendung“.[17]

So heißt es: „Das Ende der Philosophie zeigt sich als der Triumph der steuerbaren Einrichtung einer wissenschaftlich-technischen Welt und der dieser Welt gemäßen Gesellschaftsordnung. Ende der Philosophie heißt: Beginn der im abendländisch-europäischen Denken gegründeten Weltzivilisation.“[18]

„Vermutlich“, so Heidegger, sterbe „das Bedürfnis, nach der modernen Technik zu fragen, im gleichen Maße ab, in dem die Technik die Erscheinungen des Weltganzen und die Stellung des Menschen in diesem entschiedener“[19] präge und lenke. In der „Gesellschaftsordnung“ der „technisch-wissenschaftlichen Welt“ hat die Philosophie nicht nur ihren Ort verloren. Sie ist sogar der Ursprung dieser „Gesellschaftsordnung“.[20]

Dann aber wäre die Kritik insofern ein Integral dieser Welt geworden, als ihre Herkunft in der Kritik selbst liege. Das Absterben der kritischen Kraft, die Krisis der Kritik, hätte in sich selbst einen kritischen Grund. Die Kritik stirbt in ihrer Totalisierung, sie stirbt, indem sie zu einer populären Haltung wird. Kritik wird Pop, wie bei Žižek. Nach Heidegger tritt an die Stelle der Hinrichtung der Kritik ihre öffentliche Würdigung. Besser kann der Kritiker nicht neutralisiert werden als dadurch, dass man ihm zum Mastermind macht.

Anders gesagt: Die Krise der Kritik liegt darin, dass sie sich zwar nach wie vor auf spezifische Kriterien beziehen kann (das Gute, die Gerechtigkeit, die Freiheit, vielleicht auch Gott *etc.*), dass aber diese Kriterien in ihrer verfügbaren Anwesenheit jede wirklich *kritische* Signifikanz verloren haben. Die kritischen Kriterien sind – bei gewöhnlicher Heuchelei natürlich – allgemein anerkannt.

Das Problem an diesen Diagnosen, wenn ich das einmal so nennen darf, an diesen Überlegungen von Scheler, Schmitt und Heidegger, besteht darin, dass sie die Entmündigung der Kritik in sich selbst

17 *Ibid.*
18 *Ibid.*, 65.
19 *Ibid.*, 64.
20 *Ibid.*, 65.

mitvollziehen. Das führt notwendig zu einer Depression, die dem Philosophieren keine andere Möglichkeit mehr lässt, als entweder in seiner akademischen Bedeutungslosigkeit in sich selbst zu kreisen oder in der Öffentlichkeit des Mediums zur Pop-Philosophie zu werden. In einer solchen Situation wäre der Selbstmord der Philosophie noch das Beste, was ihr gelingen könnte.

Dem ist ein Gedanke Theodor W. Adornos vorzuziehen. Adorno war es jedenfalls, der mit seiner *kritischen Theorie* in der BRD eine Öffentlichkeit mit schuf, in der die Kritik tatsächlich eine Wirklichkeit erlangte, in der die Reflexion eine einzigartige Höhe erreichte. Adorno war sich über diesen Moment, der Gründungsphase einer spezifischen Öffentlichkeit, bewusst: „Wir befinden uns in einer Art geschichtlicher Atempause“,[21] sagt er in seiner *Vorlesung über die Negative Dialektik* 1965/66. Adorno meint die Nachkriegszeit, das Aufatmen nach dem Totalitarismus, jedenfalls in West-Deutschland. Diesen Moment der Geschichte wollte er nicht versäumen.

Der Kerngedanke an einer Kritik, die sich negativ dialektisch begründet, ist der, dass ihr Kriterium ein *negatives* ist. Die Kritik wird nicht als *konstruktiv* vorgestellt. Sie wird auf ein Ereignis bezogen, das vergangen ist, auf *Auschwitz*. In Bezug auf dieses Ereignis spricht Adorno von einer „metaphysischen Erfahrung“,[22] d.h. von einer Erfahrung, die nicht unmittelbar ihrem Objekt zu begegnen braucht. Die Gewalt von Auschwitz kann von einem Menschen erfahren werden, dem „nicht das Organ der Erfahrung überhaupt abgestorben“[23] sei.

Die „Welt, in der Auschwitz möglich war“, könne „nicht mehr dieselbe Welt sein, als sie es vorher gewesen“ sei. Dieser Bruch, dieser Riss, ist das Kriterium der negativen Kritik. Peter Sloterdijk hat diesbezüglich einmal (am Beginn der *Kritik der zynischen Vernunft*) vom „Schmerz-Apriori“[24] in Adornos Denken gesprochen. Der Begriff ist

---

21 Adorno: *Vorlesung über Negative Dialektik*, 88.

22 Adorno, Theodor W.: *Metaphysik. Begriff und Probleme* (1965). Rolf Tiedemann (Hrsg.). Suhrkamp Verlag: Frankfurt am Main 2006, 161.

23 *Ibid.*, 162.

24 Sloterdijk, Peter: *Kritik der zynischen Vernunft. Bd. 1.* Suhrkamp Verlag: Frankfurt am Main 1983, 20 f.

gut. Für Adorno beginnt die Kritik mit einer schmerzhaften Erfahrung, einer Erinnerung an den Schrecken, an den Abgrund. Dabei handelt es sich wie schon bei Platon nicht um eine empirische Erfahrung, sondern um eine „geistige“,[25] wie Adorno auch sagt.

Und es ist wahr, dass alles Reden über Auschwitz sinnlos ist, wenn nicht eine Inkorporation des Schreckens, der mit diesem Namen verbunden ist, geschieht. So wie der Schrecken vor einem Ereignis nicht unbedingt damit verbunden sein muss, dass man direkt von ihm betroffen ist, gibt es eine Erfahrung, die sich allein aus einem Gedanken an ein Ereignis vollziehen kann. Ich würde sogar sagen, dass ohne diese Dimension der Erfahrung überhaupt nichts erfahren wird.

Es ist die Grundbewegung der negativen Dialektik, dass Auschwitz „metaphysische Erfahrung“ genannt wird, in der ein Verstehen und Begreifen im metaphysischen Sinn nicht mehr möglich ist. Gewiss, Auschwitz muss verstanden werden, doch es wird bei allem Verstehen unverstanden bleiben. Eine Identität des Begreifens ist angesichts des Begrifflosen (aber geistig Erfahrbaren) nicht mehr möglich.

Für Adorno hat diese mit Auschwitz verbundene Erkenntnis weltgeschichtliche Bedeutung. Es gibt einen Bruch im Denken, der nicht mehr rückgängig gemacht werden kann. Der Hegelsche Denktypus eines sich totalisierenden Begriffs hat sich als Irrweg erwiesen. In diesem Sinne muss man mit Adorno auch Heidegger, Schmitt und Scheler widersprechen. Dass sich die Ordnung des metaphysischen Denkens so schließt, dass der Philosophie nur noch ihr Selbstmord bleibt, ist nach Adorno nicht möglich.

Das hat er in seiner Vorlesung über die *Metaphysik* von 1965 einmal vermittelt ausgesprochen. Er fragt sich dort, „ob man nach Auschwitz überhaupt noch *leben*“[26] könne. Das führt er offenbar auf eine „metaphysische Erfahrung“ zurück, nämlich auf „immer wiederkehrende Träume“. Nach ihnen lebe er gar nicht mehr selbst, sondern er sei „nur noch die Emanation des Wunsches irgendeines der Opfer von Auschwitz“. Darauf habe dann das „Geblök des Einverständnisses

25 Adorno: *Vorlesung über Negative Dialektik*, 131.
26 Adorno: *Metaphysik*, 173.

sofort das prompte Argument gemacht, es sei doch nun höchste Zeit, daß jemand, der so dächte wie ich, sich auch endlich umbrächte."[27]

Adorno ist dem Argument nicht gefolgt, dass Auschwitz den notwendigen Selbstmord des Philosophen verkörpere. Das auch deshalb nicht, weil die Nichtidentität im Begreifen dieses Ereignisses gerade nicht auf das Ende des Denkens verweist, sondern auf sein noch Offenes, auf ein vielleicht noch Ausstehendes. In diesem Sinne ist der Wunsch des Auschwitz-Opfers zu verstehen, nämlich eine Welt hervorzubringen, in der Auschwitz oder ähnliche Ereignisse unmöglich sind.

Und doch: Auschwitz hat nicht nur den Anspruch der Philosophie geweckt, in seiner Wunde, in seinem Riss, die sich nicht schließende Zukunft zu entdecken. In seiner Gewalt ist der Philosophie zugleich ihre Ohnmacht, ihre Sinnlosigkeit aufgegangen. Kritik im Sinne von Adorno hat selber eine Wunde erlitten, die sie vor ihrer eigenen Totalisierung bewahrt (das haben, scheint mir, einige, die sich auf Adorno beziehen, nicht genügend berücksichtigt). Philosophie ist nicht der Stellvertreter einer sich ungehindert in Argumenten bewegenden Rationalität. Die „Freiheit der Philosophie", heißt es einmal, sei „nichts anderes als das Vermögen, ihrer Unfreiheit zum Laut zu verhelfen."[28] Für Adorno ist es naiv, in der wissenschaftlichen Integration des Denkens eine positive Möglichkeit zu sehen.

Heideggers Denken ist in dem Versuch, die Metaphysik zu verwinden, einer Immanenz der technischen Welt begegnet, in der der Philosophie nur noch übrig bleibt, ihr Ende und ihre Vollendung zu betrachten. Die *Aufgabe des Denkens* hat er m.E. nicht mehr überzeugend darstellen können. Kritik – im metaphysischen Sinne – ist nach Heidegger unmöglich geworden. Für Adorno bleibt die metaphysische Matrix – wie immer gebrochen – intakt. Ja, Metaphysik ist für Adorno zur Metaphysik des Bruches geworden. In einer solchen Negativität bleibt Kritik möglich. In dieser Bedeutung eines Offenhaltens der Wunde, der Erinnerung an die Asche, der Geschichts-Asche von Auschwitz, einer philosophischen Aufforderung, der Asche treu zu bleiben, könnte Kritik eine Zukunft haben. In ihrer Leugnung nicht.

---

27 *Ibid.*

28 Adorno: *Vorlesung über Negative Dialektik,* 29.

Bibliographie

Adorno, Theodor W.: *Metaphysik. Begriff und Probleme* (1965). Rolf Tiedemann (Hrsg.). Suhrkamp Verlag: Frankfurt am Main 2006.

—: *Vorlesung über Negative Dialektik. Fragmente zur Vorlesung 1965/66*. Rolf Tiedemann (Hrsg.). Suhrkamp Verlag: Frankfurt am Main 2003.

Heidegger, Martin: „Das Ende der Philosophie und die Aufgabe des Denkens". In: ders.: *Zur Sache des Denkens*. Max Niemeyer Verlag: Tübingen [3]1988, 61–80.

Komel, Dean: „Crisis as the Discrimen of Philosophy". In: Komel, Dean (Hrsg.): *Open Forums. Open Forms*. In: *Phainomena*, Jg. 24, Nr. 92/93 (Juni 2015), 19–27.

Marx, Karl: *Die Frühschriften*. Siegfried Landshut (Hrsg.). Alfred Kröner Verlag, Stuttgart 1971.

—: „Thesen über Feuerbach". In: Marx, Karl und Friedrich Engels: *Marx-Engels-Werke. Bd. 3*. Dietz Verlag: Berlin 1960, 533–535.

Marx, Karl und Friedrich Engels: „Die deutsche Ideologie. Kritik der neuesten deutschen Philosophie in ihren Repräsentanten Feuerbach, B. Bauer und Stirner, und des deutschen Sozialismus in seinen verschiedenen Propheten." In: dies.: *Marx-Engels-Werke. Bd. 3*. Dietz Verlag: Berlin 1960, 5–530.

Platon: *Gorgias*. Griechisch / Deutsch. Übersetzt von Michael Erler. Reclam Verlag: Stuttgart 2011.

Scheler, Max: „Der Mensch im Weltalter des Ausgleichs". In: ders.: *Philosophische Weltanschauung*. Maria Scheler (Hrsg.). Francke Verlag: Bern u. München 1954.

Schmitt, Carl: „Das Zeitalter der Neutralisierungen". In: ders.: *Der Begriff des Politischen*. 7. Auflage. Duncker & Humblot: Berlin 2002.

Sloterdijk, Peter: *Kritik der zynischen Vernunft. Bd. 1*. Suhrkamp Verlag: Frankfurt am Main 1983.

Adriano Fabris

Problems of Freedom Perspectives for a New Humanism

Abstract: It is common today, in the western world, to live in a cultural context dominated by the interest in minutiae, rather than by broad perspectives and genuine commitment. Everything is centered on the individual or, at the most, on the group the individual belongs to, and it seems obvious and right to safeguard every single person's field of action. In this paper another perspective will be developed and defended, against the idea of an isolated individuality: a relational perspective. It is necessary, in fact, to transform the individualistic interpretation of human being, supported during the Modern Age until today, into an ethics of relation. The formula that can explain this ethics sounds: properly ethical, since it realizes the good, *is the relationship which breeds other relationships* and is able to potentially expand ad infinitum. Only starting from this idea, only starting from the principle of relation, we will be able to develop a true new humanism for the old Europe.

The idea of a self-oriented individual

It is common today, in the western world, to live in a cultural context dominated by the interest in minutiae, rather than by broad perspectives and genuine commitment. Everything is centered on the individual or, at the most, on the group the individual belongs to, and it seems obvious and right to safeguard every single person's field of action. Once this field has been defended, the only thing the individual can do is focus on it so as to savor and relish it. Or, maybe, so as to contemplate and analyze it: attempting, in any case, to safeguard for oneself a dimension of isolation.

On the whole, this is the way in which the common mentality of our times defines and experiences the specificity of the human being: its features of humanity. Yet, just when the human being wishes to vindicate the right to express one's particular individuality—its specificity, its freedom, and the rights connected to it—he/she discovers quite soon that everything he/she does serves other purposes and follows, therefore, a sort of "heterogenesis of the ends." In fact, these purposes are almost never set by the person striving to achieve them. They are inherent in certain general—economic, social, technological—structures, which can unquestionably be explained, but which are not so easily affected by the mere expression of the individual's good—or bad—will. The individual is, therefore, torn between a global impotence and the—real or apparent—power exercised within one's own restricted field of action.

Let me add one more thing. After the end of the grand narratives it is not even possible to say to the people who have a strong commitment to the world and to history that their actions, although limited in scope, make sense on a wider scale. The single individual can no longer be viewed through the lens of a larger whole, even if this larger whole is conceived as a wider, collective, individuality: as is the case with Hegel's discourse on the conflicts between states.[1] What remains, instead, is the concern for the small things: what remains is "mycology," the seeking of refuge in analytical minutiae. Until one discovers that it is fraught with inaccuracy.

So, nowadays the reflections on the human being start from its isolated individuality. In fact, the term "*individuum*" refers etymologically to what is "undivided" and "indivisible." But, paradoxically, in this era of triumphant individualism the individual is left with a progressively shrinking field of expression—and action—over which to exert personal rule. This is so notwithstanding the apparent freedom constantly claimed by the individual, who seems to be its sole bearer. Actually, insofar as it is conceived as volition, freedom reveals itself as something which is subjected to restrictions: the more the individual's opportunity

1 See: Georg Friedrich Hegel, *Grundlinien der Philosophie des Rechts* (Frankfurt a. M.: Suhrkamp, 2004).

to express him or herself becomes limited in today's context, the more it is curtailed.

So, in spite of the fact that the field of action in which the individual operates is wide enough and, usually, comfortable to inhabit, the human being feels a growing sense of uneasiness. However, the individual cannot content himself/herself with inhabiting only this place. He/she realizes, in fact, that everything which transcends this space is not only beyond his/her control, but—contrary to Hegel, who saw the development of the *Weltgeist* [world spirit/mind] as the primary determinant of individual action—seems also to be devoid of any sense.

Therefore, what we are dealing here with is the basic conviction which nowadays permeates common mentality and exerts—at least in the West—cultural hegemony. This (not always explicit) idea provides a partial and precarious strategy of reassurance to an individual who is more and more confined within his/her limited field of action. *Analysis, explanation, control*: by virtue of this triple preliminary effort the individual allows for the possibility that all his/her actions—provided they are constructive—are crowned by success and deludes oneself, by correctly following the appropriate procedures, that it is possible to live sheltered from the unforeseen. And indeed, on closer inspection, all scientific research moves in this direction.

However, as I was saying, this background of reassurance is quite precarious: there is no need to have recourse to the much abused ideology of terrorist threat for realizing this. And as soon as we perceive this precariousness, a feeling of *uneasiness* comes over us. This uneasiness is quite articulated. In the first place, it is linked to the fact that the consequences of human actions are often neither foreseeable nor controllable by the individual. Then, there is the uneasiness caused by the awareness that the explanation of a particular situation, exhaustive as it can be, does not provide an answer to the question about the *sense* of this very same situation; it does not uncover the reason why this situation has arisen, regardless of the fact whether it can be explained or not. Finally, there is the uneasiness that originates from the awareness of the non-conclusive, infinitively reiterable nature of every analysis. In fact, the very same idea of "analysis" deserves to be analyzed, along with the conviction that urges us to perform it and along with the drive that prompts us to go into the matter more thoroughly: at a certain point, this process can be seen as concluded; but only if we assume an arbitrary stance or lack the strength to continue the research. In relation to our own existential experience, all this shows the limits of the scientific and technological approach. Notwithstanding their promises, science and technology do not provide definitive solutions to the human beings' need for safety. They do not enlarge the range of our freedom but, rather, restrict it. Accordingly, the individuals, as well as the groups of individuals, seem to find themselves in a condition where the inevitable outcome is the feeling of uneasiness I mentioned before.[2]

From the individualistic interpretation of the human being towards an ethics of relation

So, it is not enough just to sharpen the tools of analysis, explanation, and control. If we are to succeed in our attempt to inhabit the world in a way that makes us more and more happy, we cannot limit ourselves to the bare removal of any residual surprise and to the vindication of the uniquely human ability (thus avoiding the necessity to resort to the hypothesis of God's existence) to reach this goal. Neither should we, uniquely, underline the limits of human power by drawing the attention to the acknowledgement of these very same limits so as to induce the human being to act prudently or, alternatively, so as to retrieve residual fields of action for what transcends the worldly dimension. Today the situation is different. And so is the task that lies ahead of all those who engage in philosophy.

The *interrelation between power and powerlessness* which will probably shape the situation discussed above has to be *adequately considered*: that is to say, it is necessary to grasp and thoroughly examine

2 The notion of "risk" upon which Ulrich Beck based his theorization of the "*Risikogesellschaft* [risk society]" should be reexamined in this perspective. See above all the first part of his book: *Risikogesellschaft. Auf dem Weg in eine andere Moderne* (Frankfurt a. M.: Suhrkamp, 2015).

the interrelatedness of independence and dependence lying at the heart of the experiences the human being goes through and is interested in. It is necessary to comprehend the forms of action that will shape this situation of uneasiness: without having to opt, in the attempt to overcome it, for an individual, anarchic, omnipotence and without ending up with the passive acceptance of the individual's dissolution within a global structure he/she is no longer able to influence. In relation to this, it is necessary, rather, to see if and how to retrieve at least some margins of freedom for our actions and our thinking, notwithstanding the uneasiness which becomes more and more palpable today. In other words, it is necessary to *rethink the humanity of the human being*: so as to develop a new form of humanism able to go beyond both the idea of the self-oriented individual and of his/her subordination to an impersonal structure.

In fact, a humanism centered on the individual—which, all things considered, has led to the dissolution of the individual's role—is only *one of the possibilities* available to the human being for thinking and acting in the world. Of course, this is the possibility which is most widely accepted in the common mentality of today. But, in fact, it is just an interpretation: an interpretation with a very specific historical origin, whose unfolding through history enabled it to progressively gain ground.

According to this basic scheme, let me repeat it, the starting point of every thought and of every action is provided by the individual as such: unique, set apart by its characteristic features, referring first and foremost to himself/herself, completely free to act on his or her own initiative. Even the relationship with the others, even the emergence of a community, every form of relation able to engage the individual depends, in the final analysis, on the manifestation of a specific individual need. *In the beginning there is the I*. Or, rather, in the beginning there are various, many 'I's. The I can be manifold, it can be plural within itself, as psychoanalysis has shown. Consequently, the beginning might be fraught with fragmentation. So, it is necessary to retrace the history of this particular scheme. It is necessary to rethink and call this scheme into question in order to show that there are alternative possibilities; possibilities that can be articulated and envisioned by our thought. Of course, very specific choices will have to be made in relation to the outcome of this historical reconnaissance. This, too, is one of the tasks philosophy takes upon itself: to *judge* the present, to *call it into question*, to *open further possibilities*, to *paint alternative scenarios*.

I cannot retrace in detail, on this occasion, the specific scenarios that have come to the fore during the modern era and, as I was saying, have already turned into common mentality. In this respect, I could concurrently see in Descartes and Hobbes the landmark writers of this historical period. I could then explore, at the turn of the nineteenth century, the thought of Fichte, since it reorganizes the Cartesian thesis and elaborates, once again, the unilateral idea of freedom. I could also show that this thesis and this idea started to be brought into question, mainly during the twentieth century, by philosophers such as Heidegger and Levinas, who placed the relationship between the self and alterity in a different perspective.

This, however, is beyond the scope of my essay. What I would like to do is: see what possibilities are available for us and whether they justify, from a theoretical point of view, the endorsement of an alternative approach. Above all, I would like to see if it is possible to retrieve, starting from these hints, an idea of freedom suitable to the multifarious expressions of the human being viewed in the context of contemporary Europe: a Europe which—with the selfishness shown by many of its peoples—still seems to be under the spell of that self-oriented individualism I mentioned before.

Principle of relation as the principle for a new humanism in today's Europe

The common mentality which prevails in Europe today is, in fact, characterized by a substantial ambiguity. On the one hand, we find a human subject who becomes more and more closed within itself, self-referential and fragmented and who, once again, vindicates more and more specific rights. On the other hand, we find the acknowledgement of its progressive dissolution and the transfer of its prerogatives to a trans-human dimension, which is seen as fate and which seems to be beyond our real control. Again, on the one hand, we live in the era of hypermodernity and die of too much individuality. On the other hand, we are witnessing the postmodern triumph of technological action and sometimes even rely upon it as if it were a new religion.

The two aspects are interconnected. And they have to be addressed as such. This is to be done not only (as I have done thus far) from a theoretical perspective—that is to say, by analyzing their characteristics and their consequences—but, above all, from an ethical standpoint, so as to identify the right and good ways to address these problems and call for an action which is compliant with them.

It is in this perspective that the question of humanism has to be considered today. But it has to be considered in a new way. That is to say: the starting point should not coincide anymore with the idea that the human being has a fixed and static nature, which can be analyzed and defined. Rather, the consideration should be based *on what the human being does and how the human being behaves*. The line of thinking cannot merely be placed within a theoretical framework, but has to be conjoined with an ethical perspective. Better still, it has to foreground the deep ethical motivation which lays the foundations of and animates that very same theory.

So, how can this perspective help us to face the question of humanism? How does ethics operate in the theoretical field? What kind of freedom emerges from this ethical dimension?

What philosophy has to do today is restart from relations. But these relations cannot merely be placed in the foreground, be contemplated and analyzed. *Instead, they have to be put into practice; they have to be operative and remain operative precisely as relations.*

It thus happens that the *principium* of philosophizing—but also, and above all, the *principium* that characterizes the humanity of the human being—reveals itself as something which certainly goes beyond the isolated individual, but which is far from being impersonal. Therefore, it is not something which imposes itself upon us as a destiny and is beyond our control—as is the case with Heidegger—,[3] but is, rather, the driving force of an interaction. And it is up to everyone of us to achieve it. So, we have moved beyond the alternative between the primacy of the individual, free, subject, who is apparently the lord of the world, and the subordination to a series of incontrollable processes. The human being is, on the contrary, part of a relationship with which it has always interacted. In other words, the *principium* is something which is, and operates as, a relation. In this way it opens up the possibility of performing a free action: free not in the sense of arbitrariness, but in the sense of a concrete responsibility.

To put it differently, the relationship is not established—arbitrarily—at a later stage by something or someone which, as is the case with the individual, is first and foremost able to—isolated—assert himself/-herself. On the contrary, in the beginning, in the *principium*, there is a relational context which always involves and engages the human being. But the relationship I am talking about is not something which nonsensically imposes itself upon us, right from the *principium*. It is, rather, a relationship that captivates us, involves us, and asks each one of us to put it into practice, so as to be fully accomplished.

This is a dynamic relationship. Its dynamics strives to produce an effective expansion, a progressive enlargement of its action. Namely, the relationship involves us, draws us in, by producing other relationships. It establishes itself by expanding universally. So, by proceeding in this way, it drives the individual to go beyond himself/herself: avoiding both the fixations of theory and the arbitrariness of an unmotivated decision.

Yet, the universality I am talking about has to be understood correctly. Let me repeat it: the universal principle is not something which can be established and, once established, be contemplated upon. It goes beyond theory: it is an ethical principle. That is to say, it is based on the freedom of everyone and, at the same time, fosters that very same freedom. This is made possible by virtue of the relational dynamics which animates this principle and which ethics has to express and enact.

3 Especially, for example, in his conception of *Seinsgeschichte* [history of being], which was developed in the second half of 1930s.

Hence, basically, this is not the case of a principle which, in its universality, counter-poses the particular so as to be later applied to, or imposed on, the particular. Quite the contrary. Insofar as it is a relationship able to produce involvement—that is to say, it is able to expand universally—this principle realizes itself by means of those particular elements which, in our present time, are interrelated to each other and require our responsible attention.

Therefore, the universality of the principle can be defined more precisely as *universalizability*. This is the potential sharing, the progressive growth of a communally shared space, the dynamics of diffusion and expansion of the particular element by means of its relations with other particular elements. That is to say: the place where one's freedom can be expanded and developed. This, among other things, is how community comes into being: it is not born, as in Hobbes, out of the fear each individual has of everyone else, in a seemingly inevitable situation of war.

In this perspective it is therefore possible to develop a new humanism befitting the situation in which we live today. Indeed, it is crucial that this humanism be elaborated precisely today. Today: in a situation when many, maybe too many people are drawing near our territories and ask for conditions of peaceful co-existence, of real freedom, of the enjoyment of the rights which are denied to them in the places they come from. But we have to explore and experience the inclusion which adheres to some rules: rules which take into account everyone's freedom in a context where the claim for individual freedom has to be subordinated to the criterion of responsibility. Responsibility is, in fact, the principle which stands at the heart of our very same relational structure and of its specific action.

However, all this can only take place if we are firmly situated on ethical ground. Yet, what we have in this case is *not the ethics of the other man*, as in Levinas,[4] but *an ethics which provides and realizes the sense of our relations.* In fact, viewed as a specific branch of philosophy, ethics does precisely this: it does not limit itself to studying, but, on

4 See: Emmanuel Levinas, *Humanisme de l'autre homme* (Montpellier: Fata Morgana, 1972).

the contrary, also enables us to realize the forms of good relationships. The formula which expresses the specific characteristics of ethics, as a philosophical branch, is in fact a formula where the very same condition of a good relationship reveals itself. This formula helps us distinguish what is properly ethical from what is not. The formula says: properly ethical, since it realizes the good, *is the relationship which breeds other relationships* and is able to potentially expand ad infinitum.

In short, the ethical relationship is diffusive by itself. This is why it is able to engage and involve us. It is able to become universal. It can be so starting from all that Europe can offer to the world. It can be so also within that dimension which the "good Europeans" can still share with each other.

But all this could only happen if the inhabitants of Europe would manage to overcome individual egoisms: a consequence ensuing from that partial and self-oriented approach that has gained increasing prominence in the modern era. If they do it, they will be able to exercise real freedom: the freedom in and the freedom of the relationships. But the condition for this is that they definitely abandon the practice of those gestures, those arbitrary actions which are as disruptive in their effects as senseless in their motivations.

Bibliography

Beck, Ulrich. *Risikogesellschaft. Auf dem Weg in eine andere Moderne*. Frankfurt a. M.: Suhrkamp, 2015.

Hegel, Georg Friedrich. *Grundlinien der Philosophie des Rechts*. Frankfurt a. M.: Suhrkamp, 2004.

Levinas, Emmanuel. *Humanisme de l'autre homme*. Montpellier: Fata Morgana, 1972.

Liste der Autorinnen und Autoren

Gorazd Bajc
Ph.D., Assist. Prof. at the University of Maribor; scientific fellow at the Institute Nova revija for the Humanities, Ljubljana, and at the Institute IRRIS, Koper/Capodistria, coordinator of archival and research activities at the Department of History and Ethnography of the National and Study Library in Trieste (Italy).
gorazd1.bajc@gmail.com

Elmar Bordfeld
Professor, lic. theol.; Publizist und Historiker; Bonn.
ebord@me.com

Mihael Brejc
Ph.D., Full Professor at the Faculty of Administration, University of Ljubljana; founder of the Center for Democracy and Technology in Ljubljana, and co-founder and president of the Slovenia-Taiwan Friendship Association.
mihael.brejc@gmail.com

Jan Brousek
M.A., program manager, project coordinator, and trainer at the Herbert C. Kelman Institute for Interactive Conflict Transformation, Vienna (Austria).
brousek@kelmaninstitute.org

Gertrude Cepl-Kaufmann
Ph.D., o. Univ.-Prof.; Leiterin des Instituts Moderne im Rheinland an der Heinrich-Heine-Universität Düsseldorf.
ceplg@phil-fak.uni-duesseldorf.de

Jau-hwa Chen
Ph.D., Professor at Soochow University in Taipei, Taiwan; chairperson of the Peacetime Foundation of Taiwan; member of the GPPAC NEA, Taipei Focal Point.
jhchen@scu.edu.tw

Darko Darovec
Ph.D., Professor; researcher at the Ca' Foscari University of Venice and at the Institute Nova revija for the Humanities, Ljubljana, and Full Professor at the Faculty of Arts, University of Maribor.
darovec.darko@gmail.com

Adriano Fabris
Ph.D., Full Professor of Moral Philosophy at the University of Pisa (Italy).
adriano.fabris@unipi.it

Stane Granda
Ph.D., em. o. Univ.-Prof. der Universität Nova Gorica (Slowenien).
granda.stanko@gmail.com

Peter Hanenberg
Ph.D., o. Univ. Prof., Faculty of Human Sciences, Universidade Católica Portuguesa, Lisbon.
hanenberg@fch.lisboa.ucp.pt

Harald Heppner
Ph.D., ao. Univ.-Prof., Institut für Geschichte an der Karl-Franzens-Universität Graz; Obmann der Gesellschaft zur Erforschung des 18. Jh. im südöstlichen Europa an der Karl-Franzens-Universität.
harald.heppner@uni-graz.at

Dean Komel
Ph.D., o. Univ.-Prof., Institut für Philosophie der Philosophischen Fakultät der Universität Ljubljana; Leiter der Forschungstätigkeit am Institut Nova revija für Humanwissenschaften, Ljubljana.
dean.komel@guest.arnes.si

Primus-Heinz Kucher
Ph.D., o. Univ.-Prof., Institut für Germanistik der Alpen-Adria Universität Klagenfurt (Österreich).
Primus.Kucher@aau.at

Johann Georg Lughofer
Ph.D., Univ.-Doz., lehrt und forscht am Institut für Germanistik der Philosophischen Fakultät der Universität Ljubljana.
johanngeorg.lughofer@ff.uni-lj.si

Mira Miladinović Zalaznik
Ph.D., o. Univ.-Prof., i. R. der Philosophischen Fakultät der Universität Ljubljana; Forscherin am Institut Nova revija für Humanwissenschaften, Ljubljana.
mira.miladinovic-zalaznik@institut-nr.si

Anđelko Milardović
Ph.D., Prof., senior researcher at the Institute for Migration and Ethnic Studies in Zagreb (Croatia); director of the Political Science Research Centre and the Institute for European and Global Studies in Split (Croatia).
anmilard@gmail.com

Sanja Milutinović Bojanić
Ph.D., Assist. Prof.; Executive Director of the Center for Advanced Studies for Southeast Europe (CAS SEE), University of Rijeka, Croatia; Fellow at Käte Hamburger Kolleg Recht als Kultur (Internationales Kolleg für geisteswissenschaftliche Forschung, Center for Advanced Study in the Humanities Law as Culture), Bonn.
sanja.bojanic@apuri.uniri.hr

Bernard Nežmah
Ph.D., Assist. Prof. at the Faculty of Arts, University of Ljubljana; researcher at the Institute Nova revija for the Humanities, Ljubljana.
bernard.nezmah@guest.arnes.si

Felix O. Olatunji
Ph.D., Professor at Ladoke Akintola University of Technology, Department of General Studies (Philosophy Unit), Ogbomoso, Nigeria; Adjunct Lecturer, Department of Philosophy, Catholic Major Seminary of Saints Peter and Paul, Ibadan; affiliate of the University of Ibadan, Ibadan, Nigeria, and the Pontifical Urban University, Rome, Italy.
foolatunji@lautech.edu.ng

Claudio Povolo
Ph.D., Professor at Dipartimento di Studi Umanistici, Università Ca' Foscari, Venezia (Italy).
povolo@unive.it

Marco Russo
Ph.D., Assist. Prof. at the University of Salerno (Italy).
mrusso@unisa.it

Peter Trawny
Ph.D., Professor at the University of Wuppertal and founding director of the Martin-Heidegger-Institut.
petertrawny@aol.com

Gabriella Valera
Ph.D., Associate Professor at the Department of Humanities at the University of Trieste (Italy); founding member of the International Society for Cultural History (ISCH); member of the Scientific Committee of the National Prize for Scientific Popularization; member of the editorial board of the journal *Science and Research*.
valeragabriella@gmail.com

Namensregister

Abrantes, Ana Margarida 117, 119, 128
Adenauer, Konrad 23, 24, 38
Adler, Jankel 18
Adlersfeld-Ballestrem, Eufemia von 206
Adorno, Theodor W. 29, 177, 335, 338, 345, 346, 347, 348
Agamben, Giorgio 91, 96, 98
Aga-Rossi, Elena 270, 272
Ahrberg, Edda 148
Aladjem, Terry K. 239, 248
Albanese, Fulvia 269, 272
Albera, Dionigi 228, 248
Aldrich, Richard J. 260
Alvarez, David 260
Améry, Jean 177
Anders, Günther 43, 50
Anderwald, Karl 174, 184
Andrew, Christopher 255, 256, 260, 272
Angelozzi, Giancarlo 233, 243, 248
Appiah, Anthony K. 101, 110, 111, 112
Arendt, Hannah 78, 83, 104, 110, 112
Aristoteles (Aristotle) 73, 166, 325, 340
Arnež, Janez A. 268, 273
Arp, Hans 27
Asaad, Khaleed 189
Ashrawi, Hannan 172, 185
Assmann, Aleida 14, 116, 128
Atatürk, Mustafa Kemal 164
Attems, Familie 215
Auersperg, Anton Alexander Graf von (Ps. Anastasius Grün) 205
Avramovski, Živko 270, 273

Baargeld, Johannes Theodor 27
Baatz, Ursula 179, 183
Bacon, Francis 156
Badoglio, Pietro 263, 265, 273
Bahr, Hermann 206
Baik, Tae-Ung 144, 145, 150
Bailey, Roderick 260, 263, 273
Bajc, Gorazd 7, 218, 255, 262, 266, 269, 273, 277, 359
Bajt, Aleksander 268, 273
Bakunin, Michail Alexandrowitsch 18
Baldoli, Claudia 269, 276
Balfour, Michael 260
Balibar, Étienne 90, 99
Ball, Desmond 260
Ball, Hugo 33

Barbarić, Damir 80, 83
Barker, Thomas M. 264, 273
Barneschi, Gianluca 263, 273
Bar-On, Dan 181, 182
Barrès, Maurice 22
Barria, Lilian 143, 151
Barth, Karl 133, 134
Barthes, Roland 321
Bartsch, Rudolf Hans 206
Bassett, Richard 260
Baudrillard, Jean 297, 303, 312
Bauer, Bruno 338, 348
Beauvoir, Simone de 320, 321
Bebko, Genna M. 118, 128
Beck, Ulrich 352, 358
Bell, P.M.H. 260
Bellabarba, Marco 233, 241, 244, 248
Bellomo, Manlio 229, 235, 248
Belvisi, Francesco 97, 99
Benedikt (Benedict) XVI., Papst (Pope), eig. Joseph Ratzinger 132, 133, 134, 135, 168, 170
Benjamin, Walter 26, 30, 31, 33, 34, 35, 36
Bennet, Gill 260
Benson, Robert L. 260
Berg, Mary 193, 194, 203
Bergengruen, Werner 28
Berlin, Isaiah 300
Berman, Harold 230, 231, 248
Berning, Nora 118, 128
Berrettini, Mireno 263, 273
Bertram, Ernst 22
Betten, Anne 194, 195, 203
Beuys, Joseph 29
Biber, Dušan 263, 270, 273, 274
Bickford, Louis 142, 150
Biffl, Gudrun 179, 183
Bifulco, Daniela 89, 99
Birstein, Vadim J. 260
Black, Donald 246, 249
Blandford, Edmund L. 260
Bloch, Ernst 26, 30
Bloch, Marc 34, 36
Blok, Anton 228, 248, 249
Boban, Ljubo 270, 274
Bobbio, Norberto 90, 91, 99
Boehm, Christopher 228, 249
Boethius, Anicius Manlius Severinus 340
Böll, Heinrich 27, 28, 29
Bolzon, Irene 266, 274
Bordfeld, Elmar 6, 131, 359
Born, Friedrich 215
Börne, Ludwig 206
Borštnik, Pavle 268, 274
Bosch, Manfred 27, 36
Bosdari, Conte Girolamo di 220
Bosdari, Maria Antoinetta di, geb. Fürstin Windisch-Graetz 220
Bostrom, Nick 41, 42, 50
Bots, Hans 106, 113
Braddick, Michael 230, 249
Braidotti, Rosi 44
Brandes, Detlef 266, 274
Brandt, Per Aage 116, 117, 119, 128

Brandt, Willy 29, 30
Braudel, Fernand 34, 36
Breitman, Richard D. 260
Brejc, Mihael 8, 325, 359
Bresadola, Gianmarco 269, 274
Brešan, Katarina 214
Bromberger, Christian 228, 248
Brousek, Jan 6, 171, 172, 173, 175, 179, 182, 183, 184, 185, 359
Browder, George C. 260
Brügge, Peter 29, 39
Brunner, Otto 229, 230
Buber, Martin 26
Bučar, France 328, 334
Budiansky, Stephen 260
Burke, Peter 34, 36

Canali, Mauro 265, 274
Canosa, Roberto 260
Cantarella, Eva 239, 249
Cappellano, Filippo 264, 274
Carroll, Stuart 235, 249
Casadei, Thomas 90, 96, 97, 98, 99
Casanova, Cesarina 233, 243, 248
Casanova, Giacomo 246
Casarrubea, Giuseppe 265, 274
Cassirer, Ernst 105, 113
Castells, Manuel 304, 312
Cattaruzza, Marina 261, 274
Cave Brown, Anthony 260
Cepl-Kaufmann, Gertrude 5, 13, 19, 21, 24, 27, 36, 37, 175, 359
Cereghino, Mario José 265, 274
Chalou, George C. 260
Chang, Yi-lung 147
Chartier, Roger 34, 37, 38, 229, 249
Chen, Jau-hwa 6, 139, 172, 360
Chen, Shui-bian 146
Chen, Wen-Chen 146, 152
Chiao, Yoan Y. 118, 128
Chomsky, Noam 75, 300, 301, 312
Chun, Doo-hwan 144
Churchill, Winston 139, 153, 270, 273
Cicero, Marcus Tullius 340
Clark, Christopher 14, 20, 37
Clausewitz, Carl von 13, 39
Cohen, Laurie R. 66, 71
Cole, Robert 260
Colja, Katja 269, 274
Conti, Giuseppe 265, 275
Corradi, Juan E. 142, 150
Corvo, Max 264
Coulmas, Peter 102, 113
Covino, Luca 233, 249
Cox, Geoffrey 264
Cozzi, Gaetano 240, 249
Craig, Gordon 24, 37
Cripps, John 264, 275
Crouch, Colin 309, 312
Croy, Agathe Prinzessin 212
Cruickshank, Charles 260
Crutzen, Paul 46
Curtius, Ernst Robert 22
Čepič, Zdenko 267, 275

Čok, Ivan Marija 262, 273

Dalí, Salvador 27
Damaskin, Igor 260
Damaška, Mirjan 231, 249
Dams, Carsten 260
Darovec, Darko 7, 227, 247, 249, 360
Davis, John 228, 250
De Castro, Diego 261, 275
De Courten, Raffaele 265, 275
De Leonardis, Massimo 263, 275
De Lutiis, Giuseppe 260
De Robertis, Antonio Giulio M. 261, 275
Deakin, Frederick William 264
Dean, Trevor 231, 250
Dederichs, Mario R. 260
Delabar, Walter 23, 37
Deleuze, Gilles 44
Delf, Hanna 19, 36
Deng, Xiaoping 320
Dengler, Oberstleutnant 212
Derrida, Jacques 91, 180, 183
Descartes, René 354
Deželak-Barič, Vida 267, 275
Diederichs, Eugen 25
Dilks, David 260
Dix, Otto 18
Djilas, Milovan 74, 83
Döblin, Alfred 35
Doerries, Reinhard R. 260
Dornik Šubelj, Ljuba 266, 267, 268, 275
Dreyfus, Alfred 206
Droysen, Johann Gustav 94, 99
Dübgen, Franziska 180, 183
Dulles, Allen 270, 278
Dumont, Louise 19
Duroselle, Jean-Baptiste 261, 275
Dylan, Bob 80, 83

Earle, John 262, 276
Eastwood, Clint 238, 239, 251
Eich, Günter 31, 32, 37
Eichmann, Otto Adolf 78
Einstein, Albert 21, 27
Einstein, Carl 33
Eisner, Kurt 20, 21
Elias, Norbert 50, 232, 253
Éluard, Gala 27
Éluard, Paul 27
Engelke, Edda 211, 221
Engels, Friedrich 338, 348
Erasmus von Rotterdam 73, 76, 84, 107
Erdoğan, Recep Tayyip 309
Erler, Michael 340, 348
Ernst, Max 18, 27
Ernstbrunner, Thomas 176, 177, 183
Erskine, Ralph 260, 264, 275
Escobar, Arturo 163, 170
Eulenberg, Herbert 18, 19
Euripides 206

Faber, Aleksandra 212
Fabris, Adriano 8, 349, 360
Faninzadeh, Andreas 192, 204
Fatah, Sherko 202

Faulstroh, Nikolaus 206, 218, 220
Featherstone, Mike 127, 129
Febvre, Lucien 34, 36
Feininger, Lionel 26
Feldner, Josef 176, 183
Felix, Erzherzog 210
Ferenc, Tone 262, 276
Ferrari, Paolo 260
Festraetz van Thienen, Friedrich 206
Feuerbach, Ludwig 338, 348
Fichte, Johann Gottlieb 354
Filzmaier, Peter 174, 184
Fincardi, Marco 269, 276
Fiore, Quentin 298, 313
Fisher, Jeffrey D. 178, 184
Flechtheim, Alfred 27
Fleming, Victor 124, 125
Fletcher, Laurel E. 142, 150
Fliedl, Konstanze 195, 203
Foot, Michael R.D. 260
Ford, Kirk Jr. 263, 276
Fosi, Irene 241, 242, 250
Foucault, Michel 41, 232, 253
Franz Joseph I., Kaiser 217
Franzinelli, Mimmo 264, 265, 276
Fried, Alfred 64
Fromm, Erich 327, 334
Frühwald, Wolfgang 26, 38
Fucci, Franco 260
Fuhrmann, Manfred 104, 113
Fumaroli, Marc 106, 113

Gabrič, Aleš 288
Gaier, Ulrich 27, 36
Galtung, Johan 174, 183
Gannon, Paul 260
Garin, Eugenio 104, 106, 113
Garland, Judy 124
Garnett, David 260
Garretón, Manuel Antonio 142, 150
Gellner, Ernest 163, 164, 170
Genovese, Rino 97, 99
Gentile, Carlo 260
Gerwarth, Robert 260
Gherardi, Raffaella 92, 100
Gibianskii, Leonid 269, 276
Gibson, Kelly 235, 236, 253
Gide, André 315, 321, 322
Gigerenzer, Gerd 120, 128
Gilmore, David D. 228, 250
Gilroy, Paul 127, 128
Glantz, David M. 260
Gluckman, Max 227, 250
Goda, Norman J.W. 260
Goddard, Vittoria A. 228, 250
Godeša, Bojan 267, 276
Goethe, Johann Wolfgang von 21, 101, 113, 206
Goldman, Emma 19
Goodhart, Arthur L. 140, 150
Gordievsky, Oleg 260
Gozzi, Gustavo 92, 98, 99, 100
Graf, Wilfried 172, 173, 175, 176, 177, 179, 183, 184
Granda, Stane 7, 283, 360
Graneß, Anke 177, 178, 184
Grass, Günter 30
Greenawalt, Kent 141, 151

Griesser Pečar, Tamara 267, 277
Gröning, Oskar 140, 141, 142, 152, 153
Grose, Peter 260
Grossman, Jonathan 245, 250
Gruber, Bettina 172, 183
Gründgens, Gustaf 18
Guardini, Romano 26
Guille-Escuret, Georges 234, 235, 250
Gurrey, Donald 264
Guštin, Damijan 267, 275
Gutenberg, Johannes 304

Haber, Fritz 23, 37
Habsburg, Otto von 210, 211, 213, 218
Halsall, Guy 230, 250
Hamann, Brigitte 62, 68, 71
Hamer, Veronika 198, 204
Han, Shihui 118, 128, 129
Handke, Peter 198
Hanenberg, Peter 6, 115, 117, 118, 119, 128, 175, 360
Hanley, Paul 144, 149, 151
Harth, Dietrich 116, 128
Hastings, Max 260
Hatch, David A. 260
Haushofer, Max Jr. 206, 207
Heater, Derek 109, 113
Hegel, Georg Wilhelm Friedrich 76, 83, 106, 156, 177, 337, 338, 340, 346, 350, 351, 358
Heidegger, Martin 78, 335, 343, 344, 346, 347, 348, 354, 356, 362
Heine, Heinrich 32, 190, 203, 206, 359
Heinemann, Gustav 30
Heinimann, Felix 81, 83
Held, Klaus 73, 77, 78, 82, 83, 84
Heppner, Harald 5, 10, 14, 25, 53, 360
Herwegen, Ildefons 26
Hierdeis, Irmgard 66, 67, 71
Hiller, Kurt 21
Hinsley, Francis Harry 260, 264
Hitler, Adolf 44, 64, 139, 153, 210, 270, 278
Hobbes, Thomas 47, 94, 95, 96, 99, 156, 340, 354, 357
Hobsbawm, Eric J. 332, 334
Hoerle, Heinrich 27
Höhne, Heinz 260
Höller, Hans 194, 203
Holthusen, Hans Egon 28, 37
Horkheimer, Max 29
Howard, Patrick 260
Hren, Karl 174, 184
Huang, Chiu-shuang 148
Hudson, Barbara 232, 250
Huntington, Samuel 157, 160, 161, 162, 170
Huot, Louis 264
Hussein, Saddam 191
Husserl, Edmund 77, 78, 84

Immerwahr, Clara 23, 37

Jackson, John 260
Jandl, Martin 182, 184
Janežič, Ivan 212
Jarman, Robert L. 270, 277
Jarres, Karl 24
Jean Paul, eig. Johann Paul Friedrich Richter 30
Jeffery, Keith 260
Jellinek, Georg 87, 91, 92, 93, 100
Jeraj, Mateja 271, 277
Jeri, Janko 261, 277
Jevtović, Miroljub 268, 277
Jiang, Yi-huah 149
Joel, Fokke 193, 204
Johnstone, Gerry 239, 252
Jones, William 264

Kacin Wohinz, Milica 271, 280
Kahn, David 260
Kahnweiler, Henry 27
Kaiser, Georg 19, 27
Kallikles 340
Kammasch, Gudrun 23, 37
Kandinsky, Wassily 19
Kant, Immanuel 47, 54, 60, 73, 78, 87, 101, 104, 107, 113, 335, 337, 340
Kaplan, Chaim 194, 204
Kapp, Wolfgang 19
Kardelj, Edvard 286, 287
Karinger, Anton 214
Karl I., Kaiser 217
Katsh, Abraham I. 194, 204
Kearns, Thomas R. 239, 251
Kelman, Herbert C. 171, 174, 178, 179, 184, 185, 359
Kelsen, Hans 90, 91, 93, 99
Kermani, Navid 202
Kermavner, Dušan 287
Kersevan, Alessandra 265, 277
Keršič, Marta Milena 214, 221
Kidrič, Boris 286, 287
Kidrič, France 286
Kierkegaard, Søren 75, 84
Kim, Young-sam 149
Kiss, Elizabeth 141, 151
Klabjan, Borut 266, 269, 276, 277
Klee, Paul 30
Klein, Naomi 304, 313
Klemperer, Victor 20, 37
Kljakić, Slobodan 271, 277
Klopstock, Friedrich Gottlieb 21
Knapp, Andrew 269, 276
Kocman, Viktorija 198, 202, 203, 204
Komel, Dean 5, 10, 73, 74, 84, 336, 348, 360
Konfuzius (Confucius) 326
König, Michael 202, 203
Koroša, Radovan 212
Koschatzky, Walter 216, 221
Kramer, Gudrun 176, 177, 183
Kranjc, Marijan F. 271, 277
Kraševec, Jože 288, 293
Kreisky, Eva 62, 63, 65, 67, 71

Krizman, Bogdan 270, 277
Kropotkin, Peter 18, 31, 37
Kruk, Herman 190, 193, 203
Krumeich, Gerd 13, 37
Kucher, Primus-Heinz 7, 189, 203, 361
Kuhn, Thomas S. 88, 99
Kurbjuweit, Dirk 206, 223

Labanca, Nicola 269, 276
Lacché, Luigi 241, 250
Lakitsch, Maximilian 175, 184
Lambourne, Wendy 143, 151
Landauer, Gustav 18, 19, 36
Landshut, Siegfried 337, 348
Langbein, John H. 233, 250
Lash, Scott 127, 129
Latour, Bruno 44, 45, 46, 47, 50
Le Goff, Jacques 34, 37, 38, 236, 247, 250
Ledebur, Hubertus Graf von 218, 220
Lederach, John Paul 181, 184
Lee, Myung-bak 145
Lehr, Robert 24
Lenin, Wladimir Iljitsch Uljanow 20, 286, 338
Lenz, Jakob Michael Reinhold 21
Lenz, Siegfried 34
Lepori, Maria 232, 244, 251
Levi, Paul 19, 38
Levinas, Emmanuel 87, 91, 177, 354, 357, 358
Liebknecht, Karl 19, 68
Lindsay, Franklin 264
Linnaeus, Carl 44
Liuzzi, Giorgio 266, 277
Llobera, Joseph R. 228, 250
Löffler, Marion 62, 63, 65, 67, 71
Logar, Cene 287
Loureda, Oscar 23, 37
Lovelock, James 47, 50
Lughofer, Johann Georg 5, 61, 62, 67, 71, 207, 222, 361
Lunatscharski, Anatoli 19
Luther, Martin 134
Luxemburg, Rosa 19, 22, 38

Maasburg, Christiane 209, 210, 211, 212, 213, 216, 218, 221
Maasburg, Christiane von, geb. Gräfin Ceschi a Santa Croce 211, 213
Maasburg, Douglas Maria von, geb. de Courcy Mac Carthy 208
Maasburg, Edithe von 206
Maasburg, Friedrich von 7, 205, 207, 208, 209, 216, 217
Maasburg, Helene von 206
Maasburg, Irma von, geb. von Adamovics 209
Maasburg, Johann von 7, 205, 206, 207, 208, 214, 216, 217, 222
Maasburg, Leo-Maximilian 208, 216
Maasburg, Nikolaus von 7, 205, 209, 210, 211, 212, 213, 216, 217, 218, 221

Maasburg, Rosa von, geb. Tribuzzi 205, 208, 213, 214
Maasburg, Wilhelm von 207, 208, 213, 216
Mackenzie, William James Millar 260
Maclean, Fitzroy 264
Macpherson, Tom R.S. 264
Maißer, Georg 173, 183
Majakowski, Wladimir 19
Malloy, Thomas E. 178, 184
Malthus, Thomas Robert 48
Mann, Heinrich 21, 33, 37
Mann, Thomas 21, 22, 27, 63
Manning, Chelsea 75
Mao, Zedong 320, 321
Martin-Smith, Patrick 264
Marx, Karl 286, 335, 337, 338, 340, 348
Marzari, Giacomo 245, 251
Massignani, Alessandro 260
Massumi, Brian 44
Mattenklott, Gert 19, 36
Mayrisch, Familie 22
McLuhan, Herbert Marshall 298, 304, 313
Meier, Christian 78, 84
Meiners, Christoph 44
Melik, Jelka 271, 277
Mendoza de Jesús, Ronald 91, 99
Mercuri, Lamberto 268, 277
Mereu, Italo 243, 251
Mihailović, Dragoljub (Draža) 211, 223, 264, 275
Mikola, Milko 215, 219, 221
Mikuž, Metod 289
Miladinović Zalaznik, Mira 5, 7, 10, 67, 71, 131, 205, 207, 217, 222, 361
Milardović, Anđelko 7, 297, 313, 361
Mill, John Stuart 300
Miller, William Ian 228, 238, 251
Milošević, Slobodan 198, 291
Milutinović Bojanić, Sanja 5, 41, 361
Minow, Martha 239, 252
Mitgutsch, Ali 17
Mitrokhin, Vasili 260
Mlakar, Boris 267, 278
Mohammed (Muhammad) 115
Moravec, František 266, 280
Moskovič, Feliks 215
Mozart, Wolfgang Amadeus 61
Mozur, Paul 147, 152
Mühsam, Erich 20
Muir, Edward 231, 251
Munslow, Alun 229, 251
Musek, Janek 332, 334

Nadler, Arie 178, 184
Naftali, Timothy 260
Napoléon, Bonaparte 283
Nasser, Gamal Abdel 49
Nassigh, Riccardo 265, 278
Natorp, Paul 27
Nedeljković, Milovan 211
Ness, Daniel W. Van 239, 252
Netterström, Jeppe B. 228, 251
Neuhaus-Koch, Ariane 21, 37

Newcourt-Nowodworski, Stanley 260
Nežmah, Bernard 7, 315, 318, 320, 322, 361
Nierendorf, Karl 27
Nietzsche, Friedrich 32, 35, 38, 44, 75, 76, 84, 341
Nikiforov, Konstantin V. 266, 273
Nisbett, Richard E. 122, 128
Njoku, Francis 162, 163, 170
Noakes, Jeremy 256, 272
Nobel, Alfred 46, 61
Novak, Bogdan C. 261, 278
Nünning, Ansgar 118, 128
Nussbaum, Martha 101, 111, 112, 113
Nyerere, Julius 165, 167, 168, 170

O'Sullivan, Donald 260
Ohnet, Georges 206
Olatunji, Felix O. 6, 155, 362
Orgiano, Paolo 241, 252
Oset, Željko 287, 288, 293
Ossietzky, Carl von 63
Osterhammel, Jürgen 54, 60
Overy, Richard 269, 276

Pacini, Giacomo 266, 278
Paehler, Katrin 260
Pagden, Anthony 108, 113
Pahor, Borut 215
Paine, Lauran 260
Paquet, Alfons 27, 28, 38
Parmenides 335, 336
Pasqualini, Maria Gabriella 265, 278
Persico, Joseph E. 260
Petersen, Neal H. 270, 278
Petkov, Kiril 236, 251
Petranović, Branko 270, 278
Petrella, Luigi 269, 278
Petritsch, Wolfgang 176, 177, 183
Piccialuti Caprioli, Maura 268, 278
Piffer, Tommaso 263, 278
Pigliaru, Antonio 232
Pignato, Nicola 264, 274
Pirillo, Nestore 94, 100
Pirjevec, Jože 261, 269, 276, 278
Pirker, Jürgen 179, 183
Pirker, Peter 263, 264, 278
Platon (Plato) 21, 80, 81, 82, 83, 84, 335, 336, 339, 340, 346, 348
Pomarici, Ulderico 89, 99
Pöppel, Ernst 118, 128, 129
Posner, Ronald 116, 128
Possenti, Vittorio 97, 100
Poulsen, Björn 228, 251
Povolo, Claudio 7, 227, 229, 231, 233, 241, 242, 244, 245, 251, 252, 262
Protagoras 81, 82, 84
Pučnik, Jože 74
Pupo, Raoul 261, 265, 279
Putin, Wladimir 292, 309

Raabe, Julia 172, 185
Rabel, Roberto G. 261, 279

Rabinovici, Doron 189, 190, 191, 193, 194, 203
Raggio, Osvaldo G. 232, 252
Rapp, Wolfgang 27, 36
Rathenau, Walther 20, 23, 37
Rauchensteiner, Manfried 205, 209, 222
Raunig, Gerald 97, 100
Rawls, John 79, 84
Reitmair-Juárez, Susanne 175, 184
Remarque, Erich Maria 192
Repe, Božo 267, 279
Rest, Walter 132, 135
Reuter, Ernst 21
Revel, Jacques 34, 37, 38
Richmond, Oliver 173, 184
Richter, Hans Werner 29
Ricoeur, Paul 88, 100
Riedemann, Olga von, geb. Fürstin Windisch-Graetz 218, 220
Ritchie, Sebastian 262, 279
Ritter, Henning 32, 38
Roche, Declan 239, 252
Roh, Tae-woo 144
Rohrbach, Paul 15, 38
Rolandino, Rodulphi de Passageriis 236, 252
Romerstein, Herbert 264, 279
Romoli, Andrea 268, 279
Roper, Steven D. 143, 151
Rossi, Marina 266, 279
Rotberg, Robert I. 141, 151
Rouland, Norbert 229, 247, 252
Rousseau, Jean Jacques 340
Rousseaux, Xavier 252
Royer, Jean-Pierre 240, 252
Rožman, Gregorij, Bischof 289
Rundle, David 106, 113
Russo, Marco 6, 101, 103, 113, 362

Sacharow, Alexander 27
Sacher-Masoch, Leopold 206
Sachs, Jeffrey 156
Safranski, Rüdiger 32, 38
Sahlins, Marshall 235
Said, Edward 103, 107, 114
Santoni, Alberto 260
Saonara, Chiara 270, 279
Sarat, Austin 239, 251, 252
Sartre, Jean-Paul 320, 321
Savigny, Karl Friedrich von 93, 100
Sbriccoli, Mario 243, 252
Schäfer, Wilhelm 27, 36
Schalek, Alice 217, 222
Schandl, Catherine Eva 212, 222
Scheler, Maria 341, 348
Scheler, Max 335, 341, 342, 344, 346, 348
Scherer, Wilhelm 15
Schickele, René 19, 21
Schieder, Theodor 29
Schiller, Friedrich 206
Schioppa, Antonio Padoa 229, 251
Schlechta, Karl 35, 38
Schleiermacher, Friedrich Daniel Ernst 82, 84
Schlögel, Karl 25, 38

Schmitt, Carl 78, 84, 108, 113, 335, 342, 343, 344, 346, 348
Schneider, Peter 27, 36
Schneider, Reinhold 28
Schnoor, Christoph 17
Schönbauer-Brousek, Linda 175, 184
Schönerer, Georg von 64
Schubin, Ossip 206
Schuessler, Jennifer 194, 204
Schulte, Thorsten 202, 204
Schürle, Wolfgang 27, 36
Schwanecke, Christine 118, 128
Schwarz, Rudolf 26
Schwitters, Kurt 26
Seaman, Mark 260
Sebag-Montefiore, Hugh 260
Sen, Amartya 156, 165, 166, 170
Sezgin, Hilal 202
Shaules, Joseph 121, 123, 124, 126, 128
Shelton, Dinah L. 142, 150
Shore, Bradd 122, 129
Shore, Chris 228, 250
Sinyavsky, Andrei 319, 322
Sloterdijk, Peter 107, 113, 345, 348
Sluga, Glenda 271, 279
Smail, Daniel Lord 235, 236, 253
Smith, Bradley F. 260
Smith, Michael 260, 264, 275
Smith, Richard H. 260
Snowden, Edward 75
Sogno, Edgardo 264
Sokrates (Socrates) 75, 78, 80, 81, 327, 336, 339, 340
Sollers, Philippe 321
Spalek, John M. 26, 38
Spencer, Herbert 48
Spengler, Oswald 301, 302, 311, 313
Spierenburg, Peter 232, 253
Stafford, David 260, 263, 279
Stalin, Josef Wissarionowitsch Dschugaschwilli 139, 286, 287
Steegmeyer, Heinrich 214
Stein, Peter 231, 253
Stenton, Michael 268, 280
Stiglitz, Joseph 156
Stilgebauer, Edward 206
Stirner, Max 18, 338, 348
Stoermer, Eugene 46
Stolle, Michael 260
Storey, John 229, 253
Strauß, David 35, 38
Stres, Neža 214, 221
Sturm, Marjan 173, 175, 176, 179, 183, 184
Suttner, Arthur von 64, 68
Suttner, Bertha von 61, 62, 63, 64, 65, 66, 67, 68, 69, 70, 71, 207, 222
Suvorov, Viktor 260

Šolc, Jiří 266, 280
Šribar, Maks 212

Tagore, Rabindranath 333, 334
Taraborrelli, Angela 109, 114
Taut, Bruno 27

Thadden, Rudolf von 24
Thatcher, Margaret (Maggie) 331, 342
Thomas, Louis-Vincent 48, 50
Thompson, Dennis 141, 151
Thurn und Taxis, Prinz Willy von 212
Tiedemann, Rolf 338, 345, 348
Tilly, Charles 234, 253
Tipps, Dean 157, 158, 159, 170
Tito, Josip Broz 210, 264, 270, 273, 275, 286, 287, 290, 317
Todorov, Tzvetan 105, 108, 114
Toller, Ernst 20, 25, 26, 38
Tolstoi, Leo 206
Tompkins, Peter 264
Tomšič, France 290
Torkar, Blaž 263, 280
Torkar, Igor (Ps. von Boris Fakin) 74, 76, 84
Toulmin, Stephen 47, 50
Touraine, Alain 115, 129
Trakl, Georg 209
Tranfaglia, Nicola 270, 280
Trawny, Peter 8, 80, 84, 335, 362
Troha, Nevenka 267, 275
Trotzki, Leo 20
Trump, Donald 115
Tsarev, Oleg 260
Tvrdík, Milan 61, 67, 71

Valdevit, Giampaolo 261, 265, 279, 280
Valera, Gabriella 6, 87, 92, 94, 98, 100, 362
Valvasor, Johann Weikhard 283
Vauhnik, Miloš 268, 280
Vauhnik, Vladimir 268, 280
Vedinger (Woedinger), Jožef 220
Vedinger, Marija 220
Velde, Henry van de 27
Vento, Andrea 260
Verginella, Marta 269, 271, 274, 280
Verhaeren, Emile 27
Vianello, Amelia 246, 253
Visković, Nikola 316, 317, 322
Vlahović, Staniša R. 270, 280
Vodušek Starič, Jerca/Jera 262, 267, 280
Voegelin, Eric 47, 50
Volk, Sandi 269, 274
Vurnik, France 74, 84

Wali, Najem 191, 192, 193, 203, 204
Walker, Jonathan 260
Wallmannsberger, Josef 116, 128
Wallner, Friedrich (Fritz) 182, 184
Walzer, Michael 87
Wander, Fred, eig. Fritz Rosenblatt 194, 195, 196, 197, 203
Waquet, Françoise 106, 113
Weber, Max 25, 38, 87
Weinstein, Harvey M. 142, 150
Weiss Fagen, Patricia 142, 150
Weiß, Peter 20

Weizsäcker, Richard von 34
Welsch, Wolfgang 127, 129
Wentzel, Hans von 206
West, Nigel 260
Wette, Wolfram 20, 37
Wexler, Bruce E. 118, 129
Wiese, Benno von 29
Wildt, Michael 260
Wilhelm II., Kaiser (Deutsches Reich) 68
Wilkinson, Peter 264
Williams, Heather 263, 281
Wilson, Stephen 232, 253
Windfuhr, Manfred 21, 37, 190, 203
Windisch-Graetz, Fürst Gottlieb von 218, 219, 220
Winterbotham, Frederick W. 260
Wintersteiner, Werner 172, 173, 179, 183, 184
Withalm, Gloria 116, 128
Wohlleben, Peter 316, 322
Wolf, Johann 205
Wolf, Lisa 173, 179, 183, 184
Wollheim, Gert 18
Wormald, Jenny 230, 253
Wörsdörfer, Rolf 271, 281
Wurth, Johann 206
Wust, Peter 132, 135
Wylie, Neville 260

Yeltsin, Boris 315, 317, 318, 319

Zalasiewicz, Jan 46, 50
Zalaznik, Tomaž 131
Zanzanù, eig. Giovanni Beatrice 242, 252
Zichy, Etelka Gräfin 208
Ziherl, Boris 286
Zmora, Hillay 230, 235, 249, 253
Zobeltitz, Hans von 206
Zola, Émil 206
Zolo, Danilo 140, 151
Zweig, Stefan 21, 76, 84, 193

Žižek, Aleksander 268, 275
Žižek, Slavoj 343, 344

www.ingramcontent.com/pod-product-compliance
Ingram Content Group UK Ltd.
Pitfield, Milton Keynes, MK11 3LW, UK
UKHW021420091026
15624UKWH00010B/269

9 783034 331708